高井康典行 著

渤海と藩鎮

―遼代地方統治の研究―

汲古叢書139

汲古書院

渤海と藩鎮――遼代地方統治の研究――　目次

渤海と藩鎮——遼代地方統治の研究——

序論　考察の端緒

はじめに

十世紀初頭に成立し、その後二百余年にわたりモンゴリア、マンチュリア、中国本土（China proper）北辺を支配した遼＝契丹国（以下、遼と称す）は、次の二点において歴史研究上の意義を有すると考えられる。第一に、多文化社会の在り方を理解するための格好の事例であることである。遼はその支配領域内に、さまざまな文化的・社会的背景が異なる集団（容易に確認できるものとしては「契丹人」と「漢人」が挙げられよう）を包含し、それらの集団が互いに多種多様な形で接触を行っている。多文化社会や異文化接触自体は歴史を通じて普遍的に見られる現象であり、その具体像を明らかにするのは歴史研究において主要な課題の一つであることはいうまでもない。遼の研究はその一翼を担うものとして位置づけられよう。第二に、遼が現在の中国を考える上で重要な転換期に位置していることである。遼は所謂「征服王朝」の時代の端緒であり、その統治を解明することは、続く金・元史を理解する上で大きな意味を持つ。他方、遼代は中国史上で「唐宋変革」と称される社会変動の時期に相当している。遼と「唐宋変革」はこれまでほとんど関連づけられてこなかったが、時期と地域を考慮すれば、両者を無条件に関連のないものとすることは問題があり、両者の関係を検討することにより、この変動期について新たな知見を得ることが期待できる。

本書は、上記の認識にたって遼史について関連する課題の考察を行うが、さしあたり本章では、上の二つの問題についての研究史を概観し、ついで本書が如何なる視点から考察を進めるかについて明示したい。

一　遼における多元性をめぐって

遼における多文化状況とその統合をめぐっては、これまで多くの研究がなされてきた。とくに注目されたのは、遼の支配民族である契丹人と被支配民族とみなされる漢人との関係である。津田左右吉氏は「遼の制度の二重体制」において、遼朝の支配は契丹をはじめとする遊牧民にたいする支配機構（北面官）と漢人・渤海人などの農耕民にたいする支配機構（南面官）を設置するという「二重体制」をとることにより国家運営をおこなったと論じた。(1)この考えは、いくつかの修正がなされるが、その後の研究に基本的には継承されていく。

「二重体制（二元制・双重制・双軌制などとも称される）」の議論は、遼制についての静態的な分析にもとづくものであるが、国家の統合について動態的な視点からの研究が進む中で、支配機構の一元化についての議論がなされるようになる。若城久次郎氏は「遼朝の枢密院について」において遼後半期には南北枢密院の兼領が一般化したとして、ここから支配機構が次第に一元化したとの見解を述べる。(2)また、島田正郎氏は『遼朝官制の研究』所収の諸論考において時期が下るとともに政治の中枢部を契丹人が占めるようになり、契丹人を頂点とした一元化がはかられたと論じている。(3)近年、武田和哉氏は「契丹国（遼朝）の北・南枢密院制度と南北二重官制について」において、枢密使就任者の分析を通じて若城氏の南北枢密院の兼領について批判を行う一方で、遼後半期には南北枢密使ともに契丹人が占める割合が増加する傾向を指摘し、島田・若城氏の一元化論を補強している。(4)これらの一元化論に対し武玉環氏は中国的な支配機構が次第に整備されたことや、後半期における北面官への漢人の任用の事例を根拠として、北面官の漢化による一元化が進んでいったと論じている。[5]なお、李錫厚氏は二元制的な統治は後世の歴史研究者が作り出した虚構として、これを退ける見解を示している。[6]

上掲の諸例からもうかがえるように、一元化の議論は、往々にして漢化（または「中国」化）か契丹化か、という二者択一の問題になりがちである。また、考察対象（個別の官職、法律、社会の諸側面など）により相反する結論が導き出される傾向にある。K・ウィットフォーゲル氏の *History of Chinese Society Liao (907-1125)*[7]はこの問題点に関する回答を試みたものといえる。氏の見解は「征服王朝論」として知られ、その内容は文化人類学の文化変容の考えを導入し、北方民族が中国を支配した場合に起きた、北方民族の文化・社会と中国のそれとの関係について論じたものである。その結果、遼・金・元・清を「征服王朝」として分類し、これらの王朝においては支配者たる北方民族は中国文化を受容しつつも完全には同化することなく、自分たちの文化・社会を保持されたとする。また、そこに見られる文化の受容とそれに対する抵抗の過程で、両者の文化とは異なる第三の文化が発生する場合があると指摘している。この「征服王朝論」には多くの批判があるが、その批判を通じて北アジアの諸国家の歴史的展開についての議論が活発化した点、また、文化的政治的背景の異なる複数の集団が統合される過程は、単純な一元化だけではなく多くのパターンが存在することを明示した点については、少なくとも評価すべきであろう。

ところで、ウィットフォーゲル氏の「征服王朝論」は中国王朝の系譜を軸に議論を展開しているのであるが、にもかかわらず、この議論に対する中国史研究者の積極的反応がみられない点に留意する必要がある。これは、中国史研究者（もう少し限定していえば宋代史研究者）の遼金史（これに西夏を加えるべきかもしれない）に対する関心の薄さの表れとしてみることができよう。杉山正明氏は日本における遼金史研究について遼金史の枠組みと南北両宋史の枠組みが別個に設定され、二つの立場が乖離した状況にあると述べ、[8]また劉浦江・蕭啓慶氏は、中国においても同様な状況にあることを示唆している。[9] この問題については次節で改めて論じたい。

かかる状況に対する批判から、宋・遼・金の王朝、あるいは中国・北アジアという枠組みを越えた大きな地域を設定し、その地域内の歴史を一体としてとらえようとする主張が生じてきた。その主張の一つは「多元一体論」というべきもので、主に中国の研究者によって主張されている。これは現在の多民族国家としての中国の存在を前提として、そこに至る過程を民族の一統の歴史としてとらえるものである。[10] もう一つは「中央ユーラシア論」「東部ユーラシア論」または「多元共生論」ともいうべきもので、「多元一体論」が中国の枠組みから考えるのに対して、「中央ユーラシア」「東部ユーラシア」論は国家の枠組を超えた地域の設定からみる議論となっている。これは杉山正明・森安孝夫氏・古松崇志氏らによって提唱され、これまで中国史と北アジア・中央アジア史が個別に論じられがちであったのに対して、本来これらの地域は不可分なまでに密接にかかわっているとして、一体に論じるべきであるという主張である。[11]

二元制の発想は上述のように、遼朝史研究の発展に大きく寄与してきたが、その反面、次の二点において問題がある。ひとつは、杉山正明氏が論じるように、遊牧と農耕はある種の共生関係が見られ、そのため必ずしも明確に二分しえない部分があるということである。本来不可分な要素をわけて考えた場合、そこには無理な解釈が紛れ込んでしまうであろう。もう一つは、孫進己氏が述べるように、遼は多くの集団を包含しているので、それを単純に二つの要素に還元しうるのかという問題である。[12] 実際に第一章で考察するように、遼は漢人と渤海人を完全には同一視せずに、渤海人に対しては漢人とは別個の統治を行おうとしていた形跡がみられるのである。つまり、二元制の論理は遼の制度や社会の考察に一定の貢献を果たしはするが、詳細な分析を行おうとする場合には障害にもなりうるものといえよう。したがって「多元一体論」「多元共生論」「中央ユーラシア論」「東部ユーラシア論」といった考え方は、従来の二元制の見方では議論を尽くせなかった諸問題についての研究をより深化させるのに大いに裨益するものといえる。

二　「征服王朝論」と「唐宋変革論」

本書が対象とする十―十二世紀のユーラシア世界を一体の歴史世界として把握しようと試みる際、「征服王朝論」と「唐宋変革論」をいかに統合するか、ないしは超克するかという問題に直面する。前述のようにこの時代の歴史については遼金史研究の枠組（北流）と両宋史の枠組（南流）に乖離しており、それぞれの枠組がそのまま「征服王朝論」と「唐宋変革論」が対象とする研究領域を形成している。

「唐宋変革論」は周知のごとく内藤湖南氏によって提唱され、その後、宮崎市定氏によって精緻化され、さらに多くの研究者によって多くの分析が行われてきた議論で、唐後半期から宋代にかけて社会・経済・政治・文化の各方面において大きな変化が見られたという考え方である。これらの議論において、既に杉山正明・蕭啓慶氏が指摘するように遼金史はほとんど視野に入れられていない[13]。

他方、「征服王朝論」についていえば、前述のウィットフォーゲル氏の考え方は遼を含めた所謂「征服王朝」を「中国史」のなかで把握しようとする試みであるから、その議論に則して考えれば、「唐宋変革」の流れが「征服王朝」によって如何なる影響を受けたのかという問題意識のもとで「征服王朝論」と「唐宋変革論」は統一的に把握可能なものである。しかし、前述のように「中国史」研究者からの積極的な反応はなく、「征服王朝論」は村上正二・田村実造・護雅夫氏ら北アジア史研究者によって批判的に継承され、北アジア史の歴史的発展という視点から「征服王朝」成立の意義について論じられていく[14]。これらの議論は先述の「中央ユーラシア論」の先駆となるという意味において注目すべきであるが、しかしその一方で、ウィットフォーゲル氏の議論の本来有する方向をゆがめてしまったことは否めない[15]。また、森安孝夫氏が指摘するように、遼金（西夏）史を北アジア史・中央アジア史の視点からもっぱら征服者の動向を中心に考察するという方向性は、漢人を中心とする被征服者についての研究をないがしろにしてしまい、結果的に「中国史」研究者がこれらの国家の歴史を不当に評価しがちであった一因と考えられる[16]。

「唐宋変革論」と「征服王朝論」（ウィットフォーゲル氏の議論のみならず、その後の批判の中で現れたものも含めて）をいかに統合ないし超克するかについては、いくつかの研究の方向性がある。第一は、「唐宋変革」にみえる「中国」の変化・発展が「征服王朝」によって阻害されたのか否かという問題意識のもとに検討を行う、というものである[17]。かかる視点からの研究の早期の事例としては「征服王朝論」を日本に紹介した田村実造氏のものがあり、宋明間の経済・社会の発展に断絶が見られるのは、「征服王朝」の存在が介在しているからとの見通しを述べる[18]。近年、蕭啓慶氏はそれを敷延して、「征服王朝」による「中国」統治は文化に関しては大きな影響はなかったものの、社会・経済の側面においてはその進展が阻害された部分があり、総じていえば、「征服王朝」は「中国」近世社会のを完全に夭折させせた訳ではないが、その進展を（とくに北方において）大幅に遅らせたとの見解を示している[19]。この方向性は、その後現在に至るまでの中国の南北格差をかんがみれば、一定の説得力を持つ。しかしながら、これは唐↓北宋↓南宋という「南流」の視点からみた「唐宋変革」を所与のものとして、それを基準に一方的に「北流」の歴史を断じてしまいかねない恐れがあり、「多元一体」あるいは「中央ユーラシア」「東部ユーラシア」という視点からこの時代を把握しようとする立場からすれば、議論の余地がある。

第二は、第一の方向性を相対化するために「中央ユーラシア」「東部ユーラシア」史全体においてはウイグル・唐↓五代（とくに一連の沙陀系の王朝）↓遼・西夏↓金↓元という歴史展開こそが重視されるべきであり「唐宋変革」はその中で展開する小局面に過ぎないとする方向性である。つまり、第一の方向性を逆転させて、「北流」の視点から「南流」を断ずることになり、第一の方向性と同様の問題点を孕んでいる。この視点は杉山正明氏が提示しているが[20]、中国史は漢人を中心に展開しているという「中華主義」的な研究のあり方を相対化するための問題提起としての側面が多分にあると考えられる。

第三は、「唐宋変革」を所与のものとして考えるのではなく、いくつかあった可能性の中の一つとして時代の変化を把握しようという方向性である[21]。これは、唐宋間における変化はあくまでも「唐宋変革」の帰結の一つであって、遼・西夏・金・元史は「唐宋変革」のもう一方の帰結であるという議論への道を開くものといえる。つまり既存の「唐宋変革論」を一度解体して「中央ユーラシア」史の視点を包含した「唐宋変革論」を再構成する方向へ向う研究である。この方向性は前の二つに比べ予断が少ないという点で優れており、筆者の立場でもある。本書の対象である遼代についていえばこうした方向性の研究は具体的には「唐五代で変容してきたものの遼への継受と遼での変容、遼宋交流と通じた相互の文化・制度の交流についての研究[22]」となるが、この観点からの研究として唐代絵画の遼における独自の展開と宋以降の絵画への影響を論じる小川裕充氏のものや唐代の長安仏教の保存と東アジアへの伝達を論じる竺沙雅章氏の研究があげられよう[23]。また、個人の研究ではないが、宋代史研究会も近年かかる視点にたった論集を編んでいる[24]。

三　本書の目的と構想

前節までの議論を踏まえた上で、本書ではユーラシア世界を一体の歴史世界として理解する立場から「中国史」における「北流」と「南流」を統合的に把握することを中心的な課題としつつ、遼における多元的状況の統合の在り方についてその一端を明らかにすることを目的とする。その目的を達成するには多くの分析視角が考えられるが、本書では「渤海」と「藩鎮」を軸として遼の地方統治についての検討をおこなうことで遼の国家統合のあり方を明らかにするという方法をとる。いうまでもなく、遼を構成する諸地域およびそれを構成する人間集団はそれぞれ個別の歴史的・社会的背景を持っている（もちろん諸地域や人間集団が単独に歴史を形成しているわけではないので、他の地域や人間集団との関係も考慮しなければならない）。したがって地方統治の検討は、遼が地域を如何に把握し統合したのか、反対に諸地域のもつ歴史的背景が遼のあり方にどのような影響を及ぼしたのか、という問題に密接に結びつく。この問題設定自体は、別に目新しいものではなく、これまでの遼史研究の一貫した課題である。しかしながら、従来の研究では諸地域の歴史的背景の把握が未だ十分とは言えない状況にある。萩原淳平氏は遼金元史の研究史を整理した際に、被征服者たる漢民族の視点から見た研究の不備を指摘しているが(25)（これは前引の杉山正明氏の十—十四世紀の「中国」史研究に見られる「北流」「南流」の指摘に通じるものがある）、ここで言う「漢民族の視点」というのは「漢民族」と見なされる者たちの持つ歴史的・社会的背景を念頭に置いたときに、北族王朝というのはどのように把握できるのかという問題と捉えることができる。つまり、「漢民族の視点」という語は「地域や人間集団」と置き換えることが可能であり、そして、遼史研究において研究の深化が求められている課題ということができる。これが、地方統治を主題とする所以である。

渤海は九三六年に遼に滅ぼされるまで一五〇年程中国東北地方を中心とした地域を支配した国家である。滅亡後、その地域に住む人々の一部は遼の統治下に編入され、遼を構成する重要な要素のひとつとなった。従来、遼統治下の渤海人について言及される場合、農耕民族として分類され、往々にして漢民族と同類であると考えられる場合が多かった。しかし、近年の研究において、渤海の政治・社会・文化が解明されるのにともない、その独自の要素が指摘されるようになった。つまり、渤海という視点から遼代史を検討することは、前述の孫進己氏の議論に見られるような、遼の多元性――これは二元制という視点、あるいは北アジアの遊牧国家や中国王朝の視点から見た遼史研究では、十分に把握しきれない要素である――の一端を明らかにする作業といえる。ちなみに、遼代における渤海人・渤海遺民の研究自体は相当数にのぼるが、ただ、渤海史研究の成果を利用して遼代の状況を論じた研究はさほど多くはない。その中で、森安孝夫氏が「渤海から遼へ――征服王朝の成立」のなかで渤海の統治が支配民族と被支配民族からなる二元制の要素を持っており、それが遼の二元制のプロトタイプとなったと論じるのは[26]、渤海史研究の成果を利用した先駆的な研究として注目される。

藩鎮とは唐中期から五代・宋初にかけて行われた節度使等の軍閥を中心とした地方統治体制であり、また「唐宋変革」と称されるこの時期における政治・社会の変化を考える上で重要な課題とされているものである。遼の成立は唐末から五代にかけての時期であり、またその体制下で生活していた人々（例えば燕雲十六州の住人たち）が遼に帰属していたことを考えれば、遼史研究において藩鎮の研究が重要な課題の一つであることは明らかであろう。この点については菊池英夫氏が「辺境都市としての『燕雲十六州』研究序説」の中で詳説しているが[27]、それでもなお、従来の研究ではこの点が十分に考慮されているとは言い難い。遼における藩鎮を研究することは、それまで北宋を帰着点として進められてきた藩鎮研究に新たな視角を提示することになり、さらには遼を包含した形での「唐宋変革」を考える上で大きな寄与をもたらすことが期待できると考える。

以上の視点をふまえて、本書は三部十章（および三つの補説）にわたり、遼の地方統治について論じる。第一部「遼における渤海的秩序の継承と変化」では渤海の視点から見た遼について考察する。第一章「東丹国と東京道」では、遼が渤海遺民統治のために設置した東丹国の存否問題の考察を通じ、渤海の統治システムが東京道の一部地域において少なくとも十一世紀前半まで存続していたことを論じる。第二章「十世紀の東北アジアの地域秩序――渤海から遼へ――」では、渤海時代の地域秩序が遼代においてどのように継承されたのか、あるいは変化したのかについて、主に当時の東北アジアをめぐる国際関係の考察を通じて論じる。補説一「東京と中台省――「東丹国と東京道」再考察――」では、第一章のもとになった旧稿に対する批判を承けて東丹国と東京道の関係について再考察を行い、十世紀の東京地区における遼の統治の在り方についての議論を深化させる。補説二「十一世紀における女真の動向――東女真の入寇を中心として――」では、第一章・第二章ではあまり言及できなかった、十一世紀における東北アジアの状況を女真の動向を中心に概観する。第一部で扱う課題は、戦前の満鮮史研究の枠組みの中で多くの成果が出されているが、近年の研究において再検討がなされつつあり、新たな考察が求められている分野でもある。[28]

第二部「遼の州県制と藩鎮」では藩鎮体制の視点からみた遼の地方統治の問題について、その制度を中心に考察する。前述のごとく、日本の遼代史研究では北アジア史の視点からの研究が中心であり、その場合遼に見られる「中国的」諸制度は、支配民族たる契丹族がそれらを導入したという観点から論じられがちである。他方、中国における宋遼金史の枠組みにおいては、国民国家としての「中華人民共和国」の形成の視点から領域内で活動した諸民族がいかにして「中国」として一体化したかという課題が論じられ、そのため契丹族が如何に「中国化」したのかという視点から論じられる傾向にある。つまり、この場合も契丹族による導入という視点から遼における「中国的」諸制度が検討なされがちになる。かかる視点は、日本や朝鮮における中国の文化・制度の導入と同じレベルで遼について考えることにつながる。これはすなわち遼の歴史を（「中国史」という視点から見て）外国史として扱うことになり、十―十三世紀の東アジア・東北アジアの歴史を一体のものとして十分な検討がなされてこなかった大きな原因の一つであると考えられる。また、契丹族による「中国的」諸制度の導入という視点におけるもう一つの問題は、「中国的」諸制度の背景にある歴史が無視されがちであるという点である。「中国的」諸制度は決して不変のものではなく、とくに遼成立期の前後は「唐宋変革」の過程にあり、遼における「中国的」諸制度を考える場合もこの変化を十分に考慮する必要がある。ところが、従来の遼代史研究ではこの点についての認識に欠けている部分が見られる。遼の州県制についても、これを「中国」の州県制の導入として論じられるが、その州県制の具体的内容についてはほとんど論じられていない。しかし、周知のことであるが、唐前半期の州県・唐中期以降から宋初の州県・宋代の州県は一様には論じられない。つまり、「中国の州県制」という概念では遼の州県を直ちに理解することはできないのである。遼の州県制についてはその成立の形態から、斡魯朶所属州県（奉陵州として分類されるものも、これに含まれる）、頭下州軍、その他の一般州県に分類されている[29]。本書においてもこの分類にしたがって議論し、第三章「遼の『燕雲十六州』支配と藩鎮体制――南京道の兵制を中心として――」では一般州県について、第四章「遼の斡魯朶の存在形態」、第五章「オルド（斡魯朶）と藩鎮」では斡魯朶所属州県とその前提となる斡魯朶について、第六章「頭下州軍の官員」では頭下州軍について検討する。

第三部「遼の選挙制度と地方統治」では、選挙をめぐる問題について考察する。遼の官制のうち選挙制度（入仕・銓選）については宋制との共通性が指摘されているが、これについて「南流」「北流」[30]を統合するという視点から検討されることはあまりなかった。そこで、第七章「遼の武臣の昇遷」では、武臣系の官僚の銓選を取り上げ、この問題について検討する。武臣を取り上げたのは、契丹人官僚は基本的に武臣として扱われており、漢人などとの比較を行う上で第一に考察すべき対象であるからである。また銓選の問題は、正史の列伝や墓誌銘といった官僚の伝記資料がその大半を占めている遼代史研究の史料状況からいえば、史料をより正確に解読するためにまず解決しておかなければならない課題である。しかし、この問題について、とくに武臣の昇遷については従来ほとんど研究が行われていない。第七章は、その研究上の不備を補うという目的からもなされており、本書の各章で議論を展開する上での基礎となっている。そして、第八章「遼朝科挙と辟召」、第九章「景宗・聖宗期の政局と遼代科挙制度の確立」、第十章「遼朝における士人層の動向——武定軍を中心として——」では、遼の科挙について藩鎮体制との関わりを中心に、第八章は制度史的な、第九章は政治史的な、第十章は社会史的な側面からそれぞれ検討を行い、科挙が遼の地方統治においていかなる影響を与えたのかについて論じる。従来、遼における科挙の導入は、中国的制度の、あるいは漢人官僚の確保の必要性という視点に重点が置かれていたが、ここでは遼の地方統治上の問題への対策として科挙が導入されたことを明らかにしていく。また、補説三「唐後半期から遼北宋初期の幽州の『文士』」では唐後半期における幽州の文臣官僚層の出自の考察を通じて、当該地域が五代から遼・北宋初期にかけて文臣官僚輩出地域となっていった過程およびその特徴について解明する。

周知のように、遼代に関する文献史料は同時代の北宋に比して極めて少ない。それゆえ、従来から考古資料や出土墓誌などの石刻史料が研究に積極的に用いられている。とくに、近年は多くの考古学的発見により出土史料が著しく増加し、また、それらの発見を整理した石刻書などが編まれ[31]、史料状況はかなり改善されている。本書における研究もこれらの新出史料の増加によってはじめて可能になったものが少なからずある。また、新出史料の中には多くの契丹文字史料が含まれており、それにともない契丹文字の解読も進み、固有名詞や官職名あるいは数字・元号等についてはかなり明らかにされてきている[32]。また、解読の成果を利用して契丹語史料から遼代史を本格的に検討する試みも、愛新覚羅烏拉熙春氏などにより行われている。[33]ただし、契丹文字史料は契丹人の墓誌が大半を占め、なおかつ解読可能個所が前述のように官職名（その大部分が漢語の音訳である）や固有名詞である。そのため、遼における「藩鎮」的要素や「渤海」的要素の検討を中心とした本書の考察においては、残念ながら契丹文字史料の利用は限定的なものとなってしまっている。契丹文字史料を用いた研究については今後を期したい。

四　遼朝・契丹国の呼称について

周知のとおり、漢文史料上において遼朝は数次にわたり国号を変更している。その内訳は、建国当初から九四六年までは大契丹国、九四七年から九八二年は大遼、九八三年から一〇六五年は大契丹国、一〇六六年以降は大遼となっている。[34]通算すると契丹国と称していたのが一二一年間、遼と称していたのが九七年間となる。また、契丹語における国号は一貫して「大中央フリジ（ないしハラ）契丹国」であった。したがって、国名の表記は正確には遼＝契丹国とでもすべきかもしれないが、本書ではとくに必要な場合を除き遼ないしは遼の呼称を用いた。

一般に、国号の表記に関しては、「遼」と表記する場合には、これを一連の中国王朝の一つとしてとらえる立場として、また、「契丹国」と表記する場合には、北アジア国家の一つとしてとらえる立場として、それぞれ見なされる傾向にある。[35]この論法で行くと、筆者は中国王朝としてとらえていることになるが、決してそのようなつもりはない。筆者の立場は、前述したように、遼を多民族・多文化の複合した国家とするものである。この立場に立ったとき、契丹国と呼称することの問題点に気づかざるをえない。契丹はいうまでもなく民族名でもあり、契丹国の呼称は現代的な意味での民族国家のイメージを喚起するおそれがある。もちろん、遼と表記した場合、これを単純に中国王朝（往々にして漢族王朝と誤解されがちである）としてとらえられる可能性もあり、「契丹国」や「キタイ帝国」といった表現はそのようなとらえ方にたいする危惧からくるものであるのは承知している。しかし、「遼」と「契丹」という呼称を比較したとき、後者が民族名を直接的に表現している分だけ、この王朝のもつ多様性を表すのには適切ではないと言わざるをえない。

近年の中央ユーラシア的視点に立つ研究において、中国史を広くユーラシアと結びつけることによって相対化する目的で、所謂「中国王朝」の多民族性を強調するために、北朝隋唐を「拓跋王朝」、五代の後唐・後晋・後漢を「沙陀王朝」と呼ぶことがある。それと同じ意識のもとで遼を「契丹国」「キタイ」表現される（遼は「大契丹国」を正式な国号として用いている期間がある以上、これは正当な理由がある）傾向が見られる。しかし、前述の通り従来の遼史研究において北アジア的要素を強調することにより、中国史研究者から軽視される傾向にあったことをかんがみると、「契丹」の呼称はこの傾向に拍車をかけるだけではないかと危惧するのである。現状において遼の非漢族性（換言すれば多元性）は自明であり、「拓跋王朝」「沙陀王朝」の論法からすれば、遼は中国王朝としての一面をもつことを強調すべきであり、そのためには敢えて「遼」と称することは、研究の戦略上有効な方法ではないかと考える。

注

（1）津田左右吉「遼の制度の二重体制」（『津田左右吉全集（一二）』、岩波書店、一九六四年。初出、一九一八年）を参照。
（2）若城久治郎「遼朝の枢密院に就いて」（『満蒙史論叢』二、一九三九年）を参照。
（3）島田正郎『遼朝官制の研究』（創文社、一九七八年）を参照。
（4）武田和哉「契丹国（遼朝）の北・南枢密院制度と南北二重官制について」（『立命館東洋史学』二四、二〇〇一年）を参照。

（5）武玉環「中央北南面官制与地方行政機構」（『遼制研究』吉林大学出版社、二〇〇一年、所収）四一—四三頁を参照。

（6）李錫厚「論遼朝政治体制」（『臨潢集』河北教育出版社、二〇〇一年。初出、一九八八年）などを参照。

（7）Wittforgel, karl A., and Feng Chiaisheng. *History of Chinese Society: Liao (907-1125)*. Philadelphia: American Philosophical Society, 1949を参照。

（8）杉山正明「日本における遼金元時代史研究」（『中国——社会と文化』一二、一九九七年）などを参照。

（9）劉浦江『遼金史論』（遼寧大学出版社、一九九九年）自序、蕭啓慶「中国近世前期南北発展的歧異与統合：以南宋金元時期的経済社会文化為中心」（『元代的群族文化与科挙』連経出版、二〇〇八年）などを参照。

（10）たとえば張博泉「〝中華一統〟論」（『史学集刊』一九九九—二、一九九九年）は古代から現代に至るまでの中国における異民族の一統について概観し、また任愛君「站在契丹人立場来研究契丹歴史」、同「遼宋共存共亡的政治格局及其文化意義」（ともに『契丹史実掲要』哈爾浜出版社、二〇〇一年、に収録）は十から十二世紀にかけての民族の一統について論じる。

（11）杉山正明「中央ユーラシアの歴史構図——世界史をつないだもの——」（『岩波講座世界歴史（一一）中央ユーラシアの統合』岩波書店、一九九七年）、同『遊牧から見た世界史——民族も国境も越えて』（日本経済新聞社、一九九七年）、同『中国の歴史（八）疾駆する草原の征服者』（講談社、二〇〇五年）、森安孝夫「ウイグルから見た安史の乱」（『内陸アジア言語の研究』一七、二〇〇二年）、同「遼・西夏　研究の視点」（『中国歴史研究入門』名古屋大学出版会、二〇〇六年）、同『興亡の世界史（五）シルクロードと唐帝国』（講談社、二〇〇七年）、古松崇志「契丹・宋間の澶淵体制における国境」（『史林』九〇—一、二〇〇七年）、同「一〇—一三世紀多国併存時代のユーラシア（Eurasia）東方における国際関係」（『中国史学』二一、二〇一一年）、同「十〜十二世紀における契丹の興亡とユーラシア東方の国際情勢」（荒川慎太郎・澤本光弘・高井康典行・渡辺健哉編『契丹［遼］と一〇〜一二世紀の東部ユーラシア』アジア遊学一六〇、勉誠出版、二〇一三年）を参照。

（12）孫進己「論遼文化——兼評所謂〝第三文化〟」（『遼金史論集（六）』社会科学文献出版社、二〇〇一年）を参照。

（13）前掲杉山正明「日本における遼金元時代史研究」、前掲蕭啓慶「中国近世前期南北発展的歧異与統合：以南宋金元時期的経済社会文化為中心」などを参照。

（14）田村実造「中国征服王朝について――総括にかえて――」（『中国征服王朝の研究（中）』東洋史研究会、一九七一年）、同「北アジア史における歴史世界の形成と発展」（『中国征服王朝の研究（上）』東洋史研究会、一九六四年）、村上正二「征服王朝」（『世界の歴史（六）』筑摩書房、一九六一年）、護雅男「内陸アジア世界Ｉ総説」（『岩波講座世界歴史（九）』岩波書店、一九七〇年）などを参照。

（15）吉田順一「北アジア史の歴史的発展とウィットフォーゲルの征服王朝理論」（『遊牧社会史探求』四六、一九七三年）を参照。

（16）前掲森安孝夫「遼・西夏研究の視点」を参照。

（17）この問題意識についてはH. Franke "Introduction," in D. Twichett and H. Frsnke (eds.), *Cambridge History of China*, vol.6, New York: Cambridge University Press, 1994 に簡潔に示されている。

（18）前掲田村実造「中国征服王朝について――総括にかえて――」を参照。

（19）前掲蕭啓慶「中国近世前期南北発展的岐異与統合：以南宋金元時期的経済社会文化為中心」、同「漢人世家与辺族政権」（前掲『元代的族群文化与科挙』所収、初出一九九三年）を参照。

（20）注（11）に引く杉山正明氏の諸論考を参照。

（21）岸本美緒「時代区分論の現在」（『現代歴史学の成果と課題一九八〇―二〇〇〇年（Ｉ）歴史学における方法的転回』青木書店、二〇〇二年）はこれを「半開きのシステム」と称し、また山崎覚士「唐宋変革への新たな問い直し」（『大阪市立大学東洋史論叢』一三、二〇〇三年）は「選択可能性と相互補完性」という言葉で表している。

（22）前掲森安孝夫「遼・西夏　研究の視点」一五九頁。

（23）小川裕充「遼・西夏の絵画」（『世界美術大全集　東洋編（五）：五代・北宋・遼・西夏』小学館、一九九八年）、竺沙雅章『宋元佛教文化史研究』汲古書院、二〇〇二年）所収の諸論考を参照。

（24）飯山知保・久保田和男・高井康典行・山崎覚士・山根直生「『宋代中国』の相対化」（宋代史研究会編『『宋代中国』の相対化』宋代史研究会研究報告第九集、汲古書院、二〇〇九年）を参照。

(25)　萩原淳平「遼・金・元」（『アジア史研究入門』一、一九八三年、同朋舎出版）を参照。
(26)　森安孝夫「渤海から遼へ――征服王朝の成立」（『東アジアの中の日本古代史講座』七、学生社、一九八二年）
(27)　菊池英男「辺境都市としての『燕雲十六州』研究序説」（唐代史研究会編『唐代史研究会報告第四集中国都市の歴史的研究』刀水書房、一九八八年）を参照。
(28)　本書でいう「東北アジア」とは中国の東北地方から朝鮮半島北部、およびロシア沿海州をおおよその範囲としている。これは九世紀以前の渤海国の勢力範囲、十世紀以降は女真の名で総称される集団の居住地域を念頭においた地域の範囲でもある。
(29)　島田正郎『遼代社会史研究』（巖南堂書店、一九七八年。初版、一九五一年）、田村実造「徙民政策と州県制の成立」（『中国征服王朝史の研究（上）』（東洋史研究会、一九六四年。初出、一九四〇年）、張国慶『遼代社会史研究』（中国社会科学出版社、二〇〇六年）等を参照。また、陳述『契丹社会経済史稿』（生活・読書・新知三聯出版社、一九七八年。初版、一九六三年）は斡魯朶所属州県を頭下州軍と同じものとして扱っている。
(30)　ここでいう武臣系の官僚とは必ずしも軍事にかかわる官ではなく、あくまでも官僚制度の上で武臣と分類される官僚の集団（具体的には階官として武階を授けられる官僚）を指す。
(31)　遼を対象とするものとしては陳述編『全遼文』（中華書局、一九八二年）、向南『遼代石刻文編』（河北教育出版社、一九九五年）、蓋之庸編『内蒙古遼代石刻文研究』（内蒙古大学出版社、二〇〇二年）、同編著『内蒙古遼代石刻文研究（増訂本）』（内蒙古大学出版社、二〇〇七年）、閻鳳悟編『全遼金文』（山西古籍出版社、二〇〇二年）、梅寧華主編『北京遼金史迹図志（上・下）』（北京燕山出版社、二〇〇三―二〇〇四年）、劉鳳翥・唐彩蘭・青格勒編著『遼上京地区出土的遼代碑刻彙編』（社会科学文献出版社、二〇〇九年）などがある。
(32)　契丹文字についての研究は数多くあるが、著書としてまとめられたものとしては清格爾泰・劉鳳翥・陳乃雄・于宝林・邢復礼『契丹小字研究』（中国社会科学出版社、一九九八年）、即実『謎林問径――契丹小字解読新程』（遼寧民族出版社、一九九六年）、清格爾泰編著『契丹小字釈読問題』（東京外国語大学アジア・アフリカ研究所、二〇〇二年）、愛新覚羅烏拉熙春

『契丹言語文字研究』（東亜歴史文化研究会、二〇〇四年）、Kane, Daniel, *The Kitan Language and Script* (Leiden; Boston: Brill, 2009）などがある。

（33）愛新覚羅烏拉熙春『契丹文墓誌より見た遼史』（松香堂書店、二〇〇六年）、愛新覚羅烏拉熙春・吉本道雅『韓半島から眺めた契丹・女真』京都大学出版会、二〇一一年）などを参照。

（34）ただし、これらの国号の変遷は漢文の外交文書上の区分であり、石刻史料などを見る限りでは、使用状況は明確に区別することはできない。「大契丹」「大遼」の使用状況については劉浦江「遼朝国号考釈」（『松漠之間——遼金契丹女真史研究』中華書局、二〇〇八年）を参照。

（35）たとえば、金在満『契丹・高麗関係史研究』（国学史料院、一九九九年）は、序論においてこの問題を詳細に論じ、同時に金氏の立場を表明している。

第一部　遼における渤海的秩序の継承と変化

第一章　東丹国と東京道

はじめに

天顕元年（九二六）に渤海国を滅ぼした遼朝は、その遺民の一部を上京道方面に徙民し、残りの者は渤海国の旧領に新設された東丹国を通じて支配を行うことにした。この遼朝の渤海遺民支配について、これまでの研究では、渤海人は農耕民であり州県制のもとに生活を送り漢法によって統治されていたのだから漢人と同様乃至はそれに準ずる扱いをされていた、という観点から論じられてきた[2]。この観点に従えば、渤海人は州県制のもとに置かれていたのだから南面官の管轄下にあったとしなければならない。ところが、渤海遺民統治のために設けられた東丹国の官を『遼史』百官志は北面官としている[3]。ただここでは東丹国の官を北面皇族帳の官としており、東丹国の初代の国主が皇太子の耶律倍であったことを考えると、皇太子付の官であるから北面皇族帳の官であると編者が判断したとの解釈も成り立つ。しかし、『遼史』巻四五百官志一、北面諸帳官の条[4]には渤海帳司なる官がみられ、その官について、

遼太祖帝王の度有る者三、遙輦氏に代わり、九帳を御営の上に尊ぶ、一なり。渤海国を滅ぼし、其の族帳を存し、遙輦に亜ぐ、二なり。奚王の衆を併せ、其の帳部を撫し、国族に擬す、三なり。英雄の智有る者三、国舅に任じ以て皇族と耦ばせ、乙室を崇び以て奚王に抗し、二院を列ね以て遙輦を制す、是なり[5]。

と述べ、渤海人を契丹・奚などと同様に扱っている。このような渤海人の取り上げ方から考えると、東丹国の官が北

面とされたのは、単に東丹国主が皇太子だったからというだけではなく、渤海人の統治機関は北面に属すという認識が百官志の編者の念頭にあったからと考えることができよう。これは、遼朝統治下において渤海人は必ずしも漢人と同様に扱われていたわけではなく、むしろ全く異なる存在と見なされていた可能性を示唆しているといえよう。また、渤海が北面に属すとなれば、「農耕民の統治機構は南面、遊牧民の統治機関は北面」とする二元体制（または二重体制、双重制）と呼ばれる遼朝の統治の在り方についての従来の考えは、再検討の必要が出てこよう。

無論、渤海人の統治機関を北面官としたのは、あくまでも百官志の編者であるから、百官志の記事を根拠に従来の説をにわかに否定するのは早計である。そこで本章では、東丹国が名目的な存在であったか否かについて考察することを通じて、「遼朝統治下の渤海人は漢人とは異なる存在として扱われていた」という上述の考え方が成り立つかを検証していきたい。東丹国は天顕三年（九二九）頃に東京遼陽府に遷徙した結果、名目的な存在になってしまったと従来言われてきた[6]。その理由は、渤海人が漢人と同じく農耕民であり、渤海国時代から州県制をとっていたため、彼らが東京道に遷されると、容易に東京道の州県制のもとに吸収されていったからであるとされている。したがって、東丹国が名目的であったか否かを検討することは、とりもなおさず東丹国の渤海人が漢人の州県制のもとに置かれていたか否か、さらにいえば東丹国の渤海人が漢人と同様の存在として見なされていたか否かを検討することになるのである。

一　東丹国は廃止されたのか

従来の研究は、『遼史』巻一〇聖宗紀一、乾亨四年十二月庚申の条に「中台省の官を省く」とあるのを根拠に、乾

表１　左右相・左右平章事及び左右大相・左右次相の事例一覧

年代	事例	出典
天顕元（926）	（二月）以皇弟迭剌為左大相、渤海老相為右大相、渤海司徒大素賢為左次相、耶律羽之為右次相。	『遼史』巻２
	渤海平立皇太子為東丹王、以（耶律）羽之為中台省右次相。	『遼史』巻75
	（七月）東丹国左大相迭剌卒。	『遼史』巻２
天顕中	（耶律羽之）遷中台省左相。	『遼史』巻５
会同元（938）	（七月）遣中台省右相耶律述蘭質烈哥使晋。	『遼史』巻４
会同３（940）	（耶律羽之）表奏左次相渤海蘇貪墨不法事。	『遼史』巻75
天禄２（948）	（十月壬午）以中台省右相（耶律）牒蠟爲南京留守、封燕王。	『遼史』巻５
応暦（951～969）初	（高模翰）召為中台省右相。	『遼史』巻76
応暦９（959）	正月（高模翰）遷左相。	同上
保寧５（973）	（七月）以保大軍節度使耶律斜里底爲中台省左相。	『遼史』巻７
統和２（984）	（十二月）大仁靖東京中台省右平章事。	『遼史』巻10
統和16（998）	（二月）以監門衛上将軍耶律喜羅為中台省左相。	『遼史』巻14

亨四年（九八二）に東丹国が名実ともに廃止されたとしている。[7] 中台省は東丹国の官であり、その中台省が廃止されたのだから東丹国も廃止されたのだ、と考えたからである。この東丹国の廃止の問題は、後の考察にも深くかかわる問題を含んでいるので、はじめに論じておくことにする。

さて、従来の説には一つ弱点がある。それは、乾亨四年以降にも中台省の記事が見えることである（表1を参照）。これに関して松井等氏と金渭顕氏は乾亨四年以降に見える中台省の官について整合的な解釈を試みている。[8] 両氏の解釈を示すと次のようになる。まず、『遼史』巻四八百官志四に、

三京宰相府職名総目

左相。

右相。

左平章事。

右平章事。

東京宰相府。聖宗統和元年、詔三京左右相、左右平章事。

中京宰相府。

南京宰相府

とあるのにもとづき、乾亨四年以降に見える中台省の官名と、三京宰相府の官名が一致することを指摘する。また、この史料から統和元年に宰相府が設置されたと主張する。つぎに、『遼史』巻四五百官志一、北面皇族帳官の条に掲げる中台省の官は、左大相、右大相、左次相、右次相であり、この中には乾亨四年以降に中台省の官として現れる右平章事の官が見えないことから、乾亨四年以降中台省の官と称しているのは、実は東京宰相府の官であると解釈を下す。つまり、両氏の解釈に従えば、中台省は統和元年（九八三）に設置された東京宰相府に吸収されたことになる。

もし上記の松井・金説が否定されるならば、中台省の官が乾亨四年以降に見える以上、東丹国の最終的な廃止はもっと後の時代（あるいは廃止されなかった可能性もある）としなければならなくなる。結論を先に言えば、この説の最大の根拠である東京宰相府の実在は極めて疑わしいものであり、したがって松井・金説は成り立たないのである。以下にその理由を述べる。

まず問題にすべきは、『遼史』百官志の編纂方針である。百官志の記事はほとんど本紀や列伝から官職名とおぼしきものを抽出して記録したものであり、全く考証が為されていない。その結果、しばしば架空の官庁を作り出している。[9] そこで、三京宰相府の存否を考えるに当たっては百官志がもとづいた史料を検討する必要がある。

百官志では、官職名を記した後に「某年、某官の某人見える」などと、その出典を明示するのが通例である。したがって、「聖宗統和元年、三京左右相、左右平章事に詔す」という注記がなされていることから、百官志がもとづいたのは『遼史』巻一〇聖宗紀一、統和元年（九八三）十一月庚辰の条の、

上、皇太后と乾陵を祭る。詔を下し三京左右相、左右平章事、副留守、判官、諸道節度使判官、諸軍事判官、録事参軍等に諭す、公方執るに当り、阿順するを得るなかれ。諸県令佐如し州官及び朝使の非理の徵求に遇わば、畏徇すること或るなかれ。恒に采聴を加え、以て殿最と為す、と。[10]（以下、史料Aと称す）

という史料であるのは明白である。統和元年時点では中京・西京は置かれていないので、ここで言う三京とは上京・東京・南京をさす。ところが、百官志の方では、三京宰相府は東京・中京・南京に設置されたことになっている。百官志の記事がこの史料にもとづいたものと考えられる以上、上京宰相府の存在を百官志が黙殺しているのは、奇妙なことといわねばなるまい。『遼史』の編者が上京宰相府を書かなかったのは、『遼史』の編者が元代（つまり『遼史』が編纂された時代）の行省の制度を遼代に当てはめようとしたからであろう。[11]『遼史』の編者は上京を遼の首都とみなし、元の「中書省腹裏」と同じように中央の宰相の管轄と考えたのである。つまり、百官志に見える三京宰相府は、元の行省制度を過去に投影することによって造り出されたものであり、実在が疑わしいといわねばなるまい。

しかし、左右相・左右平章事という官が存在したことは疑いない。ゆえに、これらの官が三京宰相府なる官とは無関係であることを明らかにしえないかぎり、三京宰相府の実在を完全に否定することはできない。そこで、左右相・左右平章事について考察してみよう。

表1には乾亨四年以前の左右相の例が含まれており、しかもいずれの事例も「中台省」の名称が冠せられている。ところで、**表2**は渤海国時代の中央官制の一覧であるが、[12]これによると渤海国には中台省には右相が、宣詔省には左相が置かれていたことがわかる。つまり、左右相は渤海国以来の由緒ある官名なのである。したがって、左右相の官名は左右大相の単なる省略ではない。ある時期に渤海国時代の官名の復活が行われたものと解釈すべきである。これは史料中で左右相と左右大相が出現する年代が明確に区別されていることからもうかがえよう。左右平章事は乾亨四年以前の事例が無いが、左右相の名称が復活していることから考えると、こちらの名称も復活していたと考えられる。[13]したがって、左右相・左右平章事は中台省の官名と見なすことができる。乾亨四年以降の記事に中台省の官として左右相・左右平章事が現れていても、それを「百官志に見える名称と異なるから、中台省の官ではない」と否定する必

表2　渤海の官制

政堂省
- 大内相
  - 左司政　左允
  - 右司政　右允
- 忠部（吏部）　忠部卿―忠部少卿
  - 忠部郎中―忠部員外
  - 爵部郎中―爵部員外
- 義部（礼部）　義部卿―義部少卿
  - 義部郎中―義部員外
  - 膳部郎中―膳部員外
- 礼部（刑部）　礼部卿―礼部少卿
  - 礼部郎中―礼部員外
  - 計部郎中―計部員外
- 仁部（戸部）　仁部卿―仁部少卿
  - 仁部郎中―仁部員外
  - 倉部郎中―倉部員外
- 智部（兵部）　智部卿―智部少卿
  - 智部郎中―智部員外
  - 戎部郎中―戎部員外
- 信部（工部）　信部卿―信部少卿
  - 信部郎中―信部員外
  - 水部郎中―水部員外

宣詔省
- 左相―左平章事―侍中
  - 左常侍
  - 諫議

中台省
- 右相―左平章事―内史―詔誥舎人

中正台　大中正―少正

殿中寺　殿中大令―殿中少令

宗属寺　宗属大令―宗属少令

太常寺　太常卿

司賓寺　司賓卿

大農寺　大農卿

文籍院　文籍監―文籍少監

司蔵寺　司蔵令―司蔵丞

司膳寺　司膳令―司膳丞

冑子監　冑子監長

巷伯局　常侍

十衛（左右猛賁衛・左右熊衛・左右羆衛・南左右衛・北左右衛）　大将軍　将軍

地方　府都督（節度使）　州刺史　県丞

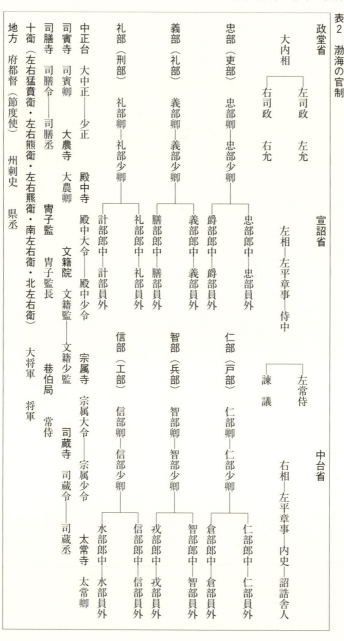

要はないのである。

『遼史』の百官志の編者は、中台省の官に左右相・左右平章事が存在したことに気が付いていない。これは百官志の中台省の条にこれらの官名が記されていないことから明らかである。その編者が史料Aを見れば、そこに見える左右相・左右平章事を中台省の官と結び付けることは不可能であろう。そこで「相」であるとか「平章事」という字面から「宰相府」なる架空の官を捏造せざるを得なかったのである。

以上見てきたように、東京宰相府は百官志の編者が生み出した架空の官であり、その宰相府の存在を前提とした松井・金説も成立しえない。したがって、乾亨四年以降も中台省の官が見える以上[14]、乾亨四年以降も東丹国が存続していたということができる。

二　東丹国と東京道

前節では、東丹国が（少なくとも官制上は）乾亨四年以降も存続していたことを明らかにした。そこで本節では、東丹国が従来言われているように名目的なものであったのか否かについて検討していこう。

東丹国の中心は、最初は渤海国の首都であった忽汗城（上京龍泉府）に置かれたが、後に遼陽に遷された。遼陽は東京道の中心であり、東京留守司が設置されていた。この両者の関係はいかなるものであったのか。従来言われるように東丹国の機能は東京留守に吸収されたのであろうか。まずこの点について考えてみよう。

さて、東京道の長官と目される東京留守と、東丹国の官である中台省の関係の一端は、先程の史料Aからうかがうことができる。左右相・左右平章事とともに史料A中に列挙されている官は、副留守・留守判官・節度判官・軍事判官・録事参軍で、いずれも州の次官クラスである。したがって、これらの官とともに上げられている左右相・左右平章事も、次官クラスの官といえそうである。この史料の内容が、「上司に阿ることの無いようにせよ」と、ここに列挙されている諸官を戒めているものであることも、上の推測を裏付ける。

中台省の左右相・左右平章事の上司として考えられるものは三つある。東丹国主、東京留守、それと渤海国時代に左右相・左右平章事の上の官であったとされる政堂省の大内相[15]である。この三つのなかで、史料Aの時点で左右相の上司たりえたのは東京留守のみである。まず、大内相であるが、東丹国の中台省は国政の最高機関の役割を担って発足しており[16]、大内相が左右相の上に立つ体制があったとは考えられない。また、東丹国主は、天禄元年（九四七）に東丹国主となった耶律安端が応暦年間（九五一～九六九）に没した後は空位であった。大内相と東丹国主が存在していないのだから、確実に存在していたことが明らかな東京留守が左右相・左右平章事の上司とするのが適当である。それならば、左右相・左右平章事は単なる東京道の次官に過ぎず、そして東丹国は有名無実化したといえるのであろうか。

日野開三郎氏は、東京道が南女直湯河司（湯河詳穏司）・東京都部署司・東京統軍司・東京留守司・北女直兵馬司・黄龍府都部署司の六つの軍管区に分割されていたことを指摘している[17]。どの地域がどの軍管区に属すかを知るには、『遼史』巻三八地理志二の記載を見ればよい。例えば、

郢州、彰聖軍、刺史。渤海置く。兵事北女直兵馬司に隷す[18]。

とあり、郢州が北女直兵馬司の管轄内であったことがわかる。『遼史』の地理志がこのような構成になっているため、従来見落とされている記事がある。それは『遼史』巻三八、地理志二に見える、以下の記事である。

開州、鎮国軍、節度。……東京留守に隷す、兵事東京統軍司に属す。統州三、県一[19]。

従来の考え方ならば開州は「東京留守に隷」しているとあるので軍事的に東京留守司の管轄にあるとすることができそうである。しかし、わざわざ東京統軍司の方には「兵事」と記しているのであるから、「東京留守に隷す」というのは軍事に関してではないと考えるのが妥当である。恐らく開州は行政的に東京留守の管轄下にあったのだろう。東京道の長官は東京留守であるから、東京道にある州が東京留守の管轄下にあるのは、一見当たり前のように見受けられる。しかし、前引の開州の記事を次の史料と比較すると、その特異な点に気が付く。『遼史』巻三九地理志三、中京道に下のような記載が見られる。

中京大定府、……

恩州、懐徳軍、下、刺史。本と漢の新安平県の地。太宗州を建つ。開泰中、渤海戸をもって之を実たす。初め永興宮に隷す、後中京に属す。統県一。……[20]

つまり、ここでは、行政的に中京の管轄下にあることを示すのに「中京に属す」と書くだけで、「中京留守に属す」とはしないのである。この中京の例との比較から考えると、「東京留守に隷す」という記述には何か特別な意味があると考えなければなるまい。「東京留守」とあえて官庁名を書いているのは、恐らく東京留守以外にも、諸州の行政を統括する官庁があったことを示しているのではなかろうか。そうなると、中台省が東丹国の領域と見なされる地域を管轄下に置いていた可能性が出てくる。

先述のごとく、東丹国による実質的な渤海遺民統治は、皇位継承争いに端を発した東丹王耶律倍の拘禁、及び東丹国の遼陽への遷徙（これは旧渤海領を殆ど放棄することを意味する）によって終わりを告げたと従来考えられてきた[21]。したがって、従来の説にもとづけば、中台省が東丹国の領域を管轄することはなかったことになる。そこで、遼陽遷徙後の東丹国が一定の領域を管轄していたのか否かについて考察してみる必要がある。

まず東丹国の遼陽遷徙について検討してみよう。東丹国の遼陽遷徙の完了時期について、従来あまり検討されていない。日野開三郎氏は（管見の限りでは）唯一この問題に触れ、天顕四年（九二九）初頭には完了したと論じている。[22]ところが、この説に対しては有力な反証がある。『日本紀略』後編一、延長七年（九二九）十二月二十四日条の、

渤海国入朝使文籍大夫裴謬丹後国竹野郡大津浜に著く。[23]

という記事がそれである。『扶桑略記』巻二四、延長八年（九三〇）四月朔日条をみると、ここに見える渤海国入朝使とは東丹国の使であることがわかる。ところで、渤海から日本へのルートは朝鮮半島沿岸を南下して九州の太宰府に至るものと日本海を横断して能登、越前、丹後、出雲等に至るルートの二つがあった。もしこの時点で東丹国が完全に渤海の旧領を放棄していたのであれば、東丹国の使者は遼東から朝鮮半島沿岸を南下して太宰府に来るはずである。この場合は丹後に到着しているのだから、日本海を横断してきたと考えたほうが自然である。その場合の東丹国の使者の出発地は龍原府ないし南海府となる。[24]また日本海の横断には、冬に吹く西北の季節風を利用されたので、[25]使者が秋より以前に出発することはない。したがって、天顕四年の冬の時点ではまだ南海府ないし龍原府は東丹国の支配下にあったと考えざるを得ない。以上の考察により日野説は成り立たないことは明らかである。それでは、東丹国の遼陽遷徙の完了時期は何時頃と考えられるであろうか。

『遼史』巻三太宗紀上、天顕六年（九三一）四月の条に、

是月、中台省を南京（遼陽）[26]に置く。[27]

という記事がある。中台省は天顕元年にすでに設置されているのだから、ここで言う「中台省を置く」は「中台省という官庁を新設した」という意味にはとれない。かといって、この記事を全く事実無根と考えるのも、いささか無謀過ぎよう。さて、天顕元年時点の中台省の所在地は天福城（忽汗城、渤海の上京）であった。[28]それならば、この記事は

「天福城にあった中台省を南京（遼陽）に遷した」と解釈することができる。この時期に中台省を遼陽に遷した理由は、天福城が東丹国の首都としての使命を果たし終えたからに相違ない。それはとりもなおさず、東丹国の中心がこの時期になって遼陽に遷ったことを示す。

天顕三年（九二八）十二月に東丹国の遼陽への遷徙が開始され後、なお二年以上も中台省が天福城に置かれていたのは、中台省が東丹国の行政機関としてそれなりの役割を果たしていたからであろう。また、東丹国の遼陽遷徙後にも中台省を存続させたのは、東丹国を存続させる方針を明確に人々に伝え、強制的な遷徙に対する不安を打ち消そうとしたからではなかろうか。このように考えると、遼陽遷徙によって東丹国が名目的なものになったとは必ずしもいえないのではなかろうか。

以上にみてきたように、東丹国が早くから名目的な存在となったと断言することはできない。そこで、さらに考察を進めて、東丹国が一定の領域を管轄していたか否かを検討してみよう。

『遼史』巻三八地理志二に、

康州、下、刺史。世宗渤海率賓府の人戸を遷して置く。顕州に属す(29)……

という記事がある。世宗は在位が九四六—九五一年で、東丹国が渤海の旧領を放棄してからかなり時間を経ており、ここでいう「渤海率賓府」が渤海国の率賓府（ロシア領ニコリスク付近）であることはありえない。したがって、この記事の「渤海」は、渤海国をさすのではなく、「渤海」と呼びうる別の何かであると考えなければならない。世宗の頃「渤海」と呼びうる勢力として考えられるのは、渤海の旧領での渤海復興運動の結果成立した諸政権（定安国・兀惹政権(30)）か、遼朝が渤海の後継国家を標榜して設置した東丹国のいずれかである。もし前者と仮定するならば、遼朝がこれらの政権を経略して、降伏した（あるいは略奪した）率賓府の人戸を遷したことになる。しかし、遼朝がこれらの政権を経略するのは聖宗朝（九八二―一〇三一年）に入ってからのことであり、世宗の時代にこの地域を経略した形跡はない[31]。したがって、この史料に現れる「渤海」は前者である可能性はない。故にこの「渤海」は東丹国を示すと考えてよく、「渤海率賓府」は「東丹国の率賓府」と読み替えることができよう。これは東丹国が少なくとも率賓府の置かれていた地域（位置は未詳）とそこの住民を支配していたことを意味する。

遼朝の州県のなかには、そこの住民の原住地の州県名をつけたものがある。『遼史』巻三七地理志一に、

潞県。本幽州潞県の民。天賛元年（九二二）太祖薊州を破り、潞県の民を掠め、京の東に布き、渤海人と雑処せしむ。崇徳宮に隷す。戸三千[32]。

とあるのがその例である。先程の率賓府も同名の府が渤海にもあったのだから、そこの住民を徙民して建置されたのが東丹国の率賓府ではないか、と考えることができそうである。そして、東京道の諸州には、渤海時代の州名と同じもの、あるいは「本渤海某州」「渤海置く」などと称されているものが多数みられる。そこから、これらの州は率賓府と同様に東丹国の管轄下に置かれた州ではないか、という可能性が生じる。もし、この考えが正しければ、東丹国は遷徙後も遷徙前の体制を変えることなく、領民を統治していたことになる。

さて過去の研究の大半も、渤海国時代の州名と同じものや「本渤海某府州」となっている州の多くは（全てというわけではない）、渤海国の当該州の住民を遷してきたものであろうと考えている[33]。しかし、津田左右吉氏は以下の諸点を根拠にこの考えを否定して、東京道の諸州は、渤海国時代の州とは無関係であると論じている。すなわち、

（1）上京道の場合は、渤海人が遷された州はいずれもその事情を記載しているのに対し、東京道の場合には一部の例外を除きその記載が見られない。

（2）渤海遺民は上京道方面に遷すのが遼朝の方針であったと考えられる。それは徙民の目的は民を故郷からなる

べく離すことにあったからである。ゆえに渤海人を東京道に広く分布させたとは考えられない。

（3）漢人を遷して新設した州にも渤海の州名を用いているものがある（渤海の東京龍原府の故地とされた開・塩・穆・賀州など）。

（4）上京道の例を見ると、いずれも遷してきた民の原住地の州県名を用いていない。

（5）康州は率賓府の人戸を遷して建てられたとあるが、康州は渤海時代の率賓府の属州のなかには見いだせない。これは州名とその地に遷された渤海人の故郷との間に何の関係もないことを示している。

（6）地理志で「本渤海某府州」と記載されている州のなかに、その州から遷されたものがいないと推測できるものがある。

（7）明らかに後代になって置かれた州にも渤海の州名を用いている。

といった点である。[34] もし、津田氏の説が認められるならば、遷徙後も、引き続き東丹国が一定の管轄地域及び人戸を持っていたという仮説は成り立たなくなる。そこで、以下津田氏の説について検討してみたい。

まず（1）であるが、周知のごとく、『遼史』地理志の東京道の記載はあたかも遼朝が旧渤海領を支配下においているかのごとく見せるため、乃至、編者がそのように誤解したために記事が混乱を極めている。そのような情況で書かれているのだから、渤海人を遷したという、渤海旧領放棄をにおわすような記述がなされるわけはない。

（2）について、津田氏は東丹国は例外的な事情で東京道方面に渤海人が遷されたのだと論じている。今問題にしている渤海人の移動はまさに東丹国の遷徙にかかわる問題なのである。したがって、たとえ上京道に渤海人を遷すのが遼朝の基本方針だったとしても、東丹国の遷徙にともない東京道方面に大量の渤海人が遷された可能性をあえて否定する必要はない。

（3）に関しては、津田氏の言うとおりで、地理志の編者は本来無関係な州を名称の一致を根拠に無批判に結び付けている。ただし、だからといって全ての州がそうであるとは言いきれまい。まず考えておかなければならないのは、東丹国の遷徙に当り、渤海の旧領の全地域の住民が徙民させられたわけではないことである。日野開三郎氏の考証によれば、東平府・安遠府・懐遠府・鴨渌府は渤海滅亡後も遼の勢力下に入っていなかった(35)。地理志は先述のような編集方針にもとづいているので、当然これらの府も東京道のなんらかの州に比定しなければならなくなる。そこで、名称などの点で何かしら共通点のある州とこれらの府を強引に結び付けざるを得なかったのである(36)。逆にいえば、地理志が無理に渤海の州県と結び付けていると断定しえない州の場合は、「本渤海某府州」という記事がそこの住民の原住地をさすことを、あえて否定する必要はない。

（4）は、上京道への徙民と東京道への徙民の性質の差から出たものと考えればよい。上京道への徙民は一種の略奪であるのに対し、東京道への徙民は国を移動させるものであり、組織だったものである。後者の場合、移動先の州名を元の州名と変える必然性はないであろう。

（5）については、前述のようにこの率賓府は東丹国の率賓府としか考えられない。むしろこの史料は渤海人の原住地と州名の間に深い関係があることを示すものである。

（6）、（7）に関しては（3）と同様の理由により渤海人の原住地と州名の間に関係あるという考えに対する十分な反証とはなりえない。

以上に見てきたとおり、津田説は成立しがたい。よって、渤海国時代の州名と同じものや「本渤海某府州」となっている州の多くは、渤海国の当該州の住民を遷してきたものということができる。そして、これらの州は東丹国の管轄下に置かれていたものと見なせるのである。

以上の考察により、東丹国が決して名目的な存在ではなかったことが明らかになった。そして、このことは前述のように遼朝が東丹国の渤海人を漢人とは異なる存在として扱っていたことを示すこととなろう。それでは、東丹国の渤海人はいかなる点で漢人とは異なる存在であると見なされたのであろうか。以下この問題について考察してみよう。

三　東丹国の渤海人

東丹国の渤海人がいかなる点で漢人と異なる存在であると見なされたのかという問題を考えるにあたっては、東丹国が遷徙した際、各州の住民をその構成を変えることなく遷した、ということが重要な意味を持つ。東丹国の遷徙の際には、各州の住民をその構成を変えることなく遷してきたのであるから、当然地方統治は遷徙以前の方法を維持していたはずである。そして遷徙以前の東丹国の統治は『契丹国志』巻一四東丹王伝に

是より先、突欲（耶律倍）東丹に鎮せし時、乃ち渤海、国亦宮殿あり、十二旒冕服を被り、皆龍像を画く、制を称し令を行う。凡そ渤海左右平章事、大内相已下の百官、皆な其の国自ら除授す、契丹国に細布五万匹、粗布十万匹、馬一千匹を歳貢す[37]。

とみえるように、遼朝の支配体制を無理に押し付けられることはなく、おそらくは渤海時代の支配体制をそのまま引き継いだといわれている[38]。したがって東丹国は遷徙後も渤海国の統治体制を変えることはなかったといえよう。

それでは、渤海国の地方統治体制はどのようなものであったのか。これについては河上洋氏の論考があるので[39]、氏の所説にもとづいて渤海国の地方統治を略述しておこう。『新唐書』巻二一九渤海伝や『続日本紀』などの日本史料に見える渤海使の記録から、八世紀半ばから九世紀はじめにかけて、渤海国では府・州・県からなる地方支配体制が

整備されたことがうかがえる。ところで『類聚国史』巻一九三殊俗、渤海は、以下のように渤海の地方組織について記録している。

其の国延袤両千里、州県館駅なく、処処に村里有り、皆靺鞨の部落。其百姓は、靺鞨多く、土人少し、皆土人を以て村長と為す。大村を都督と曰い、次を刺史と曰う、其の下百姓皆な首領と曰う(40)。

これによれば、渤海国の府州（史料中に見える都督・刺史がそれぞれ府・州を示す）は靺鞨族の自然集落にそのまま府・州の名を冠したものであったことがわかる。また、この史料には首領という語があるが、これは在地の部落長に与えられたものであり、その地位は都督・刺史より下位の官であったと考えられる。首領が在地のものに与えられた官であるのに対し、都督・刺史には「土人」つまり渤海の支配者集団があてられた。これは都督・刺史が中央から派遣されたことを示す。そして、都督・刺史は首領達を指揮することにより周辺の小部落を統括していったと考えられる。

上に略述した渤海国の地方統治体制は、中国のそれとは異なっている。これは渤海国の州・県についての記録が存在するにもかかわらず、『類聚国史』に「州県館駅なく」と表現されていることからも明らかである。『類聚国史』の記事は渤海国の州県が中国の州県とは懸け離れたものであることを端的に示しているのである。このような中国と渤海国の地方統治体制の違いの原因は、渤海国が靺鞨部落などの在地の支配組織を解体できなかったことにある。東丹国の遷徙の際には、渤海国の州県をそのままの形で動かしたのだから、在地の支配組織も解体されなかったことは想像に難くない。在地組織の解体が行なわれず、そして中国の州県制とは異なる状況のもとでは、中国的な州県制をあえて導入するよりは、渤海以来の地方統治の方法を維持した方が円滑な支配が望めるであろう。そこで東丹国は遷徙後も一定数の州県を管轄下に置くことになったと考えられよう。そして、この地方の統治組織の違いは、遼朝が渤海人を漢人と異なる存在と見なす大きな要因とすることができよう。

四　再び東丹国の廃止について

　これまで東丹国の考察を通して、遼朝が渤海人と漢人と異なる存在と見なしていたことを明らかにした。しかし、これが遼一代を通じての方針であったのだろうか。本節では、再び東丹国の廃止の問題をとりあげ、遼朝の渤海人に対する扱いの変化をあとづけてみたい。

　先述のように東丹国は乾亨四年以降も存続している。それでは「乾亨四年に中台省の官を省いた」という記録はいったい何を意味するのであろうか。「省く」は廃止ととるべきでないのならば、不必要な官を整理したと解釈することができそうである。しかし、「省く」を整理と解釈したとしても、このとき何故整理が必要だったのかという疑問が残る。遼代に関する史料からは、この問いに対する直接の答えは見いだせない。そこで、乾亨四年前後の東丹国・東京道を取り巻く状況から間接的に答えを見いだしてみよう。

　この前後の時期の東京道方面で目に付くことは、女直や渤海遺民政権の遼朝に対する攻撃、及び遼朝支配下の渤海人達の不穏な動きであろう。例として保寧七年（九七五）の黄龍府衛将燕頗を首謀者とした渤海人の大量亡命事件(41)、保寧八年（九七六）の女直による帰州攻撃(42)などがあげられる。これらの事件は、今まで東方への直接的な介入をあまり行ってこなかった遼朝に、東方政策の転換を迫るものであった。そして、聖宗朝に入ると東方の女直・高麗・渤海遺民政権に対する経略を積極的に行うことになる(43)。

　この遼朝の対東方政策の転換にともなって、前線基地としての東京道の重要度が高まったと考えられる。そのために、東京道の機能の強化が必要になってきたのではなかろうか。東京の機能を強化するに当たっては、渤海遺民によって構成された東丹国よりも、遼朝の直轄下にあって政策を貫徹させるのに都合のよい東京留守の機構の強化が行われたと考えられる。これにより、一部東丹国の業務が東京留守に移管されたのではなかろうか。それが「中台省の官を省く」と表現されたものと思われる。

これ以降、東京の渤海人に対して遼朝は直接的な介入を行い始める。その現れが、東京道における塩・酒等の専売の開始や商税の徴収の開始である。このような遼朝の態度に渤海人の不満が高まり、太平十年（一〇三〇）に遼陽府の渤海人を中心とした大反乱が起きることとなる。これが大延琳の乱である。

この反乱は遼朝に対渤海人政策の再考をうながしたものと思われる。その結果として反乱にくみした渤海人は中京道方面へ強制的に移住させられている。[44] そのほかの戦後処理として「渤海の旧族、勳労、材力ある者は敍用す」ということが行われている。[45] この二つの戦後処理から、東丹国の廃止を読み取ることができる。

まず、前者の強制移住についてみてみよう。前述のように東丹国は、渤海時代の地方支配の組織をそのまま継承している。大延琳の乱後の強制移住は、反乱に与したもののみを移住させたのであるから、同一州県内で、反乱側と遼朝側に分かれた場合、その州県の在地の支配機構は移住により分断されることになる。[46] これは渤海国時代以来の渤海人の地方組織の解体を意味する。このことにより東丹国によって従来の渤海人の地方組織の管理を行う必要性が薄れたと考えることができよう。

次に乱の際に遼側にくみした渤海人の処置として「敍用」について考えてみよう。中台省左右相・左右平章事の任官事例は統和十六年以降検出されず（表1）、また、『高麗史』にしばしば見える渤海時代の官号を帯びた遼の東京の使者（これは東丹国の官と考えられる）の事例も聖宗の太平元年（一〇二一）以降全く現れなくなる。[47] そして、聖宗の次の興宗の時代（一〇三一―一〇五五）になると、東京の使者はいずれも中国式の官名を名乗っている。これは東丹国の官が漢人の官僚体系のなかに完全に吸収されてしまったことを示唆する。そこで、乱後の処置として渤海人を「敍用」したことを、東丹国の官を漢人の官に叙任し直したと解釈すれば、興宗朝以降の史料に東丹国の官がみえないことがすっきりと説明できるのである。

以上のことから、大延琳の乱を契機に東丹国が廃止されたということができる。そして、東丹国廃止後の渤海人は、漢人の官に叙任されたことなどから考えると、漢人と同じ存在として扱われるようになったといえそうである。

しかし、渤海人が漢人と同じ存在として見なされたからといって、必ずしも渤海人と漢人が同格であったとはいえないようである。漆俠氏は、『遼史』列伝中に見える人物の民族別の割合から、渤海人が遼朝の政権中枢において果たした役割は、漢人のそれよりもはるかに低かったと結論している(48)。この漆俠氏の説は、宰相クラスの官に就いた渤海人の事例が南府宰相の大康乂のわずか一例しか検出できないことからもほぼ裏付けられる(49)。このように渤海人が政権中枢にあまり参画できないのは、渤海人が漢人と比べる官位の昇進において差別を受けていた、つまり渤海人は漢人と同格とは見なされていなかったからと考えることができよう。

一方渤海人も漢人との完全な同化は望んでいなかったと考えられる。『遼史』巻一一四逆臣伝、奚回離保の条に

是年、金兵居庸関由り入る。回離保北院を知す、箭笴山に即きて自立し、奚国皇帝と号し、天復と改元し、奚、漢、渤海三枢密院を設け、東西節度使を改め二王と為し、司を分け官を建つ(50)。

とあるのがそのことを示している。これは遼末に奚回離保が自立したときの記事である。新たに自立するからには配下の者たちの意にかなう政策を行ったであろう。そのような情況で渤海枢密院を設けたのであるから、これは渤海人たちの希望によるものと考えてよい。ここから渤海人は漢人とは別の存在として扱われることを望んでいたことがうかがえるのである。

以上のことから、聖宗末年に東丹国は廃止され、その結果、東丹国の渤海人は漢人と同じ存在であるかのようになったことが明らかとなった。しかし、そのことによって、渤海人と漢人の格差の問題、あるいは漢人との同化への渤海人の不満という問題を新たに抱えることとなる。これは、渤海人と漢人が完全には同一の存在ではなかったからといえよう。

おわりに

本章では、「遼朝において渤海人が必ずしも漢人と同様の存在とは見なされていなかったのではないか」という仮説を、東丹国の存廃の考察を通じて検証してきた。その結果、遼中期までは、東丹国が実体を伴った形で存在していたことが確認でき、そして、渤海人が必ずしも漢人と同様の存在とは見なされていないことを検証することができた。無論、東丹国の管轄外にいた渤海人も漢人とは別のものと見なされていたかどうかは、改めて考えなければならない。しかし一例でも反証があれば、「渤海人は漢人と同じ」という従来の考え方は再検討されねばなるまい。

はじめに言及したように、上記の検証の結果は、二元体制の考え方にもとづく遼朝の支配体制の解釈に修正を迫るものとなろう。二元体制の議論では遼朝支配下の各民族を農耕民と遊牧・牧畜民に二分して考えることになる。同じ農耕民族あるいは遊牧・牧畜民族といってもそれぞれ異なる歴史的・文化的背景を持っているはずなので、二元体制による解釈が有効であるためには各農耕民族、各遊牧・牧畜民族間の差異が少ないことが前提となる。従来はこの前提が自明のものとして研究が進められてきたきらいがある。これは、遼朝統治下の渤海人についての研究が、渤海人は漢人と同質の文化（漢法や州県制）を持つことを自明のものとしていることからもうかがえよう。しかし、本章で考察したように、農耕民族に分類されている渤海人と漢人の間にはかなり差異があると遼代には見なされており[51]、各民族間の差異が少ないという考えは必ずしも自明のことではない。したがって、二元体制にもとづく遼代史の解釈もその有効性を再検討してみる必要があるのである[52]。そして、再検討のためには、まず遼朝が多くの民族を内包した国家であることを再認識し、そのうえで個々の民族の実態及び遼朝とのかかわりを究明していく必要があろう。

注

（1）『遼史』巻六一刑法志上に、「至太宗時、治渤海人一依漢法、余無改焉」と見える。
（2）津田左右吉氏は、渤海人も漢人と同様に州県の民であったと指摘する（「遼の制度の二重体系」『津田左右吉全集（一二）』、岩波書店、一九六四年。初出、一九一八年）。
（3）『遼史』巻四五百官志一、北面皇族帳官の条を参照。
（4）「北面諸帳」は遼制の部族のなかの特殊なものであると考えられている。詳しくは島田正郎『遼代社会史研究』（巖南堂書店、一九七八年。初版、一九五二年）を参照。
（5）「遼太祖有帝王之度者三、代遙輦氏、尊九帳於御営之上、一也。滅渤海国、存其族帳、亜遙輦、二也。併奚王之衆、撫其帳部、擬於国族、三也。有英雄之智者三、任国舅以耦皇族、崇乙室以抗奚王、列二院以制遙輦、是已」
（6）松井等「五代の世における契丹（上）」（『満鮮地理歴史研究報告』三、一九一六年）、艾生武「東丹国初探」（『北方論叢』一九八三―二、一九八三年）、島田正郎『契丹国　遊牧の民キタイの王朝』（東方書店、一九九三年）、等を参照。なお金毓黻氏は、東丹国が実際に機能していたと考えている（『渤海国志長編』華文書局、一九六六年。初版は一九三四年）。
（7）前注の松井等、島田正郎、艾生武の諸論考を参照。
（8）前掲松井等「五代の世における契丹（上）」、金渭顕「東丹国変遷考」（『宋史研究論叢』五、河北教育出版社、二〇〇三年）を参照。

(9) 馮家昇「遼史源流考及遼史初校」(『燕京学報専号』五、一九三三年)を参照。

(10)「上与皇太后祭乾陵、下詔諭三京左右相、左右平章事、副留守、判官、諸道節度使判官、諸軍事判官、録事參軍等当執公方、毋得阿順。諸県令佐如遇州官及朝使非理徵求、毋或畏徇。恒加采聴、以為殿最」

(11) 例えば、『遼史』巻四八百官志四に「遼有五京。上京為皇都、凡朝官、京官皆有之、余四京随宜設官、為制不一」と見える。

(12) 表の作成にあたっては櫻井俊郎「渤海の有力姓氏と中央官制」(大阪府立大学『歴史研究』三三、一九九五年)、島田正郎「新出土史料による渤海国史の新事実」(『遼朝史の研究』創文社、一九七九年。初出、一九五八年)。瀧川政次郎「日・渤官制の比較」(『建国大学研究院研究期報』一、一九四一年)を参照。

(13) 本章の基になった拙稿を発表後、左右相と左右大相の名称の違いについて、劉浦江「遼代的渤海遺民――以東丹国和定安国為中心――」(『松漠之間――遼金契丹女真史研究』中華書局、二〇〇八年。初出、二〇〇三年)において筆者と同様の見解を提示されている。それに対し、澤本光弘「契丹の旧渤海統治と東丹国の構造――「耶律羽之墓誌」をてがかりに――」(『史学雑誌』一一七―六、二〇〇八年)は「耶律羽之墓誌」のなかで、東丹国建国時の天顕元年(九二六)に耶律羽之が「中台省左平章事」に任じられたと記録していることなどから、中台省は建国当初から「左右相、左右平章事」という構成であったとの見解を示している。澤本氏の説は蓋然性は高いが、ただし、「耶律羽之墓誌」の撰述は会同五年(九四二)なので、撰述時点における中台省の官名を天顕元年時点のものに投影した可能性もあるので、ひとまず旧稿の表記を改めずにおく。

(14) 渤海の官制では、左相・左平章事の下に左常事という官があった。『高麗史』巻四顕宗世家一、十二年(一〇二一、遼聖宗太平元年)正月己丑の条に「契丹東京使左常侍王道冲来告其主将受冊礼」とあり、乾亨四年以降に左常事の事例が見られる。これも、乾亨四年以降に中台省が存在していたことの証左となろう。

(15)『新唐書』二一九渤海伝に「官有宣詔省、左相、左平章事、侍中、左常事、諫議居之。中台省、右相、右平章事、内史、詔誥舎人居之。政堂省、大内相一人、居左右相上、……」とある。

(16)『遼史』巻二太祖紀下、天顕元年(九二六)二月丙午の条に「改渤海国為東丹、忽汗城為天福。冊皇太子倍為人皇王以主之。以皇弟迭剌為左大相、渤海老相為右大相、渤海司徒大素賢為左次相、耶律羽之為右次相」とあり、東丹国は中台省の左右大

相・左右次相を国政の最高機関としていたことがうかがえる。このことについては、本書補説一で改めて論じる。

(17)日野開三郎「契丹の回跋女直経略について（三）」（『史淵』四八、一九五一年）を参照。

(18)「郢州、彰聖軍、刺史。渤海置。兵事隷北女直兵馬司」

(19)「開州、鎮国軍、節度。……隷東京留守、兵事属東京統軍司。統州三、県一」

(20)「中京大定府、……恩州、懐徳軍、下、刺史。本漢新安平県地。太宗建州。開泰中、以渤海戸実之。初隷永興宮、後属中京。統県一」

(21)これらの事件の推移については、注（7）に挙げた諸論考及び何俊哲「耶律倍与東丹国諸事考」（『北方文物』一九九三―三、一九九三年）を参照。また艾氏は外交・交易については、これ以降も東丹国の活動の権利が認められていたと論じている。

(22)日野開三郎「後渤海の建国」（『日野開三郎東洋史学論集』一六、三一書房、一九九〇年。初出、一九四三年）を参照。

(23)「渤海国入朝使文籍大夫裴謬著丹後国竹野郡大津浜」

(24)龍原府と南海府の対外交渉上の機能については河上洋「渤海の交通路と五京」（『史林』七二―六、一九八九年）を参照。

(25)卯田強「環日本海地域の自然と環境――とくに渤海時代の気候変動について――」（『環日本海論叢』八「渤海と環日本海交流」、一九九五年）に渤海使の航路と季節風の関係についての考証がある。

(26)燕雲十六州割譲（九三六年）以前は遼陽を南京としていた。

(27)「是月、置中台省于南京」

(28)注（7）の諸論考を参照。

(29)「康州、下、刺史。世宗遷渤海率賓府人戸置。属顕州」

(30)これらの政権関しては和田清「定安国に就いて」（『東洋学報』六―一、一九一六）、日野開三郎「兀惹部の発展」『日野開三郎　東洋史学論集（一六）』、一九九〇。初出、一九四三―一九四五年）、前掲同氏「後渤海の建国」、金渭顕『契丹的東方政策――契丹与高麗女真関係之研究』（華世出版社、一九八一年）等を参照。なお、九四〇年代にこれらの渤海復興運動が起

きていたのかは疑問がある。これについては前掲劉浦江「遼代的渤海遺民」、李美子「〈후말해〉국 존재여부에 대하여」（『白山学報』六七、二〇〇三年）、澤本光弘「契丹（遼）における渤海人と東丹国――「遣使記事」の検討を通じて」（『遼金西夏研究の現在（一）』東京外国語大学アジア・アフリカ言語文化研究所、二〇〇八年）および第二章を参照。

(31) 前注の諸論考及び津田左右吉「遼の遼東経略」（『津田左右吉全集（一二）』、一九六四。初出、一九一六年）を参照。

(32) 「潞県。本幽州潞県民。天賛元年太祖破薊州、掠潞県民掠、布於京東、与渤海人雑処。隷崇徳宮。戸三千」

(33) 前掲河上洋「渤海の交通路と五京」、前掲金毓黻『渤海国志長編』、前掲日野開三郎「後渤海国の建国」、楊保隆「遼代渤海人的逃亡与遷徙」（『民族研究』一九九〇―四、一九九〇年）、李龍範「遼 代東京道와 渤海遺民」（『史叢』一七・一八、一九七三年。のち『中世満州・蒙古史의 研究』同和出版公社、一九八八年に再録）、などを参照。ただし、これらの論考では、これらの諸州と遷徙後の東丹国との関係については触れられていない。

(34) 前掲津田左右吉「遼の遼東経略」を参照。

(35) 前掲日野開三郎「後渤海国の建国」を参照。

(36) 日野開三郎「小高句麗国の滅亡」（『日野開三郎東洋史学論集（八）』三一書房、一九八四年。初出、一九六六、一九六七、一九六九年）を参照。

(37) 「先是突欲鎮東丹時、乃渤海、国亦有宮殿、被十二旒冕服、皆画龍像、称制行令。凡渤海左右平章事、大内相已下百官、皆其国自除授、歳貢契丹国細布五万匹、粗布十万匹、馬一千匹」

(38) 前掲艾生武「東丹国初探」を参照。

(39) 河上洋「渤海の地方統治体制――一つの試論として――」（『東洋史研究』四二―二、一九八三年）を参照。

(40) 「其国延袤両千里、無州県館駅、処処有村里、皆靺鞨部落。其百姓者、靺鞨多、土（士）人少、皆以土人為村長。大村曰都督、次曰刺史、其下百姓皆首領」

(41) この事件については日野開三郎「渤海の扶余府と契丹の龍州・黄龍府」（『日野開三郎　東洋史学論集（一五）』三一書房、一九九一年。初出、一九五一―一九五二年）を参照。

(42)　この事件については日野開三郎「契丹の前帰州について」（前掲『日野開三郎　東洋史学論集（一六）』。初出、一九五一年）を参照。

(43)　遼の東方政策の転換と、その後の遼の東方経略に関しては、前掲津田左右吉「遼の遼東経略」、日野開三郎「統和初期における契丹聖宗の東方計略と九年の鴨緑口築城」（前掲『日野開三郎　東洋史学論集（一六）』、初出、一九六一年）、前掲金渭顕『契丹的東北政策』を参照。ただし、この政策転換は遼朝がこれを契機に東方をようやく重視し始めたことを意味するわけではない。この問題については次章「十世紀の東北アジアの地域秩序――渤海から遼へ――」においてあらためて考察する。

(44)　前掲艾生武「東丹国初探」を参照。

(45)　『遼史』巻一七聖宗紀八、太平十年（一〇三〇）十一月壬子の条

詔渤海旧族有勲労材力者敍用、余分居来、隰、遷、潤等州。

(46)　例えば『遼史』巻三八地理志二に「渌州、鴨渌軍、節度。……大延琳叛、遷余党、上京、置易俗県居之。在者戸二千。……」と見える。

(47)　『高麗史』に見える渤海時代の官号を帯した遼の東京の使者の事例は以下の通り。巻四顕宗世家一、十年（一〇一九、遼聖宗開泰八）、五月戊辰の条「契丹東京文籍院少監烏長公来見」。同巻、十年（一〇一九、遼聖宗開泰八）、八月の条「辛卯契丹東京使工部少卿高応寿来」。同巻、十二年（一〇二一、遼聖宗太平元）正月己丑の条「契丹東京使左常侍王道冲来告其主将受冊礼」。

(48)　漆俠「従対『遼史』列伝的分析看遼国家体制」（『歴史研究』一九九四―一、一九九四年）を参照。

(49)　『遼史』巻八八大康乂伝を参照。他に、夏行美が同政事門下平章事となったという事例が見られるが、『遼史』巻八七夏行美伝には「(大) 延琳謀沮、乃嬰城自守、数月而破。以功加同政事門下平章事、錫賚甚厚」とあり、同政事門下平章事はあくまでも実職に加えられたもの、つまり使相であることが分かる。

(50)　「是年、金兵由居庸関入。回離保知北院、即箭笴山自立、号奚国皇帝、改元天復、設奚、漢、渤海三枢密院、改東西節度使

為二王、分司建官」

(51)　そもそも、渤海人そのものを漢化した農耕民であると画一的にとらえること自体に問題がある。これについては、李成市「渤海史研究における国家と民族『南北朝時代』論の検討を中心に」(『朝鮮史研究会論文集』二五、一九八八年)、同「渤海史をめぐる民族と国家　国民国家の境界をこえて」(『歴史学研究』六二六、一九九一年)を参照。

(52)　李錫厚氏は日本の植民地政策との関連から、二元体制の考えを批判している(李錫厚「論遼朝的支配体制」『歴史研究』一九八八―三、一九八八年)。ただし、氏は遼朝の支配体制を一元的なものとしてとらえようとしており、筆者とは考えを異にしている。

補説一　東京と中台省――「東丹国と東京道」再考察――

はじめに

筆者は第一章において中台省の存在を指標として、遼が渤海を滅ぼした後に渤海遺民統治のために設置した東丹国が、聖宗朝末の太平十年（一〇三〇）まで存続したと論じた。第一章のもととなった論考は発表以来すでに十数年が経ち、その間に東丹国について論じた新たな研究が複数の研究者により発表されている。そのなかで、二〇一〇年に康鵬氏が発表した「東丹国廃罷時間新探」（『北方文物』二〇一〇年第二期）は東丹国の廃止時期について精緻な考察を加え、実質的な廃止を会同元年（九三八）、最終的な廃止時期を天禄五年（九五一）とする論を展開している。康鵬氏の議論は傾聴に値する点が多々あり、旧稿に対し修正・補足を迫るものといえるが、なお議論の余地があるように思われる。そこで、氏の論考を手がかりとして改めて東丹国と東京道の問題について議論を深化させていきたい。

一　康鵬「東丹国廃罷時間新探」

本節では、議論を明確にするためにまず康鵬氏の見解を紹介する。康鵬氏は東丹国の廃止時期を東京の建置時期と東丹国の外交活動を指標として論じているので、それぞれについて見てみよう。

1　東京の建置と東丹国の廃止

天顕十三年（九三八）十一月、燕雲十六州の正式な割譲を契機に遼は会同への改元や地名・官名の改称等を中心とした制度の改革を実行する。(3) 康鵬氏はこの一連の改革の中で「南京」が「東京」と改称されたことに着目し、「東丹国」の「南京」を「契丹国」の「東京」に改編したのではないかと指摘する。この「南京」について『遼史』巻三八地理志二、東京道、東京遼陽府の条に「大東丹国新建南京碑銘宮門の南に在り（大東丹国新建南京碑銘在宮門之南）」と見えるのを根拠として、会同元年以前に遼陽府を「南京」と称していたのは東丹国の「南京」の意味であった（渤海国あるいは遷徙以前の東丹国の都城である上京龍泉府から見た場合、遼陽は南にあたる）とする。一方、会同元年（九三八）十一月以降、各種資料において「東丹国中台省某官」は「東京中台省某官」と表記されるのに対し(4)、会同元年以前の中台省等の官について一貫して「東丹国某官」と記されることを指摘する。(5) この事実から、会同元年（九三八）を境に「東丹国某官」から「東京某官」へと呼称が変化するのは、会同元年の東京設置により東丹国の機能が実質的に東京に吸収され、その実体を失ったことを端的に示すと結論づける。

2　東丹国の外交活動の終焉

康鵬氏は「東丹国」から「東京」への名称の変化は、東丹国あるいは東京の外交活動からもあとづけられるとする。東丹国の外交使節については九三〇年・九三一年・九三八年(6)のものが記録されているが、これはいずれも会同元年（九三八）の東京設置以前のものである。それに対し、会同元年以降に東京方面から高麗などに派遣される使節は例えば『高麗史』巻四顕宗世家、十年（一〇一九）五月戊辰の条の「契丹東京文籍院少監烏長公」のように「契丹東京」

の字を冠するのが通例であった（ちなみに文籍院は渤海国時代に設置された官である）と指摘する。ここから、会同元年を境に東丹国は外交主権を喪失し、東京がそれに取って代わったとして、この点からも、東京の設置とともに東丹国の機能がそれに吸収され、中台省は東京の地方行政機構に転化しその実体を失ったとする。

3　象徴としての東丹国とその終焉

会同元年以降にも『遼史』には「東丹」に言及した記録が二つ見られるが、康鵬氏はこれは実体としての東丹国ではなく、象徴的な存在としてとらえる。第一の記録は『遼史』巻四太宗紀下、会同三年（九四〇）八月己亥の条の「東丹吏民に詔して其王倍の妃蕭氏の為に服せしむ（詔東丹吏民為其王倍妃蕭氏服）」という記述であるが、これは東丹王耶律倍が後唐に亡命した後に其の妃蕭氏が東丹国の象徴的な元首となっていたため、蕭氏が没した際に、儀礼上の考慮から東京の居民を東丹国遺民の身分として妃の喪に服させたものとする。第二の記録は『遼史』巻五世宗紀、天禄元年（九四七）九月丁卯の条の、

柴冊礼を行う。群臣尊号を上りて天授皇帝と曰う。大赦して大同元年を改め天禄元年と為す。皇考を追謚して譲国皇帝と曰う。安端を以て東丹国に主たらしめ、明王に封じ、察割を泰寧王と為し、劉哥を惕隠と為し、高勲を南院枢密使と為す。(7)

という記述で、これは世宗冊立に功があった叔父の耶律安端（耶律安端は太祖の弟）を論功行賞として東丹国主に叙任したと同時に、東丹王耶律倍の子である世宗が、その父の追憶のために東丹国の名を存すという、象徴的な意味があったとする。康鵬氏は「東丹国王」と表記されないことこそが耶律安端の「東丹国主」への叙任が象徴的な意味しか持たなかった裏づけであるとみなす。そして、東丹国主耶律安端は天禄五年（九五一）息子の察割の世宗弑逆に坐して

罷免、放逐される。その後は東丹国主の叙任は見られず、ここに東丹国は名実ともに廃止されたと結論する。

二　康鵬説の検討

前節で見た康鵬氏の見解は、「東丹」の語の用例を見る限りでは説得力を持つ。しかし、史料中では「東丹国」がしばしば「渤海」と記され(8)、また契丹語史料においては「東丹国」と「渤海国」が同一の表現であることがすでに指摘されており(9)、それを考慮すると、別の解釈が成立する可能性が出てくる。

本書第一章ですでに論じたが、『遼史』巻三八地理志二、東京道、康州の条に「康州、下、刺史。世宗渤海率賓府人戸を遷して置く。顕州に属す（康州、下、刺史。世宗遷渤海率賓府人戸置。属顕州）」として、康州が世宗のときに渤海の率賓府の民を遷して設置したとしている。世宗期（九四七—九五一）において、九二六年に滅亡した渤海の人戸を遷徙するのは不可解であり、ここでいう「渤海」は東丹国のことを指すとみなしうる。とすれば、少なくとも世宗期までは東丹国は一定の領域・人戸を持つ存在とみなされていたと考えることができる。これは、他の史料からもうかがうことができる。『遼史』巻三八地理志二、東京道、顕州の条には、

山東県。本と漢の望平県。穆宗渤海永豊県民を割して陵戸為と為す、積慶宮に隷す。
帰義県。初め顕州を置くに、渤海の民自ら来りて助役す、世宗嘉憫し、因りて其の人戸を籍して県を置く、長寧宮に隷す(10)。

と、世宗朝・穆宗朝に「渤海」の人戸によって州県の設置を行ったことを記しており、少なくとも穆宗期（九五一—九六九）までは「渤海」の存在が確認される。また、『新五代史』巻四五晋家人伝、高祖皇后李氏の条には、後晋滅

亡後に出帝石重貴らが遼国内に連行されたときのこととして、

> 幽州自り行くこと十余日、平州を過り、楡関を出で、砂磧中を行き、饑えるも食を得ず、宮女、従官を遣り、木実、野蔬を採りて食す。又た行くこと七八日、錦州に至り、虜人帝と太后に迫り阿保機の画像を拝せしむ。帝其の辱めに勝えず、泣きて呼びて曰く、薛超我を悞ち、我をして死なしめず、と。又た行くこと五六日、海北州を過り、東丹王の墓に至り、延煦を遣て之を拝せしむ。又た行くこと十余日、遼水を渡り、渤海国鉄州に至る。又た行くこと七八日、南海府を過り、遂に黄龍府に至る[11]。

と幽州から海岸沿いに遼陽[12]へ向かう行程が描かれている。ここでいう渤海国鉄州は遼水を渡河した後まもなくの地点と考えられるので、吉林省敦化市南方に比定される渤海時代の鉄州ではなく、遼寧省営口市大石橋市東南の湯池鎮付近に比定される遼代の鉄州とみなすべきである。つまり、ここでいう渤海国もやはり東丹国を指すということができる。なお、同条の末尾に「周顕徳中、中国の人契丹自り亡帰する者有り、帝と皇后、諸子に見え皆な恙無しと言う（周顕徳中、有中国人自契丹亡帰者、言見帝与皇后、諸子皆無恙）」とあるので、この記録は石重貴等とともに遼に連行された人物が後周顕徳年間（九五四―九五九）に中原へ帰還した後に提出した文章にもとづくと思われ、これらの地名の表記も遼側の公的記録ではなく現地での見聞によっていると考えられる。つまり、「渤海国鉄州」という表現は現地の認識ということができる。さらに、一行が押送中であることを考えれば、情報源は押送担当者ないしは現地の官吏の可能性が高く、この認識が現地住民が懐古的に「渤海国＝東丹国」といっているのではなく、少なくとも現地の統治者たちの認識も東丹国の存在を前提にしていると見なければならない。

東丹国はまた「東国」と表記される場合があった。「上国都監太傅墓誌銘幷序」（応暦十年〈九六〇〉刻[13]）には、

> ……堂兄何盧保大王丁未の歳に嗣聖皇帝の大駕に扈従し、丙午の歳正月一日に、大唐天子百寮と踏舞し万歳を呼

し、嗣聖皇帝に朝見す。是の丙午の年十二月十八日、中国を収下す。丁未の歳正月一日、朝に坐し神器と金箱玉印を得て明堂を兼せ、倶に将来して上国に入る。大王尋で採訪使を加えられ、善始令終たり。此の時、太傅北大王副使為り、輔佐の功勲有り。太傅の堂兄東国宰相率剌、奚王等十万衆を押し、西南を取り河陽路に往き、直ちに洛京に入り、関西を鎮撫し、軍を廻らせ国に到る。遂に南面都統使燕京留守を加えられ、燕王に封ぜらる。此の時、太傅副都統使に充てられ、亦た賛佐の功勲有り。太傅即ち己未の歳五月内に、寝疾す。十月一日癸酉に至り、雲州天成軍に薨ず。享年四十六。(14)

と「東国宰相率剌」という人物がみえるが、率剌の経歴は『遼史』巻一一三、逆臣伝中、耶律牒蝋の、

牒蝋字は述蘭、六院夷离菫浦古只の後なり。天顕中、中台省右相と為る。会同二年趙思温と節を持ち晋帝を冊す。我師晋を伐つに及び、滹陀河に至り晋将杜重威を降す、牒蝋の功多きに居る。大同元年、相州の叛を平げるに、斬首すること数万級。世宗即位するに、使を遣し馳報せしめ、仍お牒蝋に命じ偏将朮者を執え以て来たらしめんとす。其の使誤りて朮者の営に入り、朮者詔を得、反て牒蝋を誘い、執えて太后に送る、牒蝋世宗に亡帰す。和約既に成り、燕王に封ぜられ、南京留守と為る。(15)

という記述にほぼ一致するので、「東国宰相率剌」は「中台省右相耶律牒蝋」であることが分かる。(16)「上国都監太傅墓誌銘幷序」では「中国」＝中原王朝、「上国」＝遼、と並列して「東国」の表記が見られるので、「東国」は遼の一地方の東京ではなく「上国」「中国」と同等の地域としての存在、つまり「東丹国」として認識されたといえる。

以上の議論から、東京建置以降も「東丹国＝渤海国」は一定の領域を持つ実体のある国として認識されていたと考えられそうである。それでは「東京中台省」の語をどのように理解すればよいのであろうか。この問題を考える上で格好の手がかりとなるのは『遼史』巻四太宗紀下、会同三年六月乙未朔の条の、

東京宰相耶律羽之渤海相大素賢の不法を言う、僚佐部民に詔し才徳有る者を挙げ之に代う(17)。

という史料である。この史料には『遼史』巻七五耶律羽之伝に対応する記事があり、そこには、

中台省左相に遷る。会同初、冊礼を以て闕に赴き、特進を加えらる。左次相渤海蘇の貪墨不法の事を奏す(18)。

と記される。この当時耶律羽之は中台省左相、渤海蘇（記事の内容から、これが本紀中の大素賢をさすのは明白である）は中台省左次相であることがわかる。つまり、耶律羽之・大素賢（渤海蘇）はともに中台省の官でありながら、一方は「東京」の、もう一方は「渤海＝東丹国」の官とみなされているのである。ここに、遼東京の官庁であると同時に東丹国の官庁であるという中台省の二重性を看取し得る。つまり、東京の存在がただちに東丹国の存在の否定につながるという康鵬氏の議論は、必ずしも成立しないのである。

これまで挙げた東丹国の別表記としての「渤海」「東国」の用例はいずれも応暦年間以前の事例である。したがって、応暦初年までは少なくとも名目的には東丹国が存続していたとする康鵬氏の見解を完全に否定するものではなく、会同元年以降も東丹国が実体を持った存在であった可能性、および東京と東丹国が両立し得た可能性を指摘できたに過ぎない。しかし、少なくとも応暦初年まで東丹国が実体をもつ存在であったことに注目しなければなるまい。これは、会同元年における東京の設置が遼の東京地区の統治体制に大きな変化をもたらさなかったことを意味する。実際、前引の会同三年の記事に見える耶律羽之と大素賢は東丹国建置直後から中台省の官であり、東京の設置によって当該地域の行政に劇的な変化があったわけではない(19)。とすれば、康鵬氏の議論のような東京の設置＝東丹国の実体の喪失という図式とは逆に、東京の設置＝東丹国の名目的な直轄化＝東丹国の実質的な存続という可能性も想定し得るのである。東丹国の実態について更なる検討を加える必要があろう。

三　中台省と東京の関係

東丹国の実態について考える際、中台省の上級官である左右相・左右次相（左右平章事）やその他の東京の官について、それが耶律羽之に連なる一族（六院皇族夷離堇房匣馬葛の子孫の家系）が累代に渡り任命されていたとする愛新覚羅烏拉熙春氏や都興智氏の見解は注目に値する。[20] 特定の家系による特定地域の官職の寡占状況は、その地域が一族の所領化を惹起する可能性をはらんでいる。

また、康鵬氏が東丹国の最終的な廃止時期とする応暦年間以降の記録で「渤海＝東丹」とみなし得る可能性がある史料が一つある。それは、『遼史』巻一七聖宗紀八、太平八年（一〇二八）九月壬辰朔の条の、

渤海宰相羅漢を以て権東京統軍使とす。[21]

という記録である。林鵠氏は史料中の「渤海宰相」が中台省の官であると論じているが、[22] 前出の『遼史』太宗紀の「渤海相大素賢」が中台省左次相であったことによってもこれを裏づけられる。とすれば、聖宗末年においても「東京の中台省」ではなく「渤海＝東丹国の中台省」という意識が存続した可能性を指摘できる。無論、「渤海宰相」の語が見られるからといって、これが直ちに聖宗末年まで東丹国が名実ともに存在した証拠となるわけではない。ただし「渤海宰相羅漢」の史料は、実は前述の東丹国・東京と特定家系の関係を示す史料でもあり、この観点からも検討に値するものである。

そこで、本節では「渤海宰相羅漢」の史料を手がかりとして、応暦年間以降における東丹国の存続問題および東丹国・東京と特定家系の関係の問題について考察を加え、東丹国についての理解を深めていきたい。

1　渤海宰相羅漢――東丹国・東京と横帳季父房

渤海宰相羅漢の名は『遼史』の他の箇所には見えないが、東京統軍使に転じていることが人物の特定の手がかりとなる。同時期に東京統軍使であった人物として耶律蒲古があげられる。『遼史』巻八七耶律蒲古伝には、

耶律蒲古、字は提隠、太祖の弟蘇の四世孫なり。武勇を以て称せらる。統和初、涿州刺史と為り、高麗を伐つに従い功有り。開泰末、上京内客省副使と為る。太平二年、鴨淥江に城し、蒲古之を守る、鎮に在るに治績有り。五年、広徳軍節度使に改め、尋で東京統軍使に遷る。政に莅むに厳粛たり、諸部慴服す。九年、大延琳叛くに、書を以て保州と結ばんとす。夏行美其の人を執え蒲古に送り、蒲古入りて保州に拠る、延琳気沮す。功を以て惕隠を拝す。十一年、子鉄驪の弑す所と為る。(23)

とあり、耶律蒲古が太平五年（一〇二五）から九年（一〇二九）の間のいずれかの時期に東京統軍使に就任していたことが記されている。無論、これだけでは太平八年九月にみえる羅漢が耶律蒲古と同一人物であるかは特定できない。ここで、注目すべきは耶律蒲古の出自と東京統軍使および中台省の官の関係である。

これまであまり指摘されていないが、耶律蒲古の出身である太祖の弟たちの家系（横帳季父房）も耶律羽之の家系（六院皇族夷離菫房匣馬葛の子孫）と同様に中台省や東京の官にかかわる有力家系であった。太祖の弟には剌葛・迭剌・寅底石・安端・蘇の五人がいたが、『遼史』巻六四皇子表には、

迭剌（中略）天顕元年為中台省左大相。

寅底石（中略）太祖命輔東丹王。淳欽皇后遣司徒劃沙殺于路。

安端（中略）天禄初、以功王東丹国、賜号明王。

とあり、渤海征服時に存命していた迭剌・寅底石・安端はいずれも東丹国に関与したことがうかがえる。こうみると、世宗即位後に耶律安端が東丹国主となったのは、たんなる論功行賞というだけでなく、季父房が東丹国に対して有する何がしかの権利にもとづいた措置ととらえることができそうである。季父房の東京への関与はこれだけにとどまらない、問題の東京統軍使耶律蒲古は太祖末弟耶律蘇の四世孫であるし、統和年間にやはり東京統軍使であった耶律奴瓜も耶律蘇の孫に当たる人物である。[24]

さらに注目すべきは耶律迭剌の孫の耶律琮（耶律合住）の事例である。「耶律琮神道碑」（保寧十一年〈九七九〉刻）は、

夫人是に於て親ら長男華州馬歩軍都指揮使昌言、次男華州衙内馬歩軍都指揮使昌時、季男阿儺と幼女少婦、幷びに門生故吏部曲人員と、以□□□事語衆に詢ね、其の兆宅を卜し、玄宮に安厝す。[25]

として、家族以下門生故吏部曲に至るまで葬儀にかかわったことを述べて、神道碑の末尾の題記にそれらの人物を列記しているが、そのなかに「故東京留守□都□□□□」の名が見える。これはおそらく耶律琮の門生故吏とみなし得る。しかし、墓誌および『遼史』巻八六耶律合住伝によれば耶律琮は羽林軍大将軍、右龍虎衛大将軍、涿州刺史・西南面招安巡検使、鎮国軍節度使（遙任）を歴任しているが、いずれも東京地区の官ではない。ここでうかがえるのは、耶律琮が直接東京の官に任じられずとも、自己の配下（門生故吏や部曲）を東京の官にすることで、そこから何がしかの利権を確保しえたのではないかということである。この推測が成り立つのであれば、東丹国あるいは東京との関連をもつ六院夷離菫房や季父房の家系は、たんに累代にわたり特定の官職に任じられるというだけではなく、東丹国あるいは東京がこれら一族の一種の封地ないしは知行地とみなされていたと考えることができるのではなかろうか。

これを確認するために、あらためて中台省を含めた東京関連の官職の任官事例を見てみると（表1〜3）、景宗朝まではいずれの官も（中台省の官が契丹人と渤海人で折半されているのを除けば）六院夷離菫房と季父房の出身者で占められ

表1　中台省上級官員の叙任例

人物	出自	官職	時期	備考
耶律覿烈	六院夷離菫房	大内相	天顕元年（926）	
耶律迭剌	季父房	左大相	同上	
渤海老相	渤海人	右大相	同上	
大素賢（蘇）	渤海人	左次相	同上	
耶律羽之	六院夷離菫房	右次相	同上	天顕5年（930）より左大相
耶律牒蠟	六院夷離菫房	右大相	天顕中	耶律覿烈の子。天禄元年（947）南京留守に転出
高模翰	渤海人	右大相	応暦元年（951）	応暦9年（959）より左大相
耶律斜里底	未詳	左大相	保寧5年（973）	
耶律甘露	六院夷離菫房	右平章事	景宗朝？	耶律羽之の子
大仁靖	渤海人	右平章事	統和2年（984）	
耶律喜羅（元寧）	六院夷離菫房	左大相	統和16年（998）	耶律覿烈の孫

表2　東京統軍使一覧（聖宗朝まで）

人物	出自	時期	備考
察鄰	未詳	保寧8年（976）	
耶律闕（開）里	六院夷離菫房	景宗朝？	耶律覿烈の子
耶律石魯隠	六院夷離菫房	未詳	耶律羽之第二子、「東撻領（林）統軍」
耶律奴瓜	季父房	統和6年（988）	耶律蘇の孫。統和19年（1001）南府宰相に転出
耶律韓留	横帳仲父房	開泰5年（1016）	前東京統軍使
蕭孝恭	未詳	太平3年（1023）	
蕭慥古	未詳	太平6年（1026）	蕭孝恭と同一人物？
羅漢	未詳	太平8年（1028）	耶律蒲古と同一人物か？
耶律蒲古	季父房	太平9年（1029）	耶律蘇4世孫

表3　東京留守任官事例（聖宗統和年間まで）

人物	出自	時期	備考
耶律覿烈	六院夷離菫房	顕二年（927）～天顕十年（935）	耶律羽之の兄
耶律和里	六院夷離菫房	未詳	耶律羽之の子
耶律隆先	宗室	保寧3（971）～乾亨元年（979）	東丹王耶律倍の子
耶律抹只	横帳仲父房	統和元年（983）～統和六年（988）	
蕭恒徳	国舅帳	統和7年（989）～統和14年（996）	
耶律斡臘	未詳	統和14年～16年（998）	
蕭排押	国舅帳	統和16年～22年（1004）	

ていることがうかがえる。留守に関しては耶律隆先が別の家系出身者であるが、これは東丹王耶律倍の子であるから、東丹王などを含めた東丹国建置当初からの東丹国（あるいは東京）の統治機構の中枢の構成は、この時期までほとんど変化していなかったということができる。つまり、東丹国は渤海の後継国家という側面の他に、耶律倍の一族・六院夷離菫房・横帳季父房の三家系の封地・知行地という側面を持っており、この体制が継続する限り、その実体を失ってはいなかったとすることができる。耶律蒲古の東京統軍使就任は、かかる状況が聖宗末年まで存続していたことの表れとみなしうるし、また、この点を考慮すると耶律蒲古が中台省の官（「渤海宰相」）に任じられた可能性（つまり「渤海宰相羅漢」は耶律蒲古であった可能性）は十分に考えられる。「渤海宰相羅漢」の史料は、耶律倍の一族・六院夷離菫房・横帳季父房の三家系の封地・知行地という東丹国の元来有していた性格が聖宗末年まで継続していたことを如実に示しているということができる。

ただし表1～3からもうかがえるように、聖宗朝以降は東京留守がこれらの家系とは異なる出自を持つ者で占められるようになり、また東京統軍使も統和から開泰年間にかけて、特定の家系による独占が崩れたことがうかがえる。つまり、聖宗朝を通じて、東京の支配体制に変化が生じているのである。そこで次に東京（東京留守）と東丹国の関係について検討しなければなるまい。

2　東京留守と中台省の関係

前掲の表3をみると、統和元年以前の留守についての記録は断片的、それ以降は切れ目無く叙任の記録が残されることがうかがえる。しかし、この留守の表記には若干の問題が含まれる。

初代留守の耶律觀烈は「耶律羽之墓誌」では「東丹国大内相」と表記される。[26]つまり南京（後の東京）留守と東丹国の官は史料上の表記において互換可能ないしは兼任と見ることができる。ちなみに大内相は渤海時代には政堂省の長官で、中台省の左右相より上位の存在とみなされている。つまり、大内相が留守を兼ねたとすれば、留守が中台省の上に立つ存在となるはずである。康鵬氏は東京留守と中台省の関係を統摂関係にあると論じたが、これは大内相と中台省の関係がそのまま継続したものと考えることができよう。ただし、前述のとおり統和元年以前は大内相＝留守が継続して任命されたのかは疑わしい。それは、耶律觀烈没後の東丹国の実質的な運営が一貫して中台省左相の耶律羽之によって行われていたと考えられるからである。[27] つまり、東京（または東丹国）の行政は実質的に中台省が行っていた可能性が高く、康鵬氏が論じた東京留守が中台省を管轄するという体制が実体を持っていたのかは、景宗朝以前については確実なことはいえないのである。

景宗朝に入ると、東京留守の在り方に変化が見られる。前引の「耶律琮神道碑」に「故東京留守□都□□□□」の文字が見えるが、これが管見の限りでは属官を含めた東京留守に関する確実な事例の初見である。ここから、景宗保寧年間に東京留守を戴く体制が確立した可能性を指摘できる。それを裏づけるのが、耶律隆先の東京留守就任である。『遼史』巻七二宗室伝、平王隆先の条には、

平王隆先、字は団隠、母大氏。景宗即位するに、始めて平王に封ぜらる。未だ幾ならずして、兼政事令、東京に留守たり。[28]

とあり、耶律隆先が耶律倍の子にして渤海王室（大氏）の血筋をひく人物であることが述べられる。彼の出自から考えて、東京留守への任命は実質的には東丹王の代替という意味合いがあると考えられる。ただし、東丹王には封じられないことに注意を払う必要がある。これは、東丹王をもはや設置しないことの宣言ととらえられ、その後の留守の叙任から考えて、遼による東京地区の支配強化への地ならしと見るべきであろう。そして、東丹国廃止の証拠として

よく引かれる『遼史』巻一〇聖宗紀一、乾亨四年十二月庚辰の条の「省中台省官」という記事は、その方針を確固たるものにする措置ととらえることができ、その結果として東京留守の常置および、留守の特定の家系以外からの任命などが行われたと見ることができる。

おわりに

国号の存続という観点から見れば、東丹国は穆宗応暦年間のはじめまでしか確認できず、その点においてはこの時期を東丹国の名目上の廃止とみる康鵬氏の議論は十分に有効であり、単純に東丹国の継続期間を聖宗末年までとした第一章の筆者の見解は修正する必要がある。しかし、実体として東丹国を考えた場合、渤海国の後継国家としての側面（これについては第一章において論じた）のほかに耶律倍の一族・六院夷離菫房・横帳季父房の三家系の封地・知行地という性格があり、それが聖宗朝末期まで（その影響力を次第に減じながらも）存続していたことは、その間、名目はどうあれ東丹国発足時以来の体制の事実上の継続とみなしうる。したがって、東丹国の廃止時期については、国号の存続という名目を重視すれば応暦年間のはじめ（九五一）頃となり、支配体制という実質を重視すれば太平年間の末（一〇三一）頃となり、視点によって異なる見解が併存しうるということができる。いずれがより妥当であるかについては一種の神学論争に陥る可能性があるので、これ以上の議論は避け、改めて本補説で明らかとなったことを遼の東京統治の展開において位置づけておこう。

東丹国の問題を考えるとき、それが太祖の長子耶律倍が封ぜられた地であることが従来の研究において注目されてきた。それゆえ耶律倍の後唐への亡命、及び当地での客死が東丹国の廃止を考える際の重要な指標の一つとみなされ

表４　東丹国関連年表

年月	東丹国・中台省関連記事	関連記事
天顕元年（926）正月	遼、渤海を滅ぼし東丹国を置き、皇太子耶律倍を王とす	
天顕元年７月		太祖薨ず
天顕２年（927）11月		次子徳光即位（太宗）
天顕３年（928）	東丹居民を遼陽（南京）に遷徙	
天顕５年（930）	東丹王耶律倍、後唐へ亡命	
天顕11年（936）11月	耶律倍後唐にて横死	遼、後唐を滅ぼす
天顕13年（938）８月	南唐へ遣使	
会同元年（938）12月	南京を東京と改称	燕雲十六州正式割譲
会同３年（940）８月	東丹王倍妃蕭氏薨ず	
天禄元年（947）９月	耶律安端を東丹国主とす	世宗即位
天禄５年（951）９月	耶律安端、察割の乱に坐し放逐	察割、世宗を弑す
乾亨４年（982）９月		聖宗即位
乾亨４年11月	中台省の官を省く	
統和２年（984）12月	大仁靖を中台省右平章事とす	
統和16年（998）２月	耶律喜羅（元寧）を中台省左相とす	
開泰８年（1019）５月	文籍院少監烏長公高麗に使す	
開泰８年（1019）８月	工部少卿高応寿高麗に使す	
太平元年（1021）正月	左常侍王道冲高麗に使す	
太平９年（1029）７月		大延琳、東京で叛す
太平10年（1030）８月		大延琳の乱平定

ることになる。しかし、耶律倍の死後（天顕十一年〈九三六〉）も、かなり長期にわたり東丹国関連とおぼしき史料が散見され（表４参照）、それが東丹国廃止問題を複雑化させている。しかし、本補説で明らかにしたように、東丹国あるいは東京が聖宗朝以前は一貫して耶律倍の一族・六院夷離菫房・横帳季父房の三家系の封地・知行地という性格をもち、耶律倍の封地というのは東丹国と契丹人有力家系との関係のあくまでも一側面に過ぎなかった。とすれば、耶律倍の死が東丹国の体制変化に必ずしも直結するものではなかったのではなかろうか。たとえば、中台省の官は累代にわたり六院夷離菫房出身者が就任する「世選」闕となっていたとみられるが、中台省の廃止あるいは機構改革は当然当該家系の「世選」闕にたいする改変を伴うことにもつながり、着手し難かったと思われる。実際に、

保寧年間以降、東京留守の常置化や中台省の諸官の整理など、東京の支配体制の変革が行われたが、その完成を見るのに半世紀ほどかかっているのは、その困難さを物語るものといえよう。

勿論、遼の東丹国・東京にたいする諸政策は、渤海遺民統治や対女真問題などの要素も考慮しなければならない（遼が東方政策に如何に細心の注意を払っていたのかについては第二章において論じる）。しかし、本補説で論じた東丹国・東京と契丹人有力家系との関係を視野に入れることで、遼の当該地域の支配についてより十全な理解が可能となるであろう。

注

（1）拙稿「東丹国と東京道」（『史滴』一八、一九九六年）。

（2）前掲の旧稿発表以来発表された東丹国の廃置を議論している研究には、劉浦江「遼代的渤海遺民——以東丹国和定安国為中心——」（『松漠之間——遼金契丹女真史研究』中華書局、二〇〇八年。初出、二〇〇三年）、同「耶律元寧考釈」（前掲『松漠之間——遼金契丹女真史研究』。初出二〇〇六年）、程妮娜『古代中国東北民族地区建置史』（中華書局、二〇一一年）第四章第二節「渤海族地区的東丹国」、金渭顕「東丹国考」（『契丹社会文化史論』景仁文化社、二〇〇四年。初出、二〇〇〇年）、同「東丹国変遷考」（『宋史研究論叢』五、河北大学出版社、二〇〇三年。前掲同「東丹国考」の中文訳）、李雪梅「論東丹国的建国原因及其性質」（『遼寧師範大学学報（社会科学版）』二〇〇七—三、二〇〇七年）、都興智・孫艶「関于渤海国及渤海遺民研究的幾個問題」（『遼寧師範大学学報（社会科学版）』二〇〇八—二、二〇〇八年）、澤本光弘「契丹（遼）の旧渤海統治と東丹国の構造——「耶律羽之墓誌」をてがかりに——」（『史学雑誌』一一七—六、二〇〇八年）などがある。

（3）『遼史』巻四太宗紀下、会同元年十一月丙寅の条

皇帝御宣政殿、劉煦、盧重冊上尊号曰睿文神武天啓運明徳章信至道広敬昭孝嗣聖皇帝。大赦改元会同。是月、晋復遣趙瑩奉表来賀。以幽、薊、瀛、莫、涿、檀、順、嬀、新、武、雲、応、朔、寰、蔚、十六州幷図籍来献。於是詔、以皇都

為上京、府曰臨潢府。升幽州為南京、南京為東京。改新州為奉聖州、武州為帰化州。升北南二院及乙室夷离菫為王、以主簿為令、令為刺史、刺史為節度使、二部梯里巳為司徒、達刺干為副使、麻都不為県令、県達刺干為馬歩。置宣徽、閤門使、控鶴、客省、御史大夫、中丞、侍御、判官、文班牙署、諸宮院世燭、馬群、遙輦世燭、南北府、国舅帳郎君官為敞史、諸部宰相、節度使帳為司空、二室韋闥林為僕射、鷹坊、監冶等局長為詳穏。

（4）康鵬氏は以下のような史料を挙げている。

『遼史』巻四太宗紀下、会同三年（九四〇）六月乙未朔の条

東京宰相耶律羽之言渤海相大素賢不法、詔僚左部民挙有才徳者代之。

「耶律羽之墓誌」会同五年（九四二）刻（蓋之庸『内蒙古遼代石刻文研究』内蒙古大学出版社、二〇〇二年）

大契丹国東京太傅相公墓誌銘并序

『遼史』巻七五耶律羽之伝および「耶律羽之墓誌」によれば、耶律羽之は天顕二年（九二七）以降会同四年（九四一）に没するまで一貫して中台省左相であった。

「耶律元寧墓誌」開泰四年（一〇一五）刻（前掲蓋之庸『内蒙古遼代石刻文研究』所収）

東京中台省右相男耶律郎君墓誌并序

「耶律道清墓誌」太平三年（一〇二三）刻（前掲蓋之庸『内蒙古遼代石刻文研究』所収）

祖諱迪列、竭節功臣、金紫崇禄大夫、検校太傅、東京中台省右相、上柱国、漆水郡開国公、食邑二千三百戸、食実封二百戸

耶律元寧は耶律羽之の孫、耶律道清は曾孫。従って中台省右相耶律迪列（「耶律元寧墓誌」では諱を漢名の「甘露」につくる）は羽之の子となる。

（5）これに関して、康鵬氏が挙げる史料は以下の通り。

「耶律羽之墓誌」会同五年（九四二）刻

次兄汙里整前北大王、東丹国大内相。

汙里整は『遼史』巻七五に立伝されている耶律覿烈と同一人物。本伝によれば耶律覿烈は天顕十年（九三五）に没している。
「耶律琮神道碑」保寧年間（九六九―九七九）刻（向南『遼代石刻文編』河北教育出版社、一九九五年）
（祖）諱匀睹袞、乃大聖皇帝之同母弟也。……皇帝封建兄弟、賞異衆臣、九錫恩深、百辟奉策、特殊冠冕、寵以元良、拜為東丹国左宰相。
耶律匀睹袞は『遼史』巻六四皇子表にみえる耶律迭剌と同一人物。皇子表および『遼史』巻七五耶律羽之伝によると耶律迭剌は天顕元年（九三六）二月に中台省左大相に任じられ、「不逾月」にして没している。

（6）これに関して康鵬氏が挙げる史料は、以下の通り。
『本朝通鑑』巻二五、延長八年（九三〇）四月の条
裴璆称東丹国使、来丹後国、天皇遣使問曰、本是渤海人、何称東丹国使乎。璆等対曰、渤海為契丹破滅、改名東丹、臣等今降為東丹之臣、云々。
『冊府元亀』巻九八〇外臣部、通好
（長興二年）五月癸亥、青州上言、有百姓過海北樵採、附得東丹王堂兄汚整書、問慕華行止、欲修貢也。
閏五月、青州進呈東丹国首領耶律羽之書二封。
『陸氏南唐書』巻一五契丹伝、烈祖昇元二年（九三八）の条
契丹主耶律徳光及其弟東丹王各遣使以羊馬入貢、別持羊三万口、馬二百匹来鬻、以其価市羅紈、茶、薬、烈祖従之。於是翰林院進二丹入貢図、詔中書舎人江文蔚作賛、其詞曰、皇帝建西都之歳、神功遍於三古、皇風格於四裔、華夷咸若、駿奔結軌。粤六月、契丹使梅里捺盧古、東丹使兵器寺少令高徒煥奉書致貢、咸集都邑。
これが東丹国の外交活動を伝えるもっとも時期の遅い史料であり、この年の十一月に東京が設置されている。

（7）「行柴冊礼。群臣上尊号曰天授皇帝。大赦改大同元年為天禄元年。追諡皇考曰譲国皇帝。以安端主東丹国、封明王、察割為泰寧王、劉哥為惕隠、高勲為南院枢密使」

（8）李美子「〈후말해〉국 존재여부에 대하여」（『白山学報』六七、二〇〇三年）、前掲劉浦江「遼代的渤海遺民――以東丹国

和定安国為中心」、澤本光弘「契丹（遼）における渤海人と東丹国――「遣使記事」の検討を通じて」（『遼金西夏研究の現在（一）』東京外国語大学アジア・アフリカ言語文化研究所、二〇〇八年）などを参照。また、本書第一章・第二章においてもこのことについて若干言及した。

（9）愛新覚羅烏拉熙春「『三国遺事』に見える「皇龍寺九層塔」」（愛新覚羅烏拉熙春・吉本道雅『韓半島から眺めた契丹・女真』京都大学出版会、二〇一一年。初出二〇〇八年）は、「契丹大字多羅里本郎君（奪里不郎君位）墓誌」にみえる、「丹国」を丹国（dangur＝東丹国）と解釈し、また「契丹小字耶律宗教墓誌銘」（重熙二十二年〈一〇五四〉刻）に、

とみえる丹国（dangur）は「漢字耶律宗教墓誌」（重熙二十二年〈一〇五四〉刻）の「母曰蕭氏、故渤海聖王孫娘遅女娘子也」に相当し、ここで言う渤海聖王は渤海最後の王である大諲譔に比定できるので、「渤海国」と「東丹国」は契丹語ではともに丹国（dangur）と表記されたと論じる。

（10）「山東県。本漢望平県。穆宗割渤海永豊県民為陵戸、隷積慶宮。帰義県。初置顕州、渤海民自来助役、世宗嘉憫、因籍其人戸置県、隷長寧宮」

（11）「自幽州行十余日、過平州、出楡関、行砂磧中、饑不得食、遣宮女、従官、採木実、野蔬而食。又行七八日、至錦州、虜人迫帝與太后拜阿保機画像。帝不勝其辱、泣而呼曰、薛超悞我、不令我死。又行五六日、過海北州、至東丹王墓、遣延煦拜之。又行十余日、渡遼水、至渤海国鉄州。又行七八日、過南海府、遂至黄龍府」

（12）引用した『新五代史』の史料では、石重貴一行は黄龍府へ向かったと記されているが、近年発見された「石重貴墓誌」によれば、実際にはこのとき黄龍府ではなく遼陽府に至ったようである。これについては都興智・田立坤「後晋石重貴石延煦墓誌銘考」（『文物』二〇〇四―一一、二〇〇四年。都興知『遼金史研究』人民出版社、二〇〇四年に再録）を参照。

（13）録文は愛新覚羅烏拉熙春「遼太祖時代の sulwur」（前掲愛新覚羅烏拉熙春・吉本道雅『韓半島から眺めた契丹・女真』所

収）二一頁による。

(14)「……堂兄何盧保大王於丁未歳扈従嗣聖皇帝大駕、於丙午歳正月一日、大唐天子与百寮踏舞呼万歳、朝見嗣聖皇帝。是丙午年十二月十八日、収下中国。丁未歳正月一日、坐朝得神器与金箱玉印兼明堂、倶将来入上国。大王尋加採訪使、善始令終。此時、太傅為北大王副使、有輔佐功勲。太傅堂兄東国宰相率剌、押奚王等十万衆、取西南往河陽路、直入洛京、鎮撫関西、廻軍到国。遂加南面都統使燕京留守、封燕王。此時、太傅充副都統使、亦有賛佐功勲。太傅即於己未歳五月内、寝疾。至十月一日癸酉、薨於雲州天成軍。享年四十六」

(15)「牒蜡字述蘭、六院夷离菫蒲古只之後。天顕中、為中台省右相。会同二年与趙思温持節冊晋帝。及我師伐晋、至滹陀河降晋将杜重威、牒蜡功居多。大同元年、平相州之叛、斬首数万級。世宗即位、遣使馳報、仍命牒蜡執偏将朮者以来。其使誤入朮者営、朮者得詔、反誘牒蜡、執送太后、牒蜡亡帰世宗。和約既成、封燕王、為南京留守」

(16) 前掲愛新覚羅烏拉熙春「遼太祖時代の sulwur」を参照。

(17)「東京宰相耶律羽之言渤海相大素賢不法、詔僚佐部民挙有才徳者代之」

(18)「遷中台省左相。会同初、以冊礼赴闕、加特進。奏左次相渤海蘇貪墨不法事」

(19)『遼史』巻二太祖紀下、天顕元年二月丙午の条に、

丙午、改渤海国為東丹、忽汗城為天福、冊皇太子倍為人皇王、以主之。以皇弟迭剌為左大相、渤海老相為右大相、渤海司徒大素賢為左次相、羽之為右次相。

とみえる。

(20) 前掲愛新覚羅烏拉熙春「遼太祖時代の sulwur」、都興智「試論耶律羽之家族与東丹国」（『遼寧工程技術大学学報（社会科学版）』二〇〇八―六、二〇〇八年）などを参照。

(21)「以渤海宰相羅漢権東京統軍使」

(22) 林鵠『遼史百官志校訂』（中華書局、二〇一五年）七四頁を参照。

(23)「耶律蒲古、字提隠、太祖弟蘇之四世孫。以武勇称。統和初、為涿州刺史、従伐高麗有功。開泰末、為上京内客省副使。太

平二年、城鴨渌江、蒲古守之、在鎮有治績。五年、改広徳軍節度使、尋遷東京統軍使。莅政厳粛、諸部慴服。九年、大延琳叛、以書結保州。夏行美執其人送蒲古、蒲古入據保州、延琳気沮。以功拝惕隠。十一年、為子鉄驪所弑」

(24)『遼史』巻八五耶律奴瓜伝

耶律奴瓜、字延寧、太祖異母弟南府宰相蘇之孫。……（統和）六年、再挙、将先鋒軍、敗宋游兵于定州、為東京統軍使、加金紫崇禄大夫。……

(25)「耶律琮神道碑」（蓋庸之編著『内蒙古遼代石刻文研究（増訂本）』内蒙古大学出版社、二〇〇七年、六四頁）

夫人於是親与長男華州馬歩軍都指揮使昌言、次男華州衙内馬歩軍都指揮使昌時、季男阿儺与幼女少婦、幷門生故吏部曲人員、以□□□事語詢於衆、卜其兆宅、安厝玄宮。

(26)大内相は渤海国時代は政堂省（唐制の尚書省に相当）の長官。現存史料からは東丹国が政堂省を設置したかは不明である。

(27)『遼史』巻七五耶律羽之伝

天顕元年、渤海平、立皇太子為東丹王、以羽之為中臺省右次相。時人心未安、左大相迭剌不踰月薨、羽莅事勤恪、威信並行。（中略）人皇王奔唐、羽之鎮撫國人、一切如故。

(28)「平王隆先、字団隠、母大氏。景宗即位、始封平王。未幾、兼政事令、留守東京」

第二章　十世紀の東北アジアの地域秩序――渤海から遼へ――

はじめに

遼は多様な地域（モンゴル高原、中国東北地方、河北・山西の北部、オルドスの一部）・民族（契丹、漢人、渤海、奚、女真、党項、室韋など）を包摂する国家である。ゆえに、遼代史の研究はかかる多様性をふまえた議論が必要となる。また、この多様性を遼がいかに統合し、それが各地域・民族の歴史においてどのような影響を及ぼしたのかも同時に検討する必要がある。

本章では、渤海滅亡後の東北アジアの地域秩序の推移の検討を通じて、上記の問題の一端を明らかにしたい。渤海時代の地域秩序については、すでに鈴木靖民氏・李成市氏などによって明らかにされている。これらの研究では、渤海は在地の支配者（史料中では「首領」と称される）の権力をみとめつつ、それを国家支配に包摂し、さらにこれら在地の支配者にたいして対外交易の便宜と安全を保障することにより、支配を強化・維持していたとされている[1]。本章では、これがどのように変化したのか、あるいは変化しなかったのかを検討していく。

渤海滅亡後のこの地域についての先行研究には、池内宏氏・日野開三郎氏などの研究がある。これらの研究では、九二九年にはじまる東丹国の遼陽遷徙をもって、遼の渤海旧領からの撤退とみなし、それを前提に議論を進め、東丹国遷徙後まもなく「後渤海」、定安国、兀惹といった渤海の後継勢力が台頭し、遼と対抗関係にあったとしている[2]。

ただし、これらの研究の多くは、前述の渤海時代の地域秩序の解明がなされる以前のものなので、これについては考慮されていない。管見のかぎりでは、渤海時代の地域秩序をふまえた研究は、蓑島栄紀氏のもののみである。蓑島氏は、渤海の旧領に興起したいくつかの勢力（兀惹・定安国など）が、渤海時代の秩序を継承し、九九二年の遼による対「中国」交易路の封鎖が行われるまでそれを維持したと論じている。[3]蓑島氏は「渤海滅亡後の東北アジア地域には、渤海国家に匹敵するほどの統一的・強大な公権力の存在はみとめられず、各種の女真をはじめとする多様な集団が割拠した」と、従来の「後渤海」の議論とは一線を画してはいるが、[4]渤海の地域秩序の継承、遼との対抗関係の存在という点では、従来の見解の延長線上にあるものといえよう。

しかし、上記のような渤海滅亡後の東北アジアについての研究には、まだ議論の余地がある。まず、「後渤海」などについては、その存在を疑問視する見解があることである。「後渤海」の存在が否定されれば、それを前提とした十世紀以降のこの地域の歴史は修正を迫られよう。また、渤海滅亡後の東北アジアの諸集団の活動は、後述のように九五〇年代末まで「中国」との交渉がほとんど見られない。これは、蓑島氏の論じた、渤海の後継政権による、渤海時代の秩序の維持についても、少なくとも九五〇年代以前は想定するのが困難なことを示す。

そこで、本章ではまず渤海滅亡後の東北アジアの諸集団・「中国」・遼・高麗の関係を改めて整理、検討し、そのうえで十世紀における東北アジアの地域秩序の推移を明らかにしていきたい。

一　渤海滅亡後の東北アジアの諸集団と「中国」・朝鮮半島との関係

1　所謂「後渤海」の活動

『冊府元亀』や『五代会要』等の史料には、渤海滅亡後にも渤海を名乗る集団の記録が見える（表1）。これらは先学により、渤海遺民が渤海国を再興したものとみなされ、「後渤海」と呼ばれている。[5] ただし、この「後渤海」政権の存在については懐疑的な見解もみられる。とりわけ近年、李美子、劉浦江、澤本光弘氏は五代史料中にみえる「渤海」の用例を詳細に検討し、これを東丹国を示すものであることを論証している。[6] これらの議論では、遼が渤海を滅ぼした後に建てられた東丹国が五代史料においてしばしば「渤海」と称せられていることなどから、従来「後渤海」を示すとされている史料中にみえる「渤海」の語は「東丹国」と読み替えるべきであると論じている。また、「渤海」の遣使記事が東丹王耶律倍の後唐への亡命時期と重なることから、「渤海」使の主要な目的は耶律倍の安否の確認にあると結論する。そして、旧渤海領における、黒水、女真等の活動から、渤海に服属していた諸勢力が分散化し、「後渤海」といった地域的な統合を想定することは適切ではないとする。十分に説得力のある見解であろう。

東丹国は渤海滅亡後に渤海遺民統治のために遼によって建てられた国である。つまり、渤海滅亡後に諸史料に現る「渤海」の活動は、東丹国、ひいては遼の活動としてとらえることができよう。

ところで、九三六年から九五四年まで「渤海」と「中国」間の交渉の記録がみられない。このことから、東丹国が廃止された、または独自の外交を行わなくなったと考えることができるかもしれない。あるいは、渤海滅亡後に見える「渤海」を東丹国とみなす説への反証ととらえることも可能である。しかし、九三六年以降に「渤海」の記録が見

表１　渤海滅亡後にみられる「渤海使」

962年７月	庚申、契丹、渤海国倶遣使朝貢　。(『旧五代史』巻36)
969年５月	又遣高正詞入朝、貢方物。七月以正詞為太子洗馬。(『五代会要』巻30)
931年12月	遣使成文角来朝（『五代会要』巻30）
932年正月	庚子、契丹遣使朝貢。(中略) 戊申 (中略) 渤海、廻鶻、吐蕃遣使朝貢。(『旧五代史』巻43)
933年７月	以先入朝成文角為朝散大夫、右神武軍長史、奏事右録事、試大理評事高保乂、為朝散郎、右驍衛長史、並賜金紫。(『五代会要』巻30)
935年12月(11月？)	遣使列周道等入朝、貢方物。(『五代会要』巻30、『旧五代史』巻47は11月にかける)
936年２月	入朝使南海府都督列周道為検校工部尚書、政堂省工部卿烏済顕試光禄卿。(『五代会要』巻30)
954年７月	渤海国崔烏斯多等三十人帰化。(『五代会要』巻30)

えないのは、後唐の対遼政策によるものであると考えられる。東丹国は一〇三一年まで存続していたと考えられ[7]、また外交活動に関しても『陸氏南唐書』巻一五契丹伝、昇元二年（九三八）八月の条に、

契丹使梅里捺盧古、東丹使兵器寺少令高徒煥書を奉じて貢を致す[8]。

とあり、九三六年以降の東丹国の外交活動を伝えている。上の記事は注目に値する。それは、これと同内容を記した『陸氏南唐書』巻一烈祖紀、昇元二年八月丁亥の条には、

契丹梅里捺盧古をして来聘せしむ[9]。

とあって、東丹使が省略されているからである。東丹国は遼が建てた国であり、高級官僚の人事なども遼の政府が行っていたので、東丹国を遼と同一視したものと考えられる。ここから、他の史料においても遼の使節と東丹国の使節が同伴して来ることがあったこと、そしてその場合、東丹使を省略して記録することがあった可能性が指摘されよう。五代の史料には多数の遼の使節の記録がみられるが、その中には東丹国の使節も含まれていたと考えられ[10]、九三六年以降も東丹国の対外活動は継続されたとみるべきであろう。

ここで、すでに澤本光弘氏が指摘しているように、「渤海使」（すなわち東丹使）の記録が九三六年以前つまり後唐の時代に集中してみられること

に留意しなければなるまい。後唐は東丹国との関係において、他の五代十国の諸国とは大いに異なる点がある。東丹王であった耶律倍が後唐に亡命したことである。耶律倍は遼の太祖の長子で、渤海滅亡後に東丹王となり、太祖の死後太宗との皇位継承争いにやぶれ、天顕五年（九三〇）に後唐に亡命した。この亡命は『遼史』巻七二耶律倍伝に

太宗既に立ち、疑わる、東平を以て南京と為し、倍を徙して之に居らしめ、尽く其の民を遷す。又た衛士を置き陰かに動静を伺う。……唐明宗之を聞き、人を遣りて海を跨ぎ書を持たしめて密かに倍を召す。倍因りて海上に畋す。使再び至り、……高美人を携え、書を載せ海に浮びて去る。[11]

とみえるように、後唐側の働きかけによるものである。後唐は、皇位継承争いの一方の当事者を抱えることによって、対遼外交を有利に運ぶ目的で耶律倍に亡命をうながしたものと考えられる。また、耶律倍は渤海遺民を主な構成員とする東丹国の王であり、耶律倍をえることによって、東丹国の渤海人の遼に対する不満を煽り、遼の内政を不安定にせんことを謀ったのではなかろうか。また、耶律倍の亡命後より九三六年に彼が横死するまでの間、新たに東丹王が立てられた形跡はみられない。これは、耶律倍が依然として東丹王の地位を保っていたことを示すものと考えられる。[12]したがって、後唐としては、東丹国の使節や商人は耶律倍の臣下・臣民であり、これを遼のものと同一視するわけにはいかなかったのである。

2　黒水の活動

五代、朝鮮の諸史料にみえる黒水は唐代の松花江流域に居住していた黒水靺鞨の一部が渤海時代に咸興平野に移住したものとされている。[13]また、黒水は黒水女真と称されることもあり、また黒水の酋長として記されている人物が、他の個所においては女真の酋長として記録されていることからみて、咸興平野を根拠地としていたとされる三十部女

表2　黒水の活動

886年春	北鎮奏、狄国人入鎮、以片木掛木而帰。遂取以献、其木書十五字云、宝露国与黒水国人、共向新羅国和通。(『三国史記』巻11、新羅本紀)
918年８月頃	尹瑄塩州人。為人沈勇、善韜鈐。初以弓裔誅殺無厭、慮禍及己、遂率其党走北辺、聚衆至二千余人。居鶻巌城召黒水蕃衆、久為辺郡害、及太祖即位率衆来附北辺以安。(『高麗史』巻92)
921年２月	甲子、黒水酋長高子羅率百七十人来投。(『高麗史』巻１)
921年４月	乙酉黒水阿於間率二百人来投。(『高麗史』巻１)
924年９月	遣使兀児来朝。以兀児為懐化中郎将、遣還蕃。(『五代会要』巻30)
925年５月	黒水胡独鹿遣使朝貢。
929年８月	遣使骨至来朝、兼貢方物、以骨至為帰徳司戈、遣還蕃。(『五代会要』巻30)
930年正月	青州奏、差人押渤海王憲一行帰本国、被黒水剽劫。今得黒水兀児状、及将印紙一張、進呈。(『五代会要』巻30)
930年２月	其首領兀児復遣使朝貢。(『五代会要』巻30)
931年５月	青州奏、黒水兀児部至登州売馬。(『五代会要』巻30)
932年２月	青州奏、黒水桃李花状申、父胡独鹿卒、所有勅賜朱記、未敢行使。(『五代会要』巻30)
936年９月	王率三軍至天安府合兵進。(中略) 大相庾黔弼、元尹官、茂官憲等、領黒水、達姑鉄勒諸蕃勁騎九千五百。(『高麗史』巻２)
1017年８月	甲午黒水靺鞨阿離弗等六人来投、分処江南州県。(『高麗史』巻４)

真と黒水は同一の集団であると見なされている。[14] 黒水は新羅の末年より朝鮮半島と交渉をはじめ、高麗太祖十九年（九三六）まで、それがつづく。この時期に黒水の活動が活発になるのは、衰亡期にあった渤海が、諸勢力の独自の活動を抑えきれなかったためとされている。[15] その後、顕宗八年（一〇一七）に再び「黒水靺鞨」が高麗に入貢し、以後黒水、黒水靺鞨、黒水女真といった「黒水」を冠する集団が高麗と交渉をつづけている（表2）。黒水はまた、後唐にも入貢している（表2）。そして、黒水の対「中国」交渉の記録のうち注目すべきは、『冊府元亀』巻九九五外臣部、交侵、長興元年（九三〇）正月の条にみえる記述である。

　青州奏すらく、人を差して渤海王憲一行の本国に帰るを押せしむるに、害を黒水に被り剽劫さる。[16]

ここでいう渤海は、先述のごとく東丹国と解せられるので、これに対して攻撃を加えた黒水は、東丹国ひいては遼に対して敵対行動をとったことになる。[17] ただし、黒水と「中国」との交渉は九三〇年代のごく短い時期に限られている点に留意すべきであろう。これについては後に改めて考察する。

3　女真の活動

五代史料における女真関連の史料の最も早い記録は『旧五代史』巻三二唐書八、荘宗紀六、同光二年（九二四）九月庚戌の条に、

有司契丹自り至る者言う、女真、廻鶻、黄頭室韋勢を合して契丹を侵す、と。[18]

と見えるものである。[19] そして、同書同巻、同光三年（九二五）五月己酉の条には、

黒水、女真皆な使を遣わし朝貢す。[20]

とあり、後唐への入貢を伝えている。しかし、その後しばらく朝貢を絶ち、再び記録に見えるのは五代の末の顕徳六年（九五九）のことである。[21] その後は、連年のように北宋に対して入貢している（表3）。ここで注目すべきは、「中国」への入貢に断絶がみられることであろう。

一方、高麗との交渉をみると、『高麗史』巻二定宗世家、三年（九四八）九月の条に、

東女真大匡蘇無蓋等来りて馬七百匹及び方物を献ず。王天徳殿に御し、馬を閲して三等と為し、其の価馬を評定す。一等は銀注子一事錦絹各おの一匹、二等は銀鉢一事錦絹各おの一匹、三等は錦絹各おの一匹。忽ち雷雨押物人を震わし、又た殿西角を震わす、王大いに驚き近臣等扶して重光殿に入る、遂に不豫たり。[22]

とあるのが最も早い入貢の記録である。ただし、同書巻九三、崔承老伝には、

新羅の季自り我国の初に至り、西北辺の民毎に女真蕃騎往来侵盗を被る。太祖断じて宸衷自り一良将を遣わし之

を鎮ぜしめ、寸刃を労せずして、反て蕃衆をして来帰せしむ。是自り塞外塵清にして、辺境虞なし。其の人を知り善く柔遠に任じ能く邇しむ者又た此の如し[23]。

とあり、国初のこととして、西北辺において女真との交渉があったことを伝えている。また、『演繁露』続編巻一、高麗境望の項に引く南唐の章僚『海外行程記』（以下『海外行程記』と略称す）には、

麗主王建（太祖）甞て其（女真）の馬万疋を資し、以て百済を平ぐ[24]。

と、太祖の時に女真の馬を手に入れていたことが記録されている。これは、女真と高麗との間に馬の売買を通じた交渉のあったことをうかがわせ、前引の崔承老伝の記述を裏づける。

その後の高麗と女真の交渉であるが、太祖朝末から成宗朝（九八〇～九九七）はじめまでの間、先述の定宗三年の東女真の入貢以外に高麗側の史料には記録がない。これに関しては、顕宗二年（一〇一〇）の遼の侵攻により史料が焼失したためであり、実際にはこの間にも頻繁に交渉があったと考えられている。たとえば、日野開三郎氏は前引の章僚『海外行程記』（〈　〉内が『海外行程記』からの引用と考えられる部分）に、

僚の使するや、〈女真馬を麗に献じるに会う。其の人僅か百余輩、市に在りて物を商うに、価の相い中らざるや、輒く弓を引き人に擬す。人敢えて向う莫し〉、則ち其の強悍、素より麗の誰何する能わざる有り。〈麗主王建（太祖）甞て其（女真）馬万疋を資し、以て百済を平ぐ[25]〉。

とあることから、高麗の太祖以降章僚の高麗遣使の時期（『直斎書録解題』巻八地理類によれば『海外行程記』には顕徳六年（九五九）の日付のある史虚白の序が付せられていることから、章僚の高麗遣使をそれ以前のこととしている）まで、一貫して高麗は女真と交渉を持っていたと論じている[26]。

しかし、一方では、この時期において高麗と女真の交渉の記録が少ない原因を、史料の亡失によるものではないと

表3　10〜11世紀前半における東北アジアをめぐる交渉

西暦	遼元号	中原王朝元号	遼・東北諸族	遼・南唐	中原・東北諸族	備考
924	天賛3年	同光2年			黒水	
925	4	3			黒水×2・女真	
926	天顕元年	後唐・天成元年	鉄驪			渤海滅亡
927	2	2	女真			
928	3	3	女真			
929	4	4	女真		黒水	
930	5	長興元年			黒水×2	
931	6	2	女真・鉄驪		黒水	
932	7	3			黒水	
933	8	4	女真×2・鉄驪×2			
934	9	応順・清泰元年	女真×3			
936	11	後晋・天福元年	女真×3			
937	12	2	女真・鉄驪	○・◎		南唐建国
938	会同元年	3	女真×5・鉄驪	○・◎×2		
939	2	4	女真・鉄驪	○・◎		
940	3	5	女真×3	○×4・◎×2		
941	4	6	女真・鉄驪	○×4・◎		
942	5	7	女真・鉄驪	◎		
943	6	8	鉄驪	○・◎		
945	8	開運2	女真・鉄驪			
946	9	3	女真×2			
947	大同・天禄元年	後漢・天福12年				遼・開封を占領
948	2	乾祐元年		○		
950	4	3		○		
951	応暦元年	後周・広順元年	鉄驪	○×2・◎		
952	2	2	女真・鉄驪	○×3		
953	3	3	鉄驪	○		
954	4	顕徳元年		◎		
955	5	2	女真	○		
956	6	3		○		
957	7	4		○		
958	8	5				南唐江北を失う
959	9	6		○	女真	
961	11	宋・建隆2			女真×2	
962	12	3			女真×2	
963	13	乾徳元年			女真×3	
964	14	2			女真	
968	18	開宝元年			女真	
970	2	3			女真・定安	
973	5	6	女真▲・女真		女真×2	
974	6	7			女真・鉄利	遼宋交渉開始
976	8	太平興国元年	女真▲×2			
977	9	2	女真×3			
978	10	3	女真			

979	乾享元年	4	女真			宋軍南京攻撃
981	3	6			女真・定安	
984	統和 2	雍熙元年	女真△			
985	3	2	女真			
986	4	3	女真△・女真			
987	5	4	女真			
988	6	端拱元年	女真			
989	7	2	女真		女真・定安	
990	8	淳化元年	女真×5			
991	9	2	女真×2		女真・定安	遼、鴨緑江を封鎖
992	10	3	鉄驪×3			
994	12	5	女真×2			
995	13	至道元年	女真・鉄驪			
996	14	2	鉄驪			
997	15	3	女真・鉄驪			
998	16	咸平元年	女真・鉄驪			
1002	20	5	女真・鉄驪			
1003	21	6	女真・鉄驪			
1004	22	景徳元年	女真×2			遼宋の和議成る
1005	23	2	女真×2・鉄驪			
1009	27	大中祥符 2 年			女真	
1010	28	3	女真			遼高麗開戦
1012	開泰元年	5	女真・鉄驪			
1014	3	7			女真	
1015	4	8			女真	
1017	6	天禧元年			女真	
1018	7	2				
1019	8	3			女真	
1020	9	4				遼高麗の和議成る

凡例：▲女真の攻撃　△女真への攻撃　◎遼から南唐への遣使　○南唐から遼への遣使
（『遼史』本紀・属国表・部族表、『続資治通鑑長編』、『陸氏南唐書』、日野開三郎「五代時代における契丹と中国との海上貿易」、同「宋初女真の山東来航の大勢とその由来」、松田光次「遼と南唐との関係について」等にもとづき作成）

する考えもある。蓑島栄紀氏は顕宗朝における八関会の再開の一因として十一世紀における女真の海上活動の活発化を想定している。つまり、十一世紀に入り、女真との交渉が頻繁に行われるようになるといった新たな状況に対応するために八関会の整備が求められたと考えるのである。[27] 蓑島氏の見解は、考慮に価しよう。記録が焼失したとはいっても、顕宗朝に先立つ成宗・穆宗朝の『高麗史』の記述は比較的豊富である。[28] これは、成宗朝に行政機構が整備されたのにともない、行政文書の保存や史料編纂の体制が整えられたためである。[29] それにもかかわらず、顕宗朝にはほぼ毎年みられる女真の朝貢記事が、『高麗史』巻三成宗・穆宗世家には一例も見られない。[30] これも、顕宗以前は女真と高麗との交渉が比較的低調であったことの証左となろう。

　また、一貫して高麗と女真との間に交渉があったことを示す根拠として挙げられている『海外行程記』にしても、高麗が後三国を統一した九三六年頃と、章僚が高麗に赴いた時期に、それぞれ女真が高麗と通交したことを示すに過ぎない。章僚の高麗遣使の正確な年代は『高麗史』や、陸氏・馬氏の両『南唐書』をはじめとした中国史料には記録が残されておらず、不明である。しかし、『演繁露』続集、巻一高麗境望の項に、

> 海外行程記は、南唐章僚其の高麗に使いし経る所見る所を記すなり。中に保大初め徐弼使せる事を引き証と為す。即ち当に是れ後主の末年なるべし。[31]

とみえることより、遣使年代の上限が南唐嗣主の保大元年（九四三）であることが判る。『演繁露』の著者である程大昌は成立を後主（在位九六一—九七五）の末年としているが、これは恐らく誤解であろう。先述の通り本書には九五九年に書かれた序が付されていたと伝えられており、遣使時期の下限はこの年になる。恐らくは、九五九年をさかのぼることそう遠くはない時期であったであろう。さらに年代をしぼってみよう。南唐の高麗遣使のうち、年代がはっきりしているものが二つある。一つは『陸氏南唐書』巻一五高麗伝にみえる、昇元元年（九三七）のもの、もう一つが、

前引の『演繁露』続集、巻一高麗境望の項にみえる保大元年のものである。前者の遣使の目的は、烈祖の即位を伝えるものと記録されている。後者の目的は記録に残されていないが、保大元年は嗣主の即位年であるから、恐らくこの遣使も前者と同様の使命を帯びていたものと推察される。章僚の遣使も新主の即位の伝達やそれに匹敵する使命を帯びたものと考えられる。章僚の遣使の場合後主の即位年（九六一）より以前に行われたものであるから、新主の即位の伝達ではありえない。九五九年より数年前の時点において、それ以外の外交的な使命として考えられるのは九五五年末にはじまる後周の淮南侵攻に対する救援の要請であろう。南唐は遼に対して後周の本格的な侵攻のはじまった九五六年初めに救援要請を行っている[32]。高麗に対しても同様の救援要請を行ったのではなかろうか。このように考えて大過ないとすれば、章僚の遣使は九五六年前後のこととなり、『海外行程記』に記された女真と高麗との交易についての見聞も、この当時のものとすることができよう。つまり、九三〇年代後半から九五〇年代前半にかけての両者の交渉が活発であったことを明白に示すことはできないのである。

したがって、十世紀後半の高麗と女真との交渉は、没交渉であったとはいえないが、活発な関係を想定することには躊躇せざるを得ない。

4　定安国の活動

定安国は渤海の西京鴨渌府に依った渤海遺民の政権とされている。その活動期間は九三〇年代～一〇二〇年頃までとされてきた[33]。しかし、従来の定安国研究は、「後渤海」の存在を前提に構築されたものであり、近年「後渤海」に対する批判的な研究が提示されるなかで再検討を求められている。そこで、従来説に対する批判をふまえつつ、定安国の活動について考察をしてみよう。

定安国の活動がはじめて史料上で確認できるのは、下の『続資治通鑑長編』巻一一、開宝三年（九七〇）九月丙辰の条の記述である。

登州言う、女真国使を遣わし入朝し、定安国王烈万華表を附して方物を貢す。定安国本と馬韓の種、契丹の攻破する所と為り、其の首帥余衆を糾合し西鄙を保ち、自ら定安国公と称す[34]。

これ以前における定安国の活動は全く不明である。諸先学が九三〇年代末頃の建国を想定するのは、『五代会要』巻三〇渤海、清泰三年（九三六）の条に、

入朝使南海府都督列周道を以て検校工部尚書と為し、政堂省工部卿烏済顕を試光禄卿とす[35]。

とみえる、南海都督列周道と定安国の初出記事にみえる定安国王烈（列）万華の姓が同じであること、そして九三四年に渤海国世子大光顕が高麗に亡命[36]したという史料を結びつけた結果である。すなわち、渤海滅亡後に西京鴨渌府に依った大光顕が高麗に亡命した（あるいは亡命に追い込んだ）後に渤海の南京南海府を拠点としていた列氏の勢力が新たに鴨渌府に入り定安国を建てたと考えるのである。

しかし、この説は南海府都督の列氏と定安国王の列氏が同一の勢力であること、また大光顕が西京鴨渌府に依って渤海の亡命政権を建てたとの仮定のもとに成り立つものである。前者の仮定に関して、劉浦江氏は渤海滅亡後に史料に現れる「渤海」は東丹国を指すとの見解から、『五代会要』にみえる南海府都督は東丹国の官である、と主張されている[37]。澤本光弘氏はそれを敷延してさらに下のような議論を展開し（1）当該地域を統べる首長が遠路中国に入朝するという事態は考えがたい、（2）渤海滅亡後の南海府の地には後に三十部女真と呼ばれる諸勢力の女真が混在しており、その地を統合するような政権の存在が想定しえない、（3）遼は渤海滅亡後に南海府の渤海人を遼東半島に徙民し海州を建設し、その地を南海府と号していたので、「南海府」が渤海の南海府を示すとは限らない、（4）東丹

国では渤海の官制が引き続き用いられており、ここに見える南海府都督も東丹国のものと考えうる、と論じる[38]。後唐は一貫して東丹国を渤海の後継国家としていたと考えられるので、渤海国使とみなされた列周道も東丹国から派遣されたものとみるのが妥当であろう。また、後者の仮定であるが、西京鴨淥府が渤海の滅亡時に遼の攻撃を受けなかったという、前提が成り立たないのである[39]。「陳万墓誌[40]」に、

年卌五、皇帝東のかた渤海国を□するに従し、当年収下す。年卌七、又た嗣聖皇帝神歓二州を伐つに従い、当年又下す[41]。

とみえるように、渤海滅亡後に西京鴨淥府の府治である神州および、管下の歓州（桓州のことを指すと考えられる[42]）が遼の攻撃を受け、陥落しているのである。南海府都督列周道と定安国王、大光顕と西京鴨淥府が直接関連づけられない以上、定安国の成立についての従来の見解は修正する必要があろう。

いずれにしても、定安国の対「中国」・対高麗交渉は九七〇年以前は全くみられない。これは他の東北アジアの諸集団と共通していることに注目すべきことである。

以上にみてきたように、東北アジアの諸集団の「中国」・朝鮮半島との関係は、渤海滅亡直前に女真・黒水などの諸集団が渤海の衰亡に伴って独自の交渉をもちはじめ、渤海滅亡後の九三〇年代から九五〇年代後半にかけて中断があり、その後に再び活況を呈する。つまり、（東丹国を除く）いずれの集団も九三〇年代から九五〇年代にかけての交渉が低調なのである。この状況からは、東北アジアの諸集団自身による渤海時代の地域秩序の継承、という事態は考えがたい。

その一方で、この時期において、東北アジアの諸集団は遼と活発な交渉を行っている。そこで次節では、遼と東北

アジアの諸集団との交渉を検討して、渤海滅亡後の東北アジアの形勢の一端を明らかにしていきたい。

二　遼における渤海的秩序の継承

表3は渤海滅亡後から十一世紀初めにかけての遼と女真をはじめとした東北アジアの諸集団との交渉をまとめたものである。これをみると、穆宗朝の初めにあたる九五〇年代前半までは各集団は遼に連年のように入貢し、それ以後入貢は激減し、景宗から聖宗朝にかけて両者の間の紛争記事が目立つようになる。前掲の表3作成の際の中心史料である『遼史』は疎漏が多い史料であり、とくに巻六・七の穆宗紀は『遼史』の他の本紀と比べても粗雑な印象がぬぐえない。したがって、記録されなかった朝貢や、あるいは正史などの記録には残されにくい民間の交易などが行われていた可能性も考えられる。しかし、朝貢から敵対へという変化が穆宗朝の史料の空白期を境に生じたことを考えると、この間に何らかの情勢の変化があったと考えざるを得ない。したがって、史料の少なさをたんなる遺漏としてかたづけるべきではない。

このような穆宗初年以前と以後での女真と遼の関係の変化について、日野開三郎氏は反遼的な姿勢を取る後渤海＝兀惹政権の勢力の伸張により、この時期に東北アジアの諸集団が統合された結果であるとされている[43]。しかし、先述のごとくこの時期における後渤海国の存在が疑わしいのであるから、後渤海国の存在を前提とする日野開三郎氏のこの解釈は受容れがたい。むしろ、注目すべきは、遼との関係が途絶えると同時に東北アジアの諸集団と「中国」との交渉が活発になることである。いうなれば、東北アジアの諸集団は交渉相手を遼から「中国」に「乗り換えた」訳である。さらに、この時期は遼と「中国」の関係に変化が見られることにも注意しなければならない。遼と南唐は、南唐の建国以来密接な交渉を持っていたが[44]、九五八年における後周の淮南十四州占領により、海上への出口を封じられたために、南唐と遼の交渉は途絶してしまう[45]。また、遼と中原王朝の間の交渉も九五九年の後周世宗による関南二州奪回に伴って、正式な交渉は九七三年まで中断する。これらのことから、遼と「中国」の関係が、東北アジアの諸集団の動向を規定していたとみることができよう。そして、これは遼と東北アジアの諸集団の関係も、渤海時代の地域統合の秩序に規定されていた可能性を示唆するものである。そこで、次にこの問題について検討していきたい。

1　東丹国使の日本派遣

『日本紀略』後編一、延長七年（九二九）十二月二十四日の条に、

渤海国入朝使文籍大夫裴璆丹後国竹野郡大津浜に著く[46]。

と、渤海からの遣使について記されている。この使者は、『扶桑略記』巻二四、延長八年（九三〇）四月朔日の条に、

唐客東丹国使と称し、丹後国に著く、仔細を問わしむ。件の使、答状前後相い違う、重ねて東丹使人等を復問せしむ。本と渤海人と雖も、今降りて東丹の臣と為る。而れども対答中、多く契丹王の罪悪を称す云々[47]。

とあることから東丹国が派遣したものであることがうかがわれる。これらの東丹国の日本遣使については、これまで日遼交渉の一コマとして、あるいは渤海の日本遣使の終焉といった形でごく簡単に触れられるだけであった。しかし、この史料は東丹国の具体的な活動を示す貴重な記録として十分に吟味しなければならないものである。

従来、この史料に対しては東丹国が渤海の旧領を放棄して遼陽へ遷った後に、遷徙を免れた渤海人が派遣したものであるとか[48]、東丹国使を自称した商船である[49]、という説明がなされている。しかし、いずれの説明も承服しがたい。まず前者であるが、使者が東丹国使を名乗る以上、遷徙を免れた渤海人が独自に派遣した使節とするのは明らかに矛

盾している。もし東丹国の支配を脱した渤海人によるものならば、一貫して渤海国使を名乗るはずであろう。一方の後者の商船説であるが、これは渤海の支配の根幹に関わる問題であり、また九二九年の東丹使の意義を考えるうえでも大きな意味を持つものである。近年の日渤交渉の研究によれば、日本海を横断する交易路の維持には、国家権力の介在が必要であると考えられている(50)。したがって、この東丹使についても何らかの国家権力の意志をうけた遣使と考えるべきであり、民間の商船による交易を想定することはできない。無論、日本海を横断せずに朝鮮半島経由などで来航した可能性も考えうるが、前章で論じたように来航した地点（丹後）、時期（春）を考えると、この東丹使は渤海の東京龍原府ないしは南京南海府を出発して北西季節風を利用して日本海を横断したのは明らかである(51)。

さて、この時期に日本へ使節を派遣したことの意義は二つある。一つは、東丹国南遷直後のこの時期において国家の意思を渤海の旧領に対してある程度及ぼしえたこと、もう一つは、東丹国（あるいは遼朝）が渤海の統治における交易の重要性を十分に認識していたことである。まず前者についてであるが、通常東丹国の遼陽遷徙は、遼が渤海遺民の抵抗に堪え兼ねたのが一因とされている。しかし、この東丹使の構成人数は『扶桑略記』巻二四里書、延長八年正月三日の条によると、九二名である。これは八四二年以降ほぼ一〇五名が通例となっていた日本への渤海の使節の員数に匹敵している。渤海の使節の中には通常六五名からなる首領と称する者たちが含まれていた。この首領とは渤海の在地の支配者層を示すものと理解されている(52)。恐らく東丹使九二名の中にも一定数の首領が含まれていたとみてよかろう。これは、遼・東丹国の渤海旧領支配が、ある程度は在地の支配者層に受容れられていなければ実現しえないことである。もちろん、この使節に参加した者は、遼の統治に服して遼陽に徙された渤海人である可能性もあるが、出発地が遼陽から遠く離れた日本海沿岸の地域であることを考えると、むしろ渤海の旧領の各地から集められた者たちによって構成されていたとみるべきであろう。そして何よりも、九二八年末の東丹国の遼陽遷徙の発表後一年を経た時点で、このような規模の使節団を派遣しえたことは、遷徙による渤海旧領支配への影響はそれほど大きなものではなかったことを示す。また、第二の意義は渤海の首領層を使節に参加させたことである。これは、遼・東丹国は在地の支配者に対する交易機会の提供と引き換えに彼らを服属させていた渤海の統治のあり方を十分認識したうえで、首領たちを日本への使節に参加させたことを端的に示すものである。

以上の考察により、相次ぐ渤海遺民の抵抗と、遼陽遷徙の混乱といった、従来の遼あるいは東丹国の渤海旧領支配のイメージとは異なり、遼の渤海旧領の支配は、在地の支配者層に対して安定した交易の提供することにより契丹の統治を一定程度受容れさせることに成功して、比較的平穏な支配が行われていたということができよう。もっとも、渤海の旧領には扶余府に黄龍府が置かれたのを除けば、遼の州県は置かれなかった。したがって、東丹国の遼陽遷徙は渤海旧領支配のあり方を、州県による直接統治から、間接支配へと変化させたものと考えられる(53)。そのため、遼の渤海旧領支配はほころびをみせる場合もあったことは否めない。

ただし、東丹国と日本との交渉はこの一度のみで終わっている。それゆえ、上述のような遼の渤海旧領支配がその後継続したかは、これだけでは不明といわねばならない。そこで、さらに「中国」・朝鮮半島との交渉などから、遼における渤海的秩序の継承について検証しておこう。

2　遼と「中国」との交渉と東北アジア

東北アジアの諸集団に対し安定した交易を保証するためには、まず中国との安定した関係が必要となる。南唐との関係は、先述のごとく建国から後周の淮南占領までは安定した関係を保っていた。しかし、南唐の成立は九三七年のことであり、それ以前については他の勢力との関係が必須となる。華南の勢力で遼と交渉のあったのは呉越であり、渤海滅亡後でいえば九三二年、九四〇年、九四一年、九四三年にそれぞれ使臣の往来がみられる。その交渉は基本的には交易が目的であったとされる[54]。呉越とは比較的安定した関係を結んでいたと考えられるが、使臣往来の史料がほとんど九四〇年代に集中しているため、渤海滅亡直後から長期にわたって交易を行っていたのかは不明である。その他、南唐建国以前に遼と交渉を持った国に後唐が挙げられる。

後唐と遼との関係は、渤海滅亡後の時期においては九二八年から九二九年にかけての定州をめぐる争い、および後唐の滅亡時を除けば比較的平穏に推移し、使臣の往来も頻繁に行われたようである[55]。ここで注意すべきは渤海滅亡後の黒水の活動が九二九年に開始することである。従来黒水の活動は東丹国の遼陽遷徙に伴う旧渤海領の政治的空白によってもたらされたと考えられていたが[56]、前章で論じたように東丹国の遷徙の完了は九三一年であり[57]、黒水の活動の原因を東丹国の遷徙に求めることはできない。黒水が活動をはじめた九二九年は遼と後唐との関係が不調な時にあたっており、その影響による交易の途絶が、黒水をして遼の勢力から離脱せしめたと考えることができる。また、黒水の単独の対後唐交渉は九三二年までと短期間に終わっているのは遼・後唐間の関係が短期間の間に修復され、対「中国」交易路が再び保証されたためと考えられる。

さて、遼と後唐との交渉の史料においてさらに注目すべき点がある。それは、遼から後唐への使節が、しばしば大交易団の様相を呈していたことである。使節の規模をうかがうことのできる史料を下に挙げる。『冊府元亀』巻九七二外臣部、朝貢五、天成三年（九二八）正月の条には「契丹使禿納梅老已下五十人進奉」とあり、また同書同巻、長興三年（九三二）三月の条には「契丹遣使都督阿鉢等一百一十人、進馬一百疋及方物」とあり、また同書同巻、応順元年（九三四）正月の条には「契丹遣都督没辣来朝、献馬四百、駝十、羊二千」とある。いずれも大規模な使節であり、とくに最後のものは交易を目的としていたのではないかと疑わせる十分な内容である。かくの如き使節のあり方は対日本交易におけるそれと共通するものがあり、また渤海の対唐交渉のものとも通ずるものがある[58]。

また、先述のごとく、渤海滅亡後に五代史料にみえる「渤海使」は東丹使のことをさす。したがって、表1にみえるように東丹国の使者も頻繁に後唐と交渉しており、遼と後唐との間の交渉、そしてその背後にある交易は活況を呈していたとみてよかろう。

後唐と遼・東丹国との関係は比較的安定しており、東北アジアの諸集団に対する交易路の保証には十分であった。そして、それ以降も、華南においては、南唐との安定した交渉、また華北においては後晋と君臣関係を結んだことにより、安定した交易路を確保することが可能であった。これは、東北アジアの諸集団を遼の支配下に結びつけるのに大きな役割を果たした。しかし、この状況は先述のように後周の世宗の軍事活動により頓挫してしまうのである。

ところで、表3をみると、九七三～九七九年にかけて女真が遼に入貢している。これは、九五〇年代の交渉の途絶以来久しぶりの連年の入貢となる。この時期の中国と遼との関係をみると、『遼史』巻八景宗紀上、保寧六年（九七四）三月の条に

宋使を遣わし和を請う、涿州刺史耶律昌朮を以て侍中を加え宋と和を議せしむ[59]。

とあり[60]、それ以後しばらくの間、両国間で使者の往来が続き、宋とは比較的良好な関係を保っている。しかし、この関係も、九七九年六月から七月にかけての宋軍の南京侵攻により崩れてしまう。つまり、女真の遼への入貢時期は、遼宋関係が良好な期間とほぼ一致しているのである。

以上より、安定した交易の保証が、東北アジア諸勢力を勢力下に収めるために必須であるという、渤海的秩序が遼の東北アジア支配においても影響を与えていたと結論づけられる。このことから、遼と「中国」の関係が安定していた時期において遼（または東丹国）の使節ないし商人と称する者のなかには女真をはじめとした東北アジアの諸集団

に属す人々が含まれていたと考えられる。そして、ひとたび遼と「中国」との関係が悪化したなら、自らの交易に不利益をもたらす「遼（契丹）」の名称を棄て、自己の本来の集団名を前面に出すことにより、「中国」交易を維持していたのである。

3　遼と高麗との交渉と東北アジア

遼と高麗との関係は、上述の「中国」とのそれとは異なる様相を呈している。『高麗史』巻二太祖世家二、二十五年（九四二）十月の条に、

契丹使を遣わし来りて橐駝五十匹を遣る。王以えらく契丹甞て渤海と連和し、忽ち疑貳を生じ、盟に背き殄滅す、此れ甚だ無道なり、遠く結びて隣と為すに足らず、と、遂に交聘を絶つ。其の使三十人を海島に流し、橐駝を万夫橋の下に繋ぎ、皆な餓死せしむ。(61)

とあり、その後四十年ほど両者の間の交渉がみられないのである。従来の多くの研究は、上の史料における高麗の遼に対する姿勢を、高麗の北進政策によるものとしている。すなわち、高麗の北方に広がる女真居住地域に対し、高麗と遼がともに勢力を拡大しようとしたため、両者が対抗関係にあったと説明するのである。筆者も、その見解におおむね従うものである。ただし、九四二年の段階で、高麗が反遼的態度を表明したことについて、いまだ十分な説明がなされていないと考える。そこで、まずこの点について検討を加えておこう。

上記史料では、高麗の太祖は遼が渤海を滅ぼしたことに不快を表しているが、渤海の滅亡の十数年後に、それを理由に遼と断交するのは遅きに失している。しかも、遼と高麗は、渤海滅亡後も九二七年、九三八年、九三九年に交渉を行った記録がある。(62)もっとも、渤海滅亡後しばらくは、高麗は後三国統一のために遼とことを構えるのを避けたと

も考えられる。しかし、九三七年の統一後にも遼の使節を受入れているので、これも妥当な見解とはいえない。したがって、高麗の対遼政策は九三九年から九四二年の間に変化したと考えなければならない。金在満氏はこれを遼と後晋の関係の変化に呼応したものと論じている。すなわち、『遼史』巻四太宗紀下、会同五年（九四二）七月庚寅の条に、

晋金吾衛大将軍梁言、判四方館事朱崇節を遣わし来謝す、書に孫と称し、臣と称さず、客省使喬栄を遣わし之を譲めしむ。景延広答えて曰く、先帝則ち聖朝立てる所、今主則ち我国自ら冊す。鄰と為し孫と為すは則ち可なり、表を奉じ臣と称すは則ち不可なり、と。(63)

とみえるように、後晋は九四二年の出帝即位時に遼への態度を変化させようとしたことが、高麗の反遼的な姿勢の表明につながったとみるのである。(64)妥当な見解ではあるが、九四三年の秋ごろまでは、後晋と遼の関係は決裂したわけではなく、表面的には従来通りの使節の往来が続き平穏に推移しており、後晋の遼への反抗的態度は一時的なもので終わる可能性もあった。したがって、もし高麗が遼・後晋関係の推移のみによって対遼政策を決定したとするならば、この時点で遼の使節を処断するという行為は、拙速に過ぎるといわねばならない。とすれば、その他にもこの時期に高麗が反遼的な立場を表明する要因があったと考えられる。

図1および表4は、高麗の北界における築城年次を示したものである。これはとりもなおさず高麗の北進の進捗状況を表すものである。これを見ると、清川江以南の築城が後三国統一後の九四〇年に完了していることがうかがえる。そして、高麗の北進は九四〇年以前、清川江から宜州を結ぶラインに達するまでは順調に進んでいるのに対し、その後九六〇年代後半までは停滞をみせている。北進が停滞するラインは、東北境に関していえば、新羅と渤海の境界とほぼ一致する。前項で考察したように、渤海の旧領は遼の勢力範囲であったとみられる。ここから東北境では高麗の北進は遼の勢力により阻まれていたことがわかる。鴨緑江以南の渤海の疆域が不明なので、高麗西北境について同様

表4　高麗の築城

西暦	高麗元号	遼元号	築城
919	太祖２年	神冊４年	龍岡県、平壌
920	太祖３年	神冊５年	咸従県
921	太祖４年	神冊６年	雲南県
925	太祖８年	天賛４年	成州、鎮国城
929	太祖12年	天顕４年	安定鎮、永清鎮、安水鎮、興徳鎮
930	太祖13年	天顕５年	安北府、(朝陽鎮)、(連州)
934	太祖17年	天顕９年	通海県
935	太祖18年	天顕10年	伊勿、粛州
937	太祖20年	天顕12年	順州
938	太祖21年	会同元年	(永清県)、陽嵒鎮、(龍岡)、平原
939	太祖22年	会同２年	(粛州)、大安州
940	太祖23年	会同３年	(殷州)
947	定宗２年	大同・天禄元年	徳昌鎮、鉄甕、徳成鎮、(博州)
950	光宗元年	天禄４年	長青鎮、威化鎮
951	光宗２年	応暦元年	(撫州)
952	光宗３年	応暦２年	安朔鎮
960	光宗11年	応暦10年	湿忽、松城
967	光宗18年	応暦17年	楽陵郡
968	光宗19年	応暦18年	(威化鎮)
969	光宗20年	保寧元年	長平鎮、寧朔鎮、(泰州)
970	光宗21年	保寧２年	(安朔鎮)
972	光宗23年	保寧４年	(雲州)
973	光宗24年	保寧５年	和州、高州、(長平)、(嘉州)、安戎鎮
979	景宗４年	乾亨元年	清塞鎮
983	成宗２年	統和元年	樹徳鎮
984	成宗３年	統和２年	文州

（　）内は重修または記録の重複

のことがいえるかはにわかに結論をくだすことはできないが、東北境の状況から、少なくとも何らかの勢力が北進を阻害していたと考えてよかろう。その勢力として想定しうるのは、この方面に居住する女真自身、あるいは定安国（九四〇年頃にすでに建国されていたと仮定しての場合であるが）、そして遼の三者である。前二者と仮定した場合、高麗が対決しなければならないのは、女真や定安国であるので、九四二年の時点で、従来の態度をひるがえして遼にたいする敵意をあらわに

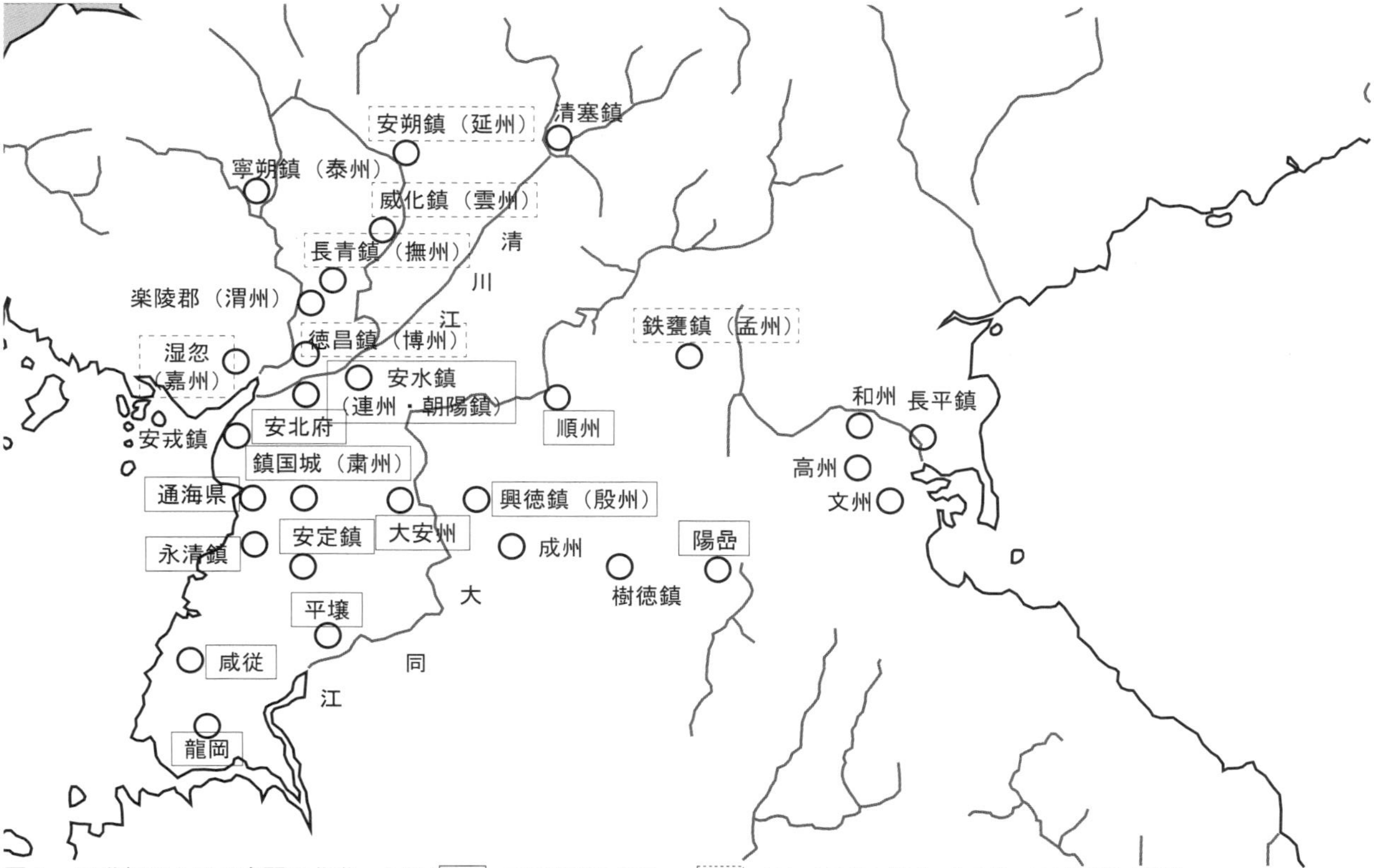

図1　10世紀における高麗の北進　凡例：地名　940年以前の築城　地名　941〜960年の築城　その他　961年以降の築城

する必然性はない。したがって、高麗の西北境における北進の障害となる勢力は、東北境と同じく遼の勢力とみなければならない。以上のことから、九四二年に高麗が遼との断交に踏み切ったのは、九三〇年代に宜州から清川江を結ぶラインまで領土を拡張した結果、さらなる北進のためには、それ以北に勢力をおよぼしていた遼との対決が必至となったからといえそうである。

しかし、北進の停滞については、高麗が女真の懐柔に時間をかけたためであるとか、急速な領土拡張により国が疲弊するのをさけたという見解もある。そこで、九四七年以降の築城の事情について若干の考察を加え、北進の停滞の要因について明らかにしたい。

高麗の北進の方法は四つに大別される。第一は女真部落の内附によるものである。一〇七三年（文宗二十七年）に女真の部落の内附にともない東北辺に十五州を置いたのがその一例である。(65) 第二は防衛を目的としたものである。東北辺がしばしば女真の攻撃にさらされたため、一〇四四年（靖宗十年）に長州・定州・元興鎮などを築城したのがその例として挙げられよう。(66) 第三は軍事進攻による占領である。この代表的な事例は一一〇八年（睿宗二年）から一一〇九年（睿宗三年）にかけての尹瓘による女真経略である。第四は女真の防備の隙をついた築城である。九八四年（成宗三年）に遼が鴨緑江下流の女真を攻撃した際の混乱に乗じて鴨緑江岸に関城を築いたのがその例である。(67) また、この九八四年の事例で注目すべきは、このときの築城は女真の抵抗にあい失敗に帰しており、また表4作成の際に基づいた『高麗史』巻八二兵志二、城堡の条には記載がないことである。つまり、表4は高麗の北進にともなう築城の試み全てを記したものではなく、その他に築城に失敗した事例があった可能性を考慮しなければならない。

さて、九四七年の徳昌鎮等の築城について、これを遼にたいする防衛のためのものと考えることも可能である。『高麗史節要』巻二、定宗二年の条に、光軍司を置く。是より先、崔彦撝の子光胤、賓貢進士を以て、遊学して晋に入る。契丹の虜える所と為り、才を以て用いられ、官爵を受く。亀城に奉使し、契丹の将に我を侵さんとするを知り、書を為し以て報ず。是に於て有司に命じ軍三十万を選び、光軍と号す。(68)

と遼の侵攻計画の情報が高麗にもたらされたという記録が見えるからである。これを検証するには、崔光胤の亀城への遣使と築城の時期をそれぞれ明らかにする必要がある。まず、築城の時期であるが、『高麗史節要』巻二、定宗二年（九四七）の条には徳昌・鉄甕は春、徳成は秋に築城したと見える。それぞれ築城にあたった人物（朴守文、朴守卿）が記されており、また『高麗史』兵志でも、徳昌・鉄甕と徳成の築城は別個に記載されているので、この記録は信頼してもよかろう。すると、築城の時期は遅くとも同年の三月となる。

つぎに崔光胤の遣使時期について検討しよう。崔光胤は「賓貢進士」であったとあるが、これは国外から来た礼部試の受験者を指す(69)。彼らは国子監や太学で学んだのち、礼部試に合格すると「賓貢及第」とされ、官を授けられ、中には実際に地方官として任地に赴く者もいた。崔光胤の場合、及第については『高麗史』巻九二の列伝でも触れられていないので、賓貢進士のまま開封で留学生活を送っていたと考えてよい。遼が後晋を滅ぼして開封に入城したのは九四七年正月である。さらに、『遼史』巻四、太宗紀下、大同元年（九四七）正月癸巳（七日）の条には、

張礪を以て平章事と為し、晋李崧を枢密使と為し、馮道を太傅と為し、和凝を翰林学士と為し、趙瑩を太子太保と為し、劉昫を守太保とし、馮玉を太子少保と為す。(70)

と高級官僚の人事を伝えている。政権交替直後であるので、高級官僚の人事が定まった後にそれ以下の人事が行われたと考えられるので、崔光胤の任官は早くとも正月中旬とみるべきであろう。そして、亀城までの所要日数と、亀城から高麗の中央（つまり開京）にまで情報が伝達されるまでの時間であるが、これは中原から遼の領土内を経由して

高麗に至るのに要する期間とみなせるので、開封から遼に派遣された使節および、遼から高麗に派遣された使節の所要日数の合計に置換えることが可能である。管見の限りで得たそれぞれの最短のものをあげると、前者が九二六年に遼の太祖が没したときの告哀使が八月二十七日に黄龍府を出発して十月十八日に洛陽に到着するのに要した五十日間、(71)後者が一〇一〇年に高麗にたいして遼が開戦する直前に遼の中京ないし東京を九月十五日に出発し十月八日に開京に到着するのに要した二十二日間である。(72)前者は開封、開京間の交通路上から外れる個所があるので若干所要日数が割り引かれるとしても、ほぼ二ヶ月となる。そうすると、遼の遠征計画が高麗側にもたらされたのは早くとも三月中旬となり、そこから人員を動員して三月末までに築城するのはほぼ不可能といえよう。

上の考察により九四七年の築城は高麗の積極的な行動の結果とすることができる。また、先述したように、顕宗朝以前の唯一の女真の朝貢記事は翌九四八年のものであり、この時期に女真にたいして高麗は積極的な働きかけをおこない、女真のなかには、これに応じるものがいたことがうかがえる。

さて、あらためて表4をみると、増修築と考えられる重複を除いた新規の築城は遼の君主交代期に行われていることが多いことに気づく（九四七＝大同・天禄元年、九五一＝応暦元年、九六九＝保寧元年）。周知のごとく聖宗即位以前の遼の君主交替はつねに混乱がともなっている。また、それ以外の時期も遼が「中国」と大規模な戦闘を行うかあるいはそれを企画している時期に当たっている。九五一年秋には南伐すべく世宗が山西に移動しており、九六〇年は後周による瀛莫二州陥落の翌年であり、いずれも「中国」へ意識が向けられた時期である。ちなみに九四七年も遼軍の主力は後晋を攻略したのち、その地の占領のために四月まで留まっている。つまり表4を見るかぎりでは、高麗の築城は、遼が東辺に対して十分に注意を払えない時期に行われたとすることができる。つまり、高麗は遼の隙をついた恰好になる。ただし、先述したように、高麗の北進は常に成功したわけではないので、高麗が意図的にこの時期を狙ったとは断言できない。しかし、結果的に築城に成功したのは遼の備えが薄かったことによるものとみることができるので、高麗の北進の成否は遼の対応如何にかかっていたと考えて大過あるまい。換言すれば、遼が女真に対して十分に影響力を行使しうる限り、高麗の北進は停滞せざるをえなかったことになる。

また、ここで注目すべきは、遼と高麗が対峙している九四〇年代から九五〇年年代にかけて、前節で述べたように女真は高麗とほとんど交渉を行っていないことである。渤海は八世紀以降新羅との対決する戦略をとり、両者の間の交易を含む一切の交渉を基本的には途絶していた。そのため元来は活発な交流が見られる半島南部と北部の交流も停滞傾向にあった(73)。このときと同じ状況が十世紀中葉の遼・高麗・女真の間に存在したとすることができよう。この点においても遼は期せずして渤海時代の秩序を継承することになったのである。

以上にみたように、遼代においても渤海以来の東北アジアの地域秩序をほぼ維持していた。したがって、遼にとって対「中国」関係の如何が直接に東北アジア支配に影響することになったのである。

三　渤海的秩序の変化

前節で考察した渤海的秩序がどのように推移していったのであろうか。本節では、九五〇年代以降の東北アジアをめぐる諸勢力の動向から、それについて検討してみたい。

1　九世紀後半の東北アジアをめぐる諸勢力の動向

従来の研究では、太宗から景宗朝にかけて、遼は南進策をとったため東方に対して消極的であったといわれている[74]。しかし、前節でみたように「中国」と安定した関係を結ぶことは、「中国」との交易路を東北アジアの諸集団に提供することに直結し、彼らを遼の影響下に置くことを可能にするものであった。したがって、南進策の遂行はそのまま遼の東方の安定に結びつき、東方に対して消極的であったとすることはできない。

しかし、「南進策の遂行によって東方の安定を目指す」という遼の方針は、九七〇年代に破綻をきたす。先述のように九七四年から九七九年にかけて遼と宋との関係は修復され、女真が遼へ再び入貢し始めた。その一方で、同時期に女真の遼に対する敵対行動も一方で盛んに行われていたのである（表3：九七三年、九七六年八、九月）。さらに、女真の動きに連動するように、渤海人の反乱が起きている。『遼史』巻八景宗紀上、保寧七年（九七五）の条には、

秋七月、黄龍府衛将燕頗都監張琚を殺し、以て叛く。敞史耶律曷里必を遣わし之を討たしむ。九月、燕頗を治河に敗る、其の弟安摶を遣わし之を追わしむ。燕頗兀惹城に走り、安摶乃ち還る、余党千余戸を以て通州に城す[75]。

とあり、黄龍府での反乱を伝えている。この反乱の首謀者である燕頗は、『遼史』巻一三聖宗紀四、統和十三年（九九五）七月丁巳の条に、

兀惹烏昭度、渤海燕頗等鉄驪を侵す、奚王和朔奴等を遣わし之を討たしむ[76]。

とみえる渤海燕頗と同一人物であると考えられるので、渤海人とみなせる。また、この反乱にともない大量の渤海人が逃亡したようである[77]。また、『遼史』巻九景宗紀下、保寧十年（九七八）九月癸未の条には、

平王隆先の子陳哥其の父を害するを謀る、車裂して以て徇う[78]。

という記事がみえる。同事件について『遼史』巻七二宗室伝、耶律隆先の条には、

保寧の季、其の子陳哥渤海官属と其の父を殺すを謀り、兵を挙げ乱を作す、上命じて市に轘裂せしむ[79]。

とあり、この反乱に渤海人が関与していることがわかる。これらの渤海人の反乱の背景には、遼陽方面に遷徙された渤海人も渤海時代以来の体制が維持されていたことから考えて[80]、東北アジアの諸集団が遼から離れたのと同様、対中国交易の低迷があったと考えられる。しかし、対中国交易の低迷だけが原因であるならば、渤海人の反乱はもっと早い時期に起きてしかるべきであろう。ここで想起すべきは、定安国が渤海の遺衆を糾合して建国したと主張していることである。先述のように定安国は、決して自らの主張するように渤海の滅亡直後から鴨渌府を維持し続けてきたものではない。それでは何故このような主張がなされたのか。これは、定安国建国の大義名分が渤海の復活にあったからにほかなるまい。また、燕頗が兀惹に亡命したこと、そして後に兀惹に同化するのではなく行動を共にしていることも、やはり定安国のあり方と軌を一にしていると考えられる。従来、渤海、遼・東丹国によって曲がりなりにも保証されていた中国との安定した交易が、九五〇年代後半より喪失し、東北アジアの諸集団はそれに対する対応に迫られ、新たな東北アジアの秩序が模索されたと考えられる[81]。その中で、渤海の復活による交易の保証という方向から地域の統合をはかる勢力が出現したのではなかろうか。遼の領内に居住する渤海人達もこのような渤海の復興というスローガンに応じる形で、遼に対する反乱、あるいは亡命という行動を起こしたと考えられよう。遼に代わる新たな対「中国」交易の提供者の出現は、遼が「中国」と安定した関係を結ぶだけでは、東北アジアの諸集団の服属を必ずしも達成しえなくなったことを示す。

このような状況にたいして、遼は複数の方法で対処している。これを順をおって検討しよう。

まず挙げられるのは、競合勢力に対する直接攻撃および、それと平行して行われた「中国」への交易路の封鎖である。『遼史』巻一〇聖宗紀一、統和元年（九八三）十月丁酉の条には、

上将に高麗を征たんとし、親しく東京留守耶律末只総べる所の兵馬を閲す。[82]

とあり、高麗に向けての遠征について伝えている。この遠征軍は、高麗に至らずに鴨緑江下流域の女真を攻略したのみで翌年帰還している。また、統和三年（九八五）にもまた高麗を討つという名目で出兵し女真（あるいは定安国）の攻略にをおこなっている。[83] この遠征は、池内宏氏や日野開三郎氏が説くように、鴨緑江中下流域の女真に攻撃を加え、さらに渤海以来の対「中国」交易の幹線である朝貢道を封鎖して、宋と女真の交渉を絶つことが第一の目的であった。[84]

その後、遼は九九一年に鴨緑江河口における築城で交易路の封鎖を完成させる。[85] この結果、九八〇年代中葉以降、女真をはじめとした東北アジアの諸集団の遼への朝貢が再び活発になる（表3）。また、対「中国」交易において、遼の対抗勢力と目される兀惹部をも九九二年には遼へ入朝させ、さらに九九六年にはこれを攻撃し、その勢力を衰退させるのに成功した。[86]

攻撃と交易路封鎖は、競合勢力を弱体化させるのには有効ではあるが、それだけでは東北アジアの諸集団を遼に従わせることはできない。彼らの交易欲を満足させる必要があるからである。そのためには、まず遼主導の対「中国」交易の再開が求められる。これは一〇〇四年の澶淵の盟締結により、達成される。その一方で「中国」にかわる交易路の開拓も試みられたようである。たとえば九八〇年代以降、遼は西方への交易路の確保のために、党項や阻卜に対しても攻勢をかけはじめた。[87] 九八〇年代は南方では宋と、東方では兀惹などからの挑戦を受け、遼は窮地にあった。あえてこのような時期に西方進出を開始したのは「中国」交易の代替ルートを確保し、それをテコに東北アジアの諸集団を少しでも遼の勢力下におさめ、東方の安定をはかるという効果をある程度は念頭にいれていたと見てよかろう。

また、同時期には高麗との交渉も活発となるが、これもあらたな交易路の開拓という目的があったかもしれない。しかし、高麗との交渉はそれ以外の要素も含まれており、別個に検討する必要がある。

前述の九八五年の女真遠征については、その攻略がもっぱら女真に終始しているため高麗を目的としたものではないとする見解が出されている[88]。しかし、この遠征は全く高麗と無関係であったわけではない。それは、『高麗史』巻三成宗世家、五年（九八五）正月の条に、

契丹厥烈を遣わし来りて和を請わしむ[89]。

とみえるからである。これは両者が断交した九四二年以来四十数年ぶりの交渉であることを重くみなければなるまい[90]。しかも、二度にわたる高麗征伐を名目とした遠征の直後に派遣された使節である。この一連の行動は遠征軍の示威のもとに高麗との修好を求めたものであると考えることができる。この時点で高麗との修好を求めた理由は史料では明らかにされていないが、池内宏氏はこれを、宋に朝貢している高麗に対する牽制としている[91]。

九九三年の交渉はその目的がより明確となる。この年、遼は東京留守蕭恒徳に高麗を攻撃させた、開戦の理由について『高麗史』巻九四、徐熙伝は、

遜寧（蕭恒徳）熙に語りて曰く、汝の国新羅の地に興り、高句麗の地我が有つ所なり。しかして汝之を侵蝕し、又我と連壌するに、しかれども海を越え宋に事う。故に今日の師有り。若し地を割き以て献じ、しかして朝聘を修むれば、事無かるべし、と[92]。

と、割地と遼への朝貢を要求している。高麗側の交渉者である徐熙の活躍もあって割地要求は退けられ、逆に宋との断交、遼への朝貢の見返りとして高麗は鴨緑江岸までの領有を認められた。多くの研究者は宋との断交、遼への朝貢の実現が、交渉の主目的であったとしている[93]。しかし、割地要求にも重要な意図が隠されていたと見るべきである。

『高麗史』巻三成宗世家、十三年（九九四）二月の条に、

蕭遜寧書を致して曰く、近く宣命を奉ずるは、但だ彼の国の信好早く通じ、境土相い接し、小を以て大に事えると雖も、固より規儀有り、しかして始めを原め終りを要むは、須く悠久に存すべし。若し預備に設けざれば、使人を中阻するを慮り、遂に彼国と相い議し、便ち要衝路陌に、城池を創築する者なり。尋で宣命を准けるに、自便斟酌し擬して鴨江の西里に五城を創築して取り、三月の初め築城の処を擬到し、修築に下手せんことを。伏して請うらくは大王預め先に指揮し、安北府従り鴨江東に至る計二百八十里を穏便なる田地を踏行し、地里の遠近を酌量せしめ、并びに築城せしめ、役夫を発遣し、同時に其の合に築城すべき数を下手し、早に回報を与えられんことを。貴ぶ所は車馬を交通し、長く貢覲の途を開き、永く朝廷を奉じ、自ら安康の計に協わん、と。(94)

と、講和後の高麗に対する遼の要請を伝えているが、その大半は鴨緑江岸までの築城についてのことである。ここで、九九一年に遼は鴨緑江河口に築城したことを想起すべきであろう。この時点で女真などの勢力の「中国」への交易路を一応遮断したことになるが、じつは鴨緑江河口封鎖後に、女真の使者は宋へ赴いている。『宋会要輯稿』蕃夷三―二、淳化二年（九九二）の条に、

首領羅野里鶏等上言すらく、契丹其の中国に朝貢するを怒り、海岸を去ること四伯里に三柵を置き、柵ごとに兵三千を置き、其の貢献の路を絶つ。故に海に汎びて入朝し、兵を発し三十首領と共に三柵を平げんことを求む、若し師期を得ば、即ち先に本国に赴き、兵を聚め以て俟つを願う、と。帝但だ詔を降し撫諭するも、しかれども発兵を為さず。(95)

とみえるこの女真使は、遼の築城に言及しており、これが築城後に派遣されたのは明白であろう。つまり、競合勢力の交易路の遮断のためには、鴨緑江の封鎖だけでは不十分で、あらゆるルートを遼の直轄地ないしは蕃属勢力によっ

て占める必要がある。このように考えると、九九三年に遼が高句麗の旧地を要求したのは、高麗の北界・東界の女真を遼に帰属させ、競合勢力の交易路の完全に封鎖することを目的としたことがわかる。そして、鴨緑江左岸までの地の領有を何のためらいもなく認めたのは、(遼が高麗の北進策を十分承知しており)高麗を藩属として鴨緑江にまで進出させ、それにより交易路の遮断を完成させることが可能であったからとみることができよう。

高麗との交渉に関してもう一つ注目すべき点がある。それは、遼と高麗の関係が名目的には君臣関係となったことである。これは渤海と新羅、十世紀の遼と高麗との間にみられた対抗関係とは異なる秩序の出現を意味する。そこで、つぎに十世紀以来の秩序がどのように変化したのかを考察して行こう。

2　渤海的秩序の変化

前項で見たように、十一世紀初頭において、遼に対抗する勢力は消滅し、「中国」との関係も安定して、渤海的な秩序の復活の条件が整えられていた。しかし、渤海的秩序が復活することはなかった。女真の宋に対する入貢は九九一年以来途絶えていたが、一〇一四年から一〇一九年にかけて六度の入貢をみる。これはいずれも高麗使に伴われたものであった。この入貢について日野開三郎氏はこの時期に行われた遼と高麗との間の紛争により、それまで宋との公式な関係を絶っていた高麗が、宋へ使節を送ることが可能となり、九九一年の遼による鴨緑江の封鎖によって途絶えていた対宋交易の復活を望む女真がこれに便乗したものと解している(96)。当時の情勢から考えて、日野開三郎氏の見解はおおむね妥当と思われる。ここで問題となるのは、女真が高麗使に伴われてきたことである。もし、この時点において、渤海的秩序を復活させていたならば、女真は遼の保証のもとに対宋交易を行いえたはずであり、あえて遼と敵対する高麗の使節とともに宋へ赴く必要はない。したがって、女真などの東北アジアの諸集団は宋との直接の交易ができなかったと考えることができる。

このことは、別の点からもうかがうことができる。『遼史』巻一三聖宗紀四、統和十五年（九九七）七月辛未の条に「吐谷渾別部の馬を宋に鬻るを禁ず（禁吐谷渾別部鬻馬於宋）」とあり、また同書巻六〇食貨志二に「仍お朔州路の羊馬の宋に入る、吐渾、党項の馬を夏に鬻るを禁ず（仍禁朔州路羊馬入宋、吐渾、党項馬鬻于夏）」とみえるように、遼は宋や西夏に対する馬の輸出を禁じている。宋が馬の調達に苦心していることから考えてこの禁輸措置は一部の地域や部族に対するものではなく、全面的なものであったと考えられる。女真の対宋交易の主要な輸出品が馬であったことを考えると、(97) この措置は女真に対して対宋交易を認めないにひとしいものといえよう。

このような、遼の対東北アジア政策の変化は、逆説的ではあるが宋との安定した関係がもたらしたものであろう。この安定した関係により、「中国」の物貨がこれまで以上に遼に流入するようになり、これらの物貨を東北アジアの諸集団に配分することが可能になったと考えられる。これにより、従来は「中国」が果たしていた役割を遼がになおうとしたのではあるまいか。これは、一〇一〇年にはじまる遼・高麗間の戦争に際しての遼の振る舞い方にその一端が看取しうる。

『高麗史』巻四顕宗世家、元年（一〇〇九）五月甲申の条は、開戦の経緯を下のように記している。

尚書左司郎中河拱辰、和州防禦郎中柳宗を遠島に流す。拱辰嘗て東女真を撃ちて敗られ、宗之を恨む。会たま女真九十五人来朝して和州館に至り、宗尽く之を殺す、故に流に坐す。女真契丹に訴う、契丹主群臣に謂いて曰く、高麗の康兆君を弑すは、大逆なり、宜しく兵を発して罪を問うべし、と。(98)

ここでは、遼の開戦理由として女真が高麗の辺臣を訴えたことと、高麗王の臣下（康兆）が穆宗を弑逆したことを挙げている。つまり遼の皇帝は藩属国間の紛争の調停のみならず、道徳的秩序の維持をも行おうとしているのである。

これらの理由は、まさに中華の皇帝の論理といえるのではなかろうか。その裏に真の意図が隠されていたとしても、少なくともかく振る舞おうとしたのは確かであり、また高麗の辺臣の罪を訴えた女真（前述したように名目的には高麗も遼の臣下であったことを忘れてはならない）は、中華皇帝としての振る舞いを期待していたとみなすことはできよう[99]。

かくして十一世紀には、それまでの交易の保証を軸とした渤海的な秩序にかわり、「中国」に匹敵する、遼を中心とした秩序が出現したのである。

おわりに

以上にみたように渤海滅亡後の東北アジアにおいて引き続き遼・東丹国による渤海的秩序による地域的な結合がなされていた。そして、中国に対しては交易路の確保、一方の高麗に対しては交渉の途絶という政策がとられた。東北アジアの諸集団は遼のこの政策に沿って交易を行ったのである。しかし、この状態は後周の軍事活動により終わりを告げる。その結果、東北アジアの諸集団は独自の活動を始める。しかし、その活動も渤海的秩序を継承したものであったと考えられる。しかし、十世紀末より十一世紀初頭にかけての遼による東北アジアの諸集団の再征服、および澶淵の盟による対宋関係の安定によって、東北アジアにおける渤海的秩序が変化した。この地域に「中国」への依存が減少した形で、遼を中心とした新たな秩序が形成されたのである。

結果だけ見れば、遼は渤海時代以来のこの地域の秩序の破壊者ととらえることも可能である。しかし、その過程は単純ではなく、一度は渤海時代の地域秩序を継承し、やがて、遼朝の領域の諸地域を一つの国家として統合する過程でこれを改変していったのである。つまり、遼は渤海滅亡後の東北アジアの地域秩序の新たな形成に能動的に関与したと評価できるであろう。

注

（1）鈴木靖民「渤海の首領に関する予備的考察」（『朝鮮歴史論集（上）』、龍渓書舎、一九七九年）、李成市「渤海史をめぐる民族と国家」（『歴史学研究』六二六、一九九一年）、同『東アジアの王権と交易』（青木書店、一九九七年）、同「八世紀新羅・渤海関係の一視角——『新唐書』新羅伝長人記事の再検討——」（『古代東アジアの民族と国家』岩波書店、一九九八年。初出一九九一年）、同「渤海の対日本外交への理路」（前掲『東アジアの民族と国家』、初出一九九四年）などを参照。

（2）日野開三郎『日野開三郎東洋史学論集（一六）』（三一書房、一九九〇年）所収の諸論考、池内宏「鉄利考」（『満鮮史研究』中世第一冊、岡書院、一九三三年。初出一九一五年）などを参照。

（3）蓑島栄紀「渤海滅亡後の東北アジア諸民族の交流・交易の諸相」（『東アジアの古代文化』九六、一九九八年）、同「渤海滅亡後の東北アジアの交流・交易」（『アジア遊学』六、一九九九年）、同「渤海滅亡後の北東アジア諸民族と長距離交易」（『古代国家と北方社会』吉川弘文館、二〇〇一年。前二稿の改稿）を参照。

（4）前掲蓑島栄紀「渤海滅亡後の北東アジアの交流・交易」一二八頁を参照。

（5）池内宏「遼の聖宗の女直討伐」（『満鮮史研究』中世第一冊、岡書院、一九三三年。初出一九一四年）、同「余の遼聖宗征女直考と和田学士の定安国考について」（前掲『満鮮史研究』中世第一冊、初出一九一五年）、同「契丹聖宗の高麗征伐」（前掲『満鮮史研究』中世第二冊、座右宝刊行会、一九三七年。初出一九一九年）、前掲同「鉄利考」、同「高麗成宗朝における女真および契丹との関係」（前掲『満鮮史研究』中世第二冊、初出一九一八年）、和田清「定安国について」（『東亜史研究（満州篇）』一九五五年、東洋文庫。初出一九一六年）、前掲日野開三郎『日野開三郎東洋史学論集（一六）』に所収の諸論考、李龍範「高麗와 渤海」（『韓国史』四、国史編纂委員会、一九七四年）、三上次男「渤海国の滅亡事情に関する一考察——渤海と高麗の政治的関係を通じて見たる」（『高句麗と渤海』、吉川弘文館、一九九〇年。初出一九五一年）同「高麗と定安国」（前掲『高句麗と渤海』、初出一九四〇年）、韓圭哲「高麗来投・来往契丹人」（『韓国史研究』四七、一九八四年）、同「渤海復興国

〝後渤海〟研究」（国史館論叢』六二、一九九五年）、金渭顕『契丹的東北政策――契丹与高麗女真関係之研究』（華世出版社、一九八一年）などを参照。ただし、存続期間、中心地等について諸家が見解をことにしている部分も少なからずある。

（6）李美子「〈후발해〉국 존재여부에 대하여」（『白山学報』六七、二〇〇三年）、劉浦江「遼代的渤海遺民――以東丹国和定安国為中心」（『松漠之間――遼金契丹女真史研究』中華書局、二〇〇八年。初出、二〇〇三年）、澤本光弘「契丹（遼）における渤海人と東丹国――「遣使記事」の検討を通じて」（『遼金西夏研究の現在（一）』東京外国語大学アジア・アフリカ言語文化研究所、二〇〇八年）を参照。

（7）本書第一章「東丹国と東京道」および補説一「東京と中台省――『東丹国と東京道』再考察――」を参照。

（8）「契丹使梅里捺盧古、東丹使兵器寺少令高徒煥奉書致貢」

（9）「契丹使梅里捺盧古来聘」

（10）前掲日野開三郎「五代時代における契丹と中国との海上貿易」は、遼の海上活動の背景には、東丹国の人々の関与があったと論じている。

（11）「太宗既立、見疑、以東平為南京、徙倍居之、尽遷其民。又置衛士陰伺動静。……唐明宗聞之、遣人跨海持書密召倍。倍因畋海上。使再至、……携高美人、載書浮海而去」

（12）耶律倍の次の東丹王に関する最初の記録は『陸氏南唐書』巻一五契丹伝、昇元二年（九三八）にみえるものである。

（13）三上次男「新羅東北境外における黒水・鉄勒・達姑等の諸族について」（前掲『高句麗と渤海』、初出一九三九年）、日野開三郎「兀惹部の発展」（前掲『日野開三郎東洋史学論集』一六、初出一九四三、一九四四年）を参照。なお、前掲池内宏「鉄利考」はこの黒水と黒水靺鞨は異なるものとして偽黒水と呼称している。また、小川裕人「三十部女真に就て」（『東洋学報』二四―四、一九三七年）は黒水の中心を図們江流域としているが、これは前掲三上次男「新羅東北境外における黒水・鉄勒・達姑等の諸族について」二四〇―二四一頁により否定されている。

（14）前注の所論考を参照。

（15）前掲三上次男「新羅東北境外における黒水・鉄勒・達姑等の諸族について」二五一頁、前掲李成市「渤海の対日本外交への理路」四二〇—四二一頁を参照。

(16)「青州奏、差人押渤海王憲一行帰本国、被害黒水剽劫」

(17) 日野開三郎「後渤海の建国」(前掲『日野開三郎東洋史学論集（一六）』、初出一九四三年）二六—二八頁は渤海人の帰国時に後唐が人を差遣して押送させていることに注目し、その背景に特殊な事情があったと考え、そこから後渤海国の建国時期を導き出している。しかし、王憲らの帰国先は東丹国であり、もしこの後唐の差使による押送に特殊な事情があるとすれば、同年十一月の東丹王耶律倍の後唐への亡命と関連づけて考えられるのではなかろうか。つまり、渤海人の押送にかこつけて、耶律倍に対する亡命勧誘工作を行う使者を派遣したことは十分に考えうる。

(18)「有司自契丹至者言、女真、廻鶻、黄頭室韋合勢侵契丹」

(19)『冊府元亀』巻九五九、外臣部、交侵門、同光年、九月庚戌の条にも同内容の記事が見える。

(20)「黒水、女真皆遣使朝貢」

(21)『旧五代史』巻一一九周書一〇、世宗紀六、顕徳六年正月己酉の条。

(22)「東女真大匡蘇無蓋等来献馬七百匹及方物。王御天徳殿、閲馬為三等、評定其価馬。一等銀注子一事錦絹各一匹、二等銀鉢一事錦絹各一匹、三等錦絹各一匹。忽雷雨震押物人、又震殿西角、王大驚近臣等扶入重光殿、遂不豫」

(23)「自新羅之季至我国初、西北辺民毎被女真蕃騎往来侵盜。太祖断自宸衷遣一良将鎮之、不労寸刃、反令蕃衆来帰。自是塞外塵清、辺境無虞。其知人善任柔遠能邇者又如此也」

(24)「麗主王建（太祖）嘗資其（女真）馬万疋、以平百済」

(25)「僚之使也、〈会女真献馬於麗。其人僅百余輩、在市商物、価不相中、輒引弓擬人。人莫敢向〉、則其強悍、有素麗不能誰何矣。〈麗主王建（太祖）嘗資其（女真）馬万疋、以平百済〉」

(26) 日野開三郎「宋初における女真の山東来航」（前掲『日野開三郎東洋史学論集（一六）』、初出一九六四年）四四一—四四四頁を参照。

(27) 前掲蓑島栄紀「渤海滅亡後の東北アジアの交流・交易」一三〇—一三二頁を参照。なお、高麗の外交に占める八関会の機能については奥村周司「高麗における八関会的秩序と国際環境」（『朝鮮史研究会論文集』一六、一九七九年）を参照。

（28）具体的な数量で示すと、『高麗史』巻四は顕宗朝の前半一六年間、巻三は成宗・穆宗朝二八年間、巻二は太祖朝の後半・恵宗・定宗・光宗・景宗朝五一年間でそれぞれ一巻が構成されている。

（29）『高麗史』巻七六百官志一に、

成宗大新制、作定内外之官。内有省部台院寺司館局、外有牧府州県。官有常守、位有定員。於是一代之制始大備。

とあり、成宗の時に官制が確立されたことがうかがえる。また、同書巻三、成宗世家、六年八月乙卯の条には、

命李夢游詳定中外奏状及行移公文式。

と、文書の扱いについての規定が制定されたことを伝えている。おそらくこの規定により、記録が地方においても蓄積され、都の開京にあった記録が亡失しても、ある程度の記録が復元可能になったものと考えられる。

（30）海寇記事などは散見されるが、その数もごくわずかである。

（31）「海外行程記者、南唐章僚記其使高麗所経所見也。中引保大初徐弼使事為証。即当是後主末年也。」

（32）『資治通鑑』巻二九二後周紀三、世宗顕徳二年二月辛卯の条、同書巻二九三、後周紀四、世宗顕徳三年、十二月壬申の条を参照。

（33）前掲和田清「定安国について」、前掲三上次男「渤海国の滅亡に関する一考察」、前掲同「高麗と定安国」、日野開三郎「定安国考」（前掲『日野開三郎東洋史学論集（一六）』、初出一九五〇、一九五一年）、韓圭哲「渤海復興国〝後渤海〟研究」（『国史館論叢』六二、一九九五年）、梁玉多「定安国小考」（『北方文物』二〇一〇―一、二〇一〇年）、苗威「定安国考論」（『中国辺疆史地研究』二〇一一―二、二〇一一年）などを参照。ただし、前掲池内宏「鉄利考」一〇六頁は安定国の建国は北宋初であるとの見解を示している。

（34）「登州言、女真国遣使入朝、定安国王烈万華附表貢方物。定安国本馬韓之種、為契丹所攻破、其首帥糾合余衆保於西鄙、自称定安国公」

（35）「以入朝使南海府都督列周道為検校工部尚書、政堂省工部卿烏済顕試光禄卿」

(36)『高麗史』巻二太祖世家二、十七年七月の条を参照。
(37)前掲劉浦江「遼代的渤海遺民」三八三頁を参照。
(38)前掲澤本光弘「契丹(遼)における渤海人と東丹国」二六―三一頁を参照。
(39)李美子氏は『高麗史』世家にみえる九三四年の渤海世子大光顕亡命事件が『高麗史』巻八六年表一や『高麗史節要』巻一では太祖八年(九二五)に掲げられていることに注目し、後者の年次の記事をとるべきとして、大光顕が鴨渌府を拠点として渤海亡命政権を樹立したことを否定している(前掲「〈후말해〉국 존재여부에 대하여」七六六―七七八頁)。しかし、『高麗史』年表や『高麗史節要』の記事は史官の歴史観による偏向があると考えるべきである。『高麗史』年表の記事はほとんどが王の薨去・譲位・即位に関わる記述と宋遼金元明といった「中国」との交渉記事で構成されており、その文脈の中で大光顕の来附記事は解釈されなければなるまい。巻八六年表一の太祖の在位中の記述をすべて列挙すると次のようになる。

天授八年(九二五)　契丹滅渤海国、世子大光顕来附。
天授十六年(九三三)三月、後唐遣使来冊王。自是行後唐年号。
十八年(九三五)　六月、後百済甄萱来投。十月、新羅王金傅来降、納土。
十九年(九三六)　九月、王親討甄萱逆子神剣。後百済遂亡。
二十一年(九三八)　七月、始行後晋年号。
二十六年(九四三)　五月、太祖薨、太子武即位。

「中国」との交渉および太祖の薨去記事を除くと、残りは渤海・後百済・新羅の滅亡記事であることは容易に理解できる。さらにこれらの滅亡記事はいずれも各国の君主に関わる者が「来附」「来投」「来降」「親討」という形で高麗に服属するという記述形式をとる。つまり、これらの記事は高麗がこれら各国の歴史の正当な後継者であることを示すためのものと考えられる。この目的からすれば、年表の記述において渤海の滅亡記事と世子大光顕(ここではその他大勢の渤海人ではなく「世子」であることが重要な意味を持つ)の「来附」はたとえ事実に反していても同時に書かれるべきものだったのである。したがって、大光顕の高麗への亡命は『高麗史』世家の記述通り九三四年と考えるべきであろう。

(40) 王錦厚、王海萍等編『遼寧省博物館蔵墓誌精粋』（中教出版、一九九九年）一六二―一六三頁、向南『遼代石刻文編』（河北教育出版社、一九九五年）一五―一六頁。
(41) 「年卅五、従皇帝東□渤海国、当年収下。年卅七、又従嗣聖皇帝伐神歓二州、当年又下」
(42) 閻万章「遼『陳万墓誌銘』考証」（『遼金史論集』五、文津出版社、一九九一年）四一―四二頁、前掲向南『遼代石刻文編』一八頁を参照。
(43) 前掲日野開三郎「兀惹部の発展」六七―七七頁を参照。
(44) 南唐側は華北の各王朝との関係から、同盟を目的として遼との交渉をおこなったが、遼の側は交易を第一の目的としていたとみられる。これについては、前掲日野開三郎「五代時代における契丹と中国との海上貿易」、松田光次「遼と南唐との関係について」（『東洋史苑』二四・二五　小笠原宣秀博士追悼論文集』龍谷大学東洋史学研究会、一九八五年）を参照。
(45) 前掲日野開三郎「五代時代における契丹と中国との海上貿易」を参照。ただし両者の交渉が完全になくなったわけではない。若干の外交活動が九五〇年代末まで認められる。これについては前掲松田光次「遼と南唐との関係について」を参照。
(46) 「渤海国入朝使文籍大夫裴謬著丹後国竹野郡大津浜」
(47) 「唐客称東丹国使、著丹後国、令問仔細。件使、答状前後相違、重令復問東丹使人等。本雖渤海人、今降為東丹之臣。而対答中、多称契丹王之罪悪云々」
(48) 前掲池内宏「鉄利考」七九―八二頁を参照。
(49) 前掲日野開三郎「五代時代における契丹と中国との海上貿易」四二四頁を参照。
(50) 前掲李成市「渤海の対日本外交への理路」、同「古代東北アジア諸民族の対日通交――穢・高句麗・渤海を中心に」（『東アジアの古代文化』九六、一九九八年）を参照。
(51) 本書第一章「東丹国と東京道」を参照。
(52) 首領については、前掲鈴木靖民「渤海の首領に関する予備的考察」、大隅晃弘「渤海の首領制」（『新潟史学』一七、一九八四年）、河上洋「渤海の交通路と五京」（『史林』七二―六、一九八九年）などを参照。

(53) 直接統治から間接支配へと転じた主要因は、渤海時代の地域支配の拠点であった府・州の住民の大半を内地に徙民したためと見られる。これについては別の機会に論じたい。
(54) 前掲日野開三郎「五代時代における契丹と中国との海上貿易」四二一—四二二頁を参照。
(55) 蔣武雄「遼与後唐外交幾個問題的探討」(『東呉歴史学報』六、二〇〇〇年)を参照。
(56) 前掲日野開三郎「定安国考」などを参照。
(57) 本書第一章「東丹国と東京道」を参照。
(58) 前掲鈴木靖民「渤海の首領に関する予備的考察」では、唐への使節においても首領の存在を確認している。
(59) 「宋遣使請和、以涿州刺史耶律昌朮加侍中与宋議和」
(60) 『続資治通鑑長編』巻一五、開宝七年十一月辛丑の条には「契丹涿州刺史耶律琮致書于権知雄州、内園使孫全興、其略云、両朝初無纖隙、若交馳一介之使、顕布二君之心、用息疲民、長為隣国、不亦休哉。辛丑、全興以琮書来上、上命全興答書、並修好焉」とある。双方の史料は互いに相手が先に請和してきたことを主張しているが、状況からみて、南唐攻略を目前に控えた宋側が、後顧の憂いを除くために遼に使者を送ったものと考えるべきであろう。もちろん、これは遼にとっても望むところであった。
(61) 「契丹遣使来遺橐駝五十匹。王以契丹甞与渤海連和、忽生疑貳、背盟殄滅、此甚無道、不足遠結為隣、遂絶交聘。流其使三十人于海島、繫橐駝万夫橋下、皆餓死」
(62) 『遼史』巻一一五二国外記、高麗の条に、
　太宗天顕二年(九二七)来貢。会同二年(九三九)、受晋上尊号冊、遣使往報。

とみえ、また、同書巻三太宗紀上、天顕一二年(九三八)九月辛未の条には「遣使高麗、鉄驪」とあり、高麗との交渉を伝えている。
(63) 「晋遣金吾衛大将軍粱言、判四方館事朱崇節来謝、書称孫、不称臣、遣客省使喬栄譲之。景延広答曰、先帝則聖朝所立、今主則我国自冊。為鄰為孫則可、奉表称臣則不可」

（64）金在満『契丹・高麗関係史研究』（国学資料院、一九九九年）四四—四八頁を参照。

（65）津田左右吉「尹瓘征略地域考」（『津田左右吉全集（一一）』、岩波書店、一九六四年。初出一九一三年）などを参照。

（66）津田左右吉「高麗西北境の開拓」（前掲『津田左右吉全集（一一）』、初出一九一三年）などを参照。

（67）この間の詳細については前掲池内宏「高麗成宗朝における女真および契丹との関係」を参照。

（68）「置光軍司。先是、崔彦撝子光胤、以賓貢進士、遊学入晋。為契丹所虜、以才見用、受官爵。奉使亀城、知契丹将侵我、為書以報。於是命有司選軍三十万、号光軍」

（69）賓貢については高明士「賓貢科的成立与発展」（『唐代史研究』五、二〇〇二年）を参照。

（70）「以張礪為平章事、晋李崧為枢密使、馮道為太傅、和凝為翰林学士、趙瑩為太子太保、劉昫守太保、馮玉為太子少保」

（71）『冊府元亀』巻九八〇外臣部、通好、後唐天成元年（九二六）九月の条に、

幽州趙徳鈞奏、先差軍将陳継威使契丹部内、今使還得状称、今年七月二十日至渤海界扶余府、契丹族帳在府城東南隅、継威既至、求見不通。竊問漢児言、契丹主阿保機已得疾、其月二十七日阿保機身死。八月三日隋阿保機霊柩、発離扶余城、十三日至烏州。契丹王妻始受却当府所持書信、二十七日至龍州、契丹王妻令継威帰本道、仍遣撩括梅老押馬三匹、充答信同来。継威見契丹部族商量来年正月葬阿保機於木葉山下。兼差近位阿思没骨持信与先入蕃天使供奉官姚坤同来、赴闕告哀（後略）

とみえる。使者の出発地である龍州とは、『遼史』巻三八地理志二、黄龍府の条に府の別称とされていることから、黄龍府と考えられる（ただし、黄龍府と扶余府も同一地とされるので上掲史料中であたかも別の場所の如く記されているのはいささか不可解である。後考を待ちたい）。そして、この使者は、『冊府元亀』同巻、天成元年十月辛卯（八日）の条に

契丹告哀使没骨餒見言契丹国王阿保機今年七月二十七日薨。

とその到着について記されている。

（72）『遼史』巻一五、聖宗紀六、統和二八年（一〇一〇）九月辛卯（一五日）の条に、

遣枢密直学士高正、引進使韓杞宣問高麗王詢。

とみえる使者は、『高麗史』巻四、顕宗世家、元年一〇月癸丑（八日）の条に、

契丹遣給事中高正、閤門引進使韓杞来告興師。参知政事李礼均、右僕射王同穎如契丹請和。

と、その到着が記されている。

(73)　前掲李成市「八世紀新羅・渤海関係の一視角」、前掲同「渤海の対日本外交への理路」、前掲同「古代東北アジア諸民族の対日通交」を参照。これに対して、新羅・渤海間には恒常的な交渉があったとする見解もある。赤羽目匡由氏は「八世紀中葉における新羅と渤海との通交関係」（『古代文化』五六―五、二〇〇四年、『渤海王国の政治と社会』吉川弘文館、二〇一一年に再録）、「新羅末高麗初における東北境外の黒水・鉄勒・達姑の諸族」（『朝鮮学報』一九七、二〇〇五年、前掲『渤海王国の政治と社会』に再録）、「新羅東北境における新羅と渤海の交渉について」（『高句麗渤海史研究』三一、二〇〇八年、前掲『渤海王国の政治と社会』に再録）において、これらの見解を相互に検討し、渤海と新羅の交渉は国家のレベルでは途絶していたが、東北境には両国間の緩衝地帯が存在し、その地域において双方の領域に住む人々が頻繁ではなくとも何らかの接触をもっていたと論じる。

(74)　たとえば、前掲金渭顕『契丹的東北政策――契丹与高麗女真関係之研究』、前掲金渭顕『契丹・高麗関係史研究』などを参照。

(75)　「秋七月、黄龍府衛将燕頗殺都監張琚、以叛。遣敞史耶律曷里必討之。九月、敗燕頗於治河、遣其弟安摶追之。燕頗走兀惹城、安摶乃還、以余党千余戸城通州」

(76)　「兀惹烏昭度、渤海燕頗等侵鉄驪、遣奚王和朔奴等討之」

(77)　この間の事情については前掲日野開三郎「兀惹部の発展」、同「契丹の前帰州について」（前掲『日野開三郎東洋史学論集（一六）』、初出一九五一年）、同「渤海の扶余府と契丹の龍州黄龍府」（『日野開三郎東洋史学論集（一五）』、三一書房一九九一年。初出一九五一、一九五二年）を参照。

(78)　「平王隆先之子陳哥謀害其父、車裂以徇」

(79)　「保寧之季、其子陳哥与渤海官属謀殺其父、挙兵作乱、上命轘裂于市」

(80)　東丹国が渤海的な地方統治体制を維持し続けたことについては本書第一章「東丹国と東京道」を参照。
(81)　蓑島栄紀氏は前掲の諸論考において渤海滅亡の時点でこのような新たな秩序が希求されたとしている。
(82)　「上将征高麗、親閲東京留守耶律末只所総兵馬」
(83)　この遠征については前掲池内宏「高麗成宗朝における女真および契丹との関係」、日野開三郎「統和初期における契丹聖宗の東方経略と九年の鴨緑江築城」（前掲『日野開三郎東洋史学論集（一六）』、初出一九六一年）を参照。
(84)　前掲池内宏「高麗成宗朝における女真および契丹との関係」、前掲日野開三郎「統和初期における契丹聖宗の東方経略と九年の鴨緑江築城」、前掲金渭顕『契丹的東北政策——契丹与高麗女真関係之研究』を参照。
(85)　鴨緑江築城の意義については前掲日野開三郎「統和初期における契丹聖宗の東方経略と九年の鴨緑江築城」、前掲蓑島栄紀「渤海滅亡後の東北アジアの交流・交易」を参照。
(86)　前掲池内宏「鉄利考」、前掲日野開三郎「兀惹部の発展」を参照。
(87)　この時期の遼の西方進出については長澤和俊「遼の西北路経営について」（『シルクロード史研究』国書刊行会、一九七九年。初出一九五七年）を参照。
(88)　前掲日野開三郎「統和初期における契丹聖宗の東方経略と九年の鴨緑江築城」を参照。
(89)　「契丹遣厥烈来請和」
(90)　統和二年に撰したとされる『星名総括』の自序には、撰者の耶律純が統和初年に高麗に使者として赴いたことが記されている。『四庫提要』などはこれを後人の仮託としているが、陳述氏は『全遼文』（中華書局一九八二年）九四頁において、正史などには現れない遣使の可能性を否定しきれないと論じている。しかし、耶律純にたいする高麗の対応が極めて友好的に描かれているのは、他の史料からうかがえる統和初年の遼・高麗間の緊張関係とはかけ離れており、やはり仮託とみるのが無難であろう。
(91)　前掲池内宏「高麗成宗朝における女真および契丹との関係」を参照。
(92)　「遜寧語熙曰、汝国興新羅地、高句麗之地我所有也。而汝侵蝕之、又与我連壌、而越海事宋。故有今日之師。若割地以献、而修朝聘、可無事矣」

(93) たとえば前掲池内宏「高麗成宗朝における女真および契丹との関係」、前掲金渭顕『契丹的東北政策——契丹与高麗女真関係之研究』を参照。

(94) 「蕭遜寧致書曰、近奉宣命、但以彼国信好早通、境土相接、雖以小事大、固有規儀、而原始要終、須存悠久。若不設於預備、慮中阻於使人、遂与彼国相議、便於要衝路陌、創築城池者。尋准宣命、自便斟酌擬於鴨江西里創築五城取、三月初擬到築城処、下手修築。伏請大王預先指揮、従安北府至鴨江東計二百八十里踏行、穏便田地、酌量地里遠近、幷令築城、発遣役夫、同時下手其合築城数、早与回報。所貴交通車馬、長開貢覲之途、永奉朝廷、自協安康之計」

(95) 「首領羅野里鶏等上言、契丹怒其朝貢中国、去海岸四伯里置三柵、柵置兵三千、絶其貢献之路。故汎海入朝、求発兵与三十首領共平三柵、若得師期、即先赴本国、願聚兵以俟。帝但降詔撫諭、而不為発兵」

(96) 日野開三郎「宋初女真の山東来航の大勢とその由来」（前掲『日野開三郎東洋史学論集（一六）』、初出一九六四年）を参照。

(97) 日野開三郎「宋初女真の山東来航と貿易」（前掲『日野開三郎東洋史学論集（一六）』、初出一九六六年）を参照。

(98) 「流尚書左司郎中河拱辰、和州防禦郎中柳宗于遠島。拱辰嘗撃東女真見敗、宗恨之。会女真九十五人來朝至和州館、宗尽殺之、故坐流。女真訴于契丹、契丹主謂群臣曰、高麗康兆弑君、大逆也、宜発兵問罪」

(99) 無論、これはあくまでも遼朝の一側面であり、その北アジア国家としての要素を否定するものではない。

補説二　十一世紀における女真の動向——東女真の入寇を中心として——

はじめに

寛仁三年（一〇一九年）三月から四月にかけて朝鮮半島方面から来た海賊が対馬から博多湾、さらに肥前松浦などの地を襲撃する事件が起こった。これは「刀伊の賊」として知られる。彼らは朝鮮の咸興平野に居住する女真族（以下、東女真と称す）で、その活動がこのとき九州までおよんだのであった。このような東女真の海上活動については、主に歴史地理的考察[1]と高麗や日本を中心とした対外関係史・交流史の視点[2]からの研究が蓄積されている。

女真の高麗へ入寇の記録は十世紀末からあらわれ、十一世紀を通じて見られるものである。これに関して従来は、十世紀末以前の記録は十一世紀初頭の遼による高麗侵攻のために失われてしまったとして、十一世紀の状況は十世紀のそれを継承したものとして、十・十一世紀を通じて東女真の朝鮮半島への活動が活発であったと考えられてきた。それに対し蓑島栄紀氏は、東女真を含む東北アジアの諸集団は十世紀においては中国との交易を中心とした交渉を活発に行っていたが、十一世紀末に遼により中国との交通路が遮断されたため、かわって高麗との交渉が活発になったと論じている[3]。第二章で論じた、「中国」などとの交易の保証を軸とした渤海時代以来の東北アジアの秩序から遼を中心とする新たな秩序への転換が十一世紀初頭に起きたことを考えると[4]、蓑島氏のこの意見は十分傾聴に値する。とすれば、十一世紀の東女真の活動について改めて検討をする必要が出てこよう。

さて、女真の入寇に関する史料を整理してみると時期により活動に消長がみられる。従来の研究では、女真の海寇は交易活動と表裏一体の関係にあると考えられており、一〇一九年の刀伊の入寇を除けば、個別の事件について検討されることは少なかった。そこで、本章では、海寇の集中するいくつかの時期について検討することにより、十一世紀の女真の活動、および周辺の諸国・諸民族との交流・交渉についての一端を明らかにしたい。

一　東女真の入寇の概観

最初に、女真の入寇について先行研究で明らかにされてきたことについて概観してみよう。まず、その活動範囲であるが、海寇は朝鮮半島の東岸全域、さらには刀伊の入寇の名で知られるように九州にまで活動が及んでいる。また、海以外にも陸からの入寇の事例も見られるが、おおむね高麗の北辺を犯すにとどまり、深く侵入することはなかったようである。また、入寇の目的は、財物の略奪のほかに恐らく奴隷とするのを目的とした人間の略取であったと考えられている(5)。ただし、『高麗史』巻七文宗世家一、四年（一〇五〇）三月丙午の条に、

東女真寧塞将軍塩漢等十二人、柔遠将軍阿加主等三十人、中尹仍于憲等四人、将軍要羅那等三十八人来りて良馬を献ず。懐化将軍阿加主等六人、豹鼠皮を進む。物を賜うこと差あり。塩漢等十五人曾て辺を犯すを以て之を留む(6)。

とみえるように、高麗への入貢者（その多くは入貢の名目で交易を行うものと考えられている）と入寇者がしばしば同一の場合があり、海賊行為などと交易は表裏一体の関係にあったと考えられている(7)。

これらの入寇の発生原因について諸家の見解はほぼ一致している。すなわち、入寇が完顔部の女真統一以降見られ

ないことから、東女真のなかで政治的な統合がなされなかったために女真側で高麗への入寇を制止できなかったとするのである。これは、後代の倭寇の沈静化と日本における統一政権成立の関係から導き出されたと考えられるが、おおむね妥当なものといえよう。

二　時期による入寇の消長とその分析

表1は、『高麗史』に見える東女真の入寇および高麗のそれへの対応を示したものである。これを見ると、時期によって入寇の頻度が異なっているのがうかがえる。もっとも、これが東女真の入寇を網羅したものでないことは、『高麗史』巻七文宗世家一、元年（一〇四七）正月丙戌の条に、

制に曰く、頃《ちか》ごろ甲申の歳に寇賊侵掠し、東北路軍士李暹漢等四十人先鋒して捷を告ぐ、其の各おの賞すこと職ごとに差あり、と。(8)

とあることからうかがえる。すなわち、史料中の「甲申の歳」とは靖宗十年（一〇四四）を指すが、この年は東女真の入寇は直接には記録されていないのである。だからといって、東女真の入寇が慢性的に発生したと断言しうる確証があるわけでもない。そこで、いくつかの方向からこの入寇記録を分析し、入寇記録のばらつきが何を示すのかについて明らかにしていくことにする。分析の視角として三点あげておきたい。第一は、史料の記録者たる高麗の状況、ここでは史料の記録者の意図および対女真政策の問題を検討する必要があろう。第二は、東女真内部の事情、これは入寇の沈静化が東女真における統一的または覇権的な権力の存在によるという従来の考え方にもとづき、各時期における東女真の統合の状況を検討することになろう。第三に、遼の対東女真政策、これは遼が女真諸族に有形無形の影

表1　高麗への女真の来寇（『高麗史』世家にもとづく）

西暦	高麗元号	月	記事
1005	穆宗8年	1	東女真が登州に来寇す。
1011	顕宗2年	8	東女真の百余艘が慶州に来寇す。
1012	3年	5	己巳、東女真が清河等の県に来寇す。
1015	6年	3	己亥、女真船二十艘が狗頭浦鎮に来寇す。
1018	9年	11	丙寅、東北女真が于山国に来寇し、農業を荒廃させる。
1028	19年	5	辛丑、女真が平海郡を攻める。
		10	丁亥、東女真の賊船十五艘が高城に来寇す。己丑、龍津を侵す。
1029	20年	閏2	己亥、女真の賊船三十余艘が東鄙に来寇す。
		3	庚辰、東女真の賊船十艘が溟州に来寇す。
		5	乙丑、東女真四百余人が洞山県に来寇す。
1033	徳宗2年	3	辛未、海賊が杆城縣、白石浦に来寇す。
		4	壬戌、海賊が三陟県に来寇す。
1036	靖宗2年	2	辛未、東蕃の賊船が三陟県に来寇す。
1042	8年	6	丙戌、烈山縣寧付近で賊戸交戦す。
1043	9年	11	丙寅、東蕃の賊船八艘が瑞谷県に来寇す。
1045	11年	4	丙午、蕃賊百余人が寧遠鎮を襲う。
1047	文宗元年	1	甲申歳（1044）の寇賊侵掠の際に功績のあった軍士を賞す。
1049	3年	6	戊辰、東蕃の海賊が臨道県に来寇す。
			壬申、雲嵒県の軍が巡回中に蕃賊と遭遇、これを破る。
		7	丁酉、東蕃の海賊が金壌県に来寇す。
1050	4年	1	己丑朔、前年10月の海賊の来寇の際に功績のあった将を賞す。
		6	戊辰、東蕃海賊が烈山県に来寇す。
		7	丙戌朔、東蕃の賊が派川県に来寇す。
		9	己亥、海賊が烈山県に来寇す
1051	5年	9	己酉朔、女真が東北辺境に入寇す。
			甲寅、西北面兵馬使朴宗道が巡回中に、東蕃賊に遭遇。
		10	丁亥、蕃賊が辺境に来寇す、
1052	6年	5	庚戌、北路三撒村の賊の高演が来寇す。
		6	己卯、東女真の高之問等が三陟県・臨遠戍に来寇す。
1061	15年	8	壬子、定州の別将耿甫ら二十余人が偵察中に賊と遭遇、交戦す。
		9	丁卯、賊の酋長阿羅弗等が来寇す。
1064	18年	1	辛酉、壬寅年（1062）蒙浦村の賊の来寇の際に功績のあった者を賞す。
		閏5	戊辰、東女真の賊が平海郡の南浦に来寇す。
		7	丁卯、豢猳県を城南の于陽村に移す。戊子年（1048）に東藩の海賊の来寇、この年の山火事など再三の災害に見舞われたため。
1073	27年	6	丙申、東蕃の海賊が東京轄下に来寇す。
1078	32年	9	甲午、八助音部曲城がしばしば東路の海賊の来侵を被ったため、これを他所に移す。
1084	宣宗元年	6	壬午、東女真が来寇す。
1091	8年	6	甲辰、以前蕃賊が昌州に来寇した際に功績のあった将兵を賞す。
1097	粛宗2年	7	壬申、東女真の賊船十艘が鎮溟県に来寇す。

響を与えていたことから、東女真に対しても一定の関与があったと見るからである。

ところで、入寇の記事を見ると、たいていの年は入寇記録が一件ないし皆無である、他方、入寇が複数回記録されている年をみると、それらが特定の時期に集中していることに気付く。すなわち、顕宗十九年（一〇二八）から徳宗二年（一〇三三）、そして、文宗三年（一〇四九）から同六年（一〇五二）にかけてである。そこで、これらの時期における、高麗・女真・遼のそれぞれの状況を見ていくことにしよう。

1　高麗の状況

最初に、高麗の問題について考えてみよう。まず、史料編纂者の意図の有無であるが、これは考慮する必要はあまりないようである。意図的に入寇記事を多くするとすればその目的はある人物、朝代を貶めるためか、逆に寇賊の討伐を称賛する前提として用いるかのいずれかであろう。しかしながら、『高麗史』の記事からは特定の人物を毀誉褒貶する様子は窺えず、朝代についても、入寇の目立つ顕宗・文宗両朝に対して『高麗史』は絶賛に近い評価を与えている。(9) 文宗については東女真の内属を称賛しているので、寇賊沈静の功を引き立たせたとの見方も可能ではあるが、これに相当する記事は文宗二十七年（一〇七三）にあり（後述）、功績を際立たせるために文宗初年のみに入寇記事を集中させるのが、その目的にかなっているとも思えない。とくに、前代の靖宗の時代に東女真が猖獗を極めたかのような記述がうかがわれないだけに、逆に文宗初期の治世を貶めかねない。

そこで、改めて史料の記述のされ方自体を検討してみると、入寇記事にほぼ共通する傾向が見られるのに気付く。それは、いずれの記事も入寇の事実を示すとともに、高麗の官憲が相手に何らかの打撃を与えたとの記述が見られることである。ここから、高麗の官憲が捕捉しえなかった、あるいは戦功をたてられなかったものについては中央に報告が上がらなかった、あるいは記録に残されなかったと見ることが可能である。とすれば、高麗の辺境ないしは沿岸の防備策のありかたが史料の残存を左右する要因の一つであると認められよう。

まず、顕宗末年における高麗北界の防備であるが、現存史料からうかがえるのは、顕宗二十二年（一〇三一）における静辺鎮・寧仁鎮の築城および徳宗二年（一〇三三）における長城の建設である。[10] しかし、これは記録の上で東女真の入寇が増加しはじめた後の施策である。これは、むしろ女真の動きへの対策といった色合いが強く、この時期女真の入寇が活発化したことをかえって裏づけることになろう。一方、文宗初年に関しては、『高麗史』巻六靖宗世家、十年（一〇四四）十一月乙亥の条に、

兵馬使金令器奏す、今長、定二州及び元興鎭の城を築く、日ならずして畢わるを告げる、労效甚だ多し、と。[11]

とあり、また、同十一月癸未の条に、

東女真将軍烏乙達等男女一百四十四人来りて駿馬を献ず。奏して曰く、我等貴国の境に在り、慕化臣服すること年あり。毎つねに醜虜の来侵を慮《うれ》い、未だ奠居するを獲ず。今三城を築き以て賊路を防ぐ、故に来朝して恩を謝す、と。王、優賞して還らしむ。[12]

とみえるように、長城外の女真の内属にともない定州・長州・元興鎮の三城を築いている。これは、入寇記録の増加する以前にあたり、したがって三城の築城が対女真防衛の強化につながり、海賊などとの遭遇が・捕捉が容易になったと見ることができる。しかも、これ以降は高麗側が積極的に海賊の掃討を行う記事が目立ちはじめ、女真入寇の記事も減少傾向にある。これを見る限りでは、文宗初年における入寇記録の増加は、高麗の対女真防御策が一定の効果を上げたためとの解釈が一応成り立つ。しかし、結論を急がず、さらに女真と遼の事情についても検討しよう。

2　女真の状況

現存の史料では、十一世紀においてこの地域を統合したとみられる勢力の存在を確証しえない。ただ、海賊などの勢力を一定程度抑制しえたと考えられる人物がいる。それは沙伊羅という人物である。『高麗史』巻六靖宗世家、九年（一〇四三）四月戊戌の条に、

東北路兵馬使奏す、女真柔遠将軍沙伊羅、水陸賊首羅弗等四百九十四人を誘致し、和州館に詣《いた》り朝せんことを請う、と。有司議して奏す、此の類は人面獣心、宜しく兵馬使に令して人数を量減し、次を分かち朝に赴かしめんことを、と。これに従う(13)。

とあり、また同年九月庚辰の条に、

東女真寧塞将軍冬弗老、柔遠将軍沙伊羅等、化外の女真八十人を率い来朝す。奏して云う、化外の人妄りに狠戻を懐き、曾て辺彊を擾す、洪育を蒙るに洎び、前非を頓改し、今水陸蕃長を引き、闕に詣り款を陳《の》べ、辺民と為るを願い、今より毎に隣寇の動静を俟《うかが》い以て報ぜん、と。王、これを嘉し特に金帛を賜い等を加う(14)。

とみえるように、彼は海賊たちを制するのに成功し、さらに高麗に入貢せしめた。沙伊羅が初めて記録に現れるのは『高麗史』巻五徳宗世家、顕宗二十二年（一〇三一）六月乙未の条の、

東女真将軍大宛沙伊羅等五十八人来りて良馬を献ず(15)。

という記事で、以後文宗四年（一〇五〇）まで頻繁に高麗へ入貢した。ここで注目すべきは、沙伊羅が「大宛」という称号を持っていることである。「大宛」は高麗の官爵にはないもので、遼の官である「大王」の音訳と考えられる。大王は『遼史』巻四六百官志二、北面属国官の条に、

遼制、属国、属部官、大者擬王封、小者准部使。（中略）

属国職名総目

某国大王

（後略）

とみえるもので、史料中の「大は王封に擬《なぞら》え、小は部使に准《なぞら》う（大者擬王封、小者准部使）」とは、遼の部族制度にならって大部族または大国の長には大王を、小部族の長には節度使を授けたことを意味する。したがって、「大宛＝大王」の官をもつ沙伊羅は、少なくとも遼からは東女真における有力な酋長と見なされていたことを示す。とすれば、沙伊羅が東女真においてある程度の勢力を築き海賊などの活動を制御しえたと見ることも可能である。ただし、前述のように文宗三年（一〇四九）には海賊の動きが活発化しているので、沙伊羅がもし東女真をある程度統合しえたとしても、その覇権は短期間で終わりを告げたと考えるべきであろう。

ところで、東女真の入寇の消長を彼らの他の行動と対照したときに、興味深い事実が見いだせる。表2は、女真の高麗への来投・来附の記事をまとめたものであるが、これをみると、女真の入寇と来投・来附（とくに大人数でのもの）が相前後して発生していることがうかがえる。前引の靖宗十年十一月癸未の女真の言によれば、彼らは同じ女真と思われる「醜虜」の来侵に困窮していたとあるのであるから、これは単なる偶然の一致と見るべきではない。むしろ、女真内部の混乱あるいは対立が一方では大量の高麗への来投・来附者を発生させ、他方では、その混乱が海賊などを発生させる原動力となったと考えるべきであろう。

3　遼の状況

最後に、遼の状況について検討しておこう。遼の史料で咸鏡道方面の女真を示すと思われる部族は、女直三十部・長白三十部女直・蒲盧毛朶部である(16)。これらと遼の関係を年代順にまとめたのが表3である。これを見ると、東女真の高麗への入寇が活発化する数年前に、遼がこの地域に対して行動を起こしていることがうかがわれる。たとえば、太平六年（一〇二六）には蒲盧毛朶部の居住地域にいる兀惹戸をもとめているが、兀惹は十世紀後半に東北アジアで大勢力を築き遼と対抗した集団であり(17)、このとき彼らの掃討を目的としたと見ることができる。とすれば、蒲盧毛朶に対する要求は、たんなる要請ではなく強制をともなうものであったと見るべきであろう(18)。また、重熙十二年（一〇四三）から十三年（一〇四四）にかけては、蒲盧毛朶の来貢の遅れを責め、さらに派兵まで行っている。従来、遼の女真に対する圧力が、女真の一部が高麗へ服属する一要因として漠然と指摘されているが(19)、上述のことから、単なる政治的な圧力ではなく、遼の直接的な軍事行動が東女真における混乱に直結し、それが女真の高麗への来投・来附または入寇を惹起したといえそうである。

これをもう少し具体的に検討してみよう。『高麗史』巻七文宗世家一、元年（一〇四七）二月丁卯の条に、

都兵馬使奏す、東蕃酋長阿兜幹内附以来久しく恩賞を承けるも、我（高麗）に背き丹（遼朝）に投ず、罪焉《これ》より大なるは莫し。其の党の首領高之問等、今蕃境にあり、密かに軍士を遣わし、拘執して関に入れ、端由を栲訊し、律に依り罪を科さんことを請う、と。これに従う(20)。

とみえる、東蕃酋長の阿兜幹の遼への帰投という事態は、おそらく一〇四六年二月・四月における蒲盧毛朶の領域の曷懶河付近に居住する者たちの遼への来附（『遼史』巻一九興宗紀二、重熙十五年二月丙寅の条・同四月庚戌の条）に対応するものと考えられる。これらの記述から読み取れるのは、一〇四四年に起きた遼の東女真遠征という事態に対して、阿兜幹をはじめとした遼との協力関係に重きを置く者と、それに対して高之問のような高麗との関係を重視する者と

表2　女真の高麗への来投・来附

西暦	高麗元号	月	記事
1018	顕宗９年	4	辛巳　西女真の二百戸来投す。
1024	15年	3	甲午、東西女真の九十人来投す。
1028	19年	1	女真の部落五百戸来附す。
		閏6	甲寅、北蕃の五十七人来附す。
		7	丁酉、東女真会抜部落の三百余戸来附す。
1029	20年	8	乙未、東女真大相会抜三百余戸を率いて来投す。これを渤海古城地に置く。
1030	21年	11	乙丑、西女真の二十七戸来附す。
1032	徳宗元年	1	丁酉、西女真の八人来投す。
1040	靖宗６年	9	壬申、北女真将軍尼迂火骨輔来投す。
		10	甲申、西北女真の十三人来投す。
1044	10年	11	癸未、東女真将軍烏乙達等来献し、三城の築城を謝す。
1047	文宗元年	3	戊戌、東女真将軍耶於害等六人の衆を内地に置く。
		8	己巳、蒙羅古村仰果只村等三十部落の蕃長内附す。
		10	丁未、東女真蒙羅等村の三百十二戸来附す。
1052	6年	1	丙寅、東女真の男女四十八人定州関外に入ることを請う。
1073	27年	2	乙未、東女真古刀化内附して州県名を賜ることを請う。
		5	丁未、西女真酋長曼豆弗等が州県を置くことを請う。また、平虜鎮近境蕃帥柔遠将軍骨於夫及び覓害村要結等三十五戸が内附することを請う。
		6	戊寅、三山の大蘭等の諸村一千二百三十八戸内附を請う。乙未、東蕃の大斉者古河舎等十二村一千九百七十戸来附を請う。
		9	甲辰、東女真大蘭等十一村に州名を賜う。

表3　遼と東女真（『遼史』本紀・部族表にもとづき作成）

西暦	遼元号	月	記事
995	統和13年		蒲盧毛朶部へ出兵。
1012	開泰元年	1	長白山三十部女直の酋長来貢し、爵秩を授かることを請う。
1021	太平元年	4	女直三十部の酋長、その子を以て遼帝に祇候することを請う。
1026	6年	4	戊申、蒲盧毛朶部に兀惹戸多きを以て、詔してこれを索む。
1027	7年	1	庚寅、蒲盧毛朶部遣使来貢す。
		3	女真部・蒲盧毛朶部（の兀惹戸）を来州に送る。
1041	重熙10年	2	庚辰朔、蒲盧毛朶部に詔し曷蘇館戸のその地に没入する者を帰還させる。
1043	12年	5	辛卯、斡魯・蒲盧毛朶部の二使来貢が遅れるも、これをゆるす。
1044	13年	4	己酉、蒲盧毛朶部へ出兵。
1046	15年	2	丙寅、蒲盧毛朶の領域内の曷懶河戸来附す。
		4	庚戌、蒲盧毛朶の曷懶河の百八十戸来附す。
1048	17年	4	蒲盧毛朶大王蒲輦、造舟人を献ず。
		6	辛卯、長白山太師柴葛、回跋部太師三剌都来貢す。

の間の対立である。[21]この対立が、東女真内の混乱を招いたと考えられる。

以上、女真の高麗への入寇について検討してきたが、その活動が史料に頻出する時期とそうではない時期に明確な区別が生じる背景には、（1）高麗の辺防体制の整備、（2）女真における政治的統合と混乱、（3）遼の東女真への軍事的圧力の有無、が考えられそうである。これらはいずれか一つが主因となるというよりは、それぞれが複合して顕宗末年、文宗初年における入寇の記録の増大傾向を生み出したと考えられる。

三　東女真をめぐる遼と高麗の態度

前節で見たように、東女真の活動は遼・高麗と密接に結びついている。それでは、遼が東女真に対して行動を起こす際に高麗の存在を意識していたであろうか、あるいは反対に高麗が東女真に対して行動を起こす際に遼の存在をどのように意識していたのであろうか。

『高麗史』巻六靖宗世家、二年（一〇三六）四月乙丑の条に、

東北女真首領太史阿道間等五十九人、来朝す。有司言う、太史は契丹の職名なり。阿道間、今既に帰化す。請うらくは正甫に改授せられんことを、と。これに従う。[22]

という史料がみえる。ここでは、高麗は女真が遼と通じ遼から官職をうけたことに不快感を示しているのがうかがえる。ただしこれが高麗の一貫した態度と見なすのは早計である。というのは、これより四年前の顕宗二十二年（一〇三一）に高麗は遼が鴨緑江岸の軍事施設撤去の要請を無視したことを不服として靖宗四年（一〇三八）まで入貢を一時

停止しており[23]、遼・高麗関係が順調ではない時期だったからである。したがって、遼と女真の関係に対する高麗の態度はもう少し検討する余地がある。

女真に対する遼と高麗の立場の一端を明らかにするには、十二世紀初めに尹瓘が東女真を討ち咸興平野中心とした地域に九つの城塞を築いた際（一一〇八年）になされた金仁存の議論が参考になろう。金存仁は九城の地の女真の酋長達の多くは遼から官職を授かっていることを指摘し、九城をこのまま保持し続けた場合、遼の介入を受ける可能性があるので九城を放棄すべきであると論じる。この進言は高麗睿宗に受け容れられるのであるが[24]、これは、高麗が遼との関係を悪化させない限りにおいてのみ、女真と君臣関係を結びえたことを暗示している。無論、九城築城とその返還の背景には、完顔部勢力の急速な拡大、それへの遼・高麗の対応という側面が大きいので、金仁存の意見のみが事態を左右したわけではない。しかし、かかる発言がなされたことは、女真問題をめぐって高麗はおおむね遼との関係の維持を念頭に入れていたことを物語る。

また、遼の立場をみると、前述の高麗の九城築城に関して、即座に高麗の撤兵を要求せず、九城の地は元来高麗の領域であるとする高麗に対して「其の間の土地の属する所、戸口の帰する攸《ところ》、已に有司に勅し、倶に検勘を行う」と回答し、その主張をとりあえず受け容れる姿勢を見せている[25]。これに関して金在満氏は、遼はこの時期の高麗の東女真政策と呼吸を合わせていたと論じている[26]。

また、表2にみえる女真の高麗への来投に対して、遼は取り立てて反応を示した形跡が見られない。ここから、女真があからさまに遼への反抗的姿勢を取らない、または女真が遼へ直接高麗の非道を訴えない限りは[27]、高麗に対して強硬策を取ることはなかったことがうかがえよう。

おわりに

以上、十一世紀における東女真の動向を中心に東北アジアをめぐる諸国・諸民族間の交流・交渉の一端を考察してきた。その中で遼の東女真に対する軍事行動が東女真の高麗への入寇を誘発するという、「東女真と高麗」あるいは「東女真と遼」といった二者間の関係からではうかがえないような関係の連鎖の存在が明らかとなった。

この関係の連鎖はさらに広範囲に及んでいると考えられる。遼が東女真に対して介入してきた一〇二六年・一〇四四年（表3を参照）に、遼は西方に対しても大規模な軍事行動をおこしているのである。一〇二六年八月には河西地方に勢力を持っていた甘州回鶻への遠征を行い、また一〇四四年九月には遼の興宗の西夏への親征が行われている[28]。遼は軍事行動をおこす際に相前後して別の軍事行動を行う傾向にある。たとえば、天賛四年（九二五）から天顕元年（九二六）にかけて渤海遠征を行う際に、前年に西方遠征をおこなっているし、また宋の侵攻が予想される聖宗初年にも女真や党項に対する軍事行動が行われているのである。これはある方面に対して軍事行動をおこしたときに、他の勢力から隙をつかれないようにするためと考えられる。つまり、一〇二六年・一〇四四年の場合も同様であった可能性が高いのである。とすれば、東女真の入寇は、たんに朝鮮半島をめぐる交渉という範囲を超えて、遼を介在としてさらに大きな諸国・諸民族間の関係の中に位置づけられるのである。

注

（1）　池内宏「高麗朝における東女真の海寇」（『満鮮史研究』中世二、座右刊行会、一九三七年。初出一九二〇年）、小川裕人

「三十部女真に就て」（『東洋学報』二四―四、一九三七年）、馮継欽「遼代長白三十部女真新探」（陳述主編『遼金史論集』三、書目文献出版社、一九八七年）などを参照。

（2）森克己「日麗交渉と刀伊賊の来冠」（『日宋貿易の研究（続）』、国書刊行会、一九七五年。初出一九六六年）、景愛「遼代女真与高麗的関係」（『北方文物』一九九〇―三、一九九〇年）、金在満『契丹・高麗関係史研究』（国学資料院、一九九九年）、吉仲『高麗与宋金外交経貿関係史論』（文津出版社、二〇〇四年）などを参照。

（3）蓑島栄紀「渤海滅亡後の東北アジアの交流・交易」（『アジア遊学』六、一九九九年）を参照。

（4）本書第二章「十世紀の東北アジアの地域秩序――渤海から遼へ――」を参照。

（5）池内宏「刀伊の賊――日本海における海賊の横行」（『満鮮史研究』中世一、岡書院、一九三三年。初出一九二六年）三一四頁、同前掲「高麗朝における東女真の海寇」を参照。

（6）「東女真寧塞将軍塩漢等十二人、柔遠将軍阿加主等三十人、中尹仍于憲等四人、将軍要羅那等三十八人来献良馬、懐化将軍阿加主等六人、進豹鼠皮。賜物有差。塩漢等十五人以曾犯辺留之」

（7）前掲池内宏「高麗朝における東女真の海寇」三六八頁を参照。

（8）「制曰、頃於甲申歳寇賊侵掠、東北路軍士李暹漢等四十人先鋒告捷。其各賞職有差」

（9）『高麗史』巻五顕宗世家、論賛

史臣崔冲賛曰、伝称、天将興之、誰能廃之。千秋太后自縦淫荒、潜図傾奪。穆宗知百姓之属望、排千秋之悪党、遠馳使命以授神器、俾固本支。所謂天之将興、誰能廃之者。詎不信歟。然以姨母貽孽、戎臣構逆、強隣伺釁、京闕倶燼、乗輿播遷、艱否極矣。反正之後、和戎結好、偃革修文、薄賦軽徭、登崇俊良、修政公平、置民安輯、内外底寧、農桑屢稔。比之周之成康、漢之文景、亦無愧矣。

李斉賢曰、崔冲之言、世所謂命也。句践嘗膽、雪恥会稽、小白忘莒、遺患於斉。人君恃有天命、縦欲敗度、雖得之必失之、是故君子理思乱、安思危、慎終如始、以対天休、如顕宗所謂吾無間然者乎。

『高麗史』巻九文宗世家三、論賛

李斉賢賛曰、顕、徳、靖、文父作子、述兄、終弟、及首尾幾八十年、可謂盛矣、而文宗躬勤節倹、進用賢才、愛民恤刑、崇学敬老、名器不仮於匪人、威権不移於近昵、雖戚里之親、無功不賞、左右之愛、有罪必罰、宦官給使不過十数輩、内侍必選有功能者充之、亦不過二十余人、冗官省而事簡、費用節而国富、大倉之粟陳陳相因、家給人足、時号大平。宋朝毎錫褒賞之命、遼氏歳講慶寿之礼、東倭浮海而献琛、北貊扣関而受廛、故林完以為我朝賢聖之君也。（後略）

（10）高麗の東北辺における築城については津田左右吉「高麗東北境の開拓」（『津田左右吉全集（一一）』、岩波書店、一九六四年。初出は一九一三年）を参照。

（11）「兵馬使金令器奏、今築長定二州及元興鎮城、不日告畢、勞效甚多」

（12）「東女真将軍烏乙達等男女一百四十四人來献駿馬。奏曰、我等在貴国之境、慕化臣服有年矣。毎慮醜虜来侵、未獲奠居。今築三城以防賊路、故来朝謝恩。王優賞遣還」

（13）「北路兵馬使奏、女真柔遠将軍沙伊羅誘致水陸賊首羅弗等四百九十四人、詣和州館請朝。有司議奏、此類人面獣心、宜令兵馬使量減人数、分次赴朝。従之」

（14）「東女真寧塞将軍冬弗老、柔遠将軍沙伊羅等率化外女真八十人来朝。奏云、化外人妄懐狠戻、曾擾邊疆、洎蒙洪育、頓改前非、今引水陸蕃長、詣闕陳款、願為邊民、自今毎候隣寇動静以報。王嘉之特賜金帛加等」

（15）「東女真将軍大宛沙伊羅等五十八人来献良馬」

（16）女直三十部、長白三十部女直については、前掲馮継欽「遼代長白三十部女真新探」を参照。また、蒲盧毛朶部の居住地域を咸興平野に比定することについては池内宏「蒲盧毛朶部について」（前掲『満鮮史研究』中世二、所収。初出は一九二一年）を参照。

（17）日野開三郎「兀惹部の発展」（『日野開三郎東洋史学論集（一六）』、三一書房、一九九〇年。初出一九四三―一九四五年）を参照。

（18）前掲池内宏「蒲盧毛朶部について」四二七頁では兵を蒲盧毛朶の地へ派遣したと推測している。

（19）前掲景愛「遼代女真与高麗的関係」を参照。

(20)「都兵馬使奏、東蕃酋長阿兜幹内附以来久承恩賞、背我投丹、罪莫大焉。其党首領高之問等今在蕃境、請密遣軍士、拘執入関。栲訊端由、依律科罪。従之」
(21)もっとも、高麗との関係を重視する者たちが、高麗に対して必ずしも恭順であったわけでない。前述の高之問は一〇五二年五月に高麗に入貢する一方で、同年六月には高麗沿岸で海賊行為を働いているのである（『高麗史』巻七文宗世家一、五月乙卯の条・同六年六月己卯の条）。一見矛盾した行為ととれるが、前述したように東女真の交易活動が海賊行為と表裏一体の関係にあったことを考えれば、当然起こりうる事態であろう。
(22)「東北女真首領太史阿道間等五十九人来朝。有司言、太史契丹職名也、阿道間今既帰化請改授正甫。従之」
(23)この間の事情については金在満『契丹・高麗関係史研究』（国学資料院、一九九九年）一八九―二〇四頁を参照。
(24)『高麗史』巻九六金仁存伝
及尹瓘等破女真築九城、女真失窟穴、連歳来争。我兵喪失甚多、女真亦厭苦、遣使請和、乞還旧地。群臣議多異同、王猶豫未決。仁存言、土地本以養民、今争城殺人、莫如還其地、以息民。今不与必与契丹生釁。王問其故。仁存曰、国家初築九城、使告契丹、表称、女真弓漢里乃我旧地、其居民亦我編氓。近来寇辺不已、故収復而築其城。表辞如是、而弓漢里酋長多受契丹官職者。故契丹以我為妄言。其回詔云、遠貢封章粗陳事勢。其間土地之所属、戸口之攸帰、已勅有司、倶行検勘、相次別降指揮。以此思之、国家不還九城、契丹必加責譲我。若東備女真北備契丹、則臣恐九城非三韓之福也。王然之。
(25)『高麗史』巻九六金仁存伝
其間土地之所属、戸口之攸帰、已勅有司、倶行検勘、相次別降指揮。
(26)前掲金在満『契丹・高麗関係史研究』三四四―三四五頁では、遼はこの時期の高麗の東女真政策と呼吸と合わせていたと論じている。これは、両者が直接対決するのを回避するための手段と見なせよう。
(27)遼が東女真問題を理由に高麗と事を構えた唯一の例は『高麗史』巻四顕宗世家、元年（一〇一〇）五月甲申の条に、流尚書左司郎中河拱辰、和州防禦郎中柳宗于遠島。拱辰嘗撃東女真見敗、宗恨之、会女真九十五人来朝至和州館、宗尽

殺之故並坐流。女真訴于契丹。契丹主謂群臣曰、高麗康兆弑君大逆也、宜発兵問罪。

とみえるものである。このときは、女真の訴えが契機となっている。この事件のもつ意味については、本書第二章「十世紀の東北アジアの地域秩序――渤海から遼へ――」を参照。

（28）このときの西夏遠征は一〇四四年四月におきた、遼朝の勢力下にあった党項の部族が西夏に降ったのが直接の契機である。この事件自体は蒲盧毛朶部への出兵の後に発生したのであるが、西夏と遼の関係はそれ以前から既に問題を抱えていたことが知られている。この時期の遼と西夏の関係については田村実造「遼朝をめぐる国際関係――遼・宋・西夏の三国関係」（『中国征服王朝の研究（上）』、東洋史研究会、一九六四年）などを参照。

第二部　遼の州県制と藩鎮

第三章　遼の「燕雲十六州」支配と藩鎮体制
――南京道の兵制を中心として――

はじめに

遼太宗の天顕十一年（九三六）、遼は後晋より「燕雲十六州[1]」の割譲を受けた。この時、一部の地域では遼に帰属する以前の節度使をそのまま留任させており[2]、このことから遼は燕雲十六州地域の従来の支配体制、つまり藩鎮体制にさほど変化を加えなかったと考えることができる。それならば遼の「燕雲十六州」支配を考えるにあたっては、遼が藩鎮体制を如何に継承し、またそれを如何に遼の支配体制の中に組み込んでいったのかを考えていく必要があろう。ところが従来の遼朝史研究では、遼が五代の藩鎮体制を継承したという視点が軽視されているように思われる。その理由は、遼が所謂「征服王朝」であるということから遼代史研究の重点が契丹固有の制度に起因すると思われる諸制度（たとえば「北面官」）の分析に重点が置かれていることにあろう。

しかし唐から五代、宋にかけての中国は社会、制度、文化などの点で大きく変化をしている時代である。そして「燕雲十六州」にしても遼に帰属する以前はこの変化の中にあったはずである。それならば遼に帰属した途端にその変化から全く切り離されたとは考えがたい。そして唐宋変革期において重要な役割を果したと考えられている藩鎮体制（及びその変遷[3]）を遼代史においても無視することはできない。従来の研究の中にも姚従吾氏、菊池英夫氏、王曾瑜氏、李錫厚氏のようにこれと同様な視点（つまり遼の「燕雲十六州」は前代の支配体制を継承したという視点）を持ったものがみられるが、具体的な研究はまだこれからという段階にある。[4]

そこで本章では「燕雲十六州」（史料の制約からほとんどが南京のものであるが）の兵制を分析し、それを通じて遼の「燕雲十六州」支配のありかたと五代の藩鎮体制の関係を考察していきたい。

一　遼における藩鎮体制の継承

1　藩鎮の軍事行動

津田左右吉氏や島田正郎氏は遼の節度使（観察使・防禦使・団練使も含む。以下同じ）は単なる民政長官に過ぎないと論じている。[5] はたしてこれが正しいかどうか検討しておこう。従来の説では、節度使が民政長官である証拠として、節度使に文官が任命されていることや、節度使の軍事行動の事例がないということが挙げられている。しかし唐・五代の藩鎮体制下においても文官の節度使の例は枚挙に暇がない。従って文官の節度使がいるからといって、節度使は民政長官に過ぎないとは言い切れない。また節度使の軍事行動にしても、応暦九年（九五九）に後周の世宗が遼に侵攻したとき南京留守（つまり幽州盧龍軍節度使。これについては後述する）の蕭思温は兵を率いて迎撃しているし、[6] また乾亨元年（九七九）九月に北漢の救援に向かった耶律善補は大同軍節度使であり、かつ本路（大同軍管内の諸州であると考えられる）の兵を率いている、[7] 等の事例が見いだせる。ここにあげたのはいずれも契丹人の節度使の例であるが、漢人の節度使が兵を率いている例もあり、節度使の出身がどの民族であるかにかかわらず兵を率いていたことがわかる。[8] このようにみてみると遼の藩鎮が単なる民政長官であったとは、にわかには言い難いことがわかる。

2　衙（牙）隊（軍）

つぎに唐・五代藩鎮体制の兵制上おおきな位置を占めた衙隊（衙軍）[9]が遼にも同じような形で存在していたかどうかを見ておこう。『遼史』四八百官志四、節度使職名総目には、

某馬歩軍都指揮使司
　都指揮使
　副指揮使
某馬軍指揮使司
　指揮使
　副指揮使
某歩軍指揮使司
　指揮使
　副指揮使

とあり、節度使のもとには馬軍都指揮使などに率いられる軍隊があったことがうかがえる。また、しばしば遼に使者として赴きその内情に詳しかった余靖は『武渓集』巻一八「契丹官儀」（以下「契丹官儀」と略称す）の中で「又有雲、応、蔚、朔、奉聖等五節度営兵、逐州又置郷兵」と記しており、やはり節度使のもとに「営兵」なる軍隊が存在していたことを伝えている。ただしこれらの史料に記されている軍隊が唐・五代の藩鎮の衙隊と同様のものであるかは、にわかには判断はできない。そこで他の史料からこのことを検証してみることにする。

『資治通鑑』巻二八二後漢紀二、天福十二年七月甲午の条に、

趙延寿幽州の親兵二千を有ち恒州に在り、指揮使張漣之を将いる……[10]

とあり、趙延寿の指揮下には「幽州親兵」がいたことがみえる。このとき趙延寿（当時南京留守＝盧龍軍節度使であった）は後晋の領内において戦闘をしていたのであるから、この「親兵」が戦闘と関係のない（つまり軍隊ではない）ということはありえない。当時の史料の用例から考えて、この「親兵」とは藩帥の親衛軍つまり庁直軍・衙内軍のことと解せられる。[11]また同じ時期のこととして、趙延寿の子の趙賛（趙匡賛）が衙内都校（衙内都指揮使に同じ[12]）に任じられたという記録もある。[13]以上のことから趙延寿が南京留守であった時代、つまり「燕雲十六州」が遼の支配下にはいった直後の時期には、明らかに唐五代の藩鎮と同様に、遼の藩鎮も衙隊を持っていたことがわかる。ただし後の時代にも衙隊が存在したのか否かは、改めて検討する必要があろう。

『宋朝事実類苑』巻七七所引「乗軺録」（以下『乗軺録』と称す）に、

城中の漢兵八営、南北両衙兵、両羽林兵、控鶴神武兵、雄捷兵、驍武兵有り。皆な黥面す。糧は漢制の如し。[14]

とあり、第六代聖宗の統和二十六年（一〇〇八）の南京に「南北両衙兵」があったことが記録されている。この「南北衙兵」が藩鎮の衙兵であるならば、遼の中期において藩鎮の衙隊の存在が明らかとなるが、果たしてそのように断言することができるであろうか。李錫厚氏は、唐代の史料では「南衙」「北衙」の兵といえば天子の禁衛軍のことを指すことから、この「南北両衙兵」は以下に続く両羽林、神武などの諸軍の総称であり、南京の宮城の衛兵であるとされている。[15]それでは、この「南北両衙兵」は藩鎮の衙隊と解釈するべきなのか、天子の禁衛軍のことと解釈するべきなのか、以下に検討していきたい。

もしこの史料を「漢兵には八営あって、それは（唐の）南北衙の禁兵にあたり、その軍名は……」というように解

するならば何故「両羽林」以下に六つしか軍名をあげなかったのであろうか。はっきり八営といっている以上、当然すべての軍名は知っていたと考えられる。たとえすべての軍名が判っていなかったとしても禁衛軍の総称としての「南北両衙兵」という言葉を挿入することによって「八営」という言葉に対して数あわせをする必要はあるまい。この史料は素直に「漢兵には八営ある。それは南北両衙兵以下の八営である」と読むべきである。

さて、「南北両衙兵」が南京駐留の軍隊の軍号であることが判明したが、これが即藩鎮の衙隊と考えてよいのだろうか。このことを検証するためには唐五代の藩鎮の衙軍に「南衙」、「北衙」という呼称があったのかを見てみる必要があろう。「房山石経」の題記や墓誌銘などの史料を見ると、太和五年（八三一）の銘のある「大仏灌頂経」に「南衙兵馬使銀青光禄大夫検校殿中侍御節度押衙兼知子州事楊志栄」とあり[16]、また咸通十（八六九）年の銘のある「巡礼題名記並陰」には北衙右□□将下百仁将李公建」とあり[17]、唐末の幽州には「南衙」「北衙」とよばれるものが存在したことがわかる。王永興氏は、唐代の幽州には幽州節度使の他に盧龍軍節度使があり、幽州節度使が兼任していて、それぞれ独立の官衙を持っていたとされている。そして「南衙」「北衙」とはそれぞれ幽州節度使・盧龍軍節度使のことを指すのだと推測している[18]。王氏のこの比定が正しいかどうかはにわかには判断しがたいが、少なくとも「南衙」「北衙」が藩鎮と関係のあるものであり、そこにいた軍は衙隊と考えてさしつかえはあるまい。以上のことから、『乗軺録』に見える「南北両衙兵」は唐五代以来の藩鎮の衙隊であったということができよう。

二　南京の兵制

『遼史』巻四六百官志二、北面辺防官の条（以下「北面辺防官条」と称す）は南京の兵制について、

南京都元帥府。本南京兵馬総管府、興宗重熙四年改。有都元帥、大元帥。
南京兵馬都総管府。属南面。有兵馬都総管、有総領南面辺事、有総領南面軍務、有総領南面戍兵等官。
南京馬歩軍都指揮使司。属南面。
侍衛控鶴都指揮使司。属南面。
燕京禁軍詳穏司。
南京統軍司。又名燕京統軍司。聖宗統和十二年復置南京統軍都監。
牛欄都統領司。
　都統領
　副統領
距馬河戍長司。聖宗開泰七年、沿距馬河宋界東西七百余里、特置戍長一員巡察。
　戍長。
監軍寨統領司。
石門統領司。
南皮室軍詳穏司。
北皮室軍詳穏司。
猛曳剌詳穏司。
管押平州甲馬司。
　管押平州甲馬。

以上南京諸司、並隷元帥府、備禦宋国。

と記録している。それでは、この史料にのせられた兵制は遼が継承した唐五代以来の藩鎮体制とどのような関係にあるのだろうか。あるいは藩鎮体制をどのように改変することによって作り出されたのだろうか。また、この兵制から如何なる遼の漢地支配の方策を見いだすことができるだろうか。以下にそのことについて述べてみたい。

この史料を扱うにあたってまず留意すべきは、その編纂方針である。楊若薇氏、陳得芝氏は「北面辺防官条」をはじめ『遼史』百官志の文は、『遼史』本紀や列伝に記された官名をそのまま引いてきたものであり、その沿革や、臨時の官であるか常置の官であるかについての説明はほとんど皆無であると論じている。[19] したがって、「北面辺防官条」の記述はそのまま鵜呑みにすることはできない。そこで、他の史料も利用しつつ南京の兵制を復元する必要がある。

「北面辺防官条」を図に表すと図1のようになる。しかし、南京の兵制が図1だと考えてよいだろうか。他の史料によってこれを検討しておこう。まず「契丹官儀」は南京の兵制について、

図1　南京の兵制（1）

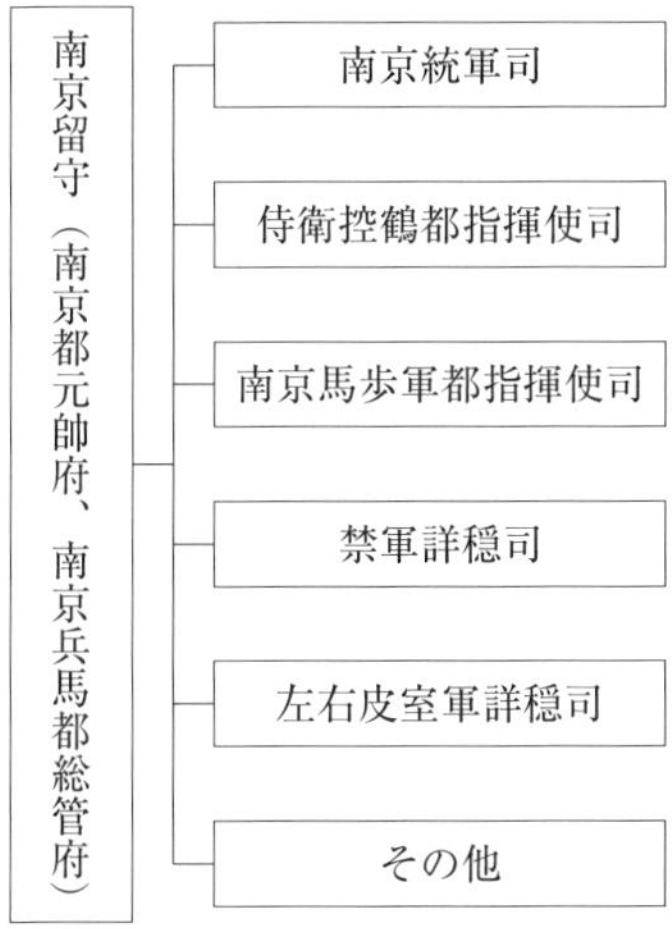

……予癸未自り乙酉（宋慶暦四〜六年、遼重熙十三〜十五年）に至り、三たび其の庭に至る……契丹の兵を掌る者、燕中に元帥府有り、蕃漢の兵を雑掌す。太弟之を総判す。其の外なれば則ち北王府南王府有り、契丹の兵を分掌し、雲州、帰化州の北に在り。……乙室王府又た契丹の兵を掌る。然れども稍や卑し。其れ鴈門の北に居る有り、是れ契丹の別族に似たり、其の坐上将軍の上に在り。又た奚王府有り、奚兵を掌り、中京の南に在り。留守と相見うれば、則ち客礼を用う。大抵契

丹元帥府を以て山前を守り、故に府官有り。又た統軍有り契丹渤海の兵を掌る。馬軍、歩軍司一に漢兵を掌る。乙室王府を以て山後を守る。又た雲、応、蔚、朔、奉聖等五節度の営兵有り、逐州又た郷兵を置く。(20)

と記録している。この中で傍線部のところを読むと、南京元帥府とは別に統軍司、馬軍司、歩軍司があったと解釈することができる。(21)また『遼史』巻七八、蕭思温伝には、

（蕭思温）尋いで南京留守と為る。……後周の師来侵し、馮母鎮を囲み、勢甚だ張る。思温兵を益さんことを請う、帝報じて曰く、敵来れば、則ち統軍司の兵と併せて之を拒み、敵去らば、則ち農作に務め、士馬を労する勿れ、と。(22)

とある。この史料で帝（穆宗）は、（南京）統軍司と南京留守が共同でことにあたるようにと詔を降しているが、もし統軍司が留守の指揮下にあるのならば、改めてこのような詔を降す必要はないはずである。なお、この時の南京留守蕭思温は都総管を兼ねており、(23)南京統軍司は南京兵馬都総管府には従属していなかったと考えられる。また『遼史』巻三四兵衛志上には、

凡そ兵を挙げるに、帝蕃漢文武の臣僚を率い、青牛白馬を以て天地、日神に祭告し、惟だ月を拝さず、近臣に分命し太祖以下諸陵及び木葉山の神に告げしめ、乃ち諸道に詔して兵を徴す。惟だ南北、奚王、東京渤海兵馬、燕京統軍兵馬、詔を奉ずと雖も、未だ敢えて兵を発さず、必ず以聞せしむ。上大将を遣し金魚符を持たしめ、合すれば、然る後行く。(24)

とあり、燕京統軍兵馬（南京統軍司所属の兵のこと）の発兵は諸道の統軍機関（都元帥府、招討司、兵馬都部署司など）によるものとは別の方法で行われていたと記されている。これは、とりもなおさず南京統軍司が南京留守の指揮下にないことを示している。以上のことから南京の兵制は図1とは別のものであったと考えたほうがよかろう。そこで、改

めて南京の各統軍機関の関係を考察していこう。

1　南京都元帥府、兵馬都総管府

まずはじめに前引の「北面辺防官条」の南京兵馬都総管府の項に見える総領南面辺事、総領南面軍務、総領南面戍兵について検討していこう[25]。まず総領南面辺事についてみてみると、『遼史』巻八四耶律沙伝に、

応暦の間、南府宰相に累官す。景宗即位するに、総領南面辺事。保寧の間、宋河東を攻めるに、沙兵を将い之を救い、功有り、守太保を加えらる[26]。

とあり、耶律沙が「総領南面辺事」であったことがみえるが、『遼史』巻八景宗紀上、保寧八年（九七六）九月壬午の条には、

漢宋人の侵す所と為り、使を遣し援を求む、南府宰相耶律沙、冀王敵烈に命じ之に赴かしむ[27]。

とあり、耶律沙は保寧年間においての南府宰相であったことがわかる。つまり耶律沙伝の総領南面辺事は「南面の辺事を総領す」と読むべきであり、固有の官名として解釈すべきではない。

また総領南面軍務、総領南面戍兵は、ともに『遼史』巻八三耶律休哥伝にみえるが、これも本紀の記事から耶律休哥の当時の官がそれぞれ南京留守、北院大王であったことがわかる[28]。以上のことから総領南面辺事、総領南面軍務、総領南面戍兵は南京兵馬都総管府の属官ではなく『遼史』の編者が作り上げた架空の官であるということができよう。

表1は歴代の南京兵馬都総管・南京都元帥及び南京留守の一覧である。これをみると都元帥・兵馬都総管は常に南京留守との兼任になっている。したがって南京都元帥・兵馬都総管は南京留守と一体の官職として考えてよさそうである。

表1　歴代南京留守

南京留守	在任期間	兵馬都総管・都元帥及び兼職
趙思温	天顕11～会同元年	
劉晞	会同元年～3年？	
趙延寿	会同3年～天禄2年	
耶律牒蠟	天禄2年～5年	南面行営都統
蕭思温	応暦元年～10年	応暦9年より兵馬都総管
高勲	応暦10年～保寧年間	応暦13年から南院枢密使を兼任
韓匡嗣	保寧年間～乾亨元年	保寧末から南院枢密使を兼任
耶律道隠	乾亨元年～統和元年	
耶律休哥	統和元年～16年	南面行営都総管
耶律隆慶	統和16年～開泰5年	景宗第二子。兵馬大元帥
耶律隆祐（裕）	統和17年～18年	景宗第三子。隆慶不在時の代理か？
馬延煦	開泰5年～9年？	
韓制心	開泰9年～太平3年	兵馬都総管
蕭孝穆	太平3年～10年、景福元年～重熙6年	南京兵馬都総管
蕭恵	太平10年～景福元年	権南京留守、侍衛親軍馬歩軍都指揮使
馬保忠	太平元年～景福元年	権知南京留守
蕭孝先	重熙6年～？	兵馬都総管
耶律呉哥	重熙中	聖宗の第四子
耶律重元	重熙14～清寧元年	聖宗第二子。知元帥府事
耶律仁先	清寧元年～2年、咸雍元年～6年	南京兵馬副元帥
耶律明	清寧2年～9年	
蕭惟信	清寧10年～咸雍元年	
耶律和魯斡	清寧中？～乾統10年	興宗第二子。乾統初天下兵馬大元帥
耶律淳	乾統10年～保大2年	和魯斡の子

（栗原益男『五代宋初藩鎮年表』東京堂1988年、呉廷燮『遼方鎮年表』にもとづき作成）

ところで「北面辺防官条」では兵馬都総管府を元帥府と改めたのは重熙四年（一〇三五）のこととなっているが統和二十六年（一〇〇八）の宋使の記録である『乗軺録』に、

渤海兵、別に営有り。即ち遼東の卒なり。幽州に屯する者数千人、並びに元帥府に隷す。隆慶（時の南京留守、聖宗の弟）奢侈たり、戎事に親しまず。兵柄咸な蘭陵郡王駙馬都尉蕭寧の手に在り。(29)

とみえ既に元帥府のことが記されている。田村実造氏は、この時南京留守であった耶律隆慶が皇太弟の地位にあったため特に元帥に任じられたと論じているが(30)、妥当な見解であろう。また聖宗朝初めまでは南京留守は南京兵馬都総管ではなく南面行営都統・南面行営都総管を兼ねている場合がある。これらのことは南京兵馬都総管であるとか南京兵馬都元帥という官が必ずしも常置されていなかったことを示していると考えられる。このことは表1をみると南京留守に就任後兵馬都総管や兵馬都元帥に任じられた例が多数みられることからもうかがえよう(31)。

ところで、『遼史』巻四〇地理志四、南京析津府の条をみると、南京に盧龍軍節度使の軍額をあたえられている。また、南京留守は盧龍軍節度使を帯している例がしばしばみられる。このことから、南京留守は唐五代以来の盧龍軍節度使を継承したものであると推測できる。これは「契丹官儀」に「以元帥府守山前」とあるように、南京兵馬都総管・都元帥府＝南京留守が「山前」、つまり唐五代以来の幽州盧龍軍節度使の領域を管轄下においていたことからも裏づけられよう。

2　南京統軍司

つぎに南京統軍司についてみてみよう。先述の通り、南京統軍司と南京留守との間に統属関係はなかった(32)。このことを両者の官位の面から見てみよう。穆宗朝から景宗朝にかけて南京統軍使であった韓匡美は天雄軍節度使を帯していたことが彼の息子の韓瑜の墓誌銘に見えている。[33] また同墓誌銘によると韓瑜は天雄軍衙内都指揮使となっており、南京統軍使である韓匡美が天雄軍節度使としての幕府をもひらいていることがうかがわれる。このように両者が節度使を帯していた（つまり同等の官位をもっていた）[34] ことから考えても南京統軍司と南京留守の間に統属関係がなかったということができよう。

ところで、前引の「契丹官儀」には統軍司の兵は契丹・渤海兵であると記されている。しかし、従来南京統軍司の兵は漢兵であると説明されることが多かった。[35] そこで南京統軍司の兵の民族構成を確認しておく必要があろう。『遼史』巻一三聖宗紀四、統和十二年十二月甲申の条に、

南京統軍司の貧戸に耕牛を賜う。[36]

とある。南京統軍司の戸が耕牛を必要とするのは、彼らが農耕をしていたからと考えられる。つまり南京統軍司の兵は屯田を行っていたということである。しかるに『乗軺録』には「城中漢兵八営、……皆黥面。糧如漢制」とあり、南京の漢兵の禀給は中国と同じであると書かれている。当時の中国（つまり宋）では兵（およびその家族）に対して食料・俸銭を与えるのが一般的であった。それならば遼の南京の漢兵も同様であって、屯田は行わなかったはずである。このように考えると南京で屯田を行っているのは漢兵以外の兵、つまり契丹・渤海の兵とみなすことができる。[37] 南京統軍司の兵が契丹・渤海の兵であることは以上の考察により明らかであろう。

ところで、契丹の兵は大きく分けると皇帝直属の兵（つまり宋朝の禁軍に相当するもの。宮分軍、皮室軍、殿前軍など）、部族軍（各部族の兵、各部族の節度使に率いられ辺境に屯戍する）、皇族や外戚、部族長などの私兵に分けられる。[38] それでは統軍司の兵はこのうちのどの兵種にあたるのか考えてみよう。

まず、この場合統軍司の兵が私兵を中心とした兵とは考えがたい。何故ならば遼は皇族（横帳、孟父帳、仲父帳、季

父帳）や外戚（国舅帳）の勢力の削減を目指しており、[39]彼らの勢力の源である私兵でもって辺防軍を編成するとは到底考えられないからである。そうなると部族軍か皇帝直属の兵（以下禁軍と称する）のいずれかということになる。それではまず、統軍司の兵が部族軍にあたるかどうか検討してみよう。

『遼史』巻三五兵衛志中、衆部族軍の条をみると、部族軍はその屯戍の地域をあらかじめ定められていたことがわかる。部族軍の中で南京に駐屯していた可能性があるのは、「鎮南境」と記された五院部・六院部ということになる。それでは果たしてこの両者は南京に駐屯していたであろうか。『遼史』巻八三耶律休哥伝に、

　統和四年（九八六）、宋復た来侵す、……時に北南院、奚部の兵未だ至らず……[40]

とみえ、宋が燕雲十六州を奪回すべく南京に侵入したとき、南北院（五院部・六院部に同じ）の兵は南京にいなかったことがわかる。このことから部族軍の南京駐屯はなかったと考えてよい。

そうなると残るは禁軍ということになる。それでは南京に禁軍が駐屯していたかどうかを史料によって確認してみよう。まず、はじめにあげた「北面辺防官条」に禁軍詳穏司であるとか、（南北）皮室軍詳穏司といった禁軍の名称が記されていることから、南京に禁軍が駐屯していたことがうかがえる。また『遼史』巻九三蕭迂魯伝には「改南京統軍都監、黄皮室詳穏」とあるが、この史料は蕭迂魯が南京統軍都監となったとき、同時に黄皮室詳穏となったと読むことができる。つまり南京統軍司の属官である南京統軍都監が禁軍を率いていたわけである。これらのことから南京統軍司の兵は禁軍ということができよう。

以上に述べてきたことをまとめると、つぎのようになろう。（一）南京統軍司は南京留守（都元帥、都総管）と並列の関係にあり、両者の間には統属関係はない。（二）南京統軍司の兵は契丹兵と渤海兵からなる。（三）南京統軍司の兵は禁軍を中心に構成されていた。

3　南京馬歩軍都指揮使司と南京侍衛親軍馬歩軍都指揮使司

つぎに南京馬歩軍都指揮使司について検討してみよう。『遼史』巻四八百官志四、南面京官の条をみると「南京侍衛親軍馬歩軍都指揮使司」という機関が存在していたとある。前述の『遼史』百官志の編纂方針から推測して、南京馬歩軍都指揮使司と南京侍衛親軍馬歩軍都指揮使司は名称の類似から両者は同じものと考えられなくもない。しかし、両者が全く別の機関であることは乾亨元年（九七九）に耶律学古が南京馬歩軍都指揮使に任じられた際に、蕭討古が南京侍衛親軍都指揮使となっていたことから明らかである。(41)

それでは「契丹官儀」に見られる馬軍・歩軍司はこのうちのどちらに相当するのだろうか。『遼史』には南京馬歩軍都指揮使、南京侍衛親軍馬歩軍都指揮使の事例がいくつか見られるが、いずれも叙任記事であり両者の職掌の差を明確にし難い。そこで両者の名称の違いから両者を区別しなければならない。南京侍衛親軍馬歩軍都指揮使は名称から考えて禁軍の統率を行ったものと考えられる。侍衛親軍が遼においても五代・宋と同様に禁軍であったことは「韓橁墓誌」(42)に、

弘義宮都部署に転じ、侍衛親軍歩軍都指揮使、利州観察使を拝す、禁旅を領すなり。(43)

とあることからうかがえよう。

一方、南京馬歩軍都指揮使の方はどのように考えればよいだろうか。まず南京留守＝盧龍軍節度使であることを思い起こしてみよう。すると、前引の『遼史』巻四八百官志四、節度使職名総目の条の記述に各節度使の下に馬歩軍都指揮使司が置かれているとあることに思い当たる。南京留守も節度使である以上、当然馬歩軍都指揮使司を置いていたであろうから南京馬歩軍都指揮使とは南京留守＝盧龍軍節度使の配下の軍（先にも述べたように衙隊のことである）の

統率者ということができよう。

このように考えて誤りがないとすれば、「契丹官儀」の馬軍・歩軍司は、これが元帥府（つまり南京留守）の統属下にないことから考えて、南京侍衛親軍馬歩軍都指揮使司と見做すことができる。そして、「契丹官儀」の記載によりこれが漢兵をつかさどっていたことも明らかであろう。

ところで、「趙匡禹墓誌銘」(44)に「侍衛親軍神武左廂都指揮使、検校工部尚書」という官名が記録されている。これをみると、神武軍は侍衛親軍に属する軍の軍号であることがわかる。ここから敷衍すると『乗軺録』で神武軍とともに列挙されている両羽林以下の軍も南京侍衛親軍馬歩軍都指揮使司に属していたと考えられる。また、「韓橁墓誌」に、

未だ幾ばくならずして、長寧軍節度白川州管内観察処置使を授かる。（太平）八年秋、逆賊大延琳、竊かに襄平に拠る、……公に仮して控鶴、義勇、護聖、虎翼四軍を押領せしめ、攻城都部署に充つ(45)。

とあり、長寧軍節度使（中京道、白川州）であった韓橁が侍衛親軍に属すると思われる控鶴・義勇などの兵を率いて遼東に駐屯していたことがうかがわれる。また東京道の黄龍府にも侍衛親軍馬歩軍都指揮使司が設置されている。これらのことから、南京の侍衛親軍は侍衛親軍の一部が南京に駐屯していたものであることがわかる(46)。

以上に述べてきたことをまとめると、つぎのようになろう。（一）南京馬歩軍都指揮使司は南京留守＝盧龍軍節度使の衙隊の指揮官である。（二）南京侍衛親軍馬歩軍都指揮使司は南京に駐屯する（漢人によって構成された）禁軍の指揮官である。（三）南京侍衛親軍馬歩軍都指揮使司のもとには控鶴、神武等の軍が属している。

4　各機関の関係

それでは南京留守司、南京統軍司、南京侍衛親軍馬歩軍都指揮使司の関係はどのようになっていたのであろうか。まず、南京留守司はすなわち唐・五代以来の盧龍軍節度使を継承したものであり、その率いる兵は南京留守＝幽州盧龍軍節度使の衙隊である。南京侍衛親軍馬歩軍都指揮使司は五代の侍衛親軍の制度の流れを汲むもの、つまり強幹弱枝策の一環と考えられる。遼も五代の諸王朝や宋とおなじく禁軍の強化により強幹弱枝策を採っていたことは『遼史』巻三五兵営志中、宮衛騎軍の条に、

太祖迭剌部を以て受禅し、本部を分かち五院、六院と為し、統べるに皇族を以てし、而して親衛缺然たり。乃ち斡魯朶の法、州県を裂き、戸丁を割き、以て幹を強め支を弱くす[47]。

とあることからうかがえよう。この史料は斡魯朶の成立について述べたものであるが、侍衛親軍が禁軍であることを考えると、斡魯朶と同じく強幹弱枝を目的としたものと考えるのが妥当と思われる。そして、南京統軍司の兵も禁軍としてこらえることができるので、南京留守と南京統軍司の関係は、南京留守と南京侍衛親軍馬歩軍都指揮使司の関係と同様であったと考えてよかろう。しかし、南京統軍司の機能は他にもあったと考えられる。李錫厚氏は『旧五代史』巻八八張希崇伝に、

阿保機南攻し、其の城（平州）を陥し、希崇を掠めて去る。……天成の初、偽平州節度使盧文進南帰するに、契丹希崇を以て其の任を継がしめ、腹心を遣し辺騎三百を総べしめ以て之を監せしむ[48]。

とみえることから、遼初より漢軍の動きを監視する契丹兵が存在していたと論じられている[49]。それならば南京統軍司の兵が契丹・渤海人で構成されていたことから考えて、南京統軍司も同様に漢軍の監視の役割をはたしていたのは想

像にかたくない。以上の考察から、遼の南京の軍事機構は元帥府・侍衛親軍・統軍司の三者の均衡のもとに成り立っていたものだといえよう。

しかし、この三者は互いに牽制しあっていただけではない。『遼史』巻一七聖宗紀八、太平八年十月の条に、

燕城将士に詔し、若し敵至らば、総管城の東南に備え、統軍其の西北を守り、馬歩軍其の野戦に備え、統軍副使壁壘を繕い、士卒に課して、各おの其の事に練《な》れさしむ。(50)

とある。この史料は南京の軍の配置について述べたものであるが、これをみると三者が共同してはじめて南京の防衛が可能になることがわかる。このように三者は一体となって南京の防衛にあたるものであったことがうかがえる。

以上の考察の結果をまとめると図2のようになろう。

図2　南京の兵制（2）

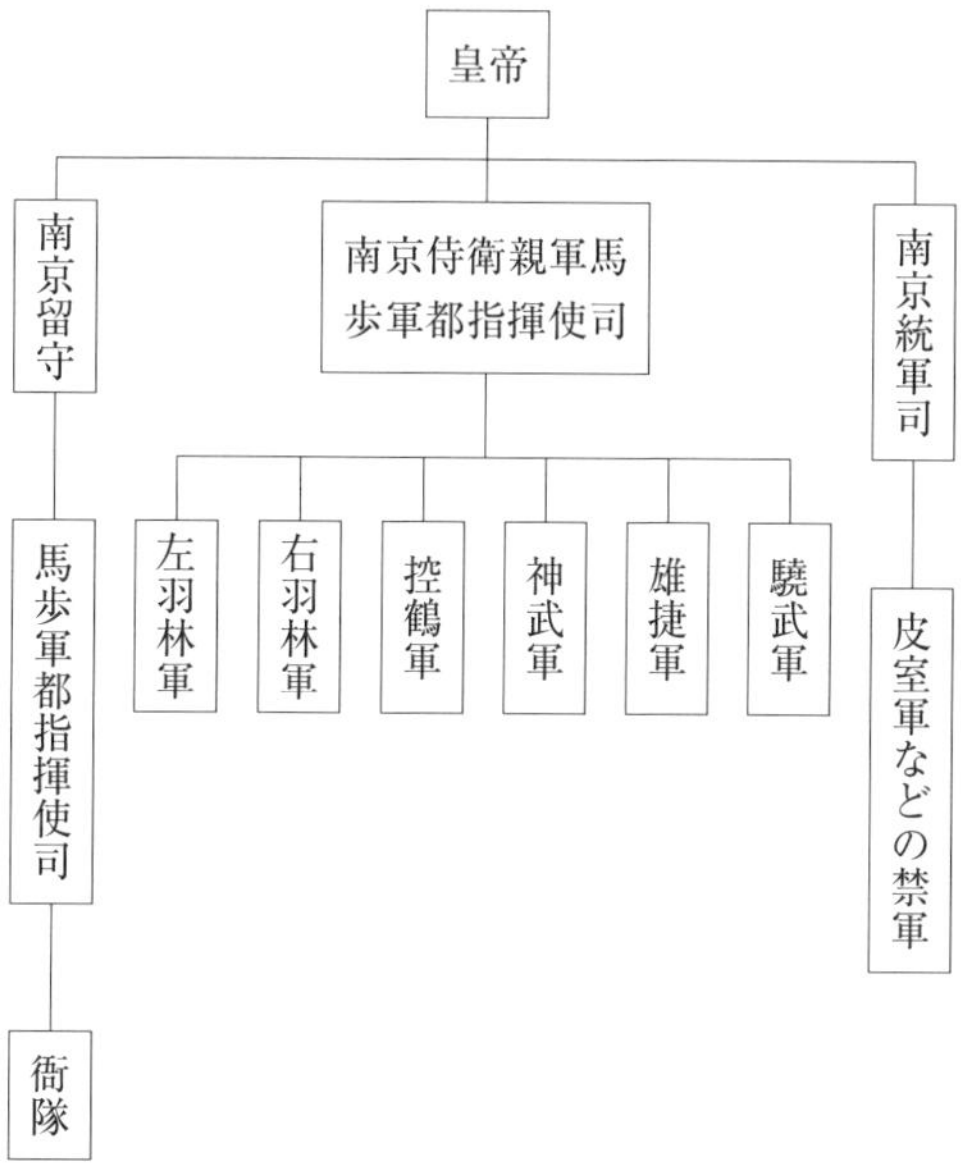

おわりに

表1の例にみられるように、遼は燕雲十六州の節度使や刺史に多くの契丹人を配置した。ところで『契丹国志』巻一八耶律隆運伝に、

景宗の疾亟かたり、隆運詔を俟たず、密かに其の親族等十余人を召し並びに帳に赴かしむ。時に諸王宗室二百余人兵を擁し政を握り、朝廷に盈布す。后朝に当ること久きと雖ども、然れども姻媛の助少く、

諸皇子幼穉たり、内外震恐す[51]。

とあり、皇族達が兵権を掌握していることが、わずか十二歳で即位した新帝にとって脅威であったさまがよく描かれている。このことは遼の皇帝の権力が未だ絶対的なものではないことを端的に示すものである。なぜなら、このときの遼朝内部の動揺というのは、たんに新帝が幼かったからというのではなく、それ以前の皇位継承がいずれも混乱をともなっていたことからくる動揺と考えられるからである[52]。また皇位継承時以外にも契丹人支配者層の謀反事件がしばしばみられる[53]。

以上のことからいえることは、契丹人といえども兵を率いて外にいるということは、皇帝にとって脅威であったということである。さらに、前述のように、宗室をはじめとした契丹支配者層がそれぞれ私兵を持っており、彼らが節度使や刺史となって地方へ赴くときにはこれらの私兵を従えていったようである。たとえば『遼史』巻一七聖宗紀八、太平九年（一〇二九）八月己丑の条に、

（大延琳叛す）……時に国舅詳穏蕭匹敵の治延琳に近し、先ず本管及び家兵を率い其の要害に拠り、其の西渡の計を絶つ[54]。

とあり、これは節度使や刺史の例ではないが、国舅詳穏は北面官制における地方長官に相当するものであるから、彼らが節度使や刺史になった場合にも同様に私兵を率いて任に赴いたことは想像に難くない。唐五代の藩鎮のように、この私兵の力を背景に彼らが中央から自立する危険性が十分あるわけである。つまり、契丹人の藩帥は遼朝の中央集権を促進する存在ではなく、むしろそれを阻害する要因であった。そして、彼らの存在のゆえに遼において（少なくとも兵制に関しては）藩鎮体制が維持され得たし、また先に南京の兵制の分析によって明らかとなったような、藩鎮に対する二重三重の牽制が必要であったということができよう。

注

（1）「燕雲十六州」とひとくちに言っても時期によってその内容が変化している。このことについては菊池英夫「辺境都市としての『燕雲十六州』研究序説――研究の現状と若干の問題視角――」（唐代史研究会報告第Ⅵ集『中国都市の歴史的研究』刀水書房、一九八八年）を参照。本章では遼代の南京道全域と西京道のうち豊州・雲内州・東勝州・天徳軍をのぞいた諸州という意味でこれを用いることにする。

（2）『旧五代史』巻九五翟璋伝には、

清泰中、復領新州（奉聖州）。高祖建義、割新州属契丹。時契丹大軍帰国、遣璋於管内配率犒宴之資、須及十万緡、山後地貧、民不堪命。始戎王以軟語撫璋、璋謂必得南帰、及委璋平叛奚、囲雲州皆有功、故留之不遣。璋鬱々不得志、遇疾、尋卒焉。

とある。これをみると後唐の新州節度使であった翟璋は新州（奉聖州）が遼に帰属した後もその地の節度使であったことがわかる。

（3）藩鎮体制の研究史については、伊藤宏明「唐末五代政治史に関する諸問題――とくに藩鎮研究をめぐって――」（『名古屋大学文学部研究論集』史学二九、一九八三年）、清水和恵「藩鎮の研究史」（『龍谷史壇』八〇、一九八二年）、高瀬奈津子「第二次世界大戦後の唐代藩鎮研究」（堀敏一『唐末五代変革期の政治と経済』汲古書院、二〇〇二年）等を参照。

（4）姚従吾「従宋人所記燕雲十六州淪入契丹後的実況看遼宋関係」（『大陸雑誌』三八―一〇、一九七九年）、前掲菊池英夫「辺境都市としての『燕雲十六州』研究序説――研究の現状と若干の問題視角――」、王曾瑜「遼宋金之節度使（上）（下）」（『大陸雑誌』八三―二、四、一九九一年。のち、『点滴編』河北大学出版社、二〇一〇年に再録）、李錫厚「遼朝的漢軍」（『中国史研究』一九八九―一、一九八九年。のち、『臨潢集』河北大学出版社、二〇〇一年に再録）を参照。姚・菊池・王の三氏はこのことについて簡単に触れているのみである。李錫厚氏は中央軍に関しての考察が中心で筆者とはやや視点が異なる。

（5）津田左右吉「遼の制度の二重体系」（『津田左右吉全集（一二）』、岩波書店、一九六四年。初出、一九一八年）、島田正郎

『遼代社会史研究』（巌南堂書店一九七八年。初版、一九五二年）を参照。
（6）『遼史』巻六穆宗紀上、応暦九年四月丙戌の条。
（7）『遼史』巻九景宗紀下、乾亨元年三月己丑の条。
（8）例えば『宋会要輯稿』兵七、親征、開宝二年四月四日の条には、「敗契丹於陽曲、斬首数千級、擒偽武州刺史王彦符、以献帝」とあり、当時の武州刺史が漢人であったこと、兵を率いて戦っていたことがうかがえる。
（9）本章の元になった論文では「衙軍」の語を用いたが、渡辺孝「魏博と成徳——河朔三鎮の権力構造についての再検討」（『東洋史研究』五四—二、一九九五年）によれば、「衙軍」は魏博節度使の衙隊についてのみ用いられる固有名詞であり他の藩鎮においては「衙隊」と史料上表記されるという。したがって改稿にあたり「衙軍」の表記は「衙隊」に改める。また、「衙隊」は藩鎮の会府にいる兵という意味で使われる場合と、藩帥の親衛兵という意味で使われる場合とある。ここでは前者の意味で「衙隊」の語を用いる。
（10）「趙延寿有幽州親兵二千在恆州、指揮使張漣将之……」
（11）庁直軍などの藩帥の親兵については日野開三郎「五代の庁直軍について」（『日野開三郎東洋史学論集（二）』三一書房、一九八〇年。初出、一九三九年）、周藤吉之「五代節度使の牙軍に関する一考察」（『東京大学東洋文化研究所紀要』二、一九五一年）を参照。
（12）前掲周藤吉之「五代節度使の牙軍に関する一考察」を参照。
（13）『宋史』巻二五四、趙贊伝に、
　　趙贊字元輔、本名日、後改焉。幽州薊人也。祖徳鈞、後唐盧龍軍節度、封北平王。父延寿、尚明宗女興平公主、至枢密使、忠武軍節度使。……（趙徳鈞父子契丹に降る。天福三年、贊母と共に契丹に赴く）数年、契丹以延寿為范陽（盧龍軍）節度又署贊為衙内都校。

とある。
（14）「城中漢兵八営、有南北両衙兵、両羽林兵、控鶴神武兵、雄捷兵、驍武兵。皆黥面。糧如漢制」

(15) 前掲李錫厚「遼朝的漢軍」を参照。
(16)『房山石経題記匯編』（書目文献出版社、一九八七年）第二部分「大仏灌頂経」。また同書第二部分「大般若波羅密多経」題記中の「常侍麾下軍将寧国等奉為国太夫人及司空常侍石経寺上寧国経賛并序」には「南衙通引」、第三部分「阿難七夢経」題記には「南衙将判官」の名称が見える。
(17)『房山石経題記匯編』第一部分。また同書第三部分「仏説百仏名経」題記には「北衙判官」、『京畿冢墓遺文』下「唐故幽州随使節度押衙遙摂鎮安軍使充綾錦坊使銀青光禄大夫検校国子祭酒御史中丞上柱国平陽郡敬府君墓誌銘」中和三（八八三）年には「北衙将判官」の名称が見える。
(18) 王永興「関于唐代后期方鎮官制親史料考釈」（『紀念陳寅恪先生誕辰百年学術論文集』北京大学出版社、一九八九年）を参照。
(19) 楊若薇『契丹王朝政治軍事制度史研究』（中国社会科学出版社、一九九一年）、陳得芝「遼代的西北路招討司」（『宋遼金史論叢（一）』、中華書局、一九八五年）を参照。
(20)「……予自癸未至乙酉、三至其庭……契丹之掌兵者、燕中有元帥府、雑掌蕃漢兵。太弟総判之。其外則有北王府南王府、分掌契丹兵、在雲州、帰化州之北。……乙室王府又掌契丹兵。然稍卑矣。其有居鴈門之北、似是契丹別族、其坐在上将軍之上。又有奚王府、掌奚兵、在中京之南。与留守相見、則用客礼。大抵契丹以元帥府守山前、故有府官。又有統軍掌契丹渤海之兵。馬軍、歩軍司一掌漢兵。以乙室王府守山後。又有雲、応、蔚、朔、奉聖等五節度営兵、逐州又置郷兵」
(21) 楊樹藩氏は「遼金地方政治制度之研究」（『中国歴史学会史学集刊』八、一九七六年）のなかで、この史料にある元帥府は他の諸官を統轄するものとして考えられている。しかしこの史料に「大抵契丹以元帥府守山前」とあるのを考えると、元帥府をこの史料に見える諸官の上にたつものとすることはできない。
(22)「(蕭思温) 尋為南京留守。……後周師来侵、囲馮母鎮、勢甚張。思温請益兵、帝報曰、敵来、則与統軍司兵併拒之、敵去、則務農作、勿労士馬」
(23)『遼史』巻六穆宗紀上、應曆九年（九五九）四月丙戌の条を参照。

(24)「凡挙兵、帝率蕃漢文武臣僚、以青牛白馬祭告天地、日神、惟不拝月、分命近臣告太祖以下諸陵及木葉山神、乃詔諸道徴兵。惟南北、奚王、東京渤海兵馬、燕京統軍兵馬、雖奉詔、未敢発兵、必以聞。上遣大将持金魚符、合、然後行」

(25) ここにあげた総領南面辺事などの官に「南面」という呼称が冠せられているがこの「南面」は所謂「南面官」ではなく「遼の南辺」という意味で使われている。

(26)「応暦間、累官南府宰相。景宗即位、総領南面辺事。保寧間、宋攻河東、沙将兵救之、有功、加守太保」

(27)「漢為宋人所侵、遣使求援、命南府宰相耶律沙、冀王敵烈赴之」

(28)『遼史』巻九景宗紀下、乾亨二年（九八〇）正月丁亥の条に「以惕隠休哥為北院大王」とあり、同書巻一〇聖宗紀一、統和元年正月丙子の条には「以于越休哥為南京留守」とみえる。

(29)「渤海兵、別有営。即遼東之卒也。屯幽州者数千人、並隷元帥府。隆慶奢侈、不親戎事。兵柄咸在蘭陵郡王駙馬都尉蕭寧之手」

(30) 田村実造「遼宋交通資料注稿」（『東方史論叢』一、一九四七年）を参照。

(31) 宋制では都総管（英宗即位前は都部署と呼ばれていた）は沿辺の諸州の知州が兼ねた官であり、都総管を帯することにより民政長官である知州が軍の統轄を行うことが可能になっていた。このことから考えると、南京留守が軍事行動を起こせた理由として兵馬都総管あるいは兵馬都元帥を帯したからとも考えられる。このことは南京が（それまで南京留守の軍事行動を可能にしていた軍事関係の官号である）盧龍軍節度使の軍額を落とした開泰元年以降（『遼史』四〇地理志四、南京析津府の条）に、兵馬都総管や兵馬都元帥の叙任事例がにわかに増えたことからもうかがえる。

(32) 王曾瑜「遼朝軍制稿」（『遼金軍制』河北大学出版社、二〇一一年）三九―四二頁では、南京統軍司を後述の南京馬歩軍都指揮使司と同一の官司を表す契丹語を漢語に翻訳する際の異訳であるとして、両者を同一視して議論を展開する。しかし、「契丹小字耶律高十墓誌」には統軍使を表す契丹小字[illegible]（推定音 t'uŋ giün）と歩軍都指揮使を表す契丹小字[illegible]（推定音 pu giün）がみられるが、ともに漢語の「統軍」「歩軍」の音訳とみるべきである（「歩軍」の例から類推すると馬歩軍を表す契丹小字も漢語音訳の可能性が高い）。両者が漢語起源の語であるとすれば、統軍司と馬歩軍都指揮使司を同一の契丹語の異訳とするには、根拠が不十分であろう。なお、「統軍」を表す契丹文字については、劉鳳翥・青格勒「遼代《韓徳昌墓誌銘》和《耶律（韓）高十墓誌銘》考釈」（劉鳳翥・唐彩蘭・青格勒（編著）『遼上京地区出土的遼代碑刻彙編』社会科学文献出版社、二〇〇九年）三九一—三九三頁を参照。

(33)「韓瑜墓誌」（向南『遼代石刻文編』河北教育出版社、一九九五年）九三—九五頁。

(34) 遼制における節度使は階官としての機能も果たしていた。これについては本書第七章「遼の武臣の昇遷」、王曾瑜「遼朝官員的実職和虚銜初探」（『文史』三四、一九九二年。のち、『点滴編』河北大学出版社、二〇一〇年に再録）、楊軍「遼朝南面官研究——以碑刻資料為中心」（『史学集刊』二〇一三—三、二〇一三年）などを参照。

(35) 松井等「契丹の国軍編成および戦術」（『満鮮地理歴史研究報告』四、一九一九年）、島田正郎「契丹の銀牌」（『遼朝史の研究』創文社、一九七九年。初出、一九五七年）を参照。

(36)「賜南京統軍司貧戸耕牛」

(37) 遊牧民である契丹人が屯田を行うというのは、いささか奇妙な感がしないでもない。しかし、契丹人の屯田については、すでに島田正郎氏が「遼の田制」（前掲『遼朝史の研究』所収。初出、一九六四年）において論証している。

(38) 前掲松井等「契丹の国軍編成および戦術」、前掲島田正郎『遼代社会史研究』、林瑞翰「遼代兵制」（『大陸雑誌』一七—七、一九五八年）。前掲楊若薇『契丹王朝政治軍事制度研究』などを参照。

(39) 前掲島田正郎『遼代社会史研究』、第一部第二章～第四章を参照。

(40)「統和四年、宋復来侵、……時北南院、奚部兵未至……」

(41)『遼史』巻八三耶律学古伝に、

乾亨元年、宋既下河東、乗勝侵燕、学古受詔往援。……以功遙授保正軍節度使、以南京馬歩軍都指揮使。

とあり、また『遼史』八四蕭討古伝には

……為南京統軍使。乾亨初、宋侵燕、討古与北院大王奚底拒之、不克、軍潰。……上釈其罪、降為南京侍衛親軍都指揮使。四年卒。

と見える。

(42)『遼代石刻文編』二〇三―二〇七頁。

(43)「転弘義宮都部署、拝侍衛親軍歩軍都指揮使、利州観察使、領禁旅也」

(44)『遼代石刻文編』二九九―三〇一頁。

(45)「未幾、授長寧軍節度白川州管内観察処置使。八年秋、逆賊大延琳、竊拠襄平、……仮公押領控鶴、義勇、護聖、虎翼四軍、充攻城都部署」

(46)田村実造氏は前掲「遼宋交通資料注稿」において、とくに典拠を示していないが同様の見解を述べている。

(47)「太祖以迭剌部受禅、分本部為五院、六院、統以皇族、而親衛缺然。乃斡魯朶法、裂州県、割戸丁、以強幹弱支」

(48)「阿保機南攻、陥其城、掠希崇而去。……天成初、偽平州節度使盧文進南帰、契丹以希崇継其任、遣腹心総辺騎三百以監之」

(49)前掲李錫厚「遼朝的漢軍」を参照。

(50)「詔燕城将士、若敵至、総管備城東南、統軍守其西北、馬歩軍備其野戦、統軍副使繕壁壘、課士卒、各練其事」

(51)「景宗疾亟、隆運不俟詔、密召其親族等十余人並赴帳。時諸王宗室二百余人擁兵握政、盈布朝廷。后当朝雖久、然少姻媛助、諸皇子幼穉、内外震恐」

(52)太宗は皇太子の耶律倍をおしのけて即位し、世宗即位時は応天太后に擁立された耶律李胡との戦闘が起こり、世宗・穆宗はいずれも弑殺されている。

(53)太祖のときの諸弟の乱、世宗のときの蕭翰らの反乱、景宗のときの耶律喜隠の反乱など。

(54)「時国舅詳穏蕭匹敵治近延琳、先率本管及家兵拠其要害、絶其西渡之計」

第四章　遼の斡魯朶の存在形態

はじめに

『遼史』の記述中に「斡魯朶」（中原音 wo-lu-du）[1]という語がしばしば現れる。「斡魯朶」とはモンゴル語で宮殿・陣営を意味する ordu、トルコ語で宮殿・城郭を意味する orda の音訳である。[2]漢語で北方遊牧国家の君長の居所を「牙帳」と言うが、これとほぼ同義の言葉であろう。

また、『遼史』では斡魯朶（以下、他の遊牧国家のものと区別するため、遼の ordu、orda は斡魯朶と称す）を「行宮」「宮衛」と同義の言葉として用いているようである。[3]斡魯朶は遼朝の中枢であり、その実態の把握は、遼の国家体制を理解するうえできわめて大きな意味をもつといってよい。『遼史』巻三一営衛志上は遼の斡魯朶についてのまとまった記録であるが、これは前後の時代を含め、遊牧国家の ordu、orda に関する数少ない体系的な記録の一つといえる。したがって、遼の斡魯朶について理解を深めることは、他の時代の遊牧国家の国家体制の理解するうえでも有益であると思われる。

遼の斡魯朶については、その重要性にも拘らず専論はあまり多くはない。そのため、いくつかの重要な論点が詳細に検討されることなく残されている。また、斡魯朶の性格を考えるうえで重要な点のいくつかに、諸家の見解に大きな開きが見られる。遼の斡魯朶については議論をする余地がいまだ多く残されているのである。

斡魯朶に関する問題は多岐にわたり、全てを一度に論ずることはできない。そこで、本章では斡魯朶の存在形態について取り上げてみたい。斡魯朶が遼朝の政治の中心であるなら、その政治の行われる場がどのようなものであったのかをまず明らかにする必要があると考えるからである。具体的には各斡魯朶の成立過程と斡魯朶の所在地についての問題を検討して行きたい。

斡魯朶の成立過程に関しては、過去の研究においていくつかの論点の重要な根拠として用いられているものである。とくに斡魯朶所属人戸と斡魯朶の関係が論じられる際の重要な論拠として取り上げられている。しかし、細部においての検討はいまだなされておらず、ここで各斡魯朶の成立過程についてさらに踏み込んだ考察を行うことによって、斡魯朶の構成に関する研究をさらに深化させることができると思われる。

また、斡魯朶の所在地に関しては、いくつかの異なる見解が出されている。この所在地の問題は、斡魯朶が何処にあったのかという問題以前に、本来移動するのを常としている遼の宮廷に固定した所在地があったという記述をどのように理解するのかが問題とされている。これは斡魯朶の存在形態を考えるうえで避けて通れない問題といわねばならない。

ところで、一般に『遼史』は杜撰な史料と見做されている。そして、斡魯朶に関しての基本史料である『遼史』巻三一営衛志上、宮衛の条（以下「宮衛条」と略称す）もその例に漏れないと評価される場合が多い(4)。この「宮衛条」への評価は、斡魯朶（とくに斡魯朶の所在地の記事）に関して諸家の意見が分かれている大きな原因となっている。しかし、「宮衛条」が杜撰な史料であるか否かは、改めて検討すべき問題であり、過去の研究ではこの点について十分に議論されているとは言い難い。そこで、本章では、まずはじめに「宮衛条」の史料的価値を検討し、その結果を踏まえたうえで各斡魯朶の成立過程、斡魯朶の所在地の問題について順次考察を進めていくことにする。

一　「宮衛条」の検討

史料の信憑性を確認するには、他の史料の記事と対照するのが最も一般的な方法であろう。しかし、「宮衛条」の場合、本章で問題にしている斡魯朶の所在地の記事を含めて、他の史料には一切見られない記録が大半を占めており、この方法はあまり有効ではない。そこで、ここでは書誌的な考察を加えることにより、「宮衛条」の信憑性を検討していくことにする。具体的には、「宮衛条」の史料の源流がどこまで遡れるかを見てゆくことになる。もし「宮衛条」の淵源が遼代にまで遡るものであるなら、明らかな誤りを指摘できない限り、同時代史料として一定の信憑性があるものとして扱うことができるからである。

現行『遼史』の志について考える際に、注目すべきことは、本紀や列伝、あるいは他の志から関係史料を抽出して再構成された部分が多いことである。そして、このような形で編集された部分は、十分な史料批判を経なかったとみられ、記述が混乱したり、明らかな誤謬を含んでいる場合が多い[5]。そこで、「宮衛条」の源流を考えるにあたっては、まず本条が『遼史』編纂時に本紀などの史料によって再構成されたものか否かを明らかにしなければならない。

各志の序文等の中には、「旧史曰」等として、そのもとづくところの史料名をあげているものが多い。この場合は、その志が『遼史』編纂時に加えられたものでないと見当を付けることができる[6]。馮家昇氏は『遼史』の各部分の淵源について論じた際、「宮衛条」については触れていない[7]。これは、「宮衛条」の文章中に、史料の淵源を明確に示す証拠が無かったからと推測される。一方、『遼史』巻三五兵衛志中、宮衛騎軍の条には「宮衛条」と共通する記述が多数含まれている。まず「宮衛条」の記述を挙げる。

算斡魯朶、太祖置く。国語心腹を算と曰う、宮を斡魯朶と曰う。是れ弘義宮と為す。心腹の衛を以て置き、益すに渤海の俘、錦州の戸を以てす。其の斡魯朶臨潢府に在り、陵寝祖州の東南二十里に在り。正戸八千、蕃漢転戸七千、騎軍六千を出す。

州五、錦、祖、巌、祺、銀。

県一、富義。

提轄司四、南京、西京、奉聖州、平州。

石烈二、曰く須、曰く速魯。

瓦里四、曰く合不、曰く撻撒、曰く慢押、曰く虎池。

抹里四、曰く膻、曰く預墩、曰く鶻突、曰く糾里闡。

得里二、曰く述壘北、曰く述壘南(8)。

次に兵衛志の記事を挙げよう。

……

弘義宮

正丁一万六千

蕃漢転丁一万四千

騎軍六千

……

十二宮一府、上京自り南京に至る総要の地、各おの提轄司を置く。重地宮毎に皆な置く、内地一二なるのみ。太和、永昌二宮宜しく興聖、延、と同なるべし、旧史提轄司見えず、蓋し闕文なり。

南京

弘義宮提轄司

……[9]

両記事は各斡魯朶の丁数（「宮衛条」に挙げられた戸数の二倍が丁数となっている）と提轄司の所在地の記述が共通する。ところで、この兵衛志には「旧史云々」という記述があり、この点から馮家昇氏は兵衛志が前史からの継承であると結論している。[10] この結論と、「宮衛条」の来歴が明示されていないことを合わせて考えると、兵衛志の記述にもとづき、「宮衛条」ができたと考えることが可能である。しかし、「宮衛条」には、他に見られない記事もあるので、にわかにこのような判断を下すことはできない。兵衛志と「宮衛条」の関係を明らかにするには、兵衛志の構成について見ておく必要がある。

兵衛志の大半の条は、実はこれと同内容の記述の存在を確認することができる。以下にこれを列挙する。

兵制→他に見えず　御帳親軍→『契丹国志』巻二三兵馬制度の条　宮衛騎軍→「宮衛条」　大首領部族軍→『契丹国志』巻二三兵馬制度の条　衆部族軍→『遼史』巻三三営衛志下、部族の条　五京郷丁→『遼史』地理志　属国軍→『遼史』巻一六百官志二、北面属国官の条　辺境戍兵→『大遼事跡』

さて、兵衛志の中で唯一独自史料と思われるのは兵制の条である。この条の内容は、ほとんど対宋戦略についての記述で占められている。これは注目すべき事柄である。何故なら、『遼史』巻三六兵衛志下に「然りと雖ども、宋久しく地の利を失う、而して旧志兵を言うに、唯だ敵宋を以て務と為す（然雖、宋久失地利、而旧志言兵、唯以敵宋為務）」とあり、「旧志」の兵志は対宋戦略についての記述ばかりであったことがうかがえるからである。この記述から、「旧志」は兵衛志の兵制の条にあたる部分しかなく、他の記述は、『遼史』編纂時に各史料からの引用によって増補されたものとすることができよう。

以上のように考えると、先程の「旧史云々」という記述が俄かに注目されてくる。兵衛志のこの部分が、「宮衛条」にもとづくと考えられるのであるから、ここで言う「旧史」は「宮衛条」の元となった史料と考えなければなるまい。したがって、「宮衛条」が『遼史』編纂時に本紀や列伝の記事から再構成されたものではなく、それ以前の史料にもとづいて書かれたものであると結論できる。もし、「宮衛条」の中で、元朝の史官の捏造が入り込む余地があったとすれば序文くらいなものであろう。それでは、「旧史」とは具体的に何をさすのであろうか。次にこの問題について考えていきたい。

『遼史』において「旧史」あるいは「旧志」と称せられる史書は、耶律儼撰『皇朝実録』七十巻または陳大任撰『遼史』のいずれかと考えてよい[11]。『皇朝実録』は天祚帝の乾統三年（一一〇三）に編纂が開始されている。天祚帝は遼の最後の皇帝であるから、『皇朝実録』は遼の全時代をほぼカバーする史書であったということができる。一方の陳大任の『遼史』は金の泰和七年（一二〇七）に成立したものである。この『遼史』は、当初は正史として編纂されたが、正統論の議論が活発となった影響を受け、正史として認定されなかった書である[12]。結論から先にいうと、「宮衛条」が基づいた「旧史」は陳大任の『遼史』と考えてまず間違いない。「宮衛条」の記録は天祚帝の永昌宮にまで及んでいるからである。『皇朝実録』は天祚帝の初めに編纂されたものであり、また実録という形式から考えて天祚朝についての記録があったとは考えられない。そうなると、ここでいう「旧史」は自ずと陳大任の『遼史』ということになるのである。

しかし、だからといって「宮衛条」の淵源が陳大任の『遼史』であると即断はできない。陳大任の『遼史』編纂にあたっては、当然、先行する諸史料を参考にしたはずである。これは、『金史』巻一二五党懐英伝に、大定二九年（一一八九）の『遼史』編纂開始時のこととして「凡そ民間遼時の碑銘墓誌及び諸家の文集、或は遼の旧事を記憶するもの、悉く官に上送せしむ（凡民間遼時碑銘墓誌及諸家文集、或記憶遼旧事、悉上送官）」とあることからも裏づけられる。こうして収集された諸史料の中でもとくに多く参照されたのは、上記の『皇朝実録』に加えて、蕭永祺撰の『遼史』であったと考えられる。蕭永祺の『遼史』は、金の熙宗の皇統八年（一一四八）に成立したものである。『金史』巻一二五蕭永祺伝によると、この書の構成は本紀三十巻、志五巻、列伝四十巻であったという。この構成は注目に値する。現行『遼史』は本紀三十巻、志三十一巻、表八巻、列伝四十五巻、国語解一巻という構成であり、本紀と列伝については巻数がほぼ一致しているのである。現行『遼史』の志の部分が本紀や列伝からの引用により大幅に水増しされていることを考えれば、蕭永祺の『遼史』が現行の『遼史』の構成を規定したとすることができよう。しかし、現行『遼史』の編纂時には蕭永祺の書は全く利用されなかったか、あるいは散逸していたようで、現行『遼史』中では全く触れられていない。そうすると蕭永祺の『遼史』と現行『遼史』の構成における相似は、陳大任の『遼史』を介して生じたと考えるのが妥当である。これは、陳大任の『遼史』が蕭永祺のものに多くを依っていることを意味する。一方、蕭永祺の『遼史』の巻数と『皇朝実録』の巻数を比べると、七十五巻と七十巻で似たような巻数である。これは、すでに馮家昇氏が指摘しているように、前者が後者を踏襲した結果とみられる。そうなると、陳大任の『遼史』に基づいた「宮衛条」の淵源は『皇朝実録』まで遡る可能性が高いのである(13)。

蕭永祺の書や『皇朝実録』の詳しい編目がいまのところ明らかにできないので、「宮衛条」の淵源がどこまで遡れるのかは正確には分からない。しかし、上に見たように「宮衛条」が同時代史料である可能性がある以上、これを安易に否定するのは慎む必要がある。

二　各斡魯朶の成立からみた斡魯朶と所属戸との関係

1　先行研究の整理

斡魯朶とその所属戸の関係においてよく取り上げられるのは、所謂「斡魯朶所属州県」と斡魯朶の関係である。とりわけ問題にされるのは、斡魯朶所属州県の中に、当該斡魯朶の主の没後に設置されたものなどの、主とおよそ無関係と思われる州県が含まれていることである。田村実造氏は、これはある時期に斡魯朶所属州県の大規模な整理（その目的を宮衛騎軍の編制ではないかと推測されている）を行ったためであると論じている。また、この整理が行われたのは、帝位が父子間で継承されるようになった景宗朝以降、とりわけ聖宗、興宗朝であろうと論じている[14]。また、楊若薇氏はこのような一見無秩序な斡魯朶所属州県の所属を、斡魯朶所属州県と斡魯朶の関係の希薄さの根拠として、半ば通説化していた「斡魯朶所属州県＝采邑説[15]」を否定する[16]。

その他に斡魯朶所属州県に関連するものとして、「宮衛条」が「以某々戸置」と斡魯朶所属戸の来歴を記しているものの中に、斡魯朶所属州県も含まれるのか、という問題がある。この問題については、津田左右吉氏・島田正郎氏は両者は同じと考え[17]、箭内亙氏・田村実造氏・楊若薇氏は両者は異なる性質のものと考えている[18]。

斡魯朶所属州県のほかに、しばしば取り上げられるものとして、聖宗朝以降の斡魯朶の成立の問題がある。「宮衛条」をみると、聖宗朝以降の斡魯朶は複数の斡魯朶所属戸を析して成り立っている。これは、遼の君主権の伸長の結果とみるのが定説となっているが、論者により若干とらえ方の違いが見受けられる。島田正郎氏は君主権の伸長は、斡魯朶の君主の私的護衛、財源という機能を不要のものとするにいたり、斡魯朶は実質的な意味をなさなくなり、その結果として聖宗朝以降のような斡魯朶が形成されたのだと論じている。[19] 一方、費国慶氏は、在世中の皇帝が全ての斡魯朶を管理できる体制の出現と考え、これが君主の強大な権力の源であると論じている。[20] 両者の意見には大きな開きが見られ、しかも、これをどのように解釈するかによって、斡魯朶の性格のみならず、遼朝の性格についての考え方が異なってくるような大問題である。[21]

はじめに述べたように、これらの問題は斡魯朶の成立過程と密接に結びついている。しかし、斡魯朶の成立過程についての従来の研究には、まだ検討の余地が残されていると思われる。[22] そこで、次に斡魯朶の成立過程を再検討し、斡魯朶と斡魯朶所属州県の関係について自分なりの見解を出してみたい。

2　斡魯朶と斡魯朶所属州県の関係

「宮衛条」に記されている各斡魯朶の設置母体をみると、先行する斡魯朶ないしはそれに準ずるもの（「文献皇帝衛従」など）を引き継いで成立したものが大半であることがうかがえる（表1）。これを整理すると図1のようになる。ここで気がつくのは、皇族ではない応天太后、承天太后及び耶律隆運のものを除くと、すべて太祖の斡魯朶及びその息子達（耶律倍、太宗、耶律李胡）の斡魯朶（耶律倍、耶律李胡のものは史料では「衛従」「侍衛」「宮院」とあるが、以下、侍衛と称す）に来源を求められることである。そして、世宗が耶律倍、穆宗が太宗と、それぞれ父親の侍衛の一部を相続していることから考えると、太祖の諸子の侍衛も父である太祖のものを相続したということができる。このように考えた場合、「宮衛条」にみえる斡魯朶所属州県が、当該斡魯朶に設置当初から属していたとみなしても、それほど不都合はない。なぜなら、太祖朝に建置された州県は太祖諸子に分配され、後世の斡魯朶が彼らの斡魯朶・侍衛を引き継ぐことにより、これらの州県も斡魯朶所属州県として収めることになった、と考えることができるからである。

表1　斡魯朶一覧

斡魯朶名	設置者	所在地	設置母体（以某戸置）	所属州県、提轄司、石烈等
弘義宮（算斡魯朶）	太祖	臨潢府	心腹之衛、渤海俘、錦州	錦・祖・巌※・祺・銀州、富義県、提轄司4 石烈2、瓦里4、抹里4、得里2
永興宮（国阿輦斡魯朶）	太宗	游古河	渤海俘、東京・懐州提轄司 懐仁・灤河県	懐※・黔・開※・来州※、保和※・灤河県、提轄司4 石烈1、瓦里4、抹里13、閘撒7
積慶宮（耶魯盌斡魯朶）	世宗	土河東	文献皇帝衛従、太祖俘戸 雲州提轄司、高・宜州	康・顕・（宜州）、山東県※、提轄司4 石烈1、瓦里8、抹里10
長寧宮（蒲速盌斡魯朶）	応天太后	高州	遼州、海浜県	遼・儀坤・遼西※・顕州、奉先・帰義・定覇県※、提轄司4 石烈1、瓦里6、抹里11
延昌宮（奪里本斡魯朶）	穆宗	糺雅里山南	国阿輦、阻卜戸、中京提轄司 南京制置司、咸・信・韓州	遂・韓州※、提轄司3 石烈1、瓦里4、抹里4
彰愍宮（監母斡魯朶）	景宗	合魯河	章粛皇帝侍衛、武安州	永・（龍化）・（降聖）・（同州）、行唐※・阜俗県、提轄司4 石烈2、瓦里7、抹里11
崇徳宮（孤穏斡魯朶）	承天太后	土河東	乾・顕・双州	乾※・（川）・（双）・（貴徳州）、（潞県）、提轄司3 石烈3、瓦里7、抹里11、閘撒5
興聖宮（女古斡魯朶）	聖宗	女混活直	国阿輦・耶魯盌・蒲速盌	慶・隰・烏・（覇州）、提轄司4 石烈4、瓦里6、抹里9、閘撒5
延慶宮（窩篤盌斡魯朶）	興宗	高州西	諸斡魯朶、饒州	饒・長春・泰州、提轄司4 石烈2、瓦里6、抹里6
太和宮（阿思斡魯朶）	道宗	好水濼	斡魯朶御前承応人、興中府	石烈2、瓦里8、抹里7
永昌宮（阿魯盌斡魯朶）	天祚帝		諸斡魯朶御前承応人、春・宜州	石烈2、瓦里8、抹里8
敦睦宮（赤寔得本斡魯朶）	耶律隆慶		文献皇帝承応人、渤海俘、建・瀋・巌州	（建）・（瀋）・（巌州）、提轄司1 石烈2、瓦里6、抹里2、閘撒2
文忠王府	韓徳譲			州1、提轄司6

所属州県の欄の（　）は斡魯朶設置以前に置かれたもの、※は斡魯朶設置者の没後に置かれたものを示す。

（「宮衛条」、島田正郎『遼代社会史研究』、田村実造『中国征服王朝史の研究（上）』などにもとづき作成）

図1　斡魯朶の継承

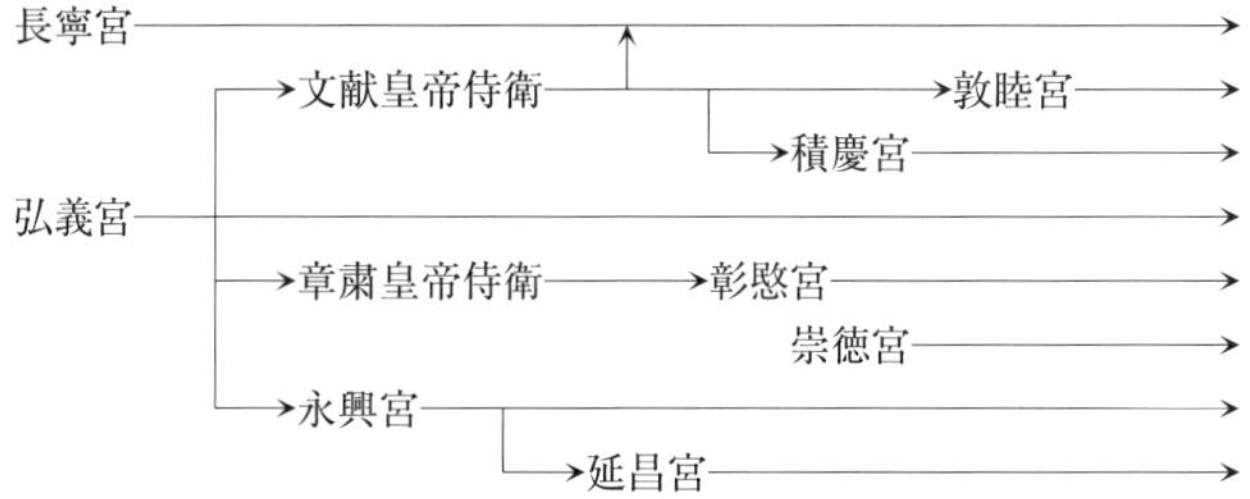

また、太祖の斡魯朶が諸子に分割相続されたことは、各斡魯朶に相当数の契丹人が属していた理由を説明してくれる。太祖の斡魯朶は、「宮衛条」によれば「心腹の衛を以て置か」れたのである。心腹の衛は、『遼史』巻四六百官志、北面軍官の条に、

> 南皮室詳穏司。……初め、太祖行衛を以て宮と為すに、諸部の豪健千余人を選び、置きて腹心部と為し、耶律老古功を以て右皮室詳穏と為す。……(23)

とみえる腹心部と同じものと考えられる。腹心部は「諸部」から人を集めたものであるから、その構成員の大半は契丹人であったと考えてよい。これが斡魯朶の基礎となったのであるから、斡魯朶が相続されていく過程で、ここに含まれる契丹人も新皇帝の斡魯朶に受け継がれたものと考えられるのである。話を斡魯朶所属州県のことに戻そう。もちろん、これだけでは「宮衛条」にみえる斡魯朶所属州県が、基本的には各斡魯朶の設置当初からのものであると結論することはできない。表1を一瞥すれば、斡魯朶の主の時代より後の時代に建置された州県がその斡魯朶に含まれていることがうかがえる。これまでの研究では、これらの州県に対して個別に検討を加えずに、所属州県の建置年代がまちまちであるという状況のみが強調される場合が多い。しかし、それぞれの州県に関して、個別の事情があってその斡魯朶に属することになった可能性を考慮せずに結論を出すのには問題があろう。そこで、これらの州県に関して考えていこう。

表1を見ると、いくつかの州県は、聖宗朝に建置されたといっても、住民自体は太祖の時代に俘虜となり一定の地域に住まわされていた漢人や渤海人で構成されたものであ

ることが分かる。たとえば、上京臨潢府の定覇県について『遼史』巻三七地理志一は、

定覇県。本と扶余府強師県の民、太祖扶余を下し、其の人を京西に遷し、漢人と雑処し、分地耕種せしむ。統和八年、諸宮提轄司人戸を以て置く。長寧宮に隷す。戸二千。(24)

と述べている。この史料は前後二つの部分にわけて考える必要がある。まず後半部についてであるが、これは『遼史』巻一三聖宗紀四、統和八年（九九〇）七月庚辰の条に、

詔して東京路諸宮分提轄司を定覇、保和、宣化三県に分置し、白川州に洪理を置き、儀坤州に広義を置く、遼西州に長慶を置き、乾州に安徳の各おの一県を置く……。(25)

とあるのにもとづいており、地理志にいう「諸宮提轄司」とは、東京の提轄司をさすことが分かる。提轄司は州県の管轄下に置かれていない斡魯朶所属の漢人・渤海人の集団を管理する官司である。(26)したがって定覇県の人戸の一半は、元来斡魯朶所属の人戸であったわけである。

次に前半部であるが、定覇県は上京の他の県を分割して置かれたわけではなく州県の管轄下になかった渤海人・漢人集団を、聖宗の時代に県に編成したことが分かる。そうすると、県に編成される以前の定覇県の人戸は、やはり提轄司を通じて斡魯朶に所属していたと考えることが可能である。この場合、後半部に見える「諸宮提轄司人戸」と前半部に見える人戸が同じものかという問題が出てくるが、いずれにせよ定覇県の人戸は全て提轄司所属戸から編成されていたと考えることができる。そうすると、定覇県は聖宗朝の建置に関わるとはいえ、その人戸は太祖朝から提轄司を介して斡魯朶に結びついていたということができよう。

定覇県と同様の成立過程の斡魯朶所属州県は、巌州（弘義宮）・保和県（永興宮）・定覇県（長寧宮）・阜俗県（彰愍宮）・宣化県（彰愍宮）であり、斡魯朶の主の時代よりかなり後の時代に建置された州県の大半を占めている。これらの州

県に関しては、設置時期のずれを理由に所属斡魯朶との関係が希薄であるとにわかに断ずることはできないのである。しかし、長寧宮の遼西州・顕州・奉先県・帰義県・康州、永興宮の開州・来州は定覇県等の例に当てはまらない。これらの州県は所属斡魯朶と如何なる関係があったのであろうか。

長寧宮所属の遼西州・顕州・奉先県・帰義県・康州は顕州の巡属州乃至属県であり、またいずれも世宗朝に置かれたものであるので、一括して顕州として扱うことにする。さて、顕州は『遼史』巻三九地理志二には世宗朝に置かれたと記録されているので、応天太后の斡魯朶に所属するのは一見奇妙に見える。しかし、「宮衛条」の長寧宮についての記事に「世宗分属譲国皇帝宮院」とあるのを見落としてはならない。譲国皇帝とは世宗の父耶律倍のことであり、この一文は世宗の時に耶律倍の侍衛の一部と応天太后の斡魯朶を合併したことを伝えたものにほかならない。さらに、世宗即位時に応天太后がこれに反対して戦闘に及び、太后側が敗れて太后が幽閉されるに至ったことを考えると、耶律倍の侍衛に応天太后の斡魯朶が吸収されたと考えてよい。そして、顕州は耶律倍の陵寝の所在地に置かれた所謂「奉陵州」であるから、「奉陵州」は被葬者の斡魯朶に所属することが一般的であったことを考えれば、実質的に耶律倍の侍衛となった長寧宮に顕州管下の州県が属すのはごく自然な成り行きなのである。したがって、長寧宮と顕州管内の州県との関係は非常に深いものがあるといえる。

次に永興宮の開州と来州であるが、この二州と永興宮との関係を示す史料は見いだせない。ただし、はじめ永興宮の所属であった瀋州と建州がのちに敦睦宮所属になっていることに注意を払うべきであろう。敦睦宮は聖宗の弟耶律隆慶の斡魯朶で、成立年代は聖宗朝のことである。(27) そこで、敦睦宮に瀋州・建州を譲るかわりに、新置の開州・来州を永興宮の所属としたと解釈することが可能である。斡魯朶所属州県が斡魯朶に対して何がしかの負担をしているとすれば（先行研究において、程度の違いこそあれ、この点に関しては論者の意見が一致しているので、このように仮定しても異論は出ないことと思う）、所属州県の減少は、とりもなおさず斡魯朶に対して負担を負う人戸の減少を意味する。この減少分を補う方法として、新設の州県をその斡魯朶の所属とする手段がとられたとしても不思議ではない。このように解釈すると、「営衛志」の「以某戸置」の記事の中に斡魯朶の設置当初には存在しなかった州県が多数含まれている理由についても説明がつく。聖宗朝以降の斡魯朶は、他の斡魯朶の人戸を集めて斡魯朶を形成しており、そのため斡魯朶が新設されるたびに従来の斡魯朶の人戸は減少してしまう。そこで、減少分の補塡のために、いくつかの州県の人戸から新たに斡魯朶所属戸を集めたと考えられるのである。

以上のように考えると、斡魯朶所属州県が各斡魯朶に属すに至った経緯は様々であるが、その経緯はほぼ「宮衛条」と地理志の内容に尽くされていると結論できる。そうすると、「以某戸置」の内容と斡魯朶所属州県は食い違うのであるから、箭内氏が論じたように両者は全く来歴を異にする集団と解釈すべきであろう。そして、各斡魯朶所属州県は、設置当初のものに様々な経緯を経て新たに幾つかの州県が加えられたものであり、ある時期に斡魯朶所属州県の整理、再分配がなされたわけではない。先帝の侍衛と同様に斡魯朶所属州県も相続の対象となったのである。

3　聖宗以降の斡魯朶

次に聖宗以降の斡魯朶の成立についてみていこう。聖宗以降、斡魯朶の構成人戸と斡魯朶の主との関係が希薄となったのは「宮衛条」以外の史料からもうかがい知ることができる。『遼史』巻一〇五馬人望伝に道宗の末年の頃のこととして、

宰相耶律儼　人望の己と異なるを悪み、南京諸宮提轄制置に遷す。(28)

とあるが、この史料から南京に置かれた各斡魯朶の提轄司は、南京諸宮提轄制置の官の統制下にあったことがうかが

える。[29] 南京諸宮提轄制置は南京制置司と同じ官司であると考えられるが、この南京制置司について、『三朝北盟会編』巻一四、宣和五年二月九日の条には、

燕京管下の州県の出す所の物色、勘会して到る在京三司、制置司の各おの管随せし院務を察し、課程銭及び谿する所の人戸の輸納せし税色を折算し、見値の市価に約すにより、銭共に五百四十九万二千九百六貫八百文、……三司の計四百九十一万三千一百二十貫文、……、制置司の計五十七万九千六百八十七貫八百文……[30]

とある。これは、金が南京を占領した時に得た遼代の会計記録と思われる。また、この記録は、金が宋との交渉時に南京明け渡しの代償としてこの地域の税収を得るために持ち出したものであるから、ここに挙げられた数字には、この地域の全税収が細大漏らさず記されていたと考えなければなるまい。この史料から、制置司が財政機関としての機能を持つことが分かるが、それとともに諸斡魯朶の提轄司の収入が制置司によって統括されていたことも明らかとなるのである。このことからも、南京に置かれた各斡魯朶の提轄司は、南京諸宮提轄制置（以下、南京制置司と称す）の官の統制下にあったことが裏づけられよう。ここに述べた事実は、南京制置司の存在によって各提轄司と所属の斡魯朶の間の直接の結びつきの一部ないし全てが分断されたことを意味する。また、南京制置司が史料にあらわれる最も早い例は『武渓集』巻一八「契丹官儀」（以下「契丹官儀」と称す）にみえるものである。[31]「契丹官儀」は、著者の余靖が遼に使者として赴いた時の見聞にもとづいて書かれたものであるから、[32] 史料の年代は、余靖が遼に赴いた重熙十三年（一〇四四）頃ということになる。[33] この時期から南京制置司の官名がみえ始めることは、聖宗朝以降の斡魯朶の構成人戸の変化と対応していると考えてよかろう。

上に見た事実は、聖宗朝以降、各斡魯朶が個々に独立しているのではなく一体として扱われる傾向にあったことを示す。斡魯朶が一体として扱われたということは、皇帝の立場から考えると、斡魯朶の宮衛としての性格を強化した

ことにほかならない。斡魯朶がそれぞれ独立していたのであれば、時の皇帝にとって、自分の宮衛の役割を担うのはその皇帝の斡魯朶のみである。しかし、既存の斡魯朶をすべて一括のものとして扱うことができれば、その軍事力、経済力は一つの斡魯朶のみを宮衛とした場合の比ではないのである。したがって、聖宗朝以降の斡魯朶の変化は、費国慶氏が論じたように、斡魯朶の一体化、強化を目指したものと考えるべきではないかと思われる。ただし、この問題はここに挙げた事例のみで結論を下せるものではない。今後も様々な形で検討していかなければならない課題であろう。

三　斡魯朶の所在地

1　斡魯朶の所在地と従行の人戸

斡魯朶の所在地についての考え方は、大きく五つに分かれる。まず各々の説を整理してみよう。第一は箭内亙氏の説である。箭内氏は、『続資治通鑑長編』巻一一〇、天聖九年（一〇三一）六月丁丑の条にみえる遼の行宮の記載に「既に死すれば、則ち大穹廬を設け、金を鋳て像を為り、朔望節忌辰日、輒ち祭を致す（既死、則設大穹廬、鋳金為像、朔望節忌辰日、輒致祭）」とあることなどから、斡魯朶が陵廟ないしは御容殿であるとして、斡魯朶の所在地が皇帝陵の所在地と一致すると結論する。そして、「宮衛条」に見える諸帝の陵寝の所在地が地理志等に記載されているものと著しい相違があることを指摘し、これを『遼史』の編者の誤謬と断じ、「兎に角、かかる編者の手に成れる斡魯朶の所在地に関する記載も、到底信用し難きは無論なり」として「宮衛条」の斡魯朶の所在地に関する記述を退けている[34]。第二は楊若薇氏のものである。楊氏はまず、『遼史』中に見える「謁某宮」という語に着目し、一両日のうちに某宮（斡魯朶）とその主の陵寝に謁していたり、同日に複数の宮（陵寝の位置であるとすると互いに千里も離れている）に謁したりしている事例がみえることから、陵寝と斡魯朶を同一地点とする箭内氏等の説を退けている。さらに、后妃、斡魯朶を管理する官、斡魯朶所属戸が、それぞれ皇帝に従行している史料を挙げ、斡魯朶は所属する人戸を含めて全て皇帝に従行するものであったと結論し、「宮衛条」にみえる斡魯朶の所在地の記録は、元の史官の無知による捏造として退けている。(35)

第三は李錫厚氏のものである。李氏はまず、斡魯朶と宮衛を区別する。次に、宮衛とは、「宮衛条」に描かれている組織全体であり、斡魯朶は宮衛組織のうち、所属州県に相当する遊牧戸で、政治の中心とは関係ないと考える。「宮衛条」はその石烈名を、誤って宮衛全体の名称と考えてしまったとする。そして、斡魯朶の所在地については、「宮衛条」の記述にしたがっている。(36)

第四は費慶国氏のものである。費氏は皇帝の在世中は斡魯朶は皇帝に扈従し、死後は陵寝の所在地に置かれたと主張する。(37)この説は、終始一貫して斡魯朶は固定した所在地（陵寝の所在地と同一）があるとする箭内氏等の説と、全ての斡魯朶は常に宮廷とともに移動をしていたとする楊若薇氏の説の中間に位置するものといえる。また、この説は、遼の斡魯朶について「宮衛条」の序文に「崩ずれば則ち后妃の宮帳に扈従し、以て陵寝を奉ず」と記す「宮衛条」の編者と同じ見解でもある。

第五は、宇野伸浩氏の説である。宇野氏は「宮衛条」の記述は皇帝没後に関する記録が含まれていることを指摘する。そして、太祖の斡魯朶の所在地である上京の建置が太祖の即位よりかなり遅れていることと、最後の皇帝である天祚帝の斡魯朶に所在地の記述を欠くことから「宮衛条」の斡魯朶の所在地に関する記録は、皇帝没後の斡魯朶に関する記述であると結論する。そして、皇帝在世中は太祖が斡魯朶を設置した際に「行営を宮とした(38)」とあるのにもとづき、皇帝がふだん生活する場所が斡魯朶であるとする。[39]「宮衛条」の記述が信頼に足るものであると考える立場からすると、「宮衛条」の記述に誤りがあるとする第一から第四の説はそのままでは受け入れられない。したがって、「宮衛条」の記述を否定することなく諸史料を解釈した、宇野氏の説に従うべきであろう。逆にいえば、「宮衛条」の記述を否定せずに、整合的に解釈できる以上、「宮衛条」の記述を否定する理由はないのである。ただし、宇野氏の説も若干の補足が必要である。

楊若薇氏が指摘するように、諸斡魯朶の所属戸が宮廷に従行していることを示す史料が少なからずある。これは、皇帝没後の斡魯朶が従行せずに、一定の地点にあったことを否定しかねないものである。これはどのように解釈すべきであろうか。

諸斡魯朶の所属戸が宮廷に従行しているのは、楊若薇氏が明らかにしたように、疑いようがない。しかし、斡魯朶の全所属戸が従行していたかどうかは別の問題である。李錫厚氏は、所属戸がすべて従行するのは物理的に無理があると論じているが、[40]もっともなことである。また、「契丹官儀」には、

胡人従行の兵、宗室中最も親信する者を取り行宮都部署と為し、以て之を主らしむ。其の兵皆南北王府、十宮院人より取り、之に充つ。[41]

と、従行の兵を十宮院（つまり斡魯朶）から徴発したことを伝えている。遊牧人戸はすべからく兵であるという遼の兵制から考えると、斡魯朶の全所属戸が従行していたと仮定するならば、斡魯朶の所属戸はそのまま従行の兵となるはずである。したがって、斡魯朶の所属戸からわざわざ従行の兵を選ぶ必要はない。ところが、この史料では、従行の兵を斡魯朶の所属戸より選んでいるのである。これは、斡魯朶の所属戸が宮廷とは別の場所に居住していたことを示すものといえよう。同時に、この史料は宮廷に従行する者のなかに諸斡魯朶から選抜された人戸が含まれていたこ

とも明らかにしているのである。このように考えれば、斡魯朶が固定した地域に置かれていたことと、斡魯朶の所属戸が宮廷に従行しているという事態はなんら矛盾するものではない。また、斡魯朶関係の官庁が従行していることに関しても、諸斡魯朶戸の一部が従行していることから説明することができよう。在世中の皇帝の斡魯朶に所属する人戸の従行については、天祚帝の斡魯朶が所在地の記載を欠いているのを見ると、すべての人戸が従行していたと考えることができるが、実際には一部の人戸は一定の地域に居住していたようである。このことについては次項で触れる。

2　斡魯朶と群牧

斡魯朶の所在地を知ることは当時の契丹人の分布を明らかにすることでもある。ところが、「宮衛条」に記されている斡魯朶の所在地の中には、正確な位置を特定できないものがある。そこで、本節では、これらの斡魯朶の所在地を少しでも明らかにしていきたい。

ところで、『金史』巻二四地理志上、群牧十二処の条や『金史』巻四四兵志等に「蒲速斡群牧」「耶魯椀群牧」といった群牧名が見られる。李錫厚氏はこれを応天太后の蒲速盌斡魯朶、世宗の耶魯盌斡魯朶の後身としている。(42) また、津田左右吉氏もこれらの群牧に言及し、斡魯朶所属の小集団である抹里に同名のものがみえることを指摘し、そこから「これらの抹里が特殊の部落をなして金代まで存続せること」を知ることができるとされている。(43) 金の群牧の人戸は契丹人が中心であったと考えられることから、この考えは支持しうるものであろう。両氏は論旨とは直接関係ないために触れられなかったと思われるが、『金史』の兵志には各群牧の所在地についての記録が見られる。この記録は「宮衛条」に見える斡魯朶の所在地についての傍証として利用しうる可能性がある。そこで、次に金の群牧と斡魯朶の関係について考察してみよう。

はじめに、『金史』巻四四兵志の問題の個所をいささか長文ではあるが全文を引用しておこう。

金初遼の諸抹により群牧を置く。抹の言為るは蚊蚋無く、水草美しきの地なり。天徳の間、迪河斡朶、斡里保〈保亦た本と為す〉、蒲速斡、燕恩、兀者の五群牧処を置き、皆遼の旧名に仍る。各おの官を設け以て之を治む。又諸色人内より家富み丁多き、及び品官の家の子、猛安謀克蒲輦軍と司吏の家の余丁及び奴を選び、之をして牧を司どらしむ。之を群子と謂い、馬駝牛羊を分牧し、之の為に蓄息衰耗の刑賞を立つ。後に稍其の数を増して九と為る。契丹の乱るるや遂に其の五を亡ぼし、四処の存する所は馬千余、牛二百八十余、羊八百六十、駝九十なるのみ。

世宗の置く所七、曰く特満、忒満〈撫州に在り〉、斡覩只、蒲速椀〈蒲速椀本と斡覩只の地、大定七年其の地を分かちて之を置く。承安三年改めて板底因烏魯古と為す〉、甌里本〈承安三年改めて烏鮮烏魯古と為す。烏魯古は滋息を言うなり〉、合魯椀、耶盧椀〈武平県、臨潢、泰州の境に在り〉(44)。

史料中の蒲速椀、耶盧椀はそれぞれ地理志の蒲速斡、耶魯椀に相当すると考えられる。この史料から、耶盧椀群牧が武平県、臨潢府、泰州の間にあることがうかがえるが、蒲速椀については、史料の末尾にある割注をどの部分にまでかけるかによって解釈が異なってくる。割注が斡覩只以下にかかると考えれば、蒲速椀も耶盧椀と同様に武平県、臨潢府、泰州の間にあるといえるし、また合魯椀以下にしかかからないとすれば、別の位置を考えなければならなくなる。どちらの解釈がより妥当であろうか。

正隆六年（一一六一）に西北路において契丹人が金朝に対する反乱を起こした時（これは兵志の「契丹の乱」に相当する）(45)のこととして、『金史』巻一三三移剌窩斡伝は次のように記している。

……（西北路）招討司の貯甲三千を取り、遂に反す。議して豫王延禧の子孫を立て、衆都監老和尚を推し招討使と為す。山後四群牧、山前諸群牧皆之に応ず。迪斡群牧使徒単賽里、耶魯瓦群牧使鶴寿等皆害に遇う。[46]

この史料により、当時存在した九群牧のうち四つまでが山後（遼の西京道）にあり、またいくつかは山前（遼の南京道）にあったことが分かる。さらに、兵志の記載から、反乱の結果、群牧は壊滅的な打撃を受けたことがうかがわれ、金の群牧が山前・山後に集中していたと言うことができる。そうすると、金初の蒲速椀群牧はこの方面にあったと考えなければならない。ただし、蒲速椀群牧が一貫しておなじ場所にあったとはいえない。金初の蒲速斡群牧は、世宗朝に置かれた蒲速椀群牧とは別の場所であったと考えるべき証拠があるからである。兵志の蒲速椀の割注に「蒲速椀本と斡覩只の地、大定七年其の地を分かちて之を置く」とあり、世宗の置いた蒲速椀が斡覩只の地を析したものであることが分かる。これは、世宗朝以降の蒲速椀が、金初のそれを直接継承するものでないことを示している。したがって、世宗朝以降の蒲速椀群牧の所在地を山前・山後に求める必然性はない。

ところで、世宗の置いた群牧の記述の最初の割注にみえる撫州は、世宗初年における西北路招討司の治所である、[47]一方武平県、臨潢府、泰州の間は遼の上京道の中枢部にあたり、契丹人の本拠地である。両所とも当時金朝領内において契丹人が多く住んでいた地域であり、契丹人集団の大半はどちらかの地域に居住していたと考えられる。したがって、世宗が置いた諸群牧もいずれかの地域に所属していたとみるべきである。上にみたように、世宗朝以降の蒲速椀群牧を山前・山後方面と考える必要はないので、最後の割注は斡覩只以下にかかると解釈するのが妥当であろう。

上のように考えたときに、一つ問題がある。それは、蒲速椀（斡）の名称をもつ場所が複数存在していることである。これは、どのように解釈すべきであろうか。

「宮衛条」をみると、蒲速盌の名を冠した集団がいくつか見られる。応天太后の斡魯朶、そして聖宗の女古斡魯朶および興宗の窩篤盌斡魯朶の瓦里、および天祚帝の阿魯盌斡魯朶の抹里にそれぞれ蒲速盌の名称がみえるのである。[48]

このことから、金の蒲速椀群牧は斡魯朶に所属する集団に由来していたとみることができそうである。この仮説を念頭において、『金史』兵志をあらためて検討してみると、冒頭の「金初遼の諸抹に因り群牧を置く、抹の言為るは蚊蚋無む、水草美しきの地なり（金初因遼諸抹而置群牧、抹之為言無蚊蚋、美水草之地也）」という一文が、きわめて重要な意味を帯びてくる。この文は、金の群牧が遼の「抹」をそのまま利用したことを述べているが、この遼の「抹」が「宮衛条」にみえる抹里をさすと考えられるからである。この文の後の方には、金初の群牧名は「遼の旧名」、つまり遼代の「抹」の名称、をそのまま引き継いだとある。そして、金初の群牧名として蒲速斡（中原音 bu-su-wo、蒲速椀――中原音は bu-su-wa と同音と考えてよい）の名が挙げられているのである。蒲速盌の名をもつ集団には斡魯朶、瓦里、抹里があるが、少なくとも金初の群牧名に関しては、兵志にあるように遼の「抹」名をそのまま引き継いでいるのであるから、これを斡魯朶と考えることはできない。それに「宮衛条」には、蒲速盌斡魯朶は高州にあると記されており、山前・山後方面にある蒲速椀群牧とは位置が離れすぎている。残る候補は瓦里と抹里であるが、音の類似から考えて、金の群牧と結びつくのは抹里としての蒲速盌であるとすべきであろう。それに、瓦里は宮中の雑役戸である著帳戸と結びつくものであり[49]、これを群牧の集団と見做すのは困難でもある。また、『金史』兵志に挙げられている群牧の中に、特満、甌里本（地理志では欧里本）の名がみえるが、特満は阿思斡魯朶と阿魯盌斡魯朶の、甌里本は窩篤盌斡魯朶と阿思斡魯朶の、それぞれ抹里の名である。これも、「抹」と抹里が同じものであることの証左となる。金の「抹」が群牧であるのだから、その前身の抹里も群牧であったということができよう[50]。

ところで、前項において、在世中の皇帝の斡魯朶所属戸の一部は、従行していないと述べた。天祚帝の斡魯朶に所属する蒲速盌抹里と蒲速椀群牧との関係がこのことを明らかにしてくれる。『金史』兵志の「抹」字の解釈によれば、「抹」は蚊やブヨがおらず水と牧草が十分に確保できる「土地」であるから、これは特定の場所（遊牧を行うのであるからある程度は空間的な広がりがあったと思われる）をさすものと考えなければなるまい。「抹」はすなわち抹里であるから、蒲速盌抹里も固定した所在地を持っていたということができる。このことから、全ての斡魯朶の構成人戸が宮廷に従行するわけではなく、抹里の如き一部の集団は宮廷に従行していなかったことが明らかとなる。

さて、阿魯盌斡魯朶の蒲速盌抹里が金初の蒲速斡群牧であったとすれば、世宗朝以降の蒲速椀群牧は如何なる集団を基礎として設けられたのであろうか。これは、蒲速椀が斡覩只を析したものであるという記録の中に手がかりを求めなければなるまい。『金史』地理志上の群牧十二処の条によれば、斡覩只群牧ははじめ斡独椀群牧と呼ばれていた。斡独椀（中原音 wo-du-wan）とは窩篤盌（中原音 wo-tu-wan）と同音を表すと考えられ[51]、したがってこれは興宗の斡魯朶と同名ということができる。遼代において蒲速盌、窩篤盌の両者が同じ場所乃至隣接していたと考えられる地点が二つみられる。一つは阿魯盌斡魯朶の抹里としてこの両者の名が見え、もう一つは蒲速盌斡魯朶と窩篤盌斡魯朶の所在地がそれぞれ高州の東と西にあって隣接していた、という二つの地点である。しかし、金初の蒲速斡群牧が阿魯盌斡魯朶の蒲速盌抹里を引き継いでいると考えられる以上、前者ではあり得ない。そうなると後者であるとするのが妥当である。つまり、世宗朝以降の蒲速椀群牧は、蒲速盌斡魯朶を基礎として置かれたものなのである。これは、『遼史』巻六〇食貨志下に「末年に至り、累ねて金と戦い、番漢の戦馬十のうち六七を損なう（至末年、累与戦金、番漢戦馬十損六七）」とみえるように、遼末に群牧の制度が崩壊したため、群牧の集団として維持できなかった抹里があったことに起因すると考えられる。なお、蒲速椀群牧のような、斡魯朶の名を冠した群牧の存在から、金初に設けられたもの以外は群牧名に必ずしも遼代の抹里名が引き継がれていなかったことも明らかとなる。

ところで、「宮衛条」にみえる斡魯朶の所在地のうち、現在の地名に比定できるものは臨潢府、土河、高州で、全て遼代の上京道南方の地名である。しかし、さきにみたように、山前・山後の地には多くの抹里（『金史』のいう「抹」）

が存在していた。これらの抹里の全てが斡魯朶に所属していたわけではないが、[52]蒲速斡や特満のように斡魯朶に所属していたと思われるものが相当数みられる。蒲速斡と特満は斡魯朶の所在地が「宮衛条」に記されていない阿魯盌斡魯朶に所属するものなので、これを斡魯朶の所在地と結びつけるのはいささかためらわれる。しかし、そのほかにも斡魯朶に所属した抹里である甌里本の名を冠した群牧がこの方面に存在したことが確認できる。甌里本群牧の名は、前引の『金史』兵志の中に、臨潢府方面の群牧として挙げられているが、これとは別の甌里本群牧が存在した。『金史』巻一二一温迪罕蒲睹伝に、正隆六年の契丹人の反乱に加担した群牧の一つとして欧里不群牧[53]を挙げている。先述のように、この反乱に参加した群牧は山前・山後のものであるから、欧里不群牧もこの方面のものと考えるべきであろう。したがって、遼代の欧里本抹里を継承したと考えられる群牧が山前・山後方面と、臨潢府方面の二ヶ所に存在したことになる。これは、欧里本抹里が窩篤盌・阿思の二つの斡魯朶にあったことに符合する。これらの二つの斡魯朶のうち窩篤盌斡魯朶の所在地は高州の西とあって、現在の地名と比定できるのに対し、阿思斡魯朶の所在とされる好水濼は地名の比定ができない。しかし、二つの欧里本抹里の所在地から推し量ると、臨潢府方面の欧里本抹里を窩篤盌斡魯朶の、山前・山後方面の欧里本抹里を阿思斡魯朶のものにそれぞれ比定できそうである。この考えに大過ないとすれば、好水濼は山前・山後方面にあったとすることができよう。さらにいえば、農耕地帯である山前つまり遼の南京道に斡魯朶の集団が存在したとは到底考えられないので、阿思斡魯朶の所在地は山後の地（おそらく長城線の北側であろう）に求めることができそうである。これは、斡魯朶の所在地は上京道一帯のみならず、西京道方面に及んでいたことを示すものである。景宗の潜邸が奉聖州の望雲県に置かれたことや、[54]歴代皇帝の避暑地や囲猟場として有名な炭山があったこと[55]などから考えて、この方面に斡魯朶が置かれるのは、ごく自然の成り行きであったともいえる。また、天祚帝の斡魯朶の抹里がこの方面に置かれたのも、天祚帝没後にこの地域に斡魯朶を置くための布石とも考えられる。

以上、斡魯朶の所在地について述べてきた。その結果、斡魯朶は皇帝の在世中は宮廷に従行し、没後は一定の地域に居住地を与えられ、その位置は「宮衛条」の記す場所であったことが明らかとなった。次に、金の群牧から所在不明の斡魯朶の位置の特定を試み、そのうち道宗の斡魯朶については、おおよその位置を特定できた。また、抹里が畜群の管理にかかわる集団であったことを明らかにすることができた。そこで、本節を終えるに当たり、知りえた範囲での斡魯朶の所在地から見た、遼朝の斡魯朶の布置の意図と、抹里が馬群と関係することの持つ歴史的意義について考えてみよう。

まず、斡魯朶の布置についてであるが、所在地の特定可能な六つの斡魯朶のうち四つまでが土河流域[56]にあることが注目される。土河の上流には中京大定府がある。中京は元来、奚の本拠地であった。奚は早くから遼に服属はしていたが、一種の封建諸侯的な存在で、完全に従属していたわけではなかった[57]。それゆえ遼朝は奚への控制をおこたらなかった。たとえば、『契丹国志』巻二二、控制諸国の条に「中、上京路、奚境を控制す」とあり、諸軍都虞侯司以下の官庁を挙げている。このことから考えると、これらの斡魯朶の布置の目的の一つに、奚の控制があったとみることができる。

次に抹里の持つ意義について考えてみよう。まず指摘しておくべきことは、大量の家畜を斡魯朶（その主である皇帝や皇室）が所有していたことであり、その管理のための集団を設けたことである。これは一つには島田正郎氏がかつて指摘されたような、大家畜所有者の存在を明らかにするものである[58]。また、この場合、斡魯朶の主の所有する家畜はすべて抹里に管理させたと考えられるので、抹里所属戸以外の斡魯朶所属戸が管理する家畜は、斡魯朶の主が直接所有するものではなかったと考えられる。これは、斡魯朶所属戸が家畜を私有していた可能性を示唆する。

また、島田正郎氏は遼の群牧について、はじめは対外戦争などで得た馬の大半を耶律氏が取得し、王室特別牧場において管理していたのが、後に君主権の伸長にともない君主の私的な財貨が不要となり、馬群も官営牧場で管理されるようになったと述べて、馬群の管理の変化（耶律氏から国家）を君主の私的な財貨（これは斡魯朶に結びつくものである）が不必要となったひとつの証拠とされている[59]。しかし、ここで述べたように、抹里が斡魯朶の馬群を管理する集団であるならば、耶律氏の取得した馬はそのまま斡魯朶に所属したことになり、直接的に国家の管理に置かれたとはいえなくなる。そして、金の群牧の多くが、遼の斡魯朶所属の抹里を引き継いだものであったことは、斡魯朶の所有する家畜の数量が決して少ないものではなかったことを物語る。つまり、群牧の問題から、君主の私的な財貨の役割の変化を直接論じることはできないのである。

おわりに

「宮衛条」は『遼史』に対する悪評の影響を受けて、不当に低い評価をうけてきた。しかし、本章で検討した結果、十分信頼できる史料であることが明らかとなった。このことにもとづいて斡魯朶に関する諸史料を整合的に解釈した場合、新帝即位から皇帝没後に至までの斡魯朶の動きは次のようになろう。（1）新帝が即位すると、既存の斡魯朶所属戸の一部（斡魯朶所属州県も含む）を相続する形で新たな斡魯朶が形成される。（2）相続を行うと既存の斡魯朶の戸口が目減りし、新設の斡魯朶もまた戸口が不十分であるので、不足分の補塡を行う。（3）新設の斡魯朶に所属する者（斡魯朶所属州県を除く）は一部を除いて、宮廷に従行する。（4）皇帝の没後は、一定の放牧地を指定され、そこに居住することになる。ただし、このうち一部は従行の兵や著帳戸として宮廷に従行する。

また、聖宗朝における斡魯朶の性格の変化は、畜群の管理の実態や、斡魯朶が一体として扱われた事例がみえることから考えると、斡魯朶の機能の強化という方針にもとづいて行われたといえそうである。

そして、斡魯朶の所在地の検討の結果、斡魯朶の設置が西京道方面にまで及んでいたことが明らかとなった。また、斡魯朶の布置をみると奚への控制を目的としたものがみられる。これは、斡魯朶がたんに皇帝の侍衛（宮衛）を目的としただけでなく、契丹の境域の防衛という性格をも担わされたことを示している。このことは、従来斡魯朶の所在地に関して誤った議論がなされたために見落とされていた点である。斡魯朶の所在地については、その位置を特定できないものがまだいくつかある。これらの斡魯朶の所在地が特定できれば、斡魯朶の持つ戦略的な意味合いが一層明確になろう。

注

（1）この語が遼代にどのように発音されていたのかは、正確には不明である。ここでは、宋元代の華北の発音を記したとされる『中原音韻』による発音を「中原音」として仮に示しておく。以下、本章において「中原音」と記す場合も同様である。なお、『中原音韻』については趙蔭棠「中原音韻研究」（商務印書館、一九五五年）、藤堂明保『中原音韻論――その歴史的研究――』（光生館、一九八〇年）一〇八―一一三頁を参照。

（2）白鳥庫吉「東胡民族考」（『白鳥庫吉全集（四）』岩波書店、一九七〇年）二七三頁を参照。また、ordo, ordu の語義については G. Clauson, *An Etymological Dictionary of Pre-Thirteenth-Century Turkish*, Oxford: Clarendon Press, 1972を参照。

（3）『遼史』巻三一営衛志上、序に「居有宮衛、謂之斡魯朶」とみえる。

（4）楊若薇『契丹王朝政治軍事制度研究』（中国社会科学出版社、一九九一年）二五―二六頁を参照。

（5）これは百官志において顕著である。百官志に見える記述の混乱の具体例については陳得芝「遼代的西北路招討司」（『宋遼

金史論叢（一）』中華書局、一九八五年）、前掲楊若薇『契丹王朝政治軍事制度研究』一六〇頁、本章第一章「東丹国と東京道」を参照。

（6）『遼史』と同時に編纂された『宋史』では、宋代に編纂された国史の文章を踏襲している場合が多かった。『遼史』の場合も同様であったと考えてよかろう。『宋史』と国史の関係については周藤吉之「宋朝国史の編纂と国史列伝――『宋史』との関連に於いて」（『宋代史研究』東洋文庫、一九六九年。初出、一九五九年）、同「宋朝国史の食貨志と『宋史』食貨志との関係」（前掲『宋代史研究』所収。初出、一九六一年）を参照。

（7）馮家昇「遼史源流考及遼史初校」（『燕京学報専号』五、一九三三年）を参照。前掲楊若薇『契丹王朝政治軍事制度研究』二一五―二一六頁は、これに基づいて「宮衛条」は元の史官の手になるものと断じて論を進めている。

（8）「算斡魯朶、太祖置。国語心腹曰算、宮曰斡魯朶。是為弘義宮。以心腹之衛置、益以渤海俘、錦州戸。其斡魯朶在臨潢府、陵寝在祖州東南二十里。正戸八千、蕃漢転戸七千、出騎軍六千。

州五、錦、祖、巌、祺、銀。

県一、富義。

提轄司四、南京、西京、奉聖州、平州。

石烈二、曰須、曰速魯。

瓦里四、曰合不、曰撻撒、曰慢押、曰虎池。

抹里四、曰膻、曰預墩、曰鶻突、曰糾里闌。

得里二、曰述壘北、曰述壘南」

（9）「弘義宮

正丁一万六千

蕃漢転丁一万四千

騎軍六千

……

十二宮一府、自上京至南京総要之地、各置提轄司。重地毎宮皆置、内地一二而已。太和、永昌二宮宜与興聖、延慶同、旧史不見提轄司、蓋闕文也。

南京

弘義宮提轄司……」

(10)　前掲馮家昇「遼史源流考及遼史初校」を参照。

(11)　前掲馮家昇「遼史源流考及遼史初校」を参照。

(12)　遼、金における遼についての歴史の編纂については前掲馮家昇「遼史源流考及遼史初校」、愛宕松男「遼金宋三史の編纂と北族王朝の立場」（『愛宕松男東洋史学論集（四）』三一書房、一九八八年。初出、一九五一年）を参照。以下、本章での金朝における『遼史』の編纂についての記述の大半はこれらの論考によっている。

(13)　『皇朝実録』は「実録」という名称から編年体史料のように見えるが、実際には紀伝体の史料であった。『皇朝実録』に部族志や礼儀志等の編目があったことについては前掲馮家昇「遼史源流考及遼史初校」において明らかにされている。

(14)　田村実造「徙民政策と州県制の成立」（『征服王朝の研究（上）』東洋史研究会、一九六四年。初出、一九四〇年）二九一―二九二頁を参照。

(15)　箭内亙「元朝斡耳朶考」（『蒙古史研究』刀江書店、一九三〇年）七三五頁を参照。

(16)　前掲楊若薇『契丹王朝政治軍事制度研究』四二―四八頁を参照。

(17)　津田左右吉「遼の制度の二重体系」（『津田左右吉全集（一二）』岩波書店、一九六四。初出、一九一八年）三七四―三七八頁、島田正郎『遼代社会史研究』（厳南堂書店、一九七八年。初版一九五二年、三和書房）一四九―一五二頁を参照。

(18)　前掲箭内亙「元朝斡耳朶考」七三三―七三五頁、前掲田村実造「徙民政策と州県制の成立」二八九―二九〇頁、前掲楊若薇『契丹王朝政治軍事制度研究』三六―三七頁を参照。

(19)　前掲島田正郎『遼代社会史研究』一五六―一五七頁を参照。

(20) 費国慶「遼代斡魯朶探索」(『歴史学』三、一九七九年) 四三—四四頁を参照。

(21) また、姚家積氏はこの変化の原因を、斡魯朶所属戸の身分の問題と関連づけて論じている(「遼代的蕃漢転戸」『宋遼金史論叢』二、一九九一年、二九三頁)。斡魯朶所属戸の身分については、機会をあらためて論ずべき問題なので、この意見についての筆者の見解はしばらく保留する。また、張正明氏は、斡魯朶所属戸の来源が戦争などの捕虜であるとの考えから、対外戦争があまり行われなくなった聖宗朝以降、斡魯朶所属戸が補充できなくなり、先行する斡魯朶の人戸を析して新斡魯朶をつくらざるを得なくなったとしている(張正明『契丹史略』中華書局、一九七九年、一〇四頁)。張正明氏の説は、斡魯朶はあくまでも皇帝の私的な財政ととらえ、斡魯朶の拡張は国家財政を圧迫するものであるという考えから導きだされている。斡魯朶と国家財政の関係については本書第五章「オルド(斡魯朶)と藩鎮」で検討する。

(22) 近年の斡魯朶に関する研究動向については王徳忠・李春燕「遼代斡魯朶問題研究綜述」(『東北地史』二〇〇九—三、二〇〇九年)にまとめられている。

(23) 「南皮室詳穏司。……初、太祖以行衛為宮、選諸部豪健千余人、置為腹心部、耶律老古以功為右皮室詳穏。……」

(24) 「定覇県。本扶余府強師県民、太祖下扶余、遷其人於京西、与漢人雑処、分地耕種。統和八年、以諸宮提轄司人戸置。隷長寧宮。戸二千」

(25) 「詔東京路諸宮分提轄司、分置定覇、保和、宣化三県、白川州置洪理、儀坤州置廣義、遼西州置長慶、乾州置安徳各一県……」

(26) 提轄司については前掲津田左右吉「遼の制度の二重体系」三三九—三四二頁、前掲島田正郎『遼代社会史研究』一五五頁、前掲楊若薇『契丹王朝政治軍事制度研究』六二—七三頁などを参照。なお、提轄司をめぐる問題については本書第五章「オルド(斡魯朶)と藩鎮」において改めて議論する。

(27) 耶律隆慶は聖宗の開泰五年(一〇一六)に死没しているので、その斡魯朶はそれ以前に設けられているはずである。

(28) 「宰相耶律儼悪人望与己異、遷南京諸宮提轄制置」

(29) 南京提轄制置と提轄司の関係については、前掲楊若薇『契丹王朝政治軍事制度研究』六九—七一頁、本書第五章「オルド(斡魯朶)と藩鎮」を参照。

（30）「燕京管下州県所出物色、勘会到在京三司、制置司各管随察院務課程銭、及折算所豁人戸輸納税色、依約見値市価、做銭共五百四十九万二千九百六貫八百文、……三司計四百九十一万三千一百二十貫文、……制置司計五十七万九千六百八十七貫八百文……」

（31）ここでは南京制置司を「十宮院制置司」としている。割注に「奉聖州、平州亦各有十宮院司」とある。奉聖州、平州における十宮院（斡魯朶）関係の官司は提轄司のみであるから、この個所に見える「十宮院司」は提轄司と考えてよい。また、この割注で挙げられている地名は、南京、西京道の州県ばかりであるから、十宮院制置司もこの方面にあったとみるべきである。この地域で制置司と称せられる官司は、南京制置司のみである。したがって、十宮院制置司は南京制置司と同一の官司とみなすことができよう。

（32）「契丹官儀」のはじめの方に「予自癸未至乙酉、三使其庭、凡接送館伴使副、客省、宣徽、至門階戸庭鄒走吏卒、尽得款曲言語、虜中不猜疑。故詢胡人風俗頗得其詳」とみえる。

（33）「宮衛条」には、穆宗の斡魯朶の一部は南京制置司からとったという記録がみえる。一見、穆宗の時代にすでに南京制置司が存在したようにみえるが、後の時代に置かれた中京の人戸が穆宗の斡魯朶の構成人戸となっていることから考えると、南京制置司の設置を穆宗朝以前に置くことは躊躇せざるを得ない。

（34）前掲箭内亙「元朝斡耳朶考」七三九―七四三頁を参照。また、前掲島田正郎『遼代社会史研究』一六四―一六七頁もこれにしたがって論を進めている。

（35）前掲楊若薇『契丹王朝政治軍事制度研究』四―二六頁を参照。

（36）李錫厚「論遼朝政治体制」（『歴史研究』一九八八―三、一九八八年。のち『臨潢集』河北大学出版社、二〇〇一年に再録）一二七―一三〇頁を参照。

（37）前掲費国慶「遼代斡魯朶探索」三四―三六頁、四〇―四一頁を参照。

（38）『遼史』巻七三耶律曷魯伝に「時制度未講、国用未充、扈従未備、而諸弟剌曷等往往覬非望。太祖宮行営、始置腹心部」とみえる。

(39) 宇野伸浩「遼のオルド」(一九八七年度東洋史懇話会例会口頭発表レジュメ、同報告の要旨は『史観』一一九、一九八八年に掲載)を参照。
(40) 前掲李錫厚「論遼朝政治体制」一三〇頁を参照。
(41) 「胡人従行之兵、取宗室中最親信者為行宮都部署、以主之。其兵皆取南北王府、十宮院人、充之」
(42) 李錫厚「金朝的宮籍監戸」(『北京師範学院学報(社会科学版)』一九九〇―一、一九九〇年。のち前掲『臨潢集』に再録)七四頁を参照。
(43) 前掲津田左右吉「遼の制度の二重体系」三三四頁を参照。この個所において津田氏は抹里の具体的な役割については特に触れられていない。
(44) 「金初因遼諸抹而置群牧、抹之為言無蚊蚋、美水草之地也。天徳間、置迪河斡朶、斡里保〈保亦為本〉、蒲速斡、燕恩、兀者五群牧処、皆仍遼旧名。各設官以治之。又於諸色人内、選家富丁多、及品官家子、猛安謀克蒲輦軍与司吏家余丁及奴、使之司牧。謂之群子、分牧馬駝牛羊、為之立蕃息衰耗之刑賞。後稍増其数為九。契丹之乱遂亡其五、四処之所存者馬千余、牛二百八十余、羊八百六十、駝九十而已。世宗置所七、曰特満、忒満〈在撫州〉、斡覩只、蒲速椀〈蒲速椀本斡覩只之地、大定七年分其地置之。承安三年改為板底因烏魯古〉、甌里本〈承安三年改為烏鮮烏魯古。烏魯古者言滋息〉、合魯椀、耶盧椀〈在武平県、臨潢、泰州境〉」
(45) 契丹の乱については外山軍治「金朝治下の契丹人」(『金朝史研究』東洋史研究会、一九六四年)、馮継欽「金代契丹人分布研究」(『北方文物』一九九〇―二、一九九〇年)等を参照。
(46) 「取招討司貯甲三千、遂反。議立豫王延禧子孫、衆推都監老和尚為招討使。山後四群牧、山前諸群牧皆応之。迪斡群牧使徒単賽里、耶魯瓦群牧使鶴寿等皆遇害」
(47) 前掲外山軍治「金朝治下の契丹人」九九頁を参照。
(48) これらの集団は、斡魯朶が継承されていく過程でもとの斡魯朶から切り離され、その名称によって元来の所属を示しているものと考えられる。

(49) 瓦里と著帳戸については、前掲島田正郎『遼代社会史研究』一六八―一七一頁、李錫厚「遼代諸宮衛各色人戸的身分」『北京師範学院学報（社会科学版）』一九八五―四、一九八五年）等を参照。

(50) ちなみに、前掲白鳥庫吉「東胡民族考」二七一頁では、抹里を弥里と同義で、集落を示す語としている。また、女真語の謀克と語源を同じくするものであると述べている。

(51) 前掲李錫厚「金朝的宮籍監戸」七四頁を参照。斡魯朶は窩里朶などとも表記されることがあるので、「窩」字が「斡」字に置き換えられたと考えることが可能であることも、両者が同じ言葉の音訳であったことの裏づけとなろう。

(52) 『金史』の挙げている群牧の中には、燕恩、兀者群牧のように「宮衛糺」の記載する抹里名にはその名を見いだせないものもある。

(53) 『金史詳考』巻三上には「欧里本。兵志亦改板底因、亦作欧里不」とある。

(54) 『遼史』巻四一地理志五、奉聖州の条に「望雲県。本望雲川地。景宗於此建潜邸、因而成井肆。穆宗崩、景宗入紹国統、号御荘。後置望雲県、直隷彰愍宮、附庸于此。在州東北二百六十里。戸一千」とある。

(55) 『遼史』巻四一地理志五、帰化州の条に「炭山、又謂之陘頭、有凉殿、承天皇后納凉於此、山東北三十里有新凉殿、景宗納凉於此、唯松棚数陘而已」とみえる。また、『遼史』巻六〇食貨志下には「征商之法、則自太祖置羊城于炭山北、起榷務通諸道市易」とある。なお炭山の位置については箭内亙「遼代の漢城と炭山」（前掲『蒙古史研究』所収。初出、一九二一年）に詳しい考証がある。

(56) 高州は現在の赤峰市の東の老哈河付近に比定されている。老哈河は遼代の土河である。

(57) 遼代の奚については多くの研究があるが、とりあえず島田正郎「遼代における奚」（『遼朝史の研究』創文社、一九七九年。初出、一九四二年）、李符桐「奚部族及其与遼朝関係之探討」（『大陸雑誌』三三―七〜一一、一九五六年）、拙稿「遼朝の部族制度と奚六部の改組」（『史観』一三七、一九九七年）をあげておく。

(58) 島田正郎「群牧官」（前掲『遼朝官制の研究』所収。初出、一九五一年）四四一―四四三頁を参照。

(59) 前掲島田正郎「群牧官」四二六頁を参照。

第五章　オルド（斡魯朶）と藩鎮

はじめに

遼代史の諸研究では、遼が唐・五代や渤海の諸制度・社会の影響を受けたと、しばしば指摘される。ただし、大抵の場合、たんなる指摘にとどまり本格的な研究はほとんど見られない。これは、遼代史の研究が「征服王朝」あるいは少数民族史の視点からなされてきたからであろう。しかし、九―十世紀は所謂唐宋変革期にあたり、遼において唐・五代の制度・社会がどのように継承され、変化していったのかを検討することは九世紀以降の中国史の全体像を理解するためには必要不可欠と思われる。(1) このような視点から、筆者は、本章第三章において燕雲十六州の兵制の考察を通じて、遼の州県制が南京道・西京道における唐・五代以来の藩鎮体制(2)の継承の実態を明らかにした。また、東京道については、本書第一章において渤海滅亡後に設置された東丹国の分析から、一部の地域で渤海時代の州県制が行われたと論じた。これらの地域は前者は後晋からの割譲、後者は領民をそのまま徙すことにより遼の支配下に入ったもので、遼に服属する以前の体制を維持しやすい状況にあったといえる。ただし遼の州県はこれ以外の地域にも拡がっており、これらの地域についても唐・五代あるいは渤海の制度・社会との関係を明らかにしておく必要がある。そこで、本章では上京道・中京道に卓越する斡魯朶所属州県の制度を中心に考察を行い、また前章の成果をふまえ遼の州県支配の一端を明らかにしていきたい。

さて、斡魯朶所属州県とは、『遼史』の地理志等に「属某宮」と記述されている州県をさす。斡魯朶は従来の研究[3]では皇帝の私領・私民という性格を持つとされている。そして、斡魯朶所属州県についても皇帝の私領・私民といえるのか否かが争点となっている。

斡魯朶所属州県を皇帝等の私領ととらえる考えは、津田左右吉氏が論じて以来、ほぼ定説となっており、箭内亙氏、島田正郎氏、田村実造氏、陳述氏など大半の研究者が、細部においては意見を異にしているものの、この説を支持している[4]。これら諸研究のうち、州県制全体の中で斡魯朶所属州県を論じたのが島田正郎氏と田村実造氏の研究である。両氏はまず、遼の州県をその成立事情から（1）頭下州（2）斡魯朶所属州県（3）奉陵州（4）南枢密院所属の州県、の四種類に分類する。そして、頭下州が諸史料により臣下の私領・私民であることが確認できるので、皇帝も同様に私領・私民をもつと考え、それが斡魯朶所属州県であると見なす。また、奉陵州は皇帝陵の陵戸という性格を持つものとし[5]、南枢密院所属の州県は、唐以来の中国の州県であるとしている。さらに両氏は、（1）〜（3）は次第に「国家」[6]の管理に移されて行き、最終的には（4）と変わりのないものとなったと論じてい

表1　斡魯朶所属州県一覧（『遼史』31営衛志上による）

斡魯朶名	建置者	所属州県
弘義宮	太祖	錦・祖・巌・祺・銀州、富義県
永興宮	太宗	懐・黔・開・来州、保和・灤河県
積慶宮	世宗	康・顕・宜州、山東県
長寧宮	応天太后	遼・儀坤・遼西・顕州、奉先・帰義・定覇県
延昌宮	穆宗	遂・韓州
彰愍宮	景宗	永・龍化・降聖・同州、行唐・阜俗県
崇徳宮	承天太后	乾・川・雙・貴徳州、潞県
興聖宮	聖宗	慶・隰・烏・覇州
延慶宮	興宗	饒・長春・泰州
太和宮	道宗	なし
永昌宮	天祚帝	なし
敦睦宮	耶律隆慶	建・瀋・巖州
文忠王府	韓徳譲（耶律隆運）	未詳

る。このうち斡魯朶所属州県については、聖宗朝以降、皇帝をはじめとした斡魯朶の主との私的な結びつきが希薄となり、これらの州県は、皇帝の采邑に転化していった、と述べている。

これに対し楊若薇氏は、斡魯朶所属州県は皇帝等の私領・私民ではなく、「国家」の管理下にあったと論じる。ここでは、斡魯朶所属州県の住民が斡魯朶に隷属する非自由民ではなく、良民であることの証明に力点が置かれている。楊氏はまず、各斡魯朶に所属する州県の設置年代が、あるいはその斡魯朶の成立以前であったり、はるかに後の時代であったりとばらつきがあることを根拠に、斡魯朶所属州県と皇帝等との間の私的関係を否定する。また、軍事、行政に関して斡魯朶所属州県も南枢密院所属の州県と同じ扱いであったと述べる。この点に関しては、聖宗朝以降についての従来の説と共通しているが、楊氏は遼代を通じてのものであったととらえている。さらに斡魯朶と所属州県の間の経済的関係も否定し、従来の「采邑説」をも退けている。結局、斡魯朶所属州県は所属斡魯朶に対して徭役を負担するのみで、それについても「国家」が管理していた、と結論する。[7]

筆者は前章において、斡魯朶所属州県が各斡魯朶に隷した経緯について検討し、建置年代のばらつきは斡魯朶の相続過程で起きたことを明らかにした。[8] したがって、ある時期に斡魯朶所属州県の整理・再分配がなされ、そのため斡魯朶と所属州県の関係が希薄となったとする従来の研究は（楊氏の見解もふくめ）、再検討を要する。また、これまでの斡魯朶所属州県をめぐる議論では、皇帝の私領か否かが問題の中心であったために、見落とされてきた点がある。それは「南枢密院所属の州県」とは如何なる州県か、という問題である。これまでの議論の中で「南枢密院所属の州県」は中国の州県制とされ、「中国的中央集権制国家」の象徴のように扱われてきた。しかし、先述のごとく「南枢密院所属の州県」とされる、南京道と東京道の州県は、そのあり方を異にしており、これらをひと括りにして考えるのは適切ではない。とくに燕雲十六州においては、藩鎮体制という必ずしも中央集権とは言いがたい体制を継承しているのである。したがって、斡魯朶所属州県の考察においては、唐・五代以来の藩鎮体制や渤海の州県制との関係を明らかにする必要がある。

以上の議論をふまえ、本章では、斡魯朶所属州県を人事、行政、軍事、財政の各方面から、唐・五代の州県制（つまり藩鎮体制）や渤海の州県制の継承または相違について留意しながら論じ、遼の支配体制における斡魯朶所属州県の位置づけを明らかにしていくことにする。

一　人事から見た斡魯朶所属州県

もし斡魯朶所属州県を私領としてとらえることができるならば、その人事に関して当該斡魯朶と密接な関係がみられるはずである。そこで、はじめに斡魯朶所属州県の官に任ぜられた人物の官歴および出自を中心に考察し、同時に人事権の所在についても検討しよう。

まず、長官の人事であるが、結論から言うと、斡魯朶所属州県もその他の州県と際立った差異はみられない。下に例をあげておく（官名の後に括弧があるものは、赴任地の州県が当該斡魯朶に所属することを示す。また、官歴は行論に必要なもののみを挙げた）。

趙思温　〔太宗朝〕建州節度使（永興宮）―南京留守―錦州節度使（弘義宮）〈『遼史』巻九六趙思温伝〉

王裕　〔応歴中〕盧龍軍節度衙内馬歩軍都指揮使―順州刺史―〔景宗朝〕宜州節度使（積慶宮）〈「王裕墓誌」[9]〉

蕭袍魯　松山州刺史―饒州節度使（延慶宮）―信州節度使―開州節度使―錦州節度使（弘義宮）―北宰相〈「蕭袍魯墓誌」〉

耶律宗允　知饒州節度使事（延慶宮）―乾州節度使（長寧、積慶宮）―〔重熙元年〕知義坤州節度使事（長寧宮）―白川州節度（文忠王府）―知錦州事（弘義宮）―宜州節度使（積慶宮）―龍化州節度使（彰愍宮）―乾州節度使（崇徳宮）―義坤州節度使（長寧宮）―判遼州事（長寧宮）―蔚州節度―判宜州事（積慶宮）―白川州節度使（文忠王府）―錦州節度使（弘義宮）―〔清寧初〕南宰相―判蔚州節度使―判西京留守―判顕州事（長寧、積慶宮）兼山陵都部署―〔清寧一〇年〕判饒州節度使事（延慶宮）〈「耶律宗允墓誌」〉

いずれの人物も斡魯朶所属州県とそうでない地域の官に任ぜられている。また、異なる斡魯朶に所属する州県の官に任ぜられていることもうかがえる。これは、長官の人事においては斡魯朶所属州県であるか否かが、とくに意識されていなかったことを示す。

つぎに出自についてみておこう。趙思温は李晋の平州刺史で、太祖の時に遼に降った人物である。王裕は河北の節度使の一族で、族内の紛争により遼に亡命してきた者の子孫である。この両名については特定の斡魯朶との関係の有無を知るための手がかりは管見の限りでは存在しない。しかし、彼らの官歴から考えて特定の斡魯朶との関係はなかったとみるべきである。それどころか、王裕と宜州の間には祖父以来の結びつきがあった。王裕の祖父王郁の伝が『遼史』巻七五にみえる。そこには、王郁は義武軍（易定）節度使王処直の子で、遼の太祖に帰属して、各地を転戦し渤海征服後に宜州節度使となり、宜州で没したとある。また、宜州の建置について『遼史』巻三九地理志三、宜州の条には、「興宗定州俘戸を以て州を建つ」とあり、宜州が定州の俘戸を中心として置かれたことが注目される。地理志では興宗が置いたとあるが、興宗朝に宋の領内から人戸を略奪した事実はなく、また王郁伝の記事からみて、宜州は太祖朝に定州の俘戸を中心として置かれたとすることができる。そうすると、王郁の宜州節度使への任命は、王郁が義武軍節度使の子で、定州と関りが深いことが理由と考えられる。宜州の民と王氏の間に定州時代以来の関係が維持されたとすれば、王裕の宜州節度使就任は、この関係を考慮したものといえよう。また、蕭袍魯は自身及び曾祖父が北宰相（北府宰相）であったことから考えて、国舅の一族とみなせるので、[10]特定の斡魯朶との関係はみとめられない。そして、耶律宗允の出自は注目に値する。彼の父は敦睦宮の建置者である耶律隆慶であった。したがって、敦睦宮と関係の深い人物とすることに異存はなかろう。しかし、彼は敦睦宮に関わる官に任ぜられず、かえって他の斡魯朶に属する州県の官を歴任している。これは、斡魯朶所属州県の長官の人事において、斡魯朶との関係が考慮されなかったことを明確に示している。また、年代的にみた場合も趙思温の事例のごとく遼初から上述のような傾向があることから、島田氏・田村氏が推測されていた、聖宗朝以前と以降での斡魯朶所属州県の性格の変化（皇帝の私領・私民から国家の管理へ）もみとめられない。

長官の人事権の所在についてみておこう。「劉継文墓誌」には、北漢の宗室であった劉継文が北漢滅亡後（遼景宗の乾亨元年）に遼に亡命した直後に「佐命功臣、北京留守、河東節度、管内観察処置等使、兼政事令、太原尹、上柱国、彭城郡王、知昭徳軍節度事、食邑八千戸、食実封七百戸」を「勅授」されたと記されている。勅授とは、本来六品以下の官階を持つ者を五品以上の職事官につける場合に、宰執が進擬し皇帝の裁可うけて任命することをさす。[11]また、劉継文の実際の差遣である知昭徳軍節度事は、この当時は永興宮に所属していた濬州の長官であった。[12]ここから、斡魯朶所属州県の長官の人事を「国家」が行いえたことがうかがえる。もっとも、斡魯朶の主に実際の人事権があって、「国家」がこれを追認したとも考えられる。しかし、劉継文の出自から考えて永興宮と密接な関係を持っていたとは考えがたく、この事例での実質的な人事権は「国家」に属したと見てよかろう。

また、斡魯朶所属州県の長官は左遷人事にも用いられる場合があった。たとえば『遼史』巻九七楊績伝に「南院枢密副使に累遷す。杜防、韓知白等と擅に進士の堂帖を給し、長寧軍節度使（川州、崇徳宮に隷す）に降さる」[13]とある。

左遷人事、とくに中央官のそれは、「国家」によって行われるものであり、斡魯朶がそれに関わる余地はほとんどない。もしあるとすれば、罷免されてポストのない状態にある官僚を斡魯朶が採用する場合である。楊績の左遷について、『遼史』巻二〇興宗紀三、重熙十九年十一月壬子の条は「南府宰相韓知白を出して武定軍節度使と為し、枢密副使楊績を長寧軍節度使とし、翰林学士王鋼を澤州刺史とし、張宥を徽州刺史とし、知制誥周白を海北州刺史とす(14)」と記している。この記事から楊績は枢密副使罷免と同時に川州節度使を与えられたと考えられる。また、同時に処分を受けた官僚たちは、斡魯朶とは無関係の州の官に左遷されている。これらのことから、この人事に関して斡魯朶が介在する余地はなかったといえる。つまり、楊績は「国家」の任命で斡魯朶所属州県の長官になったのである。そのほか、三司使の劉六符は川州（崇徳宮）に（『遼史』巻八六劉六符伝）、南面林牙の蕭余里也は顕州に（『遼史』巻一一一蕭余里也伝）それぞれ左遷された事例などがみられ、楊績の事例が特殊なものではないことがうかがわれる。先述の劉継文の事例とあわせて考えると、長官の人事は、遼代を通じて斡魯朶所属州県も他の州県とほぼ同等の扱いを受けていたといえよう。

つぎに州県の下僚についてであるが、これも長官の人事と同様に斡魯朶所属州県とそれ以外の州県の官に相互に任用される事例が数多く検出できる。たとえば太平十一年（一〇三一）の進士である張績は涿州軍事判官、応州節度掌書記、燕京管内都商税判官、延慶宮漢児渤海都部署判官、守応州金城県令、白川州観察判官（崇徳宮）等を歴任し（「張績墓誌」）、寧鑑は道宗朝から天祚朝にかけて、順州軍事判官、中京内省判官、泰州楽康令（延慶宮）、平州節度掌書記、朔州観察判官、敦睦、弘義、延慶宮判官となっている（「寧鑑墓誌」）。

しかし、「常遵化墓誌」は興味深い事実を伝えている。常遵化は覇州観察判官常賓嗣の子として会同七年（九四四）に生まれ、応暦十年（九六〇）に覇州文学参軍に任ぜられたのをかわきりに、保寧元年（九六九）に覇州帰化県令、同八（九七六）年、覇州観察判官、を歴任し、乾亨五年（九八三）に乾州の新設にともない乾州観察判官となり、以後、統和五年（九八七）、崇徳宮漢児都部署判官、同九年（九九一）、乾州節度副使、同十九年（一〇〇一）、上京軍巡使、京内巡検使、同二十四年（一〇〇六）朔州榷場都監、同二十五年（一〇〇七）、遼西州諸軍事、遼西州刺史と転遷し、統和二十六年（一〇〇八）に没している。この経歴をみると、常遵化は応暦十年から乾亨五年まで覇州に、乾亨五年から統和十九年までの大半を乾州で過ごしていることが注目される。とくに覇州は常遵化の郷里と思われ、在地の有力者が当地の官に就いたといえそうである。[15]また、乾州への異動についても、乾州の新設にともなうものであり、その後長く乾州の官であったことから考えると、常遵化は在地性の強い官僚といえる。このように同一個所にとどまっている場合が多い常遵化の官歴のなかで、統和五年から九年にかけての崇徳宮漢児都部署判官の官は唐突な印象を受ける。この官は『遼史』百官志にはみえないが、「崇徳宮」という語を冠していることから、それが斡魯朶の官であることは容易に推測できる。『遼史』地理志および営衛志には、乾州は崇徳宮に所属しているとあり、この常遵化の異動は同じ崇徳宮内でのものとしてとらえられる。したがって、斡魯朶所属州県の下級の文官については当該斡魯朶との関係を意識した人事が行われる場合もありえた可能性がある。もっとも、つぎに考察する人事権の所在からみて、これが聖宗朝以前に普遍的であったとすることはできない。また、常遵化の事例は聖宗朝のものであるが、それ以後は類似の事例は現存する史料からは見出せない。したがって、このような人事が行われたとしても聖宗朝以前に限られたとみるべきであろう。

下僚に対する人事権の所在について、政事省（のちに中書省）が州県の録事参軍・主簿以下の人事を行うとの記録が見られる。[16]ただし、斡魯朶所属州県についても適用されていたかは不明である。そのなかで、「李内貞墓誌」は興味深い事実を伝えている。保寧十年（九七八）に墓誌が撰述された時、五男の李瓌は摂宜州観察判官（宜州は積慶宮所属）であったと記されている。官名に「摂」字が冠せられる（摂官）場合、二通りの理由が考えられる。ひとつは、官員が特殊な事態に対応するために便宜的に他官を兼領する場合である。[17]もうひとつは、辟召による任官などのように、朝廷の正式な任命を受けていない場合である。李璟は他官を兼領していたという記録がなく、後者の事例と考えられる。[18]また、後者の摂官では、人事は当該官庁の長によって行われるのが一般的である。したがって、李璟は宜州節度使によって補任されたと考えてよかろう。これは斡魯朶所属州県の長吏が、下僚に対する実質的な人事権を行使しえたことを示す。李璟の官である観察判官は、藩鎮の幕職官として知られ、そして藩鎮体制下では幕職官の辟召が盛んに行われていた。[19]李璟の事例は、斡魯朶所属州県が藩鎮体制の影響を受けていた可能性を示唆するものである。

保寧十年時点の宜州節度使は前述の王裕であった。「王裕墓誌」には、王裕が乾亨二年（九八〇）に宜州節度使在任中に没したとき、彼の息子のうち三人はそれぞれ宜州の衙内都将（衙内都指揮使）、山河指揮使、節院使であったと記されている。衙内都将や山河指揮使は、五代の藩鎮における役職名にみられるものである。また、節度使などの州長（以下、藩帥と称す）が子弟や部曲を衙内都将（都指揮使）などの役職にあてるのは、五代の藩鎮においてしばしばみられる。[20]ただし、山河都指揮使、節院使などは、宋においては職役に変化しているので注意を要する。もっとも、藩帥の子供たちが職役についたとは考え難い。宋の場合と異なり、この時点では、これらの役職の職役への転化はなかったとして大過あるまい。[21]ここにみたような李璟の辟召と王裕の息子たちのあり方から、宜州は五代藩鎮をモデルとした支配体制であったとすることができる。それでは、宜州以外の斡魯朶所属州県でも同様のことがいえるのであろうか。

支配機構にみえる官名や職名に関して、斡魯朶所属州県は藩鎮体制の影響を明らかに受けていることは、はじめに明言しておく必要がある。たとえば統和二十四年（一〇〇六）に撰述された「王鄰墓誌」には、啓聖軍（儀坤州）衙内都指揮使、興国軍（龍化州）衙内都指揮使、臨海軍（錦州）山河指揮使、重熙十三年（一〇四四）の銘のある「瀋陽無垢浄光舎利塔石函記」[22]には、節度教練、節度巡官、通引官、観察判官（これらはいずれの州のものかを明らかにしていないが他の州の官職の場合その地名を明示しているので、これらは現地すなわち瀋州のものと考えてよかろう）、昭徳軍（瀋州）左衙、奉先軍（顕州）推官、また、咸雍十年（一〇七四）の銘のある「双城県時家寨浄居院舎利塔記」には通引官、都孔目官（これもいずれの州のものか明記されていないが、ほかにみえる官は双州双城県令、双城県主簿、双州同知などいずれも双州のものであるから、やはり双州のものと考えてよかろう）といった官名・職名がみられる。[23]これらはいずれも唐・五代の藩鎮体制を起源に持つものであり、斡魯朶所属州県がその名称をそのまま受け継いでいるのは明白である。そこで問題になるのは、運用面において藩鎮体制の影響を受けていたのかどうかである。具体的には、これらの官職の人事にどれだけ藩帥の意志が働きえたのかを検討することになる。

興宗の重熙年間（一〇三二―一〇五五）に建州・瀋州・信州・平州節度使、上京留守を歴任し、清寧三年（一〇五七）に没した耶律庶幾の墓誌（「耶律庶幾墓誌」）の銘記には「随使左都押衙康源」「随使□知客呉□」「随使内知客劉作志」といった銘がみられる。左都押衙や知客・内知客はいずれも藩鎮における役職名である。[24]ここで注目すべきはこれらの役職名のはじめに「随使」の二文字が冠せられていることである。「随使」とは、「元従」「親随」等の語と同様、藩帥の異動に付き従う部曲のことを指すので、これらの役職を職役とは見なしがたい。耶律庶幾はこれらの部曲を従えて任地に赴いたと考えられ、彼らはそこで藩帥によって様々な役職に任ぜられたとみてよかろう。[25]ちなみに、彼の赴任した諸州のうち、建州、瀋州はともに敦睦宮所属の州である。ここから、宜州以外の斡魯朶所属州県でも、そして、遼の後半期においても藩鎮的な支配機構が存続していたことがうかがえる。また、本書第三章で論じたように、南京・西京道では、藩鎮的支配が継続しており、[26]王氏支配下の宜州における人事と同様な事例は枚挙にいとまがない。

たとえば、劉景は会同年間（九三八―九四七）に南京留守趙延寿によって幽都府文学に辟召されているし（『遼史』巻八六劉景伝）、韓佚はその伯父韓徳枢が平州節度使の時、衙内都指揮使に任ぜられている（「韓佚墓誌」）。このような状況の中で、前述の趙思温のように南京・西京道の州と斡魯朶所属の州の双方の藩帥となる者たちは、前者の支配体制（つまり藩鎮体制）を後者にも導入したと考えるのが妥当であろう（宜州節度使王裕が以前は南京道の順州の刺史であったことは注目に値しよう）。これらのことから、宜州に限らず、斡魯朶所属州県は五代の藩鎮体制をモデルとしたと結論できる。

以上にみたように、人事の面において斡魯朶所属州県は聖宗朝頃までは所属の斡魯朶との関係を意識される場合が若干あるが、それ以降は斡魯朶所属ではない州県との違いは無くなったといえる。また、藩鎮体制的な機構の存在が確認され、斡魯朶所属州県が藩鎮体制の影響を強く受けていることが明らかとなった。そして、ここで注意しておくべきは、藩帥たちは自己の配下を州県の支配にたずさわらせていたことである。これは、藩帥が管内をあたかも自己の所領として扱いえたことを示す。したがって従来いわれていた、「斡魯朶所属州県＝皇帝等の私領」というイメージは大幅な修正が必要となろう。また、耶律宗允、蕭袍魯、耶律庶幾といった契丹人の有力者が節度使などに任命されていたことにも注目しなければならない。契丹人の有力者達は、私城あるいは頭下州軍と呼ばれる私領を持っていた。(27) 従来の研究では、これらの私領の消長から、遼の皇帝権力の強弱や中央集権化の程度を量る傾向がみられる。しかし、上に論じたように斡魯朶所属州県あるいはその他の州県は、藩鎮的な支配体制を通じて彼らの所領のように扱うことが可能であったので、皇帝権力や中央集権化の問題を明らかにするには、遼における藩鎮体制の推移を検討する必要があろう。

二　行政・軍事からみた斡魯朶所属州県

人事面の考察の過程で、斡魯朶所属州県が五代の藩鎮をモデルにしていたことが明らかとなった。そこで、まず藩鎮体制における行政の指揮系統についてみておこう。藩鎮体制下において節度使のいる州は使府、節度使の管轄下にある刺史州は支郡と呼ばれた。そして支郡は直接中央政府に直属はせず、上奏する場合や中央からの指示を行う場合は使府を介して行われていた[28]。後晋から割譲を受けた燕雲十六州の州に関しては、この使府、支郡の関係が確認できる。『遼史』巻一五聖宗紀六、開泰元年（一〇一二）三月甲戌の条には、「蔚州を以て観察と為し、武定軍に隷せず（以蔚州為観察、不隷武定軍）」とある。この史料は刺史州として武定軍節度使の支郡であった蔚州の観察州への昇格および武定軍との従属関係の解消を伝えるものであり、刺史州と節度州の間に何らかの統属関係があったことを示すものである。それでは斡魯朶所属州県においても同様の指揮系統が見られるのであろうか。

崔益柱氏は斡魯朶の官である某宮使司→某宮漢人都部署→斡魯朶所属州県という指揮系統を想定している[29]。崔氏は根拠を明示されていないが、武玉環氏は「韓椅墓誌」に韓椅が彰愍宮都部署のとき（聖宗の開泰年間頃）の職務として「版図を掌縮し、生歯を無綏す。四朝の羽衛に陪い、数郡の刑名を覆す[30]」と記されていることから、某宮都部署が斡魯朶所属州県の戸籍、司法を管轄していたと論じている[31]。彰愍宮都部署が司法を管轄していた「数郡」とは斡魯朶所属州県とみるのが穏当であるから、武氏の見解に従うべきであろう。

しかし、斡魯朶所属州県は常に斡魯朶の官から指揮を受けていたわけではない。枢密院からの指揮を受けていた形跡もみられる。『遼史』巻一〇五大公鼎伝には、咸雍十年（一〇七四）進士の第に登る。瀋州観察判官に調せらる。時に遼東雨水稼を傷ない、北枢密院大いに瀕河の丁壮を発し、以て隄防を完くせんとす。有司令を承け峻急たり。公鼎独り曰く、辺障甫めて寧ずるに、大いに役事を興すは、国を利し農を便とするの道に非ず、と。乃ち其の事を疏奏し、朝廷之に従い役を罷む(32)。

とある。ここでは、北枢密院が遼東の河川流域の諸州県より丁壮を徴発するように命じているが、具体的にどの州県が対象であるか明確ではない。ただし、大公鼎の赴任していた瀋州（現在の遼寧省瀋陽市）は、渾河に面していることから考えて徴発の対象となったとみてよかろう。それゆえに、大公鼎が反対意見を上申したものと思われる。そして、瀋州は先述のとおり敦睦宮所属の州である。したがって、枢密院が斡魯朶所属州県に対して指揮を行っていることになる。ここで注目すべきは、大公鼎が反対意見を「疏奏」していることである。「疏」は皇帝に上呈される文書の一形式であり(33)、さらに、やはり皇帝に対する意志・意見の伝達を意味する「奏」の語と熟して用いられているのであるから、大公鼎の意見は直接中央に達したとみてよい。このことは『遼史』巻一〇五馬人望伝にみえる事例と比較すると、より明確となろう。

咸雍中（一〇六五―一〇七四）、進士に第し、松山県令と為る。歳ごとに澤州の官炭を運ぶに、独り松山を役す、（馬）人望中京留守蕭吐渾に役を他邑と均しくせんことを請う。吐渾怒り、吏に下し、繋ぐこと幾んど百日、復たこれを引詰するも、人望屈さず。蕭喜びて曰く、君民の為にすること此の如し、後に必ず大いに用いられん、と。事を以て朝に聞し、悉く請う所に従う(34)。

ここでは松山県令であった馬人望が、まず中京留守に「請」し、紆余曲折の後その「請」が朝廷に達せられている。『遼史』巻三九地理志三、松山州の条の記述から明らかなように、松山県は松山州の属県で、松山州は中京大定府の支郡であり、中京と松山県は統属関係にあった。そのために、馬人望の「請」は一度中京留守を経る必要があったと考えられる。また、この史料は、中京道における使府、支郡の関係の存在を示すものとしても注目される。さて、大公鼎の事例の場合も、斡魯朶に所属州県に対する指揮権があったとすれば、敦睦宮使（または敦睦宮都部署）に「請」するという手続きがみられるはずである。しかし、ここではそのような「請」は行われた形跡はない。大公鼎が「疏奏」を行ったのは、州から中央へ直接上奏することが可能であったからと考えてよかろう。

大公鼎の事例は決して特例的なものではない。たとえば、『遼史』巻二三道宗紀三、咸雍八年（一〇七二）三月癸卯の条には「有司奏すらく、春、泰、寧江三州の三千余人僧尼と為り、具足戒を受けんことを願うと、之を許す[35]」と、春・泰・寧江州から有司を経て皇帝に対する上奏があった事実を伝えている。春・泰両州は延慶宮所属の州であるが[36]、寧江州は斡魯朶とは無関係の州である。また三州は遼の東北辺の最前線であり[37]、この上奏は偶然、無関係の数州が同内容の具申をしてきたものであるまい。恐らく共通の案件を抱えた三州が中央に対して処置を請うたものであろう。そうするとここで言う有司とは斡魯朶に係わる官庁ではありえない。また、『遼史』巻二四道宗紀四、大康六年（一〇八〇）十月己未朔の条には「同知広徳軍節度使事を省く。奉先軍節度使に命じて兼ねて乾、顕二州を巡警せしむ（省同知広徳軍節度使事。命奉先軍節度使兼巡警乾、顕二州）」とみえる。奉先軍節度は顕州の軍額である。そして、顕州は長寧宮・積慶宮、乾州は崇徳宮と互いに異なる斡魯朶に所属している。ここでは、異なる斡魯朶に所属する州の警察業務を顕州に対して命じているのであるから、斡魯朶が介入することはなかったとみるべきであろう。

上にみたように、斡魯朶を介さずに中央が斡魯朶所属州県を指揮しえたのは明らかである。ただし、中央（枢密院）が斡魯朶所属州県を直接管轄する事例は、管見の限り聖宗朝より以前のものを検出できない。そこから、遼前半期には斡魯朶が所属州県を管轄し、聖宗朝以降、枢密院が斡魯朶所属州県を管轄するようになったと想定することも可能であろう。これは島田正郎、田村実造氏などが論じられた、聖宗朝を境として斡魯朶所属州県が変化をしたのを裏づけるものかも知れない。しかし、前節の考察によって明らかなように、遼の前半期より中央は斡魯朶所属州県の人事を行いえたので、早い時期から行政に関しても中央と斡魯朶所属州県の間には直接の指揮系統が存在していた可能性は高い。ただし、遼の前半期の斡魯朶所属州県に関する史料が少ないため、現状では判断しかねる。ここでは、少なくとも聖宗朝以降は斡魯朶から斡魯朶所属州県、枢密院から斡魯朶所属州県という二つの指揮系統が併存していたことを指摘するにとどめる。

また、軍事に関しては、すでに楊若薇氏が論じられているように[38]、斡魯朶所属州県の軍も他の州県と同様に東京都部署司や北女直兵馬司等の地方の軍事機構の統制下にあり、斡魯朶と直接軍事的統属関係があったとはみとめられない。また、史料的にはいまのところ明証がないが、南京道の諸州では藩帥が私兵を従えており[39]、これらの藩帥も斡魯朶所属州県の長官として赴任する時にはやはり私兵を従えていたものと思われる。その一端は先程見た「随使」の者たち、すなわち部曲の存在によってうかがうことができよう。いずれにしても、軍事に関しては、斡魯朶所属州県は他の州県、特に藩鎮体制の影響を受けている南京・西京道方面の州県と差異はないといえる。

三　財政から見た斡魯朶所属州県

つぎに財政面から斡魯朶所属州県について考察してみよう。徭役に関しては、斡魯朶所属州県には各斡魯朶に対する役の負担があったことが楊若薇氏によって論証されており、この点に関しては他の州県と明らかに異なるものといえる[40]。問題は、租税の負担についてである。遼の州県と財政の関係についてのまとまった史料は、『武渓集』巻一八「契丹官儀」（以下「契丹官儀」と略称す）の記事である。

胡人司会の官、燕京に三司使を置くと雖も、惟だ燕、薊、涿、易、檀、順等の州の銭帛を掌るのみ。又た平州に銭帛司を置き、営、欒等の州焉に属す。中京に度支使を置き、宜、覇等州焉に隷す。……山後に転運使を置き、雲、応等の州焉に隷す。使を置くこと殊にすと雖も、其の実各おの方域を分ち、其の出納を董すなり。(41)

楊若薇氏は、この史料に斡魯朶所属州県もその他の州県と同様に財政官庁の指揮下にあったと記されていることから、斡魯朶所属州県とその他の州県の間に差異が無かったと論じている。しかし、この史料のみでこのような判断を下すことはできない。

『三朝北盟会編』巻一四、宣和五年（一一二三）二月九日の条（以下「南京会計」と略称す）に下記のような、南京の収入の統計がある。

燕京管下の州県出す所の物色、勘会して到る在京三司、制置司の各おの管随せる院務課程銭を察し、及び谿する所の人戸の輸納せる税色を折算し、見値の市価に約すに依るに、銭共に五百四十九万二千九百六貫八百文、課程銭一百二十万八千四百十六貫、税物銭四百二十八万四千八百六十貫八百文と倣す。三司計四百九十一万三千一百二十貫文、内に房銭諸雑銭一百一十五万八千七百九十八貫文有り、是れ院務の課程銭、榷永両塩院合して塩を煎ること二十二万石、合して売銭三十九万貫文、諸院務弁売せる随色の課程銭合して四十三万三千二百一十二貫文、三百七十五万四千四百二十二貫是れ人戸の税祖の正銭たり。制置司の計五十七万九千六百八十七貫八百文、四万九千三百四十八貫是れ課程銭、五十三万四百三十八貫八百文是れ官民の税銭たり。(42)

「南京会計」は遼人の残した、遼の財政を詳細に記録した唯一のものである。また、この史料は遼末期のものであり、遼の財政の最終的な形を示すものとしても注目すべきである。

この史料は、金が陥落させた南京の宋への引き渡し交渉の時に、金が提示したものである。ここに示された南京の歳入額から、金は宋に百万貫の歳幣を要求する。したがって、金は歳幣額をより多く要求するために、南京の歳入を多く見積っている可能性がある。しかし、史料の数字がまったく意味をなさないわけでもない。この数字は史料中に「及び豁する所の人戸の輸納せる税色を折算し、見値の市価に約すに依るに」とあるように、実際に徴収された銭物を銭に換算したものである。換算の結果提示された数値は遼の実情を伝えたものではないとしても、「南京会計」の数字を、まったくでたらめなものとして退ける必要はない。以上に述べたことに留意して、「南京会計」について分析をしてみよう。

「南京会計」でもっとも注目すべきは、三司[43]の歳入に占める課程銭の割合と制置司の歳入に占める課程銭の割合の違いである。前者がほぼ二四％、後者がほぼ九％となり、前者に比べて後者の数値が二分の一以下となっている。ここで注目すべきは、「南京会計」では塩院の収入を全て三司の収入として扱っていることである。塩を制置司所管の人戸に売らないということはあるまい。また、同一地域内で管轄官庁の違いにより塩法が異なるといった複雑な榷塩制度があった可能性は少ない[44]。したがって、制置司所管の人戸に対して売った塩の代価は、三司の収入となったと考えるのが自然であろう。このことから制置司の課程銭収入の割合が低いのは、制置司所管の人戸に課せられた課程銭の一部（少なくとも榷塩収入）が三司の収入になっていたためであることが判明する。

ところで、「契丹官儀」では、南京の財政は三司の管轄であるとしている。しかし、「南京会計」には三司とともに制置司が財政官庁としてあらわれている。そこで、制置司とはどのような官庁なのか見ておこう。

楊若薇氏は、制置司とはすなわち提轄司である、と論じている[45]。また、提轄司は行宮の官であることは『遼史』巻四五百官志一、北面宮官の条に斡魯朶の属官として掲げられていることから明らかである。さらに、提轄司は州県の戸籍に属さない（つまり斡魯朶の控制を直接受ける）人戸（主に漢人・渤海人）を統治する機関であることが、津田左右吉氏、楊若薇氏によって明らかにされている[46]。つまり制置司の収入は斡魯朶の収入ということになる。

以上の南京の制置司と三司の財政の関係から、提轄司所属戸（つまり斡魯朶所属戸）といえども、専売塩等の課程銭は地方の財政機関（三司）に納めていたことが分かる。これは、『遼史』巻三七地理志一に「頭下軍州……官位九品の下、井邑商賈の家に及ぶまで、征税各おの頭下に帰し、唯だ酒税のみ上京塩鉄司に課納す[47]」とみえるような、臣下の私領・私民であるとされる頭下軍州と国家の財政機関の関係に通ずるものがある。

さて、提轄司は斡魯朶所属州県とほぼ同様の機能を果たすものであったと見なされていた証拠がある。それは「契丹官儀」の「十宮院制置司、奉聖州、平州、亦各おの十宮院司有り。檀州に章愍宮あり、行唐県焉に属す[48]」という記事である。ここにいう十宮院制置司あるいは十宮院司は、所在地及び制置司という名称から、南京制置司や提轄司を示すと考えてよい。ここで注目すべきは、これら提轄司と並んで、行唐県の章（彰）愍宮が挙げられていることである。『遼史』巻三一営衛志一、宮衛の条、同書巻四〇地理志四、檀州の条の記述から明らかなように、行唐県は彰愍宮所属の州県であり、提轄司の存在は確認できない。つまり、「契丹官儀」は提轄司と斡魯朶所属州県を同一視しているのである。また、「契丹官儀」は遼の官僚から得た情報にもとづいて構成されているので、提轄司と斡魯朶所属州県に対するこの見方は、遼の官僚の理解とみてよい[49]。このように、提轄司と斡魯朶所属州県は同じ性格を持つものであるから、斡魯朶所属州県においても税収は地方の財政官庁と斡魯朶とで二分割されていたと結論することができる。さらに付け加えるなら、「南京会計」は遼末の史料であるから、遼代を通じて斡魯朶は一般州県の税収からの再分割ではなく、直轄の人戸（すなわち斡魯朶所属州県、提轄司）からの収入を財源として確保していたとすることができよう。

ところで、税収が斡魯朶および地域の財政官庁によって二分されてしまう斡魯朶所属州県の財政のあり方は、斡魯朶所属州県自体の財政を著しく制限したとみなしうる。そこで、このような状況で藩帥たちは自己の配下を養う費用をいかに捻出したのであろうか。これについて若干の考察を加えておきたい。

斡魯朶所属州県自身の収入として、まず考えられるのは、地方の税収からの割当、すなわち留州・留使である。先学によりすでに指摘されるように、遼は唐・五代の制を受けて両税法を行っていた。(50)『遼史』一二聖宗紀三、統和七年（九八九）二月甲戌の条に、「雲州の租賦止だ本道に輸すを請う、之に従う」という記事がみえる。この史料は、遼における両税の分配を知るための重要な史料である。この史料中の「止」の字を「やめる」と読めば、雲州の税を本道すなわち南京三司使司に送らない、という意味になる。しかし、『遼史』において「やめる」という意味をあらわす文字を検索してみると、ほとんど「罷」「免」の字が用いられている。したがって、この史料の場合も「止」の字は「ただ」ととるべきである。「ただ」と読めば、三司のほかにも税を送るべき場所があるがそこに送るのはやめる、という意味になる。そうすると、三司のほかに税を送る場所が存在することになる。これは、唐・五代の制度から考えれば、中央への上供と考えるのが自然であろう。雲州は節度州でありいくつかの支郡を持っていたので、遼においては両税は県、刺史州、節度州、道（もう少し厳密にいうと地方の財政官庁）、中央にそれぞれ分配されたとみるべきであろう。ただし、斡魯朶所属州県の場合、地方の財政官庁に対して両税収入は送られず、また、上供も斡魯朶に対してのものであり、雲州の事例とは若干異なっている。

しかし、唐・五代において留州・留使の額は必要最小限におさえられており、部曲などを養うための予算を計上することは、ほとんどできなかった。そこで、藩帥たちはさまざまな方法で私的な収入を得た。(51)遼においても同様の状況にあったと考えられる。史料があまり残されておらず、具体的なことはほとんど知りえないが、断片的な史料からそれを垣間見ることができる。「賈師訓墓誌」には咸雍年間（一〇六五—七四年）頃のこととして、錦州永楽令に改む。是より先、州帥其の家の牛羊駝馬を以て、県民に配して畜牧せしめ、日々隷僕を恣ままにして肥瘠を視、人を動撼して銭物を取り、甚だ姦擾を為す[52]。

と、錦州（弘議宮に隷す）の節度使が自分の家畜を強制的に州民に飼育させ、さらに飼育に不備があった場合には人々を脅して銭物を取るなどして、私財を増やしていたことが記されている。また、『遼史巻』二一道宗紀一、清寧三年（一〇五七）十二月庚戌の条に、「職官の部内において仮貸、貿易するを禁ず」と、官僚の利貸、商行為を禁ずる命令が出されている。禁令があったのは、官僚がこれらの行為を行っていたからに他ならず、また藩帥たちも同様であったと考えられる。これは、『遼史』巻二四道宗紀四、大康九年（一〇八三）七月癸亥の条に、「外官部内に銭を貸し息を取る、及び使者民家に館すを禁ず」と見えることで、より明瞭となる。禁令が繰り返されるのは、それが遵守されなかったからに他ならない。ここから、藩帥が利貸、営商により私収を得ていたことがうかがわれよう。さらに、『宋会要輯稿』蕃夷一―二四、契丹、淳化三年（九九二）十二月の条には、

契丹税木監使黄顒、茶酒監使張文秀、関城使劉継隆、張顕、各おの其の属を挈げて帰順す。冠帯袍笏を賜い、帰明院に舎す。顒等皆于越の族なり[53]。

という史料がみられる。末尾に「于越の族」とあるが、この于越は当時南京留守であった耶律休哥を指す。そして、ここに挙げられている来降者の姓名から判断すると彼らは漢人であり、耶律休哥の血縁者というわけではない。おそらく彼らは耶律休哥の部曲であったのであろう。ここで注目すべきは、南京留守（その実体は節度使である）[54]の家臣が、税木監使、茶酒監使といった場務の官につけられていることである。五代の藩鎮体制下においては、場務に藩帥の家臣を派遣して課額以上の収入を挙げ、その増収分を私収していた[55]。上の史料は遼においても同様の状況にあったことを示唆している。この事例は斡魯朶所属州県のものではないが、藩鎮的な支配が斡魯朶所属州県においても行われて

いたことから類推して、恐らくは同様の現象がみられたと考えられる。

はなはだ断片的ではあるが、斡魯朶所属州県において、藩帥たちは斡魯朶及び財政官庁による制約のなかで、直接行政を担当しているという利点を最大限生かして自己の収入を得ていたことが、以上の考察からうかがえよう。これらの収入は、藩帥の個人的な目的に支出されるばかりではなく、唐・五代の藩鎮同様部曲を養うために用いられたとみるべきであろう。

四　渤海の州県制と斡魯朶所属州県

最後に、斡魯朶所属州県と渤海の州県制との関係についてふれておこう。表面的な制度に関して、日野開三郎氏は両者の影響関係を否定している。日野氏は渤海では同一地が州名と府名を同時に持ちうる（たとえば沃州は南海府の府治であったが、府名、州名共に用いられている）のに対し遼ではそれがないことから、遼の州県制は渤海のそれの影響を受けていないと論じている。(56)

州県の社会的な構造の面からも、斡魯朶所属州県と渤海の制度との影響関係は見出しがたい。渤海の地方統治は、首領と呼ばれる在地の支配者たちを中央から派遣された都督や刺史といった官が指揮しており、そのため在地の支配組織が解体されることなく存続していた。(57)東京道の一部における渤海的統治の存続は、東丹国遷徙の際に州県をそっくり移動したことによって生じたものである。(58)他方、斡魯朶所属州県は渤海からの徙民のみで構成されたものは少ない。たとえば、『遼史』巻三七地理志一、懐州の条には、懐州（属県は二）の扶余、顕理の両県はそれぞれ渤海の扶余県、顕理府の民を遷したものとある。しかし、同条によれば、懐州はその後、河北の俘をも住まわせており、渤海人、漢人が雑居している。他の州もほぼ同様である。したがって、たとえ斡魯朶所属州県の構成戸に渤海人が含まれていたとしても、渤海的な州県制を維持したとは考えにくい。

以上より、表面的な制度の上からも、社会の構成の面からも斡魯朶所属州県に対する渤海の州県制の影響はさほどなかったとしてよかろう(59)。

おわりに

斡魯朶所属州県は斡魯朶、「国家」、藩鎮の三者からの控制を受ける存在であった。行政においては、斡魯朶――斡魯朶所属州県、枢密院――斡魯朶所属州県という二つの指揮系統があり、また、州県内部においては藩帥が配下または親族を様々な役職につけることにより、あたかも自己の所領のように運営しうる体制であった。財政においては、税収が斡魯朶と「国家」にそれぞれ分配される一方、藩鎮は様々な方途により合法、非合法に収入を得ていた。とりわけ藩鎮の存在は、斡魯朶や「国家」の斡魯朶所属州県に対する直接の支配を制限する機能を果たしたものとして注目すべきものである。また、これらの三者は遼一代を通じて斡魯朶所属州県に対して関係し続けている。これは、初期より「国家」が斡魯朶所属州県の人事を行っていたこと、斡魯朶と「国家」による税収の分配が末期まで確認されること、後半期においても藩帥の部曲が州県の役職についていたこと、などから確認される（もちろん、三者の斡魯朶所属州県に対する関係の強弱は、時期や地域によって消長はあると考えられる）。これは、前半期の斡魯朶所属州県を私領とみなす傾向にある従来の見解に再考をうながすものであるとともに、斡魯朶と所属州県の関係をほとんど認めない楊若薇氏の所説に対しても修正をうながすものである。

従来、遼における藩鎮の存在は、ほとんど注目されてこなかった[60]。しかし、斡魯朶所属州県においても南京・西京道と同様、藩鎮体制の影響を受けていたことから、遼代史あるいは十世紀以降の東アジア史の研究に新たな視点を提示しうる。第一に、遼において藩鎮体制の影響が広汎に及んでいることは、藩鎮体制について議論する場合には遼の藩鎮を無視できないことを意味する。従来の藩鎮研究は唐宋変革の文脈の中でとらえられており[61]、宋代を帰着点として議論が進められ、そこでは遼の存在は無視されている。そこで、遼を変革のもう一つの帰着点として考え、その結果生み出された社会・経済に藩鎮体制がどのような影響を与えたのかを分析し、その結果から従来の藩鎮体制の研究（とくに唐末・五代）を再検討していく必要がある。これは、序章で述べたように本書を通貫する筆者の視点であるが、ここで改めて確認されたといえよう。第二に、遼代史は二元体制という視点によって研究が進められてきた。これは非常に有効な方法論であるが、本来多様なはずの諸事象が中国（農耕）的なものと契丹（遊牧）的なものの二要素に還元されてしまう、あるいは両者を対立させて考えてしまいがちになるという問題点を内包している[62]。斡魯朶所属州県の議論も、やはりこの問題から逃れられてはいない。前述のごとく、斡魯朶所属州県は皇帝等の私領であるか、「国家」の支配下にあるのかという観点から分析がなされてきた。皇帝等の私領として規定される場合、「北アジア民族特有の制度として存在する頭下州・軍が君主権を通じて特殊化されたもの」とされ[63]、「国家」の支配下にあるとする場合、南枢密院所属の州県すなわち「その形態・実質共に、支那の州県と異ならない」ものとされているように[64]、皇帝等の私領は契丹的、「国家」は中国的な要素にそれぞれ還元されている。しかし、本章で指摘した通り、契丹人有力者が斡魯朶所属州県に節度使などとして赴任し、そこで藩鎮的な支配を行いえたことは、皇帝と契丹人有力者との関係についての従来の見解に再検討を求めるものである。これは、藩鎮を介して契丹社会について検討を加えることでもある。遼の藩鎮の研究は、いうまでもなく中国社会についての考察も求められ、二元体制の議論における二要素を総合的に検討しうるものなのである。これらの遼の藩鎮についての検討は次章以下でさらに検討していきたい。

注

（1）遼代史研究の現状と問題点については杉山正明「日本における遼金元時代史研究」（『中国――社会と文化』一二、一九九七年）を参照。

（2）本章では藩鎮を、地域内の軍事・行政について、一定程度分権的な傾向を持つ（あるいは持ちうる）地方権力と規定する。また、その長官である節度使・刺史など（藩帥）は私兵や家臣を有することが、その指標となるものとする。なお、本章ではこれらの私兵・家臣を部曲と称す。部曲の語は法制上の身分を表す語としても用いられるが、唐末・五代においては本章の意味で用いられる場合が多いようである。部曲の語義については濱口重国『唐王朝の賤人制度』（東洋史研究会、一九六六年）、宮崎市定「部曲から佃戸へ」（『宮崎市定全集（一一）』岩波書店、一九九二年。初出一九七一年）、堀敏一「隋唐の部曲・客女身分をめぐる諸問題」（『中国古代の身分制――良と賤』汲古書院、一九八七年）、日野開三郎「五代史概説」（『日野開三郎東洋史学論集（二）』三一書房、一九八〇年）二四五―二五一頁などを参照。

（3）斡魯朶はモンゴル語・トルコ語で宮帳を意味する ordu, orda の音訳である。本章では「斡魯朶」の語はもっぱら遼のそれをさすものとして用いる。

（4）津田左右吉「遼の制度の二重体系」（『津田左右吉全集（一二）』岩波書店、一九六四年。初出一九一八年）、箭内亙「元朝斡耳朶考」（『蒙古史研究』刀江書店、一九三〇年。初出一九二〇年）、島田正郎『遼代社会史研究』厳南堂書店、一九七八年。初版一九五二年、三和書店）、田村実造「徙民政策と州県制の成立」（『中国征服王朝史の研究（上）』東洋史研究会、一九六四年。初出一九四〇年）、陳述「頭下考」（『歴史語言研究所集刊』八―三、一九三九年）などを参照。その他本章で挙げる斡魯朶に関する諸研究の大半は、斡魯朶所属州県が斡魯朶の主の私領・私民であることを前提に議論が展開されている。また、斡魯朶をめぐる近年の議論については王徳忠・李春燕「遼代斡魯朶問題研究綜述」（『東北史地』二〇〇九―三、二〇〇九年）にまとめられている。

（5）島田氏や田村氏は州県の成立事情によって州県を分類したために、奉陵州に対して一項目を立てられたのであるが、実際には奉陵州は全て斡魯朶に属しているので、本章では斡魯朶所属州県として一括して扱う。
（6）国家は明確には規定しがたい概念である。本章では、遼朝の領域内の政治を運営する機構のうち、より公的な方向性を持つ部分を「国家」と定義しておく。
（7）楊若薇『契丹王朝政治軍事制度研究』（中国社会科学出版社、一九九一年）三九―六二頁を参照。
（8）本書第四章「遼の斡魯朶の存在形態」を参照。
（9）向南『遼代石刻文編』（河北教育出版社、一九九五）所収。以下、特に断らないかぎり、遼代の墓誌等の石刻の引用は同書からのものである。
（10）北府宰相は世選により国舅帳の一族の者が任じられるのが通例であった。これについては姚従吾「説遼朝契丹人的世選制度」（『東北史論叢（上）』正中書局、一九五九年。初出、一九五四年）、島田正郎「宰相府」（『遼朝官制の研究』創文社、一九七八年。初出一九六七年）などを参照。
（11）『通典』巻一五選挙三に「五品以上皆制授。六品以下、守五品以上及視五品以上、皆勅授。凡制、勅授及冊拝、皆宰司進擬」とある。ただし、唐後半期になると制授の対象となる官品の場合でも、勅授が用いられたようである。劉継文が本来その対象ではない太原尹などの官の任命に勅授が用いられたのは、そのためであろう。勅授については内藤乾吉「敦煌出土の唐騎都尉秦元告身」（『中国法制史考証』有斐閣、一九六三年。初出一九三三年）五一―六〇頁、大庭脩「唐告身の古文書学的研究」（『西域文化研究（三）』法蔵館、一九六〇年）二九一―二九三頁などを参照。
（12）『遼史』巻三八地理志二、瀋州の条を参照。また、所属の変更は敦睦宮設置時になされたと考えられる。この事情については本書第四章「遼の斡魯朶の存在形態」を参照。
（13）「累遷南院枢密副使。与杜防、韓知白等擅給進士堂帖、降長寧軍節度使、徙知涿州」
（14）「出南府宰相韓知白為武定軍節度使、枢密副使楊績長寧軍節度使、翰林学士王鋼澤州刺史、張宥徽州刺史、知制誥周白海北州刺史」

（15）墓誌には「於当年六月二十五日歿於行朝西南五里之隅、春秋六十有五。一子一孫、扶護霊輿、来帰故里。以二十六年二月十七日、葬於覇州西北隅」とみえ、覇州が常遵化の故郷であることがうかがえる。
（16）島田正郎「三省」（前掲『遼朝官制の研究』所収。初出一九六八年）四〇九頁を参照。
（17）孫国棟「宋代官制紊乱在唐制的根源」（『唐宋史論叢（増訂版）』商務印書館、二〇〇〇年）一九八―一九九頁を参照。
（18）「李内貞墓誌」は原碑は現存せず、しかも抄録も碑文の抜粋である。したがって、李璟の官銜の記録が不完全な可能性もある。しかし、彼の兄たちはいずれも、実際の差遣、寄禄官、散官、検校官、憲銜、勲官が記されていることから考えると、李璟についても記録の不備はないと見てよかろう。
（19）藩鎮体制下における幕職官の辟召については、礪波護「中世貴族制の崩壊と辟召制――牛李の党争を手がかりに――」（『唐代政治社会史研究』同朋舎、一九八六年。初出一九六二年）、同「唐代使院の僚佐と辟召制」（『唐代政治社会史研究』同朋舎、一九八六年。初出一九七三年）、前掲日野開三郎「五代史概説」、松浦典弘「唐代後半期の人事における幕職官の位置」（『古代文化』五〇―一一、一九九八年）、渡辺孝「中晩唐期における官人の幕職官入仕とその背景」（『中唐文学の視角』創文社、一九九八年）、同「唐後半期の藩鎮辟召制についての再検討――淮南・浙西藩鎮における幕職官の人的構成などを手がかりに――」（『東洋史研究』六〇―一、二〇〇一年）などを参照。
（20）周藤吉之「五代節度使の支配体制」（『宋代経済史研究』東京大学出版会、一九六二。初出、一九五二年）を参照。
（21）「鄭士安実録銘記」に、天慶八年（一一一八）に没した鄭士安が長期間涿州の衙職をつとめ左都押衙で出職したと記録されている。ここでいう衙職は職役とみられ（前掲向南編『遼代石刻文編』六七五頁）、遼末までには職役への転化があったと考えられる。
（22）遼寧省地方志編纂委員会弁公室（主編）『遼寧省志　文物志』（遼寧人民出版社、二〇〇一年）二三二―二三六頁。前掲向南編『遼代石刻文編』および朱子方「従瀋陽塔湾舎利塔石函銘文看遼代瀋州的居民」（『文史研究』一九八七―一、一九八七年）にも採録されているが、ともに抄録である。
（23）藩鎮の支配機構については前掲周藤吉之「五代節度使の支配体制」、厳耕望「唐代方鎮使府遼佐考」（『唐史研究叢稿』香港・

新亜研究所、一九六九年）を参照。

(24) 前掲周藤吉之「五代節度使の支配体制」を参照。

(25) 「瀋陽無垢浄光舎利石函記」は耶律庶幾が瀋州節度使の時のものである。しかし、管見の限りでは「耶律庶幾墓誌」と共通する人物は見出せない。ただし両者の間には十数年の開きがあるので、墓誌に記された人物たちは重熙十三年以降に部曲となったとも考えられる。また、「瀋陽無垢浄光舎利石函記」には二十四名の劉氏、十三名の康氏の人物が記されており、彼らが墓誌の随使左都押衙康源や随使内知客劉作志に関係がある可能性もある。ただし、現時点では不明といわざるをえない。

(26) 本書第三章「遼の『燕雲十六州』支配と藩鎮体制」を参照。

(27) 前掲陳述「頭下考」、前掲島田正郎『遼代社会史研究』、前掲田村実造「徙民政策と州県制の成立」、劉浦江「遼朝的頭下制度与頭下軍州」（『中国史研究』二〇〇〇―三、二〇〇〇年。『松漠之間――遼金契丹女真史研究』中華書局、二〇〇八年に再録）、などを参照。また、私城、頭下州軍の所有は契丹人に限られたものではなかった。

(28) 日野開三郎「藩鎮体制と直属州」（『東洋学報』四三―四、一九六一年）を参照。また、唐後半期から五代にかけての刺史州における直達・直下の消長については、鄭炳俊「唐後半期の地方行政体系について――特に州の直達・直下を中心として――」（『東洋史研究』五一―三、一九九二年）を参照。

(29) 崔益柱「遼代의 宮戸」（『歴史学報』五七、一九七三年）一二三―一二四頁を参照。

(30) 「掌縮版図、生歯無綏、陪四朝之羽衛、覆数郡之刑名」

(31) 武玉環「遼代斡魯朶探析」（『歴史研究』二〇〇〇―二、二〇〇〇年）六二頁を参照。

(32) 「咸雍十年、登進士第。調瀋州観察判官。時遼東雨水傷稼、北枢密院大発瀕河丁壮、以完隄防。有司承令峻急、公鼎独曰、辺障甫寧、大興役事、非利国便農之道。乃疏奏其事。朝廷従之、罷役」

(33) 中村裕一「疏について」（『唐代制勅研究』汲古書院、一九九一年。初出一九八八年）四五二―四五八頁によると、「表」や「状」が批答を加えられて提出人に返却されるなどして必ず何らかの反応が期待できるのに対して、「疏」は皇帝へ一方的に意見を具申するだけで、内容の採否は皇帝の判断に委ねられるもので、極諌などの重要な場面に用いられる文書であった。

(34)「咸雍中、第進士、為松山県令。歳運澤州官炭、独役松山、人望請于中京留守蕭吐渾均役他邑。吐渾怒、下吏、系幾百日、復引詰之、人望不屈。蕭喜曰、君為民如此、後必大用。以事聞于朝、悉従所請」

(35)「有司奏、春、泰、寧江三州三千余人願為僧尼、受具足戒、許之」

(36)これについては傅楽煥「遼代四時捺鉢考五編」（『遼史叢考』中華書局、一九八四年）四六頁に言及がある。ただし、張柏忠・孫進己「遼代春州考」（『内蒙文物考古』一、一九八一年）は、これに異を唱えている。

(37)『遼史』地理志の各州の条によると、これら三州はいずれも軍事的には東北（路）統軍使の指揮下にあった。

(38)前掲楊若薇『契丹王朝政治軍事制度研究』五二―五三頁を参照。

(39)本書第三章「遼の『燕雲十六州』支配と藩鎮体制」を参照。

(40)前掲楊若薇『契丹王朝政治軍事制度研究』五七―五九頁を参照。

(41)「胡人司会之官、雖於燕京置三司使、唯掌燕、薊、涿、易、檀、順等州銭帛耳。又于平州置銭帛司、営、灤等州属焉。中京置度支使、宜、覇等州隷焉。……山後置転運使、雲、応等州属焉。置使雖殊、其実各分方域、董其出納也」

(42)「燕京管下州県所出物色、勘会到在京三司、制置司各管随察院務課程銭、及折算所豁人戸輸納税色、依約見値市価、做銭共五百四十九万二千九百六貫八百文、課程銭一百二十万八千四百十六貫、税物銭四百二十八万四千八百六十貫八百文。三司計四百九十一万三千一百二十貫文、内有房銭諸雑銭一百一十五万八千七百九十八貫文、是院務課程銭、榷、永两塩院合煎塩二十二万石、合売銭三十九万貫文、諸院務合弁売随色課程銭四十三万三千二百一十二貫文、三百七十五万四千四百四十二貫是人戸税租正銭。制置司計五十七万九千六百八十七貫八百文、四万九千三百四十八貫是課程銭、五十三万四百三十八貫八百文是官民税」

なお、引用は光緒四年刊本に依る。当引用個所は版本により異同がある。光緒三十四年刊本では制置司の歳入に関して「制置司計五十七万九千六百八十七貫八百文、官民税銭四万九千三百四十八貫、課程銭五十三万四百三十八貫八百文」としており、光緒四年刊本と税銭と課程銭の額が入れ替わっている。また、文淵閣四庫全書本は「制置司計五十七万九千六百八十七貫八百文、官民税銭闕□二百四十八貫、闕□銭五十三万闕□貫八百文」とあり、欠字があるが、ほぼ光緒三十四年刊本と

表2　光緒34年刊本・四庫全書本「南京会計」の数値

	課程銭	税物（税銭）	計算上の合計
三　司	1,158,798.0貫	3,754,422.0貫	4,913,220.0貫
制　置　司	530,438.8貫	49,384.0貫	579,687.8貫
計算上の合計	1,689,236.8貫	3,803,806.0貫	5,493,042.8貫
「南京会計」の合計数	1,208,416.0貫	4,284,860.8貫	5,493,278.8貫

同内容である。ただし光緒三十四年刊本・四庫全書本では計算が合わない。このうち数値が著しく異なるのは、三司と制置司の税銭、課程銭の合計である。光緒四年刊本の数値で計算した場合には課程銭の総額は一、二〇八、一四六貫、税銭の総額は四、二八四、八六〇・八貫となり、数値がほぼ一致する（計算上の課程銭の総額の数値と「南京会計」での課程銭の総額との差額三七〇貫が計算上の南京の総収入と史料上のそれとの差額と一致することにも注目すべきであろう）。したがって、この場合は計算が合う光緒四年刊本をとるべきと判断した。なお、『三朝北盟会編』の版本については陳楽素「三朝北盟会編考（上）」（『歴史語言研究所集刊』六―二、一九三六年）二〇四―二〇五頁、鄧広銘「影印『三朝北盟会編』序」（『三朝北盟会編』上海古籍出版社、一九八七）を参照。

(43)　周知のことであるが、遼の三司は南京一帯の財政をつかさどる、地方の財政機関である。前引の「契丹官儀」および松田光次「遼代経済官庁の一考察」（『東洋史苑』一〇、一九七六年）、向南・楊若薇「遼代経済機構試探」（『文史』一七、一九八九年）などを参照。

(44)　遼の榷塩制度については、松田光次「遼の榷鹽法について」（『龍谷史壇』七〇、一九七五年）を参照。

(45)　楊若薇氏は以下のような史料を引き、

宰相耶律儼悪人望与己異、遷南京諸宮提轄制置。（『遼史』巻一〇五馬人望伝）

女五人……曰同璋、諸宮提轄制置使李貽訓男石……（「馬直温妻張館墓誌」）

いずれの史料においても制置と提轄を連称していることから制置司は提轄司と同じ官庁を示すと論じている。

(46)　前掲津田左右吉「遼の制度の二重体系」、前掲楊若薇『契丹王朝政治軍事制度研究』を参照。ただし、提轄司所属の人戸の居住地に関しては、両氏の意見が異なる。津田氏は営衛志に記載されている提轄司の所在地と、所属人戸の居住地が同一と考えているのに対し、楊氏は両者は必ずしも一致せず、提轄司の所在地としては南京道方面が圧倒的に多いが、所属人戸の居住地はむしろ東京・上京・中京の三道に集中していると論じている。楊氏は（1）『遼史』地理志に見える上記三道の各州県の建置を見ると、「提轄司戸を以て置く」と表現されているものが多い（2）東京道にある信州の建置の記事に、「平州提轄司の戸を析した」（『遼史』巻三八地理志二）とあり、あるいは上京道に属す定覇県や保和県が東京提轄司の人戸によって建てられたりしているが、これは提轄司の所在地と所属人戸の居住地が明らかに違うことを示す（3）文忠王府所属の州県であった東京道の宗州が後に提轄司に所属することになったが、文忠王府の提轄司は東京にはない、という三点を根拠としている。

筆者は津田説を支持するが、その根拠を示しておこう。（1）提轄司の戸を以て州を増置したために、東京以下の三道の提轄司が減少したと考えられる（2）『遼史』巻三九地理志三、隰州の条に「聖宗括帳戸遷信州、大雪不能進、建城於此、置焉」という記事がある。隰州は現在の錦州市付近にあった州であるが、この州を経由して信州に向かうとすれば、出発点は隰州より西と考えられる。つまり平州に居住する平州提轄司戸を信州に徙民することは十分考えられる（3）提轄司は「南京会計」に見えるように、財政官庁としての性格を持つ。そして、提轄司の所在地は南京・西京道という遼における経済先進地域である。以上の三点を考え合わせると提轄司が東京・上京道の州県を構成しえない小集落から収入を得たとするより、南京・西京道から得たとみるのがより妥当であろう。

また、提轄司については朱子方「遼宋提轄官比較研究」（『社会科学輯刊』一九九九―一、一九九九年）、および李桂芝「遼朝提轄司考」（『学習与探求』二〇〇五―二、二〇〇五年）がある。朱氏の論は遼の提轄司は『遼史』百官志にみえる斡魯朶の提轄司のほかにもあったことを明らかとしている。李氏は提轄司が軍事的機能のみならず、漢人に対する政治・経済・社会方面の統治に一定の機能を果たしたと論じる。ただし、両氏の斡魯朶の提轄司の理解は従来の見解の範囲を超えるものではない。

（47）「頭下軍州……官位九品之下及井邑商賈之家、征税各帰頭下、唯酒税課納上京塩鉄司」

（48）「十宮院制置司、奉聖州、平州亦各有十宮院司、檀州有彰愍宮、行唐県属焉」

（49）「契丹官儀」は余靖が「凡接送館伴使副、客省、宣徽、至門階戸庭趨走卒吏、盡得款曲言語、虜中不相猜疑、故詢胡人風俗

頗其詳。退而誌之、以補史之闕焉」と述べるように、遼の官僚たちから得た情報にもとづいた記録であった。

(50)　漆俠『遼金夏経済史』（河北大学出版社、一九九四年）、陳述「論遼代的財政」（『紀念顧頡剛学術論文集』巴蜀書社、一九九〇年）などを参照。

(51)　前掲日野開三郎「五代史概説」二一〇―二一四・二五八―二六三頁は、これらの方法を、（1）両税などの額外加徴（2）名目外収斂（3）監徴（商税徴収の場務）の私置（4）利貸（5）質店経営（6）営商（7）場務請負による余剰利得（8）影庇（9）奪財乾没（10）干求納賄（11）私産の利息（12）その他、に分類している。

(52)　「改錦州永楽令。先是州帥以其家牛羊駝馬、配県民畜牧。日恣隷僕視肥瘠、動撼人取銭物、甚為奸擾」

(53)　「契丹税木監使黄顒、茶酒監使張文秀、関城使劉継隆、張顕、各挈其属帰順。賜冠帯、袍笏、舎於帰明班院。顒等皆于越之族也」

(54)　本書第三章「遼の『燕雲十六州』支配と藩鎮体制」を参照。

(55)　清木場東「五代の商税に就いて――税場政策を廻って――」（『鹿大史学』二〇、一九七二年）、前掲日野開三郎「五代史概説」を参照。

(56)　日野開三郎「渤海の扶余府と契丹の龍州・黄龍府」（『日野開三郎東洋史学論集（一五）』三一書房、一九九一年。初出一九五一～一九五二年）三八五―三八六頁を参照。

(57)　渤海の地方統治体制については、河上洋「渤海の地方統治体制――一つの試論として――」（『東洋史研究』四二―二、一九八三年）を参照。

(58)　本書第一章「東丹国と東京道」を参照。

(59)　斡魯朶所属州県と直接関係しないが、河上洋「遼の五京の外交機能」（『東洋史研究』五二―二、一九九三年）は遼の五京の外交機能を論じ、それが渤海の五京あり方を継承したものとしている。したがって、遼朝が州県を運営するに当たり、渤海の制度を全く参照しなかったわけではなく、斡魯朶所属州県についても渤海の影響を受けていなかったと断言はできない。

(60)　遼の藩鎮について正面から取上げた研究は管見の限りでは、王曾瑜「宋遼金之節度使」（『大陸雑誌』八三―二、四、一九九一年。のち、『点滴編』河北大学出版社、二〇一〇年に再録）および前掲拙稿「遼の『燕雲十六州』支配と藩鎮体制」のみである。ただし、王曾瑜氏の研究は遼の節度使が実職を持つのか否か、および州名と軍号の対照という基礎的な史料の整理にとどまっている。

(61) たとえば、伊藤宏明「唐末五代政治史に関する諸問題――とくに藩鎮研究をめぐって」（『名古屋大学文学部研究論集』八六、一九八三年）一二一頁は「いわゆる唐宋変革の歴史的性格を貴族政治から君主独裁政治への転換ととらえた故内藤湖南が、その貴族政治の崩壊の一つの素因を軍隊制度、すなわち藩鎮体制に求めとことはおそらく異論のないところであろう。この提言を受けて……さまざまな側面から藩鎮体制の分析がなされ、その構造的特質が次第に明らかにされていった。その中で唐宋変革の究明に多くの成果があげられた」と述べる。

(62) 前者の問題は本書第一章「東丹国と東京道」で論じた。

(63) 前掲田村実造「徙民政策と州県制の成立」二九〇頁を参照。

(64) 前掲島田正郎『遼代社会史研究』二二九頁を参照。

第六章　頭下州軍の官員

はじめに

『遼史』巻三七地理志一、頭下軍州の条に、

頭下軍州、皆な諸王、外戚、大臣及び諸部従征の俘掠、或は生口を置き、各おの団集せしめ州県を建て以て之に居らしむ。横帳の諸王、国舅、公主州城を創立するを許し、自余城郭を建てるを得ず。朝廷州県の額を賜う。其の節度使朝廷之を命じ、刺史以下皆な本主の部曲を以て焉に充つ。官位九品の下、井邑商賈の家、征税各おの頭下に帰し、唯だ酒税上京塩鉄司に課納す。(1)

と記される頭下州軍は、その私城的な性格から遼代の地方制度の特徴として、多くの研究者の関心を惹きつけた。(2)従来の頭下州軍の研究の視点は、つぎの四点に大別される。

第一は、歴史地理的考証である。これは各史料に記録された、頭下州軍の現在地を比定する作業が中心となっている。

第二は「頭下」の語源の追究である。これは契丹語起源説と漢語起源説に大別される。日本では周藤吉之氏が史料を博捜して漢語起源を立証して以来、(3)おおむねこれが支持されているようである。ただ、近年中国では劉浦江氏が契丹語起源説を主張し、漢語起源説を主張する李錫厚氏との論争が行われている。(4)

第三は政治史的考察である。これは大抵、遼における君主権の伸長の過程として論ぜられる。『遼史』地理志等の史料には、有力者の「私城」を没収して、一般州県や斡魯朶所属州県に編入する事例が多数見られる。[5]この「私城」を頭下州軍と解し、かかる事態の起きた背景として、君主権の伸長があったとみるのである。[6]

第四は、身分制・社会経済史的考察である。これは、史的唯物論の観点から遼代の契丹社会をどの発展段階としてとらえるべきかが議論の根底にある。従来の見解は、頭下州軍下の人々を奴隷とみるものと、農奴のような半自由民、あるいは自由民とするものに分かれる。[7]ただし、前者の解釈を取る場合でも、前述の頭下州軍の国家による回収を奴隷解放ととらえ、遼代に契丹社会は奴隷社会から封建社会へと変化しつつあったとの見解が大勢を占める。[8]

以上の四つの視点からの研究は、それぞれ一定の成果を挙げているが、従来の研究では十分に活用されていない史料群がある。それは頭下州軍にかかわる人物たちの伝記資料である。これらの大半は近年出土した墓誌を中心とした石刻史料であることが、従来活用されなかった原因である。したがって、近年の研究では次第に言及されはじめているが、さらなる分析が求められるものである。

そこで、本章では石刻を中心とした伝記資料を用い、頭下州軍の官員の経歴を分析し、それにより頭下州軍の性格および遼朝官制における頭下州軍の位置づけを明らかにする。この問題を考察するにあたり、前引の『遼史』の「其の節度使朝廷之を命じ、刺史以下皆な本主の部曲を以て焉に充つ」という一文に着目する。この文自体は、頭下州軍の人事権の所在を議論する際に必ず言及されるものである。しかし、文中の「部曲」の語については複数の解釈が可能にもかかわらず、取り立てて考証されていない。[9]その結果、頭下州軍を構成する重要な要素である「部曲」の存在について、研究者の間で共通の理解を得られないままになっている。[10]唐末から五代にかけて「部曲」の語は藩鎮の私兵・家臣を意味する場合が多い。この意味で「部曲」を解釈すれば、頭下州軍の官員を唐末から五代という時代と関連づけて考えることが可能となる。しかし、『遼史』の用例では、「部曲」を他の意味、すなわち、賤民に分類される法制上の身分と解釈できる場合が多い。こちらの解釈をとれば、頭下州軍と唐末・五代との直接の対比はできなくなる。つまり、「部曲」の解釈如何によって、頭下州軍の性格づけに変化がもたらされる可能性があり、等閑視できない問題なのである。(11)

それでは、これらの問題について、次節以下で具体的に検討しよう（なお本章では以下、本文中で部曲と表記した場合には法制的な身分を、「部曲」と表記した場合には私兵・家臣をそれぞれ意味するものとする）。

一　「陳万墓誌」にみえる頭下州軍の官員の地位

頭下州のひとつである壕州（豪州・濠州とも表記される）の刺史となった陳万は、その後涿州刺史に転じている。涿州は頭下州軍ではない一般の州県に分類される。頭下の官員と一般の州県の官員が相互に任用されるというこの事例は、どのように解釈すべきであろうか。可能な解釈は四つある。第一は中央の官僚が頭下に赴任したという可能性である。これは、『遼史』地理志にみえるように節度使が朝廷の任命によったのと同様、刺史以下の人事にも中央の影響が及んだものと解釈することになる。かかる事例は、従来の研究でもその存在が指摘されており、陳万の場合もそれに相当する可能性は十分ある。第二に、部曲の身分のまま一般の州県の官となったという解釈である。第三は、元来頭下の部曲であったが、身分を解放されて良民となったという解釈である。第四は、陳万がはじめから良民として頭下の領主につかえていたという解釈である。この場合、陳万は「部曲」であったと解釈することになる。

まず、第一の解釈であるが、「陳万墓誌」(12)には、年卅五、荘宗皇帝涿州副使に除授す。年卌、大聖皇帝宣命□□を奉じ故国舅相公に従い入国す。尋で聖旨を授かり、豪刺軍使に除せらる。年卌五、皇帝東のかた渤海国を□つに従い、当年収下す。年卌七、又た嗣聖皇帝の神歓二州を伐つに従い、当年又下す。年五十五、皇帝司徒戦伐功高なるを知り、軍を改め豪州と為し、司徒を除して刺史官と為し司空を加う。後大行皇帝涿州刺史官に除し、司徒を加う。年七十、司徒乃ち孤独を恤み、徭役を省き、展しむるに時を以てし、野に凶党無く、門戸扃さず、四人業を楽しみ、善からず無し。秩満ち、卻て来りて入国す[13]。

とある。文中の故国舅相公とは、その呼称および陳万が入遼した時期から蕭阿古只と考えられる[14]。また、豪州について、『遼史』巻三七地理志一は「壕州、国舅宰相南征するに、漢民を俘掠し、遼東西安平県の故地に居らしむ[15]」とあり、国舅宰相、国舅相公は同義と考えられ、さらに国舅相公に従った陳万が豪州刺史に任ぜられたことから、豪州は蕭阿古只が建置したものとされている。したがって、涿州副使であった陳万は幽州方面を攻略した蕭阿古只に降り、そのまま阿古只の私城である豪刺軍（のちの豪州）の官とされたとみるべきであり、陳万が中央から頭下に派遣された官とするのは妥当ではない。墓誌では「尋で聖旨を授かり、豪刺軍使に除せらる」とあって、朝廷の任命によるかのごとく記述されているが、従来の研究で明らかにされているように[16]、頭下の官の叙任には朝廷の承認が必要とされていたのでこのような表現がなされているに過ぎないとみるべきであろう。したがって第一の解釈は成り立ちがたい。

つぎに第二の解釈について考えてみよう。陳万の次子延貞の墓誌である「陳公之銘[17]」には、

又燕主令公其の労効を認め、□以（缺）当時天順皇帝の□□軍に補充せらるを蒙り、従（缺）尚書。又二年奉頭（缺）左廂都指揮使、銀青崇禄大夫、検校司空、□□□□州諸軍事（缺）州刺（缺）又□年に宣を奉じ左千牛衛上将軍に充てらる。宋国（缺）簡、随処の蒸黎は愬する有り、至る所の圄圄は、私する無し、政（缺）労能を顕備

す、方に又真命新恩に在り、再（缺）金州諸軍事、行金州刺史、充本州防御使（缺）、豈に災纏略ぼ痊可すと謂わんや。乃ち神医も效す靡し。窀穸有（缺）日庚午、蒿里に葬帰す。[18]

とある。欠落のために不明な点も多いが、その官歴をみると、穆宗から景宗朝にかけて軍の指揮官を歴任し、「随処之蒸黎有懣、所至之囹圄無私」と地方の行政を担当したことを暗示する記述があるので、最終的には刺史になったと考えられる。この間に蕭阿古只の家系に関わる官についた記録は全く見られない。また、「燕主令公認其労効」という記述は、これだけでは不明瞭であるが、応暦五年（九五五）に立碑された「北鄭院邑人起建陀羅尼幢記」[19]および「陳万墓誌」は陳延貞の官を「南京青白軍使」としているので、彼が南京留守によって労効がみとめられ、南京の官についたことがわかる。また、「燕主令公」は天禄二年（九四八）から四年（九五〇）まで南京留守であった耶律牒蝋と考えられる。[20]そして、「陳万墓誌」には、大行皇帝すなわち世宗のときに涿州刺史に任ぜられたとあり、[21]少なくとも七十歳であった天禄三年（九四九）までは在任したことが明らかである。したがって、陳延貞の任官は、父とともに涿州に赴いたときに、涿州を統轄している南京の長官に認められた結果とみることができる。また、ここで注意しなければならないのは、人事の主体が南京留守にあったことである。

陳万がもしこの時点で蕭阿古只の部曲であるとするならば、息子の延貞も同じ境遇であったとみなければならない。そして、耶律牒蝋に辟された結果、その主が変更されたと考えるべきである。ところが、天禄末に耶律牒蝋は謀叛により誅殺されたにもかかわらず、応暦年間以降も陳延貞は南京の官に留まっているのである。もし、陳延貞が耶律牒蝋の部曲、つまり所有物であったならば、当然牒蝋誅殺にともない何らかの処置がとられたはずである。しかし、実際にはそのようなことはなかったのであるから、陳延貞は部曲ではなかったと考えるべきであろう。以上のことから第二の解釈も成り立ちがたい。

つぎに第三の解釈についてであるが、この解釈では矛盾が生じてしまう。「陳万墓誌」には、

長子延煦、素より詩礼に敦し、夙に仁人を蘊え、官清にして秋毫も犯さず、威愛冬日に同じき有り、見に豪州提挙使に任ぜられ、官は左僕射たり。[22]

とあり、陳万の長子延煦は応暦五年（九五五）に陳万が没したときに豪州の官であった。もし、頭下の官がすべて領主の部曲であるならば、この時点で延煦は部曲である。しかし、父の陳万は涿州刺史となった時点で良民となっていたとすれば、その子供たちも同時に良民となっていたと考えるべきであろう。実際に、前述の「陳公之銘」によれば、延煦以外の息子は、豪州をはなれて他所で官についており、良民になったとすることができる。おそらく延煦も例外であるまい。そうすると、頭下の官は部曲が任じられるという前提が崩れてしまうのである。[23]以上の考察により、第三の解釈も成り立ちがたい。

最後に第四の解釈が残るが、この解釈ならば上述の第一から第三の解釈で起きた問題は発生しない。まず、豪州刺史から涿州刺史の転任は、蕭阿古只の「部曲」という附庸の臣から、朝廷の直臣へと立場が代わったに過ぎない。また、頭下の官の法的地位が良民の場合もありえたとすれば、長子の延煦が再び豪州の官についたとしても、なんら矛盾は生じない。

そしてなにより、次子陳延貞の官歴は、陳万の行動を考えるうえでの重要な手がかりとなる。陳延貞は先述の如く、南京留守の耶律牒蝋に辟召されて南京の官につき、軍の指揮官を経て最終的には州刺史となっている。この官歴は、藩鎮体制下における武人の典型的な昇進過程で、彼らは初めは藩帥の「部曲」という立場から、朝廷から直接任命を受ける直臣へと変化していくのである。たとえば、『新五代史』巻四七雑伝、劉景巌の条には

劉景巌、延州の人なり。其の家素より富たり、能く貲を以て豪俊と交游す。高万金に事え部曲と為り、其の後丹

州刺史と為る[24]。

と、延州の富民である（とすれば、賤民とは考えがたい）劉景巖の「部曲」から刺史への昇進の記述がみえ、また、『旧五代史』巻一二九李建崇伝にも、

漢初、入りて右衛大将軍と為る。年七十を逾えるも、神気衰えず。建崇始め代北自り武皇に事え、是に至りて四十余年、前後掌る所の兵、麾下の部曲多く節鉞に至るも、零落して殆んど尽く、唯だ建崇位藩屏に及ばざると雖も、康強自適、以て期耋に至る[25]。

と李建崇の「部曲」の多くが節鉞、すなわち節度使にまで昇進したことを伝えている。そして、陳万の官歴をみると、蕭阿古只の「部曲」から軍使、刺史へと昇進しており、やはり同様に傾向をもっていたといえよう。また、蕭阿古只は太祖淳欽皇后の弟であり、かつ建国の功臣のひとりに列せられる有力者であったので、その麾下にいれば栄達が十分に見込めたことも見逃してはなるまい。

二　その他の頭下州軍の官員の事例

前節では陳万について考察したが、それ以外の頭下州軍の官員については同様のことが言えるであろうか。本節では、出自や経歴のうかがえる頭下州軍の官の事例を分析し、それについて検討しよう。

1　胡　嶠

「陥虜記」の著者として知られる胡嶠は、従来ほとんど指摘されていないが頭下に関わる人物である。『新五代史』

巻七三四夷付録二、契丹の条所引、胡嶠「陥虜記」に、

初め蕭翰徳光の死せるを聞き、北帰す、同州郃陽県令胡嶠有り翰の掌書記と為り、随いて契丹に入る。而して翰の妻妬を争い、翰の謀反を告げ、翰殺さる、嶠依る所無く、虜中に居ること七年。周広順三年に当り、中国に亡帰す。（中略）嶠日見する所、述律を囚へ、徳光を葬る等の事、中国の記す所と差異あり。已にして翰罪を得鎖を被るに、嶠と部曲、東のかた福州に之く。福州翰の治むる所なり。（後略）[26]

とみえる。史料中、蕭翰の治所とされる福州は『遼史』巻三七地理志一で頭下州として記載されている福州と同一のものである可能性がある。

福州。国舅蕭寧建つ、南征俘掠漢民もて居す、北安平県の故地なり。原州の北二十里に在り、西北上京に至る七百八十里、戸三百。[27]

ただし、両者を同一のものと見なすためには、まず福州の建置者である蕭寧について明らかにしておく必要があろう。多くの先学は、蕭寧を『遼史』巻八八に立伝されている蕭排押に比定している。[28]『遼史』巻一五聖宗紀六、開泰元年（一〇一二）三月乙酉の条には、

詔して日をトし拝山、大射柳の礼を行う、北宰相、駙馬、蘭陵郡王蕭寧、枢密使、司空邢抱質に命じ有司を督し儀物を具えしむ。[29]

と蕭寧の名がみえるが、『遼史』巻八八蕭排押伝には、

宋と和議成り、北府宰相と為る。（中略）排押開京に入り大いに掠して還り、帝之を嘉し蘭陵郡王に封ず。開泰二年宰相を以て知西南面招討使たり。[30]

とあり、開泰元年における官爵がともに北府宰相、駙馬、蘭陵郡王であることからこの結論が導き出される。しかも

排押は聖宗朝にしばしば行われた南征にも参加しているので、福州の建置者と見なすことは可能である。しかし、高橋学而氏は、これに対し重熙十五年に撰述された「晋秦大長公主墓誌」[31]にみえる公主の孫の蕭寧に比定している。[32]その根拠は、福州の所在地を現在の遼寧省康平県包家屯郷三合城としたうえで、附近の遼墓群が蕭適魯・蕭忽没里を祖とする所謂国舅大父房の家系のものであると考えられ、同地域の古城址も、その一族に関わるものであると見なせることである。そして、長公主の孫は蕭適魯・忽没里の一族であり、一方の蕭排押は蕭阿古只を祖とする国舅少父房の一族であるので、前者が福州の建置者としてより妥当であるとしたのである。[33]ちなみに長公主の孫の蕭寧は、その活躍年代から見て、『遼史』巻一九興宗紀二、重熙十年（一〇四一）六月戊寅の条に、

蕭寧、耶律坦、崔禹称、馬世良、耶律仁先、劉六符を以て賀宋生辰使副に充て、耶律庶成、趙成、耶律烈、張旦を来歳賀宋正旦使副に充つ。[34]

とみえる蕭寧と同一人物と見られる。[35]

墓地の分布から、福州を蕭適魯・蕭忽没里の系統に属す人物によって置かれたとする、高橋氏の説は、傾聴に価する。ただし、長公主の孫の蕭寧とするのは無理があろう。墓誌によれば、晋秦長公主は乾亨三年（九八一）に結婚しているので、その孫が澶淵の盟の結ばれた統和二十二年（一〇〇四）に成人しているとは考えがたい。すると、福州が南征時に俘虜となった漢人を中心として構成されたという地理志の記述と齟齬をきたす。したがって、長公主の孫の蕭寧を福州の建置者とする高橋氏の説には再考の余地があろう。

上にみたように、複数の蕭寧が存在し、また蕭寧が他の人物の別表記である場合があるので、蕭翰が史料上で蕭寧と記されていることは十分考えられる。そうなると、「陥虜記」にみえる福州が地理志の福州である可能性を否定することはできない。[36]頭下ではない州として福州の名は伝えられていないことを考えると、いずれにせよ、「陥虜記」

の福州は蕭翰の私城、頭下であったとみなして問題なかろう。

胡嶠は蕭幹誅殺後に福州から逃亡して後周の広順三年（九五三）に中原に戻ったのであるが、蕭翰が誅されたのは天禄三年（九四九）のことであるから、胡嶠は数年間は福州に居住していたと考えなければならない。胡嶠が福州に至ったのは、彼が宣武軍掌書記となったのがきっかけである。周知のごとく掌書記は藩鎮の幕職官のひとつである。頭下州軍の官制は不明な点が多いが、頭下州軍のひとつである豪州には、幕職官である軍事判官の存在を示す史料があるので(37)、他の頭下州軍においても幕職官が設置されていた可能性は十分にある。したがって福州でも胡嶠が幕職官に任ぜられた蓋然性は高い。そうなると、つぎに胡嶠が蕭翰の部曲であったのかが問題となる。胡嶠は同州部陽県令のとき蕭翰の配下となり、宣武軍（汴州）の掌書記に就任したのであるが、蕭翰の兵のみならず、遼の兵が同州周辺まで入ったという記録はない。したがって、胡嶠は俘虜となったのではなく、おそらく五代における幕職官の通常の任用方法、すなわち辟召によって掌書記となったと考えるべきである。換言すれば、胡嶠は蕭翰の賓客となったわけである。したがって、頭下の官となった胡嶠は決して部曲であったわけではない。また、福州にまで赴いたのは蕭翰が当時隠然たる勢力を持っていた皇太后の甥という立場にあり、彼自身も皇帝から占領地である河南の統治を任されるほど重用された人物であったからと考えられる。つまり蕭翰の幕下にいればその後の昇進の可能性が十分見込めたのである。しかし、蕭翰は「陥虜記」あるいは『遼史』にみえるように謀反をおこした罪を問われ誅殺されてしまう。胡嶠が中原に戻るのはその結果遼朝での栄達の道が閉ざされたと感じたからであろう。

2　張建立

『遼史』巻三九地理志三に、

楡州、高平軍、下、刺史。本と漢臨楡県の地、後右北平驪城県に隷す。唐載初二年、鎮州を析し黎州を置き、靺鞨部落を処す。後奚人の拠る所と為る。太宗南征し、横帳解里俘する所の鎮州の民を以て置く。開泰中没入し、中京に属す。統県二。(38)

とみえる楡州は、開泰年間に没入するまでは頭下州であったことがわかる。頭下時代の楡州の官であった張建立の墓誌が近年出土しているので、これについて検討をしてみよう。

「張建立墓誌」(39)は、彼の生涯について次のように記している。

清河僕射、平州盧龍県破盧里の人なり、諱は建立。父曾て滄州馬歩軍都指揮使を授かる、諱は守貞、母は鄭氏。仕族□□□□具述。前勲公門伝官、爵跡本海隅荒す。鶏叫きて舞袖鉄を開き、馬揮いて雄風□を振わす、□□弑主。北のかた居家を揚威するを聞くも、奈ぞ辺境多虞、因りて滋ます化に向い、身先皇の眷沢に浴沐す。諸難を遍歴するの後、楡州刺史、兼蕃漢都提轄使に任ぜらる。天顕五年十月十六日疾公府に染まる、春秋四十有七、権に宅外西地に葬る。(40)

張建立が遼に入った理由について、田立坤・馮文学氏は「弑主。北聞揚威居家」という一節がそれを知る手がかりであると指摘する。(41)また、朱子方氏は「弑主」は九一二年に後梁の太祖朱全忠が朱友珪に殺された事件を指し、張建立の入遼の直接の契機ではなく、その時期を示すものであるとし、この年に起きた耶律剌葛による平州（平州は張建立の本籍地である）攻撃により張建立が遼に降ったと主張している。(42)朱氏の説は「弑主」と張建立の入遼の関係をあまり重視しないが、後述のように「弑主」という事件が張建立の生涯に直接影響を与えた可能性が十分に考えられるので、検討の余地がある。そこで、張建立の入遼の事情を改めて考察してみよう。

まず、注目しなければならないのは、張建立の父が滄州馬歩軍都指揮使であったことである。墓誌には入遼以前の官歴が記されていないので、張建立は父に従って滄州にいたと考えられる。張建立の生前に滄州で「弑主」とみなしうる事件が、入遼の原因となったと考えられる。それに相当するものが二つ考えられる。一つは、『旧五代史』巻一三五僭偽列伝、劉守光の条に、

乃ち仁恭を虜え幽州に帰り、別室に囚う。仁恭の左右、婢媵に迨まで、守光と協わざる者畢な之を誅す。其の兄守文滄州に在り、父囚わるを聞き、兵を聚め大いに哭し、之に諭して曰く、哀哀なるかな父母、我が劬労を生ず。古自り豈に子の讐する者有らんや、吾家此の梟獍を生がさば、吾が生死するに如かず、と。即ち滄、徳の師を率い之を討つ。(中略)時に守光の驍将元行欽之を識り、擒われ、滄兵師を失い自ら潰す。守光乃ち兄を別室に縶ぎ、囲うに叢棘を以てし、勝ちに乗じて滄州に進攻す。(中略)城を以て守光に降り、守文尋で亦た害に遇う。(43)

とみえるものである。この一連の事件は『資治通鑑』などによれば開平元年(九〇七)から開平四年(九一〇)初にかけて起きたものである。この事件の場合、劉守光が父仁恭を幽閉したこと、乃至は滄州節度使の劉守文を殺害したことを「弑主」と表現したことになる。いまひとつは、『資治通鑑』巻二六八後梁紀三、太祖乾化二年(九一二)三月庚子の条に、

義昌節度使劉継威年少にして、淫虐なること其の父に類す、都指揮使張万進の家に淫し、万進の子怒り、之を殺す。詰旦、大将周知裕を召し、其の故を告ぐ。万進自ら留後を称し、知裕を以て左都押牙と為す。(44)

とみえるものである。この場合は文字通り張万進がその主である劉継威を弑したことになる。いずれがより妥当かは明らかにしえないが、これら事件による滄州の混乱が張建立の入遼の原因となったと考えられる。

これらの事情から考えると、張建立の入遼は亡命であるとみるのが妥当である。(45)このことは、頭下に所属する者は必ずしも俘虜である必要がなかったことを示している。張建立がどのような経緯で楡州へ来たのかが不明瞭なので明

確なことはいえないが、少なくとも部曲となったわけではなさそうである。なぜなら、「張建立墓誌」によると張建立の子の張彦英は楡州および恵州の刺史となっているからである。恵州は頭下州ではない一般の州である。先述の陳万の事例から考えて、このことは張氏一族が部曲ではなかったことを示すものといえる。したがって、張建立の事例は亡命者が主体的に、かつ良民として頭下に所属するという動きをとる場合が存在したことを物語るものである。ちなみに楡州の主である横帳解里は『遼史』巻七六に立伝されている耶律抜里得に比定されている(46)。本伝には、

耶律抜里得、字は孩鄰、太祖の弟剌葛の子なり。太宗即位し、親愛をもって任ぜらる(47)。

とあり、彼が太祖の甥であり、また太宗に重用されていたことがうかがえる。つまり、解里＝抜里得の麾下に入れば、その後の栄達を十分に望めたのである。

張建立については、さらに注目すべきことがある。『秋澗先生大全文集』巻四八「盧龍趙氏家伝」に趙思温の五女が張建立の子の張彦英に嫁いだと記されているのである。趙思温は太祖・太宗に仕えた漢人有力者のひとりで、この史料の後段に「趙氏五季自り今迄三百余年、子孫蕃衍すること千人に幾し、忠伝え学継ぎ、世よ其の美越を済し、宦游を事とせざる者、学術行義、亦た昭晰たり。時に韓、劉、馬と共に称して燕の四大族と為す(48)」とあるように、元代に至るまで繁栄した一族の祖である。また、趙思温の他の娘は天雄軍節度史韓匡美（韓知古の子）や尚書令判三司韓徳枢（韓延徽の子）といった有力家系に嫁いでいる(49)。ここから、張建立の一族が、これらの有力家系からの支援による自らの繁栄を十分に期待しえたことがうかがえる。また、当時の漢人有力者と婚姻関係を結ぶことができたことは、張建立が部曲ではなかったことの証左ともなろう。

3　閻　貴

『遼史』巻七九耶律阿没里伝に次のような記録がある。

阿没里性聚斂を好み、征に従う毎に掠す所の人口、聚めて城を建て、豊州と為さんことを請う、就きて家奴閻貴を以て刺史と為す、時議之を鄙とす。[50]

ここで耶律阿没里の行動について「時議鄙之」とされている。これについて、陳述氏は家奴の閻貴を刺史にしたのが非難されたのではないかと推測している。[51] また、劉浦江氏は地理志に「横帳諸王、国舅、公主州城を創立するを許し、自余城郭を建てるを得ず」と規定された、頭下州の建立資格が耶律阿没里にはなかったからであると論じている。[52] 史料の文脈に則して考えてみると、この逸話は耶律阿没里が「聚斂を好んだ」ことを述べているのであるから、話全体が聚斂を好むことの説明であり、また「時議鄙之」の対象となったといえよう。この話は三つの部分から構成される。第一は遠征のたびに人口を掠めて私城を建てることである。これは、人口を聚めることに奔走する姿自体がすでに聚斂とみなすことができる。第二は私城に州額を賜るように要請したことである。これはおそらく州額を賜ることにより、それがない場合よりも領主のもとに入る収入が増えるからと考えられる。劉浦江氏の論ずるように、資格を逸脱していることも非難の対象となったかもしれない。第三は家奴をその州の刺史としたことである。これは、家奴を刺史とすることで、より自分に有利に聚斂を行うことができると見なされたからであろう。

ところで、この「家奴」とは具体的にはどのような存在であろうか。『遼史』の用例を検索すると、その大半は「某人の家奴某」と人名を示すのみで、具体的な性格を明確にしがたい。しかし、次の『遼史』巻三一刑法志下の史料が参考になるかもしれない。

興宗即位（中略）郡王貼不の家奴弥里其の主の言怨望に渉るを告ぐ、之を鞫すも験無し、反坐に当たるも、欽哀皇后の裏言を以て、竟に罪を加えず、亦た其の主に断付せず、僅に焉を籍没するのみ。[53]

島田正郎氏はこの史料について「部曲奴婢の本主に対する誣告罪が、常人と一律に解されていたか否かは、右の一事例のみでは明かでない。併しながら、遼の刑律に於いては、謀反大逆以外の本主の罪を部曲が告訴することは、禁遏されていたから、その誣告罪に就いて規定しなかったのは当然である。元来怨望は、遼の刑律に於いては（中略）死罪を科されていたことは明かである。従ってその反坐の場合、死の科されるのは当然である（後略）」として、唐律の闘訟律の「部曲奴婢告主」の規定との関連を指摘している。(54) 現存の史料ではこれにたいする有力な反証は見いだせないので、「家奴」を奴婢などの賤人と考えてよさそうである。とすれば、「家奴」閻貴を刺史にしたことが非難されたのは、奴婢や部曲を頭下州軍の官員にすることが通常はなかったとみるのが妥当であろう。これは、前述の胡嶠・陳万・張建立が良民であったことが決して例外的な事例ではないことを明らかにするものといえる。

三　遼朝官制における頭下州軍の官員

本節では遼朝官制全体において頭下州軍の官員がどのように位置づけられるのかについて検討を行う。その際に、次の二点について主に考察する。第一は、頭下州軍の官と、他の州県のそれとの間にいかなる地位の相違があったのかという点である。具体的にはいかなる位階の人物が頭下州軍の官になったのかについて検討する。第二は、「部曲」から昇進するという頭下州軍の官のあり方が、遼朝官制の中でどのように位置づけられるのかについての考察である。

1　頭下州軍の官の位階

頭下州軍の官の位階（階官）について示す史料はあまりないが、そこから判断する限りでは、他の州県の官との違いは見られない。管見の限りで、頭下州軍の官になる前後の階官が明確な人物の事例はつぎの三例である。

趙匡符　鳳州刺史―保静軍節度使（『遼史』巻一〇聖宗紀一、統和三年四月壬午の条）

劉裕　建州節度使―川州節度使―懿州節度使（「劉祜墓誌」[55] 寿昌五年撰述）

陳万　豪州刺史―涿州刺史（「陳万墓誌」）

遼制において、刺史や節度使といった州の長官は、職事官であると同時に階官でもあった[56]。したがって、頭下州の刺史や節度使から他の州のそれへ（あるいはその逆）と転じる事例の存在は、頭下州軍の官とその他の州県の官の間に階官上の差がないと考えることが可能である。

とくに陳万の事例は注目に値する。前述のように陳万は他の二例とは異なり、「部曲」出身者がその主の頭下州の官となったのが明らかであり、かつ遼の初期の事例だからである。刺史から刺史という転じ方からも、頭下州軍の官が他のそれと比べて大差ないことがうかがえるが、彼の持つ検校官からもそれを裏づけられる。陳万の活躍した遼の前半期には、検校官は階官としても機能しており、陳万の検校官は豪州刺史の時が司空で、涿州刺史になると司徒になっているのである。唐五代の規定では検校司空と検校司徒の間には大きな格の違いはなく、ともに五品官に相当するとされており[57]、その影響を受けた遼でも同様であったと考えられる。豪州刺史の陳万が検校司空であったのは決して特例ではない。前述の張建立もその墓誌によれば楡州刺史検校左僕射（左僕射は司空の一ランク下）であったし、息子の張彦英は楡州刺史検校司徒、張彦勝は楡州刺史検校司空であった、また州の長官ではないが、前引の「陳万墓誌」には長子の延煦が豪州提挙使検校左僕射であったと記されている。

以上の考察から、当初より頭下州軍の官も他の州県官と同様の地位とみなされていたと考えられる。また、このことは頭下州軍の官が遼朝の官僚制度、とくに銓選制度の体系から逸脱した特殊な存在ではなく、その中に組み込まれた存在であったことを示す。従来の研究でしばしば指摘されるように、遼後半期になると頭下州軍に命官が朝廷の人事により任命される事例が頻繁にみられるが、かかる事態が発生する素地は頭下州軍設置の当初から内在していたのである。

2 「部曲」からの昇進

頭下の「部曲」たちは、頭下州軍の官をステップにしてそこからさらに朝廷の官へと昇進していった。これはまた、それは同時期の藩鎮体制下における文武官の生き方とも共通するものであった。しかし、同様のことは頭下州の官以外にも、遼代に広く見られた傾向でもある。藩帥による辟召はいうまでもないが[58]、その他にも同様の動きが見られる。「張正嵩墓誌」[59]には、

府君の考諱は諫、南瀛州河間県の人なり。学張車に備わり、才曹斗に盈つ。泗北に従師し、関西に授士せらる。武を校ずれば則ち虎を搏り輪を埋め、祖業を輸らず、文に緒かば則ち蛟を懐き鳳を夢み、先賢に譲る無し。旋りて我北朝大聖皇帝、初めて乾坤を刱めるに値り、才日月に磨き。家を変じて国と為し、軒籙を授け以て尊を称し、地を取りて疆と為し、黄図を執りて帝と作る。公以て因りて折杖に随い、俄かに鞭を揮うを逐う。遂に龍沙を歩き、皆な鳳闕に帰す。時に譲国皇帝儲君に在り、時に筆を携え従事す。傅を拝すに非ざると雖も、一に師の若し。後譲皇漢に入る自り、天授潜龍し、公王府郎中と為る、重元の臣なり。天授龍飛し、公枢密直学士を授かり、給事に転じ、朔州順義軍節度使、検校太保に除せらる。到任の後、甘雨軒に随い、霊珠浦に赴き、民五袴を謡い、家千箱を給し、袁扇風清、庾樓月朗たり。王沢を滋すなり、民事を増すなり。公勤に莅みて得替し、政を敗るに匪ざるなり。後に天順皇帝大宝に登るを以て、公左威衛上将軍を授かる、入班節度使の班首為り[60]。

とある。張諫は太祖の時、おそらく何らかの理由により遼に亡命し、当時皇太子であった耶律倍（譲国皇帝）に仕えた。耶律倍が後唐に亡命した後は、その子（後の世宗）に仕え、世宗の即位によって枢密直学士、給事中、朔州節度使、左威衛上将軍の位まで上りつめる。(61)皇帝の即位以前の旧僚が、皇帝即位にともない顕官になる事例は、周知のように五代はもとより、その影響が色濃く残る北宋初にも広く見られる現象である。

また、『遼史』巻七四韓匡嗣伝には、

匡嗣医を以て、長楽宮に直す、皇后之を見ること子の猶し。応暦十年太祖廟詳穏と為る。後に宋王喜隠謀反し、辞匡嗣に引く、上問わず。初め景宗藩邸に在るに、匡嗣と善し、即位するに上京留守を拝す。頃之燕に王たり、南京留守に改む。保寧末留守を以て摂枢密使たり。(62)

とみえる。長楽宮は本文の内容から皇后の宮であると考えられる。ちなみに太祖淳欽皇后の斡魯朶は長寧宮と称されているので、長楽宮はその誤記であろう。すると、韓匡嗣は太祖皇后に仕えることからその昇進の道がはじまったといえる。(63)また、後には藩邸時代の景宗に近づき、景宗即位後は枢密使にいたっている。その子の徳源も景宗の藩邸に仕えて、景宗即位後は使相となっている。

そのほかにも、「劉祜墓誌」には、

高祖奉殷、先に唐に仕え、後部曲を以て本朝に帰し、詔し田宅若干を賜い、官を累ね同政事門下平章事を拝す。(64)

と、「部曲」から使相にまで昇進したという記述がみられる。

同様の傾向は漢人に限らず契丹人においてもみられた。たとえば、『遼史』巻七三耶律斜涅赤伝に「早隷太祖幕下」とあり、また同書同巻、耶律老古伝に「既長、沈毅有勇略、隷太祖帳下」などと太祖創業の初めよりその配下となった者たちの記録が見える。陳述氏は遼において頭下制度が広汎に行われていたとして、ここに見える太祖の「幕下」

「帳下」といった家臣団はもとより、その他外戚・皇族などの有力者の私兵、斡魯朶なども頭下制度であるとしている（つまり、頭下州軍は頭下制度の一部にすぎないことになる）。また、頭下の制度は古来より北族の間に行われていたもので、藩鎮の「部曲」などはその影響が漢族におよんだものとされている[65]。陳述氏の考えに従えば、本節で論じたことは北族の間で普遍的に見られる頭下制度の枠組みの範疇にあるものとして語ることができるかもしれない。しかし、それではあまりにも超歴史的な見方に陥ってしまうのではなかろうか。遼代の頭下州軍についていえば、契丹族が元来もっていた頭下制度に、藩鎮体制下の諸制度が加味されてその制度が形成されていったとみるのが妥当であろう。ただし、藩鎮体制下の諸制度との結合が、直ちに「漢化」を意味するわけではない。陳述氏の論じるように藩鎮体制下の諸制度の中にも、北族固有のものが含まれる可能性があるからである[66]。しかし、北族起源のものであっても、唐朝という枠組みの中で独自の歴史的展開をしており、契丹族の制度と同一視することは避けるべきである。

おわりに

本章では、頭下州軍について、部曲・「部曲」の語の解釈を中心として、その官員となった人物の経歴の分析をおこなった。その結果、頭下州軍の官員、とくに漢人の行動様式は五代藩鎮の「部曲」と基本的には同様であることが明らかとなった。また、頭下州軍の官と他の州県官の間には位階・銓選において大差はなかった。つまり、頭下の「部曲」となり、さらに頭下州軍の官員に就くことは、当時の人々にとって入仕ルートの一つとして機能したことになる。

頭下州軍は、有力者たちの私城を起源としており、その点では本来分権的な傾向を持つものといえる。しかるに、従来の研究において、頭下州軍の分権的傾向をあまり指摘し得なかったのは、頭下州軍が官僚達（特に漢人官僚）の栄達のステップのひとつとして機能したことが、結局、頭下と中央を結び付ける役割を果たし、頭下州軍だけで自己完結した状態を形成できなかったからといえる。

頭下州軍が官僚たちにとって栄達のステップと目されたのは、唐末五代の藩鎮体制中で「部曲」から栄達するという出世コースが確立されており、頭下州軍の制度がそれに容易に結合したからである。この結合により、本来の契丹の頭下制度とは幾分異なる、分権的な傾向が弱められた遼朝の頭下州軍の制度が形成された。つまり、遼の頭下州軍の制度は契丹固有の制度だけでなく、唐末五代という時代状況を考慮にいれて、はじめて理解されるものなのである。

注

（1）「頭下軍州、皆諸王、外戚、大臣及諸部従征俘掠、或置生口、各団集建州県以居之。横帳諸王、国舅、公主許創立州城、自余不得建城郭。朝廷賜州県額。其節度使朝廷命之、刺史以下皆以本主部曲充焉。官位九品之下、井邑商賈之家、征税各帰頭下、唯酒税課納上京塩鉄司」

（2）頭下州軍についての主な専論には、陳述「頭下考（上）」（『歴史語言研究所集刊』八―三、一九三九年）、同「頭下釈義」（『東北集刊』一、一九四六年）、費国慶「遼代的頭下州軍」（歴史研究編輯部編『遼金史論文集』遼寧人民出版社、一九八五年。初出学、一九六三年）、唐統天「遼代頭下州官制小議」（孫進己等編『契丹史論著滙編（上）』遼寧社会院歴史研究所、一九八八年。初出、一九八四年）、馮永謙「遼代頭下州探索」（『北方文物』一九八六―四、一九八六年）、同「遼志十六頭下州地理考」（『遼海文物学刊』一九八八―一、一九八八年）、李錫厚「論駆口」（『臨潢集』河北大学出版社、二〇〇一年。初出、一九九五年）、同「頭下与遼金〝二税戸〟」（前掲『臨潢集』所収。初出、一九九四年）、同「関于『頭下』研究的両個問題」（『中国史研究』二〇〇一―二、二〇〇一年）、孟凡雲「聖宗削奪頭下因果考論」（『昭烏達蒙族師範専学報』二〇〇〇―二、二

○○○年）、劉浦江「遼朝的頭下制度与頭下軍州」（『中国史研究』二〇〇〇―三、二〇〇〇年。『松漠之間――遼金契丹女真史研究』中華書局、二〇〇八年に再録）、武玉環『遼制研究』（吉林大学出版社、二〇〇一年）、周藤吉之「唐宋の史料に見える頭項・頭下と探馬――遼・元の投下との関連において――」（『宋代史研究』東洋文庫、一九六九年。初出、一九五四年）、島田正郎『遼代社会史研究』（巌南堂書店一九七八年。初版三和書房、一九五一年）、田村実造『征服王朝の研究（上）』（東洋史研究会、一九六四年）、高橋学而「遼代の従嫁戸を構成の主体とする頭下州城について――今年の考古学的成果から――」（『古文化談叢』四二、一九九九年）などがある。

（3）前掲周藤吉之「唐宋の史料に見える頭項・頭下と探馬――遼・元の投下との関連において――」を参照。

（4）前掲劉浦江「遼朝的頭下制度与頭下軍州」、および前掲李錫厚「関于『頭下』研究的両個問題」を参照。

（5）たとえば、中京道の楡州について『遼史』巻三九地理志三は「太宗南征、横帳解里以所俘鎮州民置州。開泰中没入」と記す。

（6）前掲島田正郎『遼代社会史研究』二二四―二二八頁、前掲田村實造『征服王朝の研究（上）』二八一―二八六頁などを参照。

（7）たとえば、舒焚氏は頭下州軍を奴隷の管理機構の一つと規定し（『遼史稿』湖北人民出版社、一九八四年、一八六―一八八頁）、武玉環氏は、当初の頭下州軍の民戸は農奴とし（前掲『遼制研究』一二五頁）、李錫厚氏は自由民であるとする（前掲「論駆口」二一三―二一五頁。及び前掲「頭下与遼金〝二税戸〟」二五八―二六五頁）。

（8）たとえば、前掲舒焚『遼史稿』三七三頁では頭下州軍の一般州県化への傾向を封建化の推進としてとらえている。

（9）たとえば、前掲唐統天「遼代投下州官制小義」は、頭下州軍の官についた人物について、それぞれ「本主の部曲」であるか朝廷の命官であるかを分類しているが、その際に「部曲」の性格自体については特別に考察されていない。

（10）たとえば、島田正郎「遼制における労働授受の形式と制度」（『遼朝史の研究』創文社、一九七九年。初出一九五〇年）二九二頁では、『遼史』地理志の部曲の語を賤民身分として解釈しているが、前掲陳述「頭下考（上）」では家兵の意味で部曲の語を用いており、同じ語を用いているにもかかわらず両者の解釈は異なっている。

（11）部曲の語義については濱口重国『唐王朝の賤人制度』（東洋史研究会、一九六六年）、宮崎市定「部曲から佃戸へ」（『宮崎

市定全集（一一）』岩波書店、一九九二年。初出、一九七一年）、堀敏一「隋唐の部曲・客女身分をめぐる諸問題」（『中国古代の身分制――良と賤』汲古書院、一九八七年）、日野開三郎「五代史概説」（『日野開三郎東洋史学論集（二）』三一書房、一九八〇年）二四五―二五一頁などを参照。

（12）王綿厚、王海萍等篇『遼寧省博物館蔵墓誌精粋』（中教出版、一九九九年）一六二―一六三頁、向南『遼代石刻文編』（河北教育出版社、一九九五年）一五―一六頁。

（13）「年卅五、荘宗皇帝除授涿州副使。年卅、奉大聖皇帝宣命□□従故国舅相公入国。尋授聖旨、除豪刺軍使。年卅五、従皇帝東□渤海国、当年収下。年卅七、又従嗣聖皇帝伐神歓二州、当年又下。年五十五、皇帝知司徒戦伐功高、改軍為豪州、除司徒為刺史官加司空。後大行皇帝除涿州刺史官、加司徒。年七十、司徒乃恤孤独、省徭役、使展以時、野無凶党、門戸不扃、四人楽業、無不善也。秩満、卻来入国」

（14）前掲向南『遼代石刻文編』一七―一八頁を参照。陳万が四十歳であったのは神冊三年である。『遼史』巻一太祖紀上、神冊二年三月辛亥の条には、

攻幽州、節度使周徳威以幽、幷、鎮、定、魏五州之兵、拒于居庸関之西。合戦於神新州東、大破之。斬首三万級、殺李嗣本之子武八。以后弟阿骨只為統軍、実魯為先鋒、東出関、略燕、趙。不遇敵而還。

と阿古只（史料では阿骨只）が幽州へ向かったことが述べられている。また、『遼史』巻七三蕭阿古只伝には、

神冊初元、討西南夷有功、徇山西諸郡県、又下之、敗周徳威軍。三年、以功拝北府宰相、世其職。

とあり、阿古只が北府宰相となったことを伝えている。つまりかれは国舅であり宰相である、つまり国舅相公と称しうることがわかる。

（15）「壕州、国舅宰相南征、俘掠漢民、居遼東西安平県故地」

（16）前掲費国慶「遼代的頭下州軍」一三六―一三七頁、前掲唐統天「遼代投下州官制小議」一一七三頁などを参照。

（17）前掲向南『遼代石刻文編』七九―八〇頁。「陳公之銘」には陳公の息子として希鳳、希賛の名が挙げられているが、これは「陳万墓誌」にみえる陳万の孫の名と一致している。また、陳公の父の官は涿州刺史であり、母が安氏とあるのも、陳万それ

と一致している。また、陳公は応暦年間に検校司空となっているが、陳万の子のうち応暦年間に検校司空となっているのが確認できるのは次子陳延貞のみである。以上のことから「陳公之銘」は陳延貞の墓誌に比定される。

(18)「陳又燕主令公認其労効、□以（缺）当時蒙天順皇帝補充□□軍、従（缺）尚書。又二年奉頭（缺）左廂都指揮使、銀青崇禄大夫、検校司空、□□□□州諸軍事（缺）州刺（缺）又於□年奉宣充左千牛衛上将軍。宋国（缺）簡、随処之蒸黎有愬、所至之囹圄無私、政（缺）顕備於労能、方又在於真命新恩、再（缺）金州諸軍事、行金州刺史、充本州防御使（缺）、豈謂災纏略痊可。乃神医靡效。窀穸有（缺）日庚午、葬帰蒿里」

(19) 梅寧華主編『北京遼金史迹図志（上）』（北京燕山出版社、二〇〇三年）一一七頁、『遼代石刻文編』一一―一二頁。

(20) 前掲向南『遼代石刻』八〇頁を参照。

(21) 閻万章「遼『陳万墓誌』考証」（『遼金史論集（五）』、文津出版社、一九九一年）は大行皇帝を太宗と解釈して、陳万の涿州刺史任命は会同元年（九三八）のこととされている。しかし、太宗は誌文中ですでに「嗣聖皇帝」と称されているので、閻万章氏の解釈は妥当ではない。墓誌が先述されたのは穆宗朝の初めであるから、この時点で大行皇帝と称されるのは、先代の世宗とみるべきである。

(22)「長子延煦、素敦詩礼、夙蘊仁人、官清不犯于秋毫、威愛有同于冬日、見任豪州提挙使、官左僕射」

(23) 勿論、陳延煦がふたたび部曲となったと考えることもできる。しかし、遼においても解放した部曲をもとの身分に戻すことを禁じた唐律戸婚律「放部曲為良」の規定が適応された可能性が高いので（前掲島田正郎『遼制の研究』一九八―一九九頁を参照）、この仮定は現実的ではない。

(24)「劉景巌延州人也。其家素富、能以貲交游豪俊。事高万金為部曲、其後為丹州刺史」

(25)「漢初、入為右衛大将軍。年逾七十、神気不衰。建崇始自代北事武皇、至是四十余年、前後所掌兵、麾下部曲多至節鉞、零落殆尽、唯建崇雖位不及藩屏、而康強自適、以至期耄」

(26)「初蕭翰聞徳光死、北帰、有同州部陽県令胡嶠為翰掌書記、随入契丹。而翰妻争妬、告翰謀反、翰見殺、嶠無所依、居虜中七年。当周広順三年、亡帰中国。（中略）嶠所目見、因述律、葬徳光等事、与中国所記差異。已而翰得罪被鎖、嶠与部曲、東之福州。福州翰所治也。（後略）」
(27)「福州。国舅蕭寧建、南征俘掠漢民居、北安平県故地。在原州北二十里、西北至上京七百八十里、戸三百」
(28) 羅継祖「遼史校勘記」（『遼史彙編』三、鼎文書局、一九七三年。初版一九三八年）一八・一二頁、田村実造「遼・宋交通資料註稿」（『東方史論叢』一、一九四七年）九一頁を参照。
(29)「詔卜日行拝山、大射柳之礼、命北宰相、駙馬、蘭陵郡王蕭寧、枢密使、司空邢抱質督有司具儀物」
(30)「宋和議成、為北府宰相。（中略）排押入開京大掠而還、帝嘉之封蘭陵郡王。開泰二年以宰相知西南面招討使」
(31)『遼代石刻文編』二四八―二五〇頁。
(32) 高橋学而「遼代の従嫁戸を構成の主体とする頭下州城について――近年の考古学的成果から――」（『古文化談叢』四二、一九九九年）一二八―一二九頁を参照。
(33) 国舅帳の構造については橋口兼夫「遼朝の国舅帳について」（『史学雑誌』五〇―二、三、一九三九年、崔益柱「遼의支配勢力의構造와帝位継承 에대하여」（『東洋史学研究』六、一九七三年）、前掲島田正郎『遼代社会史研究』、武田和哉「遼朝の蕭姓と国舅族の構造」（『立命館文学』五三七、一九九四年）などを参照。
(34)「以蕭寧、耶律坦、崔禹称、馬世良、耶律仁先、劉六符充賀宋生辰使副、耶律庶成、趙成、耶律烈、張旦充来歳賀宋正旦使副」
(35) 蕭排押は『遼史』本伝によれば太平三年（一〇二三）に没している。
(36) 前掲田村実造「遼・宋交通資料註稿」九一頁は蕭翰の誅殺後に一度国家に没収された後に、蕭排押に授けられたと解釈している。この可能性も十分考えられる。
(37) 太平九年（一〇二九）撰述の「蕭僅墓誌」（『遼代石刻文編』一九一―一九二頁）には「豪州軍事判官趙逵」の名が見える。
(38)「楡州、高平軍、下、刺史。本漢臨楡県地、後隷右北平驪城県。唐載初二年、析鎮州置黎州、処靺鞨部落。後為奚人所拠。太宗南征、横帳解里以所俘鎮州民置。開泰中没入、属中京。統県二」
(39)『遼代石刻文編』四二―四三頁。

(40)「清河僕射、平州盧龍県破盧里人也、諱建立。父曾授滄州馬歩軍都指揮使、諱守貞、母鄭氏。仕族□□□□具述。前勲公門伝官、爵跡本海隅荒。鶏叫而舞袖開鉄、馬揮而雄風振□、□□□弑主。北聞揚威居家、奈辺境多虞、因滋向化、身浴沐先皇眷沢。遍歴諸難後、任楡州刺史、兼蕃漢都提轄使。天顕五年十月十六日染疾於公府、春秋四十有七、権葬於宅外西地」

(41) 田立坤・馮文学「張公墓誌跋」(『遼金史論集（四）』、書目文献出版社、一九八九年）一七八頁を参照。

(42) 朱子方「遼『張建立墓誌』読後記」(『北方文物』一九九七―一、一九九七年）五五頁を参照。

(43)「乃虜仁恭帰幽州、囚於別室。仁恭左右、迨婢媵、与守光不協者畢誅之。其兄守文在滄州、聞父被囚、聚兵大哭、諭之曰、哀哀父母、生我劬労。自古豈有子讐父者、吾家生此梟獍、吾生不如死。即率滄、徳之師討之。（中略）時守光驍将元行欽識之、被擒、滄兵失帥自潰。守光乃縶兄於別室、囲以叢棘、乗勝進攻滄州。（中略）以城降守光、守文尋亦遇害」

(44)「義昌節度使劉継威年少、淫虐類其父、淫於都指揮使張万進家、万進子怒、殺之。詰旦、召大将周知裕、告其故。万進自称留後、以知裕為左都押牙」

(45) 劉守文と劉守光の対立の際には、『遼史』巻一太祖紀上、三年（九〇九）三月の条に、

滄州節度使劉守文、為弟守光所攻。遣人来乞兵討之。命皇弟舍利素、夷离菫蕭敵魯以兵会守文、於北淖口進、至横海軍近淀、一鼓破之、守光潰去。因名北淖口為会盟口。

とあるように、遼軍が介入している。この戦闘にまぎれて張建立が遼に連れ去られて横帳解里の部曲となったとも考えられるが、その可能性は極めて少ない。横帳解里は本文の後段で示すように、太祖の姪の耶律抜里得に比定されている。彼の活躍年代は太宗朝であり、太祖朝初年に戦闘に参加したとは考えがたい。もちろん、彼の父の耶律剌葛がこの戦闘に参加し、張建立を連れ去り、のちに子の耶律抜里得が相続したとみることもできる。しかし、『遼史』巻六四皇子表、耶律剌葛の条には「太祖即位、為惕隠」とあり、これは同書巻一太祖紀上、二年（九〇八）正月辛巳の条の「始置惕隠、典族属。皇弟撒剌為之」という記事に対応しているので、太祖三年の時点で耶律剌葛は皇族を統括する惕隠の立場にあったことがわかる。一方、滄州の救援に派遣された、「皇弟舍利素」は皇子表によると太祖の末弟で、この時の彼の職である舍利とは、『遼史』巻一一六国語解に「舍利。（中略）後遂為諸帳官、以郎君繫之」とあるように、皇帝の身辺の世話をする侍従として位置づけら

れる諸帳の郎君とほぼ同義とみてよく（郎君については加藤修弘「游牧君長権力論――遼代著帳官制の史的意義について――」（『アジア文化研究』一、一九六八年）、島田正郎「御帳官」（『遼朝官制の研究』創文社、一九七八年）、費国慶「遼朝郎君考」（『上海教育学院学報』一九九一―一、一九九一年）、関樹東「遼朝御帳官考」（『民族研究』一九九七―二、一九九七年）、本書第七章「遼の武臣の昇遷」を参照）、立場としては惕隠よりは下位であった。滄州への派兵の記事に見える舎利（耶律）素と夷离菫蕭敵魯は軍の総司令官といった位置づけであると考えられるので、その際に舎利よりも高位の惕隠がその配下にいたとみるのは妥当ではない。したがって、耶律剌葛が滄州へ派遣されたとは考えがたい。以上のことから、劉守文と劉守光の対立への介入の際に、張建立が連れ去られて部曲となったとみることは困難であるといえよう。

（46）鄧広銘「遼史兵衛志《御帳親軍》《大首領部族軍》両事目考源弁誤」（『鄧広銘治史叢稿』北京大学出版社、一九九七年。初出、一九五六年）を参照。

（47）「耶律抜里得、字孩鄰、太祖弟剌葛之子。太宗即位、以親愛見任」

（48）『秋澗先生大全文集』巻四八「盧龍趙氏家伝」

趙氏自五季迄今三百余年、子孫蕃衍幾於千人、忠伝学継、世済其美越、不事宦游者、学術行義、亦昭晰。於時与韓、劉、馬共称為燕四大族

（49）「盧龍趙氏家伝」には、

女十四人、長適泰安州刺史傅知宝、次適天雄軍節度使検校太尉兼侍中韓巨（匡）美、次適弘農楊氏、次適竭誠奉国翊賛功臣東平軍節度使特進検校太師御史大夫上柱国南陽郡趙国公尚書令判三司韓徳枢、次適楡州刺史張彦英、次適彭城劉氏、次適左林大将軍張美、次適宣徽南院使天平軍節度使検校太師同政事門下平章事判三司韓勣、次適清河張氏、次適博陵崔氏。

と趙思温の娘の婚姻相手が列挙されている。

（50）「阿没里性好聚斂、毎従征所掠人口、聚而建城、請為豊州、就以家奴閻貴為刺史、時議鄙之」

（51）前掲陳述「頭下考（上）」を参照。

(52) 前掲劉浦江「遼朝頭下制度与頭下軍州」九六―九七頁を参照。
(53) 「興宗即位（中略）郡王貼不家奴弥里告其主言渉怨望、鞫之無験、当反坐、以欽哀皇后裏言、竟不加罪、亦不断付其主、僅籍没焉」
(54) 前掲島田正郎『遼制の研究』二六三―二六四頁を参照。また、「中国近世の法制と社会」研究班「旧五代史・遼史・金史刑法志訳注稿」（『東方学報（京都）』六六、一九九四年）四九二頁もこの条に関して同様の解釈をとっている。
(55) 蓋之庸『内蒙古遼代石刻文研究』（内蒙古大学出版、二〇〇二年）三六三頁。
(56) 本書第七章「遼の武臣の昇遷」を参照。
(57) 本書第七章「遼の武臣の昇遷」を参照。
(58) 遼における辟召については本書第八章「遼朝科挙と辟召」を参照。
(59) 北京図書館金石組編『北京図書館蔵中国歴代石刻拓本滙編（四五）遼　附西遼　附斉』（中州古籍出版社、一九九〇年）九頁、『遼寧省博物館蔵墓誌精粋』一六六頁、『遼代石刻文編』六八―六九頁。
(60) 「府君考諱諫、南瀛州河間県人也。学備張車、才盈曹斗。従師泗北、授士関西。校武則搏虎埋輪、不輸祖業、緒文則懐蛟夢鳳、無譲先賢。旋値我北朝大聖皇帝、初刱乾坤、才磨日月。変家為国、授軒籙以称尊、取地為疆、執黄図而作帝。公以因随折杖、俄逐揮鞭。遂歩龍沙、皆帰鳳闕。時譲国皇帝在儲君、時携筆従事。雖非拝傅、一若師焉。自後譲皇入漢、天授潜龍、公為王府郎中、重元臣也。天授龍飛、公授枢密直学士、転給事、除朔州順義軍節度使、検校太保。到任後、甘雨随軒、霊珠赴浦、民謡五袴、家給千箱、袁扇風清、庾樓月朗。滋王沢也、増民事也。公莅勤得替、匪敗政也。後以天順皇帝登大宝、公授左威衛上将軍、為入班節度使班首」
(61) 節度使で上将軍を帯するのは、使相につぐ第二位の官位である。これについては本書第七章「遼の武臣の昇遷」を参照。
(62) 「匡嗣以医、直長楽宮、皇后見之猶子。応暦十年為太祖廟詳穏。後宋王喜隠謀反、辞引匡嗣、上不問。初景宗在藩邸、善匡嗣、即位拝上京留守。頃之王燕、改南京留守。保寧末以留守摂枢密使」
(63) ただし、近年発掘された韓匡嗣の墓誌（『内蒙古遼代石刻文研究』六二頁）にはこの逸話に相当する既述はなく、事実にもとづく話ではなかった可能性が高い。それでも、かかる逸話が伝わったのは、当時の現実として斡魯朶などに出仕することを契機に昇進していく者が相当数いたからではないかと考えられる。

(64)「高祖奉殷、先仕唐、後以部曲帰本朝、詔賜田宅若干、累官拝同政事門下平章事」

(65) 前掲陳述「頭下考(上)」三九一―三九二頁を参照。

(66) 藩鎮体制と北族に関しては陳寅恪『唐代政治史述論稿』(生活・読書・新知三聯書店、一九五六年。初版一九四四年)以来多くの研究がある。近年、この分野について活発な議論がなされているが、とりあえず森部豊「八～一〇世紀の華北における民族移動――突厥・ソグド・沙陀を事例として」(『唐代史研究』七、二〇〇四年)、馬馳「唐幽州境僑治羈縻州与河朔藩鎮割拠」(『唐研究』四、一九九八年)を挙げておく。

第三部　遼の選挙制度と地方統治

第七章　遼の武臣の昇遷

はじめに

従来、遼朝官制については、個別の官職についての分析が中心であった。しかし、遼の官僚制を体系的に理解するためには選挙制度についての理解が不可欠であるのは言うまでもない。選挙制度のうち科挙や世選制といった選官についての研究は多くの成果が挙げられているが、銓選制度についての研究はまだ緒についたばかりである。銓選の考察の基礎となるのは、官僚のもつ官銜のそれぞれが持つ意味を明らかにすることである。つまり、「経邦守正翊賛功臣、開府儀同三司、行尚書左僕射、兼門下侍郎、同中書門下平章事、監修国史、知枢密院事、上柱国、趙国公、食邑六千五百戸、食実封陸佰伍拾戸、耶律儼」とあったときに、耶律儼という人物の立場を如何に理解すべきかということである。これについてはいくつかの研究がなされているが[1]、なかでも王曾瑜氏の研究は注目に値する。王氏は唐・五代・北宋の官制と遼制を比較し、遼の官僚の官銜を「階（唐・宋の散官）」「勲」「散官（唐・宋の検校官）」「爵」「封」「功臣号」「憲銜（官）」「官」と分類し「官」をさらに「虚銜」と「実職」に分ける。そして「虚銜」「実職」がそれぞれ北宋の寄禄官、差遣に相当することを明らかにしている。王氏の分類に従えば前述の耶律儼の官銜はそれぞれ功臣号、階、虚銜、虚銜、実職、実職、実職、勲、爵、封、封と解釈できる。さらに王氏は、遼制は唐・五代の制度を継承し、北宋の元豊官制改革以前の官制と兄弟の関係にあると指摘している[2]。

本章では、王氏の研究をふまえ、官僚の遷転過程について検討する。とくに、王氏が指摘するのみで具体的に検討されていない唐・五代の官制との関係と、契丹人官僚の遷転ついての分析を中心に論じていきたい。なお、本章ではもっぱら武官と分類される官（以下、武階と称す）を遷転する官僚について考察する。(3) 官歴の明らかな契丹人官僚はみな武階を持っており、そして、本章では契丹人官僚についての分析が主要な論点となるからである。

一　『宋会要輯稿』にみえる遼の階官

『宋会要輯稿』（以下『宋会要』と略称す）兵七—三、宣和五年（一〇二三）八月十七日の条には、燕雲十六州回復後の旧遼朝官僚の処置についてつぎのような記録が見える。

河北河東燕山府路宣撫使譚稹奏す、臣契勘すらく虜人の設官度無し、補授泛溢なれど、惟だ財物を吝しみ、而れども名器を惜まず。有官の人と雖も、類ね請受無く、止だ是れ職に任ずる者のみ俸給有り。臣謹みて参照して比換補授の格目を立定す。伏して望むらくは更に睿察を賜わりて施行せられんことを。今定到せる帰明人補授の換格下項、未だ撫定せざる以前の帰朝人の補換格、王師入燕後の補換格たり。文資の偽官六尚書、尚書左右丞、侍郎、給事中、直学士、諫議大夫、少大監、大卿、少卿、殿少、将作少監、少府少監、左司郎中、郎中、員外郎、検校常侍、殿丞一等官、洗馬一等官、司直、秘書郎、試評事、校書郎、〈試崇文館校書郎、太子校書郎、正字、文学も同じ〉は、朝散大夫、朝奉大夫、朝請郎、朝散郎、朝奉郎、奉議郎、通直郎、宣教郎、承事郎、承奉郎、承務郎、修職郎、迪功郎、将仕郎、文学助教に比換す。武資の偽官金吾衛上将軍、節度使、大将軍、節度使留後、観察使、観察留後、遙防、遙団、洺州、□、商三州刺史、礼賓使、洛苑、六宅使〈奉宸、諸衛将軍、小将軍も同じ〉、礼賓、洛苑、六宅副使、率府、率府副率、左右翊衛校尉、東西供奉官、左右承制、左右殿直〈閤門祇候も同じ〉、東西班小底、三六班奉職、在班祇候は、武功大夫遙刺、武徳大夫遙刺、武徳郎、武顕郎、武節郎、武略郎、武経郎、武議郎、武翼郎、敦武郎、従義郎、忠訓郎、保義郎、承信郎、進武郎校尉、進義郎校尉に比換す。詔して並びに譚稹の措置に依り、事理到らば施行せよ。(4)

ここで注目されるのは、六尚書、侍郎といった遼の官名が、宋の寄禄階に置換えられていることである。(5)これは、史料中に列挙されている遼の官名が、宋朝側から寄禄官に相当すると見なされたことを示唆する。そして、これらの遼の官の序列は、王曾瑜氏が指摘しているように、元豊官制改革以前（武階は政和年間以前）の宋の官階に酷似しているのである（表1を参照）。

ただし、史料中で譚稹は「虜人の設官度無し、補授泛溢なれど、惟だ財物を吝しみ、而れども名器を惜まず。有官の人と雖も、類ね請受無く、止だ是れ職に任ずる者のみ俸給有り」と述べている。これは、職事官によって俸給が定められていて、寄禄階が機能していなかったともとれる内容である。ゆえに、ただちに『宋会要』の記述が遼の階官の序列を示すものとするのは早計である。そこで、譚稹の発言について検討を加えておこう。

まず、「類無請受、止是任職者有俸給」について検討しておこう。すでに王曾瑜氏が指摘しているように、『皇朝事実類苑』巻七二所引「乗軺録」に、

其の在廷の官、則ち俸禄有り〈李詢工部郎中為り。月ごとに俸銭万米麦各七石を得〉、州県を典ずるの官、則ち利潤荘藩有り。(6)

と、遼代には職事官として機能していない工部郎中に対して俸禄が支給されているので、これが寄禄階であるとみなしうる。それゆえ王曾瑜氏はこれを遼末の混乱で制度が機能しなくなったためと解釈している。(7)しかし、「乗軺録」

は地方官については中央官と異なる給与規定（利潤荘藩からの支給）があったと伝えているのである。『宋会要』にみえる補換格の対象は、宋が回復した南京道の官僚（つまり地方官）に対してのものである。したがって、実際に宋に帰順した遼の官僚たちは、寄禄階ではなく差遣に応じて俸給が支給された可能性は十分ある。もしそうであったとしても、『宋会要』に掲げられた諸官が全く無意味なものというわけではない。唐後半期の州の幕職官は令規定の官を検校官・憲官という形で与えられた。しかし、幕職官にはそれぞれポストに応じた俸給額が設定されており、検校官・憲官は俸給の支給とは無関係であった。しかし、検校官・憲官は官僚の昇遷における資格としての機能を持っていたのである。(8)「乗軺録」の記述からもうかがえるように、中央官に関してはすでに寄禄官としての性格を有していたことから、『宋会要』にみえる諸官は一定の序列を持ち階官としての機能を果たしていたといえる。したがって、遼の場合も北宋の階官（寄禄官）の制度と完全に一致していなかった可能性はあるものの、少なくとも唐後半期とは同様であったと考えてよかろう。

つぎに、「設官度無、補授泛溢」についてであるが、遼の史料をみると、実際に官が濫授されている事例が散見される。たとえば『続資治通鑑長編』巻一八〇、至和二年（一〇五五）八月己丑の条に、

> 契丹主宗真（興宗）卒す。……尤も浮図の法を重んじ、僧の三公を正拝す、三師の政事令を兼ねる者有ること、凡そ二十人。(9)

と、興宗朝における僧侶に対する官の濫授が宋に伝えられている。また、『遼史』巻九八耶律儼伝には、(10)

> 帝（道宗）晩年勤に倦み、人を用いるに自ら択ぶ能わず、各おの骰子を擲ぜしめ、勝を采る者を以て之を官とす。儼嘗て勝采を得、上曰く、上相の徴なり。知枢密院事に遷り、経邦佐運功臣を賜い、越国公に封ぜらる。

と、道宗朝における官の濫授についての記録がみえる。しかし、『宋会要』の補換格の規定には官位を与えられた僧

表１　武官対照表

宣和年間	政和以前		補換格の遼官
太尉			
節度使			
節度観察留後			
観察使			
防御使			
団練使、遙郡防御使			
刺史			
遙郡団練使			
遙郡刺史			
武功大夫	皇城使	諸司使副	金吾衛上将軍、節度使
武徳大夫	宮苑、左右騏驥、内蔵庫使		大将軍、節度使
武顕大夫	左蔵庫、東西作坊使		
武節大夫	荘宅、六宅、文思使		
武略大夫	内園、洛苑、如京、崇儀使		
武経大夫	西京左蔵庫使		
武義大夫	西京作坊、東西染院、礼賓使		
武翼大夫	供備庫使		
武功郎	皇城副使		
武徳郎	宮苑、左右騏驥、内蔵庫副使		観察使、観察留後
武顕郎	左蔵庫、東西作坊副使		遙郡防御、団練使
武節郎	荘宅、六宅、文思副使		刺史
武略郎	内園、洛苑、如京、崇儀副使		諸司使、奉宸、諸衛将軍、小将軍
武経郎	西京左蔵庫副使		諸司副使
武義郎	西京作坊、東西染院、礼賓副使		
武翼郎	供備庫副使		率府率
敦武郎	内殿承制	三班使臣	左右翊衛校尉、率府副率
修武郎	内殿崇班		
従義郎	東頭供奉官		東西供奉官
秉義郎	西頭供奉官		
忠訓郎	左侍禁		左右承制
忠翊郎	右侍禁		
成忠郎	左班殿直		
保義郎	右班殿直		左右殿直、閤門祗候
承節郎	三班奉職		
承信郎	三班借職		東西班小底
進武校尉	三班差使		三六班奉職
進義校尉	三班借差		在班祗候
下班祗応	殿侍		

侶に対する官位の剝奪等の規定はみられない。したがって、「設官度無、補授泛溢」という発言は、直接にはこれらの濫授には結びつかない。

宋の武階の最上位は節度使である。宋制では、節度使は特別な恩典としてみだりに授けることはなかった。ただ、徽宗朝になると濫授され宣和年間には節度使を授けられたものが六十名に及び、当時の人々もこれを「濫」と見做した[11]。それに対し、遼制において節度使は差遣でもあり、常時少なくとも百名程度（州の節度使のポストが四十八、部族の節度使のポストが四十九、そのほかに遙郡の節度使が若干名）存在していた。『宋会要』の記事にみえるように、遼朝の官の序列においても宋制と同様、節度使は高位の官であり、単なる地方長官と考えることはできない（これは後述の遼の官僚の転遷事例からも確認できる）。節度使の場合は、五代の藩鎮体制の要素を色濃く残している遼制と、同体制を否定することにより制度を作り上げてきた宋の制度の違いが顕著に現れたもので、宋の基準で見た場合に「設官無度、補授泛溢」となる例である。

節度使に限らず、刺史などの州の長官も宋の基準からすると、位階が高いという印象を与えたと考えられる。宋では州の長官を知州と称したが、地方官の中では中級のポストであり[12]、員外郎以下の文階や、ときには供奉官といった下級の武階を持つ官僚さえも除授されていた。たとえば、『続資治通鑑長編』巻一一六、景祐二年五月丁未の条には「東頭供奉官、閤門祇候、知桂州田丙」、『続資治通鑑長編』巻四五、咸平二年九月乙巳の条には「供奉官、知宜州、張従古」の名がみえる。

その他の官についても、宋の同程度のキャリアを持つ官僚と比べて、遼の官僚の方が階官が高い傾向にある。したがって、宋の官僚の視点からは、遼の階官のあり方は濫授とみなしうるのである。補換格の内容を見ると、遼の官をそれよりも数ランク下位の宋の寄禄階に置き換えている。また、この傾向は上位の官に顕著で、下位にいくにしたがって置き換える官のランクに差がなくなってくる（表1）。これは、宋の基準よりも高めに設定されている遼の官を宋の現実に合わせるために行ったものであり、さらには、ここに示される遼の官が階官に相当するものと見なされたことをも意味するのである。

以上譚稹の「虜人の設官度無し、補授泛溢なれど、惟だ財物を吝しみ、而れども名器を惜まず。有官の人と雖も、類ね請受無く、止だ是れ職に任ずる者のみ俸給有り」という発言について検討したが、彼の発言にかかわらず、『宋会要』に挙げられた諸官は階官として機能していたことが確認できた。しかし、これらの官の中には北宋の寄禄官では存在しえない官（たとえば検校常侍）が含まれている。したがって、北宋と遼の階官の構造は全く同一とはいいきれない。そこで、次節では具体的な官僚の遷転の事例を検討して、遼の武階の実態を明らかにしたい。

二　漢人官僚の昇遷事例と唐・宋の武臣の序列

1　漢人官僚の昇遷事例

前節で、遼の武階が北宋の政和年間以前の武階と類似の構造を持っていたと論じたが、昇遷事例からもこれが確認できる。

王説（保寧初）西頭供奉官―洛苑使、検校国子祭酒―検校太子賓客―軍器庫使―翰林茶酒使―□□□□墳都部署、金紫崇禄大夫、検校司空―亳州防禦使、知永州刺史、検校司徒―上京副留守―奉先軍節度使、行顕州刺史、検校太保―積慶宮漢児渤海都部署、検校太傅―権宣徽及五宮院事―燕京商税都点検、検校太尉―寧江軍節度使、□□州刺史―板築都部署、宣差中京大内都部署―戸部使〈王説墓誌(13)〉

韓椅　西頭供奉官―御院通進―頒給庫使―引進使―客省使―左第一驍騎都部署―左監門衛大将軍、知帰化州軍州事―（秩満）章愍宮都部署―燕京留守衙内馬歩軍都指揮使―易州兵馬都監―弘義宮都部署―侍衛親軍歩軍都指揮使、利州観察使―乾、顕、宜、錦、建、覇、白川七州都巡検―章愍宮都部署、左監門衛大将軍―（太平六年）房州観察使、知易州軍州事、兼沿辺按撫屯田使、充兵馬鈐轄―長寧軍節度、白川州管内観察処置等使―（大延林叛）押領控鶴、義勇、虎冀四軍、充攻城副部署―（平乱）永清軍節度使―瀋州節度使―宣徽北院使、帰義軍節度使―宣徽南院使　〈韓椅墓誌〉

高為裘　（開泰七年）寄班祗候―西班小底、銀青崇禄大夫―（重熙九年）右班殿直、侍衛神武軍指揮使―（清寧二年）礼賓副使、知順義軍馬歩軍都指揮使事　〈高為裘墓誌〉

事例中の□で囲ったものが北宋の武階に相当する官であるが、これを見ると、三班使臣↓諸司使副↓刺史↓防御使↓観察使↓節度使（諸司使副から閤門・引進・客省使といった宋では「横班」と称される官へ進む場合もある）と遷転しており、ほぼ北宋の武臣寄禄階と同じ昇遷をしている。年代的にも穆宗朝から道宗朝までの事例がみられ、ほぼ遼一代を通じた制度であったといえよう。ただし、上掲の諸事例からうかがえるように、供奉官、諸司使に叙任されても他に差遣を授けられていない場合がままみうけられ、かならずしもこれらの官が階官としてのみ機能したとはいいきれないことに留意する必要がある。この傾向は聖宗朝以前に著しく、差遣を持つ事例はまれである。ただし聖宗朝以降は、高為裘の事例のように三班使臣や諸司使副を帯して他の差遣に就く事例が増加してくる。まず供奉官より下位の官を挙げると前掲の高為裘の事例のほか、重熙二十二年（一〇五三）に右班殿直で没した董匡信は監上谷作坊となっており（「董匡信及妻王氏墓誌」）、また後述の丁文逌は天祚朝に内供奉官祗候で景州龍池冶監などの差遣を歴任し、あるいは同じく天祚朝に張経は左班祗候で儒州商麹鉄院使（「張衍墓誌」）となる、といった四例が確認される。これは同種の官を持つ人物の事例全体の中での割合からするとそれほど多いわけではない。しかし差遣を持たない事例の中で、太平二年（一〇二二）僅か六歳で左班殿直に任ぜられた張嗣甫や（「張嗣甫墓誌」）、重熙二十一年（一〇五二）に殿直となるもその後「佐吏の累に非ざるを苦とし、退きて産業に事え」て差遣に就かなかった韓瑞（「韓瑞墓誌」）、大安年間（一〇八五―一〇九四）に納粟補官により右班殿直を授けられた張世卿（「張世卿墓誌」）など、明らかにこれらの官が実職を持たず、たんなる有官者であることを示す称号と解せるものが見られる。これらの事例はかえって殿直などが階官化したことを裏付けるものといえよう。供奉官・諸司使副（大抵の者にとっては官僚として活動し昇進を重ねた結果与えられた官となる）で差遣を有する事例は、聖宗朝に一例、すなわち、東頭供奉官で□□城兵馬都部署であった韓某（「韓瑞墓誌」）[14]、道宗朝に八例、すなわち、前掲の高為裘、咸雍年間から大康年間にかけて、如京副使、随駕針銭院都監から懐州商麹都監、上京商税点検へと転じた蔡志順（「蔡志順墓誌」）[15]、咸雍五年（一〇六九）に六宅副使、市買都監で没した韓資道（「韓資道墓誌」）、咸雍八年（一〇七二）に礼賓副使、同知利州事、兼部内巡検であった耶律佶（「創建静安寺碑銘」）、大康二年（一〇七六）に東頭供奉官、錦州商麹都監であった鮮于嗣赤およびその父の故宜州礼賓使、随駕馬軍都虞侯であった鮮于白（「王敦裕墓誌」）、大安三年（一〇八七）に礼賓使、西京管内都商税点検であった張援（「董庠墓誌」）、大安七年（一〇九一）に西頭供奉官、泰州河堤□であった某氏（「塔子城建塔題名」）、天祚朝に六例、すなわち乾統十年（一一一〇）に礼賓副使、前蔚州長清軍指揮使であった高永肩、天慶元年（一一一一）に洛苑副使、前随駕錦透背皮毛庫使であった馬内温（「為先内翰侍郎太夫人特建経幢記」）、天慶二年（一一一二）に礼賓使、御院通進であった張仁規（「馬直温妻張館墓誌」）、天慶四年（一一一四）に西頭供奉官、前三河県商麹鉄都監であった史天倪、天慶七年に西上閤門使、隴州団連使、充南宋正旦国信副使であった姚球（「姚璹墓誌」）、保大元年（一一二一）に六宅使、随駕市巡都監であった趙某（「鮮于氏墓誌」）、が確認できる。一方、供奉官・諸司使副で明らかに差遣を持たないとみなせる事例は、聖宗・興宗朝には確認できるが、道宗の清寧年間から咸雍初年頃と見られる韓資道の礼賓副使および供軍副使の事例以降管見の限りでは検出できない[16]。ここに挙げた事例を見るかぎりでは、三班使臣・諸司使副は聖宗朝から次第に階官的な機能を有しはじめ、道宗朝のはじめごろまでに階官化がほぼ完了したとみることができよう。

また、遼代の武階は上記以外の昇遷過程をたどるものもみられる。

韓瑜　（応暦中）天雄軍衙内都指揮使―銀青崇禄大夫、検校工部尚書、右金吾衛将軍―（保寧初）控鶴都指揮使、絳州防禦使―金紫崇禄大夫、検校太保、左羽林大将軍―客省使―内客省使、検校太傅、守儒州刺史―内客省使、崇禄大夫、検校太傅　〈韓瑜墓誌〉

耿延毅　西頭供奉官―御院通進―（統和十五年）西南面招安使―（十九年）右驍衛将軍―（二十三年）控鶴都指揮使、左領軍衛大将軍、出守帰化―長寧軍節度使―昭徳軍節度使―永興宮、崇徳宮都部署、兼武平軍節度使―戸部使　〈耿延毅墓誌〉

丁文逌　内供奉官祗候―景州龍池冶監―（天慶二年）左衛率府率、潞県商麹鉄都監　〈丁文逌墓誌〉

これらは、使臣から諸司使副へと遷転せずに、率府率や右金吾衛将軍といった、所謂環衛官を与えられている。年代的にも、穆宗朝から天祚朝まで事例が確認されるので、遼代を通じたものであったとみられる。また、韓瑜の事例は、使臣ではなく藩鎮の軍校からの起家となっている。これは前章で論じたように、人事権が完全に中央に一元化されず、節度使などの地方長官が自己の子弟や家臣を管轄内の軍校や衙職に任じたことに起因する[17]。そのほかに、次のような事例もある。

李内貞　朝散大夫、検校工部尚書、兼御史中丞、兼属珊都提挙使―銀青崇禄大夫、検校尚書右僕射、兼御史大夫―検校尚書左僕射―随使左都押衙、中門使、兼知庁勾―摂薊州刺史―都峰銀冶都監―検校司空、兼御史大夫―

〈李内貞墓誌〉

行太子左衛率府率

この事例では、前掲の諸事例にみえる武階に相当する官銜は、李内貞の最終の官歴である太子左衛率府率以外みあたらない。そのかわり、検校官・憲官の変化が李内貞の官位の遷転を表しているかの印象をうける。また、先掲の王説の事例において、王説が諸司使ではなく、かつ刺史、節度使などではない時には、階官に相当する官銜は検校官以外にみあたらない。このことから、検校官・憲官が階官として機能する場合があったと考えてよかろう。ただし、遼後半期になると、僧の事例を除けば検校官・憲官が階官として機能していることを明示する史料は見られなくなる。

以上の考察により、遼の武階は必ずしも宋のものとは同一とはいえないことが明らかとなった。それでは、その相違の由来はどこにあるのであろうか。つぎにそれについて考察したい。

2　唐・宋の武臣の序列

遼の武階が北宋のそれと類似点を持ちつつも相違が存在するのは、当然のことである。なぜなら、上掲の諸事例のうちのいくつかは北宋成立以前のものがあることからも分かるように、遼制は宋制の模擬をその起源としているわけではないからである。だからといってこれを遼独自のものとするのも早計である。まず、先行する唐・五代の武階について検討しなければならない。

周知の如く、唐のはじめ武臣の位階は武散官によって規定されていた。しかし、安史の乱以降、武散官は次第に機能しなくなり、最終的には武臣たちはおしなべて銀青光禄大夫（従三品）以上の散官（しかも文散官）を持つようになる。この慣行は北宋にも継承していく。『容斎随筆』続筆、巻五、銀青階の条は、この間の事情について、

唐の粛代自り以後、人を賞すに官爵を以てし、久しくして浸濫す。下は州郡胥吏、軍班校伍に至るまで、一命に

て銀青光禄大夫の階を帯ぶ。殆んど無官の者と等し。明宗長興二年、詔して銀青階を薦めて州県官と為すを得ざらしむ、と。賤しきの至りなり。晋天福中、中書舎人李詳上疏すらく、以為えらく十年以来、諸道の職掌皆な推恩を許し、藩方の薦論、動もすれば数百を踰え、乃ち蔵典書吏、優伶奴僕に至るまで、初命なれば則ち銀青階に至り、被服は皆な紫袍象笏、名器僭濫し、貴賤分かたず。請うらくは今自り節度州大将十人を奏すを聴し、它州止だ都押牙、都虞候、孔目官を奏すを聴せ、と。之に従う。馮拯の父俊、周太祖時に当り、安遠鎮将に補せられ、以て銀青光禄、検校太子賓客、兼御史大夫たり。本朝端拱中に至り、拯朝に登り郊恩に遇い、始めて大理評事を贈らる。予の八世の従祖師暢、暢の子漢卿、卿の子膺図、南唐に在し時皆な銀青階を得、検校尚書、祭酒に至る、然れども楽平県之を帖するに、姓名を全称し、其の差徭正に里長と等し。元豊中、李清臣官制を論じ、奏して言う、国朝の近代の因循を踵襲するの弊、牙校銀青光禄大夫階有り、卒長開国にして食邑有り、と。蓋し此の為なり。(後略)[18]

と記している。この史料では胥吏、州の牙校などが問題にされているが、さらに上位の武臣についても正史の列伝や墓誌などの伝記史料をみると、唐末以降は一部例外を除けば銀青光禄大夫以上の散官を持つことが確認できる。宋代に至るとこれが制度化され、『宋史』巻一七〇職官志一〇、叙階之法の条に、

諸司使已上、如し使額高き者金紫階を加う。内殿崇班初授なれば則ち銀青階たり〈三班軍職、使職恩に遇い検校、兼官たれば、並びに銀青階に除す〉。丁憂者の起復は、使相は則ち雲麾将軍を授く〈使相仍お金吾上将軍同正を加え、節度使は大将軍同正とし、留後以下は之無し〉。其れ胥吏事を掌り衣緋に至る者、則ち遊撃将軍を授く。千牛備身は則ち陪戎副尉以上を授く。[19]

と記されている。ここでは、三班使臣の上位の内殿崇班の段階ですでに銀青光禄大夫が与えられ、さらにそれ以下の

階官を持つ場合でも授けられる場合があったことが知られる。逆に武散官が与えられるのは起復・胥吏の衣緋に至る者・千牛備身が挙げられるのみで、武散官の除授が一般的ではなく、むしろ銀青光禄大夫以上の文散官が広汎に与えられていたことがうかがえる。また、この史料で武散官の一部が起復官として用いられているのに注意すべきである。遼代の史料にも、ごく稀に武散官の事例がみられるが、大抵起復官として用いられているからである[20]。従来の研究で遼の武散官の復元が試みられた場合、ごく少数のものしか検出されないのは、これが原因であろう。

こうした武散官の事実上の消滅に対応して、新たに武官を序列化する動きが、いくつかの方向から試みられる。ひとつは文官の令規定の職事官が階官化してゆき北宋の文臣寄禄官となったのと同様に、武官の令規定の職事官が階官としての機能を付与されるという方向である。しかし、この方向からの武官の序列化は普遍化しなかったようである。唐代の墓誌等の史料をみると、時代が降るとともに武官の令規定の職事官をもつ事例自体が減少する傾向にある。ただし、率府率以上のいわゆる環衛官は、神策軍の将校や内諸司使などが帯したり、在京の武官に与えられる官として存続する。とくに節度使などが中央に召還された場合は大将軍・上将軍を除授するのが通例であったようで、史料には「入りて某大将軍と為る」「還りて某上将軍を拝す」といった表現がしばしばみられる。結局、北宋の景祐二年（一〇三五）に宗室の昇遷制度が定められた際に、環衛官は宗室の寄禄官としての地位を確立する[21]。

もう一つの方向は、検校官の授与である。検校官・憲官が官資として藩鎮の幕職官に対して与えられたことはつとに指摘されているが[22]、武官に対してもこれらが与えられている。ただし、武官に与えられる検校官は文官のそれに比してはるかに高位の官であるのが通例であった。それゆえ、武官に対する検校官の叙授は文官のそれが一定の資序を表すのに比べると、一見無秩序な印象を受ける[23]。しかし、『唐会要』巻七九諸使雑録下、開成元年（八三六）十一月の中書門下の奏には、太和十一年七月二十六日の勅に準ずるに、諸道節度の下、都押衙、都虞候、五年以上を約して、方めて改転を得、押衙、兵馬使、七年以上を約して、方めて改転を得。三万以上の軍兵、年ごとに四人を奏すを許す。其の序遷、合に憲官を与うべきは、曾て両任を歴るを以て賓詹を奏授する者は、監察を与え、以次の遷序は、侍御史に止まる。其の御史中丞以上の官、並びに須く戦功有るに因り、方めて奏請を得べし。諸道団練使の下、万人以上の軍、奏する所殿中侍御史を過ぎるを得ず。未だ憲官有らざる者の如きは、奏限に在らず。万人以下の軍、戦功に因らざれば、並びに奏して請を論ずるを得ず。[24]

とある。これは、松浦典弘氏が指摘しているように、藩鎮配下の武職の序列化をはかるものである。[25]そしてその序列化は監察御史・侍御史といった憲官および賓詹すなわち太子賓客・太子詹事といった検校官の除授によってなされるものであった。

また、『五代会要』巻八喪葬上、天成二年（九三七）六月三十日の条には、

御史大夫盧文紀奏す（中略）台司伏して請う令文及び故実載せざるは、令して条を更められんことを。検校官令文載せず、令して請う検校官一品、二品の請は五品に同じくし、三品已下の請は並びに九品に同じくす。如し曾て正官に任ずる有れば、本官の品第の儀則に依る。其の勅を准けし試官、亦た九品の儀に同じくす。升朝官の如きは、本官の品第に拠り則例を升降するを請う。凡そ喪葬皆な品第有り、恐らく或いは無知の人、妄りに官秩を称す、今自り後升朝官の見任官の亡歿を除くの外、余官は事に前だつこと五日を去り、須く告詰或いは勅牒を将て本巡使に呈し文状に判押するを過ぎ、行人方めて供応すべし。佐命殊功、当朝立功、名伝遐邇、特勅優旨は、会要の例に准じ、本品数の十分に三分を加え、別に華飾を為すを得ず。（後略）[26]

と、検校官を他の品階に読み替える規定がみられる。これは、三品の検校官以下を最下位の九品と読み替えることに

より、下級の軍職・幕職官が高位の検校官を持つ異様さを調整するものである。また、以前正官に任じられた者については、その正官の品第に従うという規定により、中央官僚が辟召により藩鎮の幕職官となり検校官を授けられた場合でも、下級の軍職・幕職官との格の違いを保証することが可能となる。つまり、この読み替えにより一見アンバランスな官銜も妥当なものとして官僚の序列の体系のなかで位置づけることができるのである。これは、武官に与えられる検校官が、一種の階官として機能しうることを示す。そして、検校官を実質的に階官として用いる事例は諸史料に数多くみられ、これが広汎に行われたことが知られる。

五代になると、上記の二つの方向に加え、新たな動きが生じる。それは、三班使臣・諸司使による武官の序列化である。これについては、すでに小岩井弘光氏、友永植氏、梅原郁氏、趙雨楽氏らによる業績があり(27)、最終的にこの方向からの武官の序列化が北宋の武階を形成したことが明らかにされている。

この唐から北宋にかけての武官の序列化の動きと遼の武階を比べると、検校官による序列化の動きは時代が下るとともに淘汰され、令規定の職事官の階官化と三班使臣・諸司使の階官化による武官の序列化が定着したといえる。また、前述したように、三班使臣や諸司使副を帯して差遣を授けられる事例数の推移から、遼の武階が最終的に整備されたのは道宗の清寧から咸雍年間にかけてのことであったと考えられる。

三　契丹人官僚の遷転事例と著帳官

1　契丹人官僚の遷転事例

それでは、契丹人官僚も漢人官僚と同様の枠組みで理解することができるであろうか。これを考えるには、契丹人官僚の遷転についてみておく必要があろう。

耶律慶嗣　祗候郎君[28]―左武衛将軍―崇徳宮副使―南王府司徒―（清寧九年）彰愍宮都部署―左班郎君詳穏―知殿前点検司事―南面林牙―懐徳軍節度使―易州刺史―（咸雍三年）左尅―臨海軍節度使―左皮室詳穏―西南路兵馬副都部署―倒撻領太師―烏骨迪列統軍―同中書門下平章事、知西北路招討史―兼侍中、知西北路招討使大内惕隠―（大安八年）西南路招討使

〈耶律慶嗣墓誌『遼史』巻巻九六、耶律撻不也伝〉

耶律庶幾　（太平元年）牌印郎君―（三年十一月）燕軍衙内馬歩軍指揮使―（景福二年正月）長寧宮漢児渤海都部署使―（重熙元年十一月）長寧宮漢児渤海都部署使―（三年）南北面林牙―（六年正月）建州節度使―（八年）奚王監軍―（十一年八月）瀋州節度使―（十三年四月）興中府尹―（十五年二月）燕京歩軍都指揮使―（十七年十月）信州節度使―（十八年正月）上京留守―（十九年十月）双州節度使―（二十一年十一月）賓州節度使―（二十二年二月）龍化州節度使―（二十二年十一月）咸武軍節度、副州管内観察処置等使、崇禄大夫、検校太師、守太子太保、知遼興軍節度使

〈耶律庶幾墓誌〉

契丹人と漢人の転遷における違いを検討してみると、州長のランク、および環衛官の転遷に関しては、とくに違いは見られないが、下級の位階においては、決定的な違いが指摘できる。それは、契丹人官僚が東頭供奉官以下の小使臣（三班使臣）や諸司使副の官を授けられる事例がほとんどないことである。[29]そのかわり、契丹人官僚の初任官として著帳官・護衛といった官（後述のように祗候郎君・牌印郎君は、ともに著帳官の一種）が授けられるケースが目に付く（表2）。そして、漢人などが著帳官を授かるケースはごく稀である。これは、著帳官が諸司使副以下の使臣と対置すべき存在であった可能性を示すものである。そこで、つぎに著帳官が官僚の昇遷に如何に位置づけられるかを検討してみよう。

表２　著帳官一覧

	人名	出自	著帳官	官歴	出典
1	蕭守興（蕭思温）	国舅大父房	太宗朝？祗候郎君	林牙、左宣徽使、南京留守、北院枢密使	国15、遼78
2	女里	積慶宮人	応暦中、習馬小底	馬群侍中、行宮都部署・政事令	遼79
3	耶律虎古	六院部人	保寧初、御盞郎君	涿州刺史	遼82
4	耶律題子	横帳	保寧間、御盞郎君	西南面招討都監	遼85
5	耶律学古	横帳仲父房	保寧中、御盞郎君	遙授保静軍節度使、南京馬歩軍節度使、彰国軍節度使、惕穏	遼83
6	耶律室魯	六院部人	聖宗朝、祗候郎君	宿直官、検校太師、北院大王、門下平章事、北院枢密使	遼81
7	耶律欧里斯	六院部人	統和中、祗候郎君	本部司徒、西南面招討使	遼81
8	蕭孝先	国舅少父房	統和18年、祗候郎君	国舅詳穏、南京統軍使、漢人行宮都部署、上京留守、総禁衛事、遙授天平軍節度使、北院枢密使、南京留守	遼87
9	陳昭袞	雲州人	統和中、祗候郎君	奚捜剌詳穏、敦睦宮太保、囲場都太師、帰義軍節度使、同知上京留守、西南面招討都監	遼81
10	蕭朴	国舅少父房	開泰初、牌院郎君	南院承旨、権知転運事、南面林牙	遼80
11	蕭和尚	国舅大父房	開泰初、御盞郎君	太医局等林牙、唐古部節度使	遼86
12	蕭孝忠	国舅少父房	開泰中、祗候郎君	殿前都点検、北府宰相、東京留守、北院枢密使	遼81
13	蕭慈氏奴	国舅少父房	太平初、祗候郎君	閘撒狘、加右監門衛上将軍、西北路招討都監、領保大軍節度使—殿前副点検—烏古敵烈部詳穏	遼93
14	耶律庶幾	大横帳	太平元年、牌印郎君	燕軍衙内馬歩軍指揮使、長寧宮漢児渤海都部署使、南北面林牙、建州節度使、奚王監軍、瀋州節度使、興中府尹、燕京歩軍都指揮使、信州節度使、上京留守	耶律庶幾墓誌
15	蕭韓家奴	奚六部	太平中、祗候郎君	敦睦宮使、左翼都監、北面林牙、南院副部署、奚六部大王、南京統軍使、北院宣徽使、殿前都点検、西南面招討使	遼96
16	蕭迭里得	国舅少父房	太平中、祗候郎君	延昌宮使、殿前副点検、都点検、漢人行宮都部署事、西南面招討使、南京統軍使	遼114
17	耶律頗的	横帳季父房	重煕初、牌院郎君	知易州、彰国軍節度使、北面林牙、南院宣徽使、忠順軍節度使、南院大王、同知南京留守事、南府宰相、北院枢密使	遼86
18	耶律庶成	横帳季父房	重煕初、牌印郎君	累遷、枢密直学士、林牙	遼89
19	耶律和尚	横帳季父房	重煕初、祗候郎君	積慶宮、永興宮使、同知南院宣徽使、南面林牙、懐化軍節度使、御史大夫、天平軍節度使、検校太師、中京路按問使	遼89
20	蕭撒八	国舅少父房	重煕初、祗候郎君	(祗候郎君補任以前、七歳で右千牛衛将軍)、永興宮使、総領左右護衛、同知点検司事、北院宣徽使、西北路招討使	遼87

21	蕭撒抹	遙輦洼可汗宮人	重熙初、祗候郎君	北面林牙、大父敞穏、知山北道辺境事、西南面、西北路招討使、加同中書門下平章事	遼92
22	耶律蒲魯	横帳季父房	重熙中、牌印郎君	通進	遼89
23	蕭奪利	遙輦洼可汗宮人	重熙中、祗候郎君	漢人行宮副部署、烏古敵烈統軍使、加龍虎衛上将軍、西北路招討使、東北路統軍使、西京留守、東北路統軍使	遼92
24	蕭迂魯	五院部人	重熙間、牌印郎君	護衛太保、知殿前副点検事、総知烏古敵烈部、左皮室詳穏、西北招討都監、南京統軍都監、東北路統軍都監	遼93
25	耶律陳家奴	二院皇族	重熙中、牌印郎君	直日不至、降本班、御盞郎君、鷹坊、尚厩、四方館副使、魯古皮室詳穏、右夷離畢烏古敵烈節度使行軍都監	遼95
26	耶律良	着帳郎君の後	重熙中、寝殿小底	燕趙国王近侍、知制誥、兼知都部署司事、敦睦宮使、兼知皇太后宮諸局事、漢人行宮都部署、同知南院枢密使事—惕隠—知中京留守事	遼96
27	蕭胡覩	国舅少父房	重熙中、祗候郎君	興聖宮使、北面林牙、北・南院枢密副使、西北路招討使、	遼114
28	耶律適烈	六院部人	重熙末、牌印郎君	兼起居注、同知永州事、北面林牙、遙授臨海軍節度使、武安州観察使、長寧宮使、南院大王、同知南京留守事、上京留守、塌母城節度使	遼96
29	耶律何魯掃古	横帳孟父房	重熙末、祗候郎君	加安州団連使、懐徳軍節度使、奚六部太尉、左護衛太保、知西北路招討使事、加左僕射、惕隠、兼侍中	遼94
30	耶律胡呂	弘義宮分人	重熙末、寝殿小底	千牛衛大将軍、西北路招討都監、漢人行宮副都部署、兼知太和宮事	遼98
31	耶律阿思	不明	清寧初、祗候郎君	渤海近侍詳穏、契丹行宮都部署、北院大王、北院枢密使、監修国史、加于越	遼96
32	蕭兀納	六院部人	清寧初、祗候郎君	近侍敞史、護衛太保、北院宣徽使、同知南院枢密使事、殿前都点検、南院枢密使、北府宰相	遼98
33	耶律撻不也(耶律慶嗣)	横帳孟父房	清寧２年、祗候郎君	永興宮使、遙授忠正軍節度使、同知殿前点検使事、高陽軍節度使、臨海軍節度使、左皮室詳穏、西北路招討使	遼96、耶律慶嗣墓誌
34	蕭余里	国舅	清寧初、祗候郎君	南面林牙、奉先軍節度使、北面林牙、寧遠軍節度使、国舅詳穏、北府宰相、兼知契丹行宮都部署事、北院枢密使	遼111
35	耶律撻不也	横帳季父房	清寧中、牌印郎君	永興宮使、知点検司事、懐徳軍節度使、遙輦剋、北院宣徽使	遼99
36	蕭陶蘇斡	突呂不部人	清寧末、筆硯小底	祗候郎君、枢密院侍御、崇徳宮使、漠北滑水馬群太保、漠南馬群太保、天斉殿宿衛、同知南院枢密使事、漢人行宮都部署	遼101
37	耶律塔不也	横帳仲父房	咸雍初、祗候郎君	延慶宮副使、行宮都部署、特免部節度使、敵烈部節度使、敦睦宮使、西北路招討使	遼111

38	蕭撻不也	国舅少父房	咸雍中、祗候郎君	彰愍宮使、同知漢人行宮都部署	遼99
39	蕭得里底	国舅少父房	大康中、祗候郎君	興聖宮副使、兼同知中丞司事、寧遠軍節度使、長寧宮使、同知南京留守事、北面林牙、西南面招討使、北院枢密使、	遼100
40	耶律章奴	横帳季父房	大安中、牌印郎君	右中丞、兼領牌印宿直事、直宿不謹、降知内客省事、東北路統軍副使、同知咸州路兵馬事	遼100
41	蕭常哥	国舅の族	道宗朝、祗候郎君	本族将軍、松山州刺史、永興宮使、南院枢密使、漢人行宮都部署　国舅詳穏、遼興軍節度使、北府宰相	遼82
42	蕭薬師奴	国舅少父房	道宗朝、祗候郎君	興聖宮使、同知殿前点検司事、右夷離畢、南面林牙、漢人行宮都部署、安東軍節度使	遼91
43	耶律石柳	六院部人	道宗朝、牌印郎君	夷離畢郎君、御史中丞、遙授静江軍節度使	遼99
44	蕭冲之	国舅の族	道宗末、牌印郎君	□州刺史	蕭義墓誌
45	耶律朮者	于越蒲古只の後	乾統初、祗候郎君	加観察使、左遷銀州刺史─咸州糺将	遼100
46	耶律固	不明	大安末、牌印郎君	御院通進、高州観察使	耶律迪烈墓誌等
47	蕭仲恭	国舅	乾統中、某郎君	(著帳官補任以前、小将軍、団練使)、副宮使、観察使、輔国上将軍	蕭仲恭墓誌

略号：遼……『遼史』　国……『契丹国志』

2　著帳官の位置づけ

著帳官について『遼史』巻四五百官志一、北面著長官の条はつぎのように記している。

著帳郎君院。遙輦痕徳菫可汗、蒲古只等三族の于越室魯を害するを以て、家属は瓦里に没入す。応天皇太后国政を知するに、之を析出し、著帳郎君、娘子を以て、毎に矜恤を加う。世宗悉く之を免ず。其の後内族、外戚及び世官の家罪を犯す者、皆な瓦里に没入す。人戸益ます衆く、因りて故名を復す。皇太后、皇太妃帳、皆な著帳諸局有り。

……

祗候郎君班詳穏司

……

祗候郎君

筆硯局

牌印局

……

御盞局

本班局

……

著帳戸司。本と諸斡魯朶戸の析出、及び諸色人の罪を犯すを没入す。凡そ御帳、皇太后、皇太妃、皇后、皇太子、近位、親王祗従、伶官、皆な其の役に充つ。

……

承応小底局

筆硯小底

寝殿小底

……

習馬小底

……[30]

この記述によれば、著帳郎君は犯罪によって籍没された者がなる官となる。従来の著帳官に関する議論も、おおね『遼史』の解釈にしたがっている[31]。しかし、加藤修弘氏は著帳戸司の官は、『遼史』の解釈通り籍没者が任命されるものであるのに対し著帳郎君院の官は官僚の子弟の初任官であるとし、その起源を太祖の腹心部にもとめ、モンゴル帝国のケシク（kesik, 怯薛）のごとく擬制的家族的紐帯関係によって結ばれた臣下集団を基礎として君主権の絶対化を推し進めたと論じている[32]。前掲の任官事例および、初任官の判明する契丹人官僚（立伝者二〇七名中八九名）の半数以上（四三名）が著帳官を初任官としていることからも加藤氏の見解には大筋では妥当な見解といえる[33]。

ここで問題となるのは、著帳官を階官とみなせるか否かである。モンゴルのケシクの場合、昔宝赤であるとか必闍赤といったケシクの称は一生ついて回るものであり、また世襲されるものでもあった[34]。したがって、もし著帳官がモンゴル帝国のケシクに相当するものと考えた場合、これを階官と見なすのにはいささか躊躇されるのである。

遼の著帳官は、初期については史料が無いために定かではないが、中期以降になると官僚の昇遷の体系の中に組み込まれており、官制上の位置づけにおいてケシクとは若干異なる存在であるのが確認できる。たとえば、『遼史』巻一〇一蕭陶蘇斡伝には道宗の清寧年間（一〇五五―一〇六四）末のこととして、

時に陶蘇斡幼きと雖も、已に成人の如し、筆硯小底に補せらる。祗候郎君に累遷す[35]。

と記している。この史料から筆硯小底から祗候郎君へという昇遷過程がみてとれる。筆硯小底は著帳戸司の官であり、そこから昇遷した結果、著帳郎君院の官である祗候郎君となるので、前述の著帳戸司の官は籍没者、著帳郎君院の官は官僚の子弟の初任官という加藤氏の見解は修正が必要となろう。ちなみに蕭陶蘇斡は突呂不人であり籍没者ではない。これは著帳戸司の官が籍没者によって必ずしも構成されないことを示すものである。

上記の遷転のほかにも、『遼史』巻九五耶律陳家奴伝には、

重熙中、牌印郎君に補せらる。直日至らず、本班に降す[36]。

とあり、ここから、牌印郎君と本班（おそらく前引の『遼史』百官志にみえる本班郎君のことであろう）との間に昇降がみられる。これらの事例から、著帳官が官僚の昇遷過程の一段階であることがうかがえる。

ところで、関樹東氏は本班郎君を著帳官とするのは『遼史』の誤りで、実際は各部族、帳族の郎君であるとしている。また、「耶律習涅墓誌[37]」に、「郎君為り。倶に仕えず、家事を干済し、賓客を接待す」とみえる郎君を本班郎君であるとみなし、本班郎君は無官の者に対して与えられる呼称であり、官ではないと論じている。たしかに「本班」と

いう呼称は固有名詞としてはあまりふさわしいものではなく、関樹東氏の論じるように、本班郎君が各部族、帳族の郎君であった可能性は高い。ただし、「耶律習涅墓誌」に見える郎君と本班郎君が同一の性格のものか不明瞭であり、本班郎君と称されるものが官ではないとするのには問題があろう。なにより、本班郎君が官であることを示す史料が存在する。『遼史』巻九七耶律斡特剌伝には、

耶律斡特剌、字は乙辛隠、許国王寅底石の六世孫なり。少くして官禄を喜ばず、年四十一、始めて本班郎君に補せらる。(38)

とある。この文章は、若いときに官に就かなかった耶律斡特剌が四十一歳になってようやく官に就いたことを述べていると解釈するのが自然である。そして彼に与えられた官はまさしく本班郎君なのである。後述するように本班郎君を品階を持つ「官」と定義するのはいささか正確さを欠くのであるが、ともかく本班郎君が官僚機構の構成要素の一つであることは疑う余地はない。

ともかく、上の諸史料から、著帳戸司→著帳郎君あるいは本班郎君→著帳郎君という昇遷過程の存在がうかがえる。しかし、著帳官を階官とみなしうるかについては、さらに考察を進める必要がある。

契丹小字で記されたいくつかの墓誌では階官や爵位を授けられた場合は「封」、差遣が与えられた場合には「除」に相当する文字が大抵用いられているが、著帳官についてはいずれの文字も用いられていない。たとえば「蕭仲恭墓誌」(39)にみえる任官記事（図1）には、蕭仲恭が金朝に仕えた後の官歴で驃騎大将軍、左金吾衛将軍、銀青光禄大夫、特進、儀同三司、開府儀同三司といった金代の階官の除授に「封」字を、職事官にあたる尚書右丞、行台尚書省左丞相といった官にたいしては「除」字を用いている。(40)そして遼朝に仕えていたときには小将軍、観察使などの除授には「封」字が、副宮使の除授には「除」字が用いられている。ところが某郎君となったときにはいずれの字も付されて

いない。この事実は、著帳官を直ちに階官と見なすのをためらわすのに十分である。また、「蕭義墓誌」は蕭義の長男の冲之の官歴について「故燕国王の初誕、舅族の慶を申し、左奉宸を拝し、牌印班に繇り入仕し、□州刺史を授かる[41]」と記す。「牌印班」とはおそらく牌印郎君のことと考えられる。そして、そこから「入仕」したとある以上、牌印郎君への任命と左奉宸を拝したのは同時とみなければならない。左奉宸は前掲の『宋会要』に記されているので、階官的な機能を果たす官とみなすことができる[42]。以上の事から考えると、著帳官を階官とみなすのはあまり妥当ではないといえよう。

ただし、ここで注意しなければならないのは、著帳官の事例において蕭冲之のように階官をあわせ持つのが明瞭に分かる例が少ないことである[43]。たとえば、契丹小字で記された「耶律迪烈墓誌[44]」には撰者の耶律固の官銜および耶律迪烈の初任に「牌印郎君」の名がみえるが、前者の場合（図2）「写字掌の事院知」と読める官は「知」字が冠せられていることからみて実職を持つものととるべきであり、また後者の場合（図3）前後に階官の叙任を示す「封」字がみえない。すると、両者ともに階官に相当する官銜がみられないことになる。そうすると、著帳官は、品階をもつ官僚とは一線を画した存在とみるべきかもしれない。先述のように、著帳官について契丹小字墓誌では「封」「除」のいずれの文字も用いていなかったことも、これを示唆するととることができる。さらに、金代にも「祗候郎君」の呼称がみられるが、これについて『金史』巻五三選挙志三、右職吏員雑選の条には、

省祗候郎君。大定三年、制すらく、袒免以上親承応を願い已に試して合格して闕の収補するなき者及び一品官の子、已に引見するを以て、在班祗候に止まるは、三十月ごとに循遷す。初任は正従七品を与え、次任は省に呈す。内祗在班は、初次任は正従八品に注し、三四は従七品に注し、而後は省に呈す。班祗在班は、初は九品、次三は正従八品、四五は従七品、而後は省に呈す。已上の三等、並びに六十月を以て滿を為し、各おの一重を遷せ、と。

図1　契丹小字蕭仲恭墓誌に見える「封」と「除」の用例

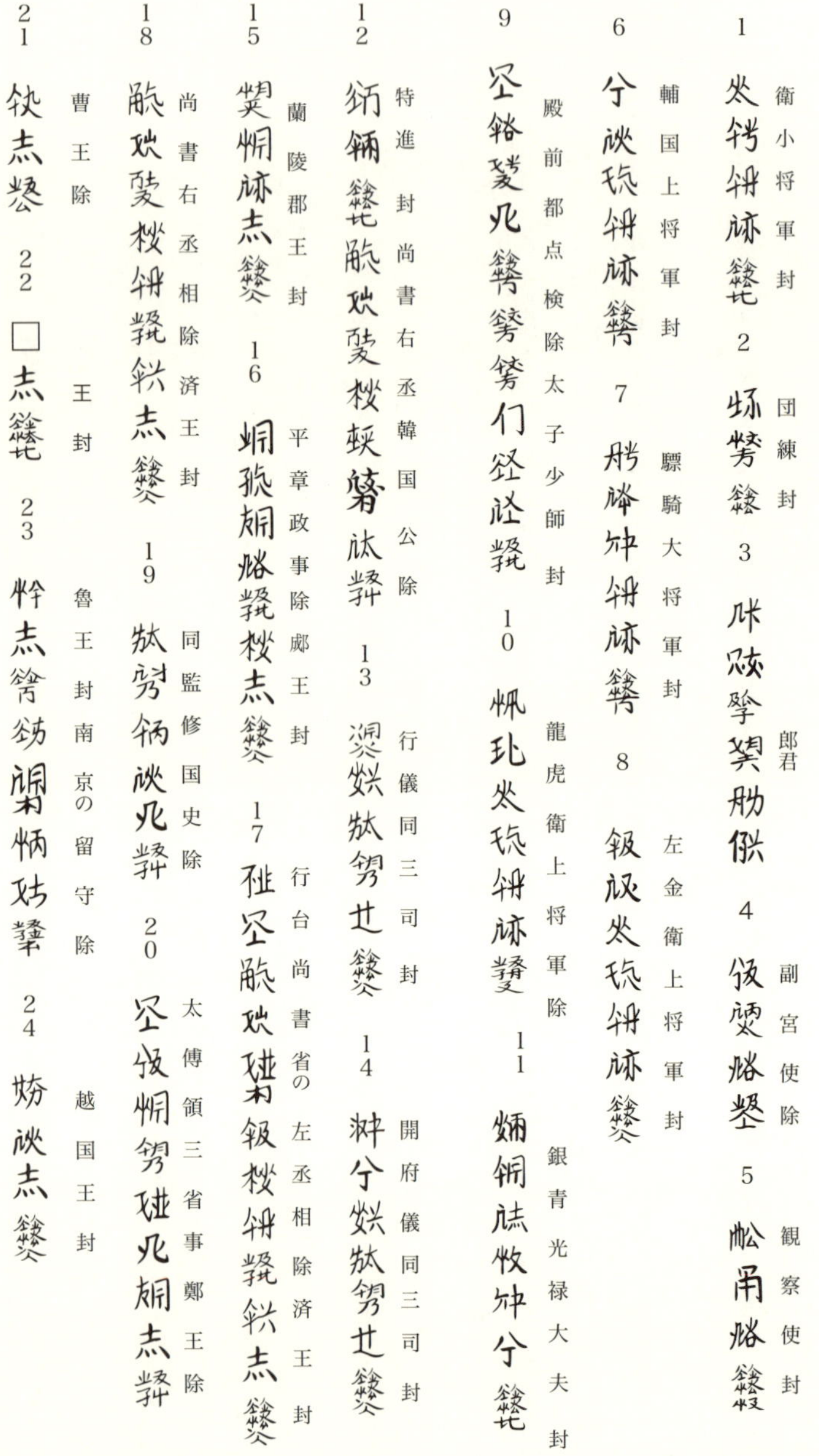
1 衛小将軍封
2 団練封
3 郎君
4 副宮使除
5 観察使封
6 輔国上将軍封
7 驃騎大将軍封
8 左金衛上将軍封
9 殿前都点検除太子少師封
10 龍虎衛上将軍除
11 銀青光禄大夫封
12 特進封尚書右丞韓国公除
13 行儀同三司封
14 開府儀同三司封
15 蘭陵郡王封
16 平章政事除郿王封
17 行台尚書省の左丞相除済王封
18 尚書右丞相除済王封
19 同監修国史除
20 太傅領三省事鄭王除
21 曹王除
22 王封
23 魯王封南京の留守除
24 越国王封

図2　契丹小字碑文に見える耶律固の官銜

1

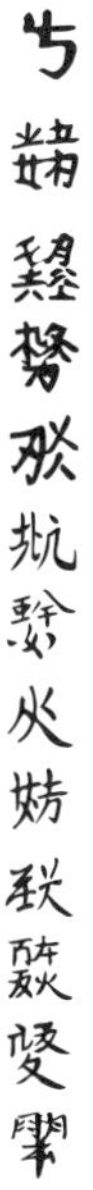

印　牌司の郎君達　写　字　掌の　事　院　知　耶　律　固　撰

（「耶律迪烈墓誌」大安八年〈一〇九二〉）

2

御　院　通　進　銀　青　崇　禄　大　夫　検　校　国　子　祭　酒　字　掌の　事　知　武　騎　尉　臣　耶　律　固

（「道宗皇帝哀冊」乾統元年〈一一〇一〉）

3

高　州　観　察　使　金　紫　崇　禄　大　夫　検　校　尚　書　右　僕　射　漆　水　県　開　国　伯　耶　律　固　撰

（「故耶律氏銘石」天慶五年〈一一一五〉）

図3　「耶律迪烈墓誌」にみえる耶律迪烈の初任官

1

北　院　印　牌司の　郎君　事

（図1～3　契丹文字の図版・釈文は清格爾泰・劉鳳翥・陳乃雄・于宝林・邢復礼『契丹小字研究』および盧迎紅・周峰「契丹小字《耶律迪烈墓誌銘》考釈」にもとづき作成）

（後略[45]）

とみえる。ここでは省祗候郎君として数任を経た後に品級を持つ職事官をあたえる規定について述べられているので、省祗候郎君は品階をもたない官僚見習いという位置づけにあると考えられる[46]。もちろん金制を遼制に直接結びつけることはできない。しかし、省祗候郎君のほかにも護衛、牌印、寝殿小底といった遼代に契丹人官僚の官途の初めに就く職名が「入仕之途」として『金史』の同条にみられることから考えて、金はある程度遼制を意識してこれらの制度を定めていったとみることは許されよう。とすれば、金の省祗候郎君が品階を持たないのは、遼制において著帳官が品階をもつ官僚とは一線を画した存在であったのを念頭においた結果とみることができる。

さて、このように考えると、著帳官に昇遷する前段階である本班郎君なども、品階を持つ「官」とするのはいささか正確さに欠けることとなる。無論、先述したように本班郎君を全くの無位無官とみることはできない。したがってこれは、官僚が入仕のはじめに就く流外の官と定義すべきであろう。

四　官僚の出自と初任

前節までの考察で、漢人官僚と契丹人官僚との間で遷転の初期の段階で異なる経路をたどること、また契丹人官僚内でも著帳戸司から入仕する者と著帳郎君院からの者とが存在することが明らかとなった。それでは、それぞれの経路には何らかの格差があったのであろうか。本節ではこの点について検討を加えたい。

前節で指摘したように、著帳戸司の官である筆硯小底も官僚の序列の中に含まれており、籍没戸から任命されるものとはいえない。しかし、初任として著帳戸司の官が与えられる者と著帳郎君院の官が与えられる者との間には、出身による区別が見受けられる。著帳戸司の官は以下の四例あるが、いずれも宮分人や著帳戸[47]といった比較的身分の低い出身である。

女里　積慶宮人。応暦中、習馬小底。（表2：事例二）
耶律良　著帳郎君の後。重熙中、寝殿小底。（事例二六）
耶律胡呂　弘義宮分人。重熙末、寝殿小底。（事例三〇）
蕭陶蘇斡　突呂不部人。清寧末、筆硯小底。（事例三六）

一方、初任官で著帳郎君院の官を授けられた者の内訳は、皇族一三名、国舅一五名、部族一〇名、不明二名、その他三名と、皇族、后族のような身分の高いもの（所謂「世官之家」）が大半を占めている。また、部族出身者うち九名は皇室の出身母体である五院部、六院部出身者で占められている。その他の三名のうち二名は遙輦洼可汗の宮分人である蕭撒抹、蕭奪利の父子であるが、撒抹の父が枢密副使にまでなっていることから考えると特例と見做すことができる。もう一名は雲州出身の陳昭袞という人物である。漢人の可能性が高いが具体的な出自は不明である[48]。以上をふまえて著帳郎君院と著帳戸司の官の任官者を比較すると、前者は基本的に皇族、国舅、および帝室の出身部族である迭剌部の後身である五院部・六院部といった比較的高い身分の出身、後者はその他の出身の者の初任であったとみなすことできる。

このような身分の高いものの優遇という現象をみると、著帳官の制度は、加藤修弘氏の論じた「擬制的家族的紐帯関係によって結ばれた臣下集団」の形成を目的とする一方で、逆に「世官之家」と呼ばれるような遊牧貴族層の存在を保証し再生産させる装置としての機能を果たしていたといえそうである。これは「太宗晩年の国号始建を契機として、中央集権的専制国家の体制が具現されたといっても、それは実際には新旧勢力との妥協のうえに達成されたものと認めざるを得ぬ。それからのちにも貴姓たる新旧勢力は宗室に対抗する潜在勢力として存続したから、遼室は官人として功績を挙げたものに世官の特権を賦与せざるを得なかったのであろう」という島田正郎氏の遼の世選制の評価に相通じるものがある。[49]

さらに、著帳官が階官的な機能を持ち、官僚の昇遷の中に位置づけられていることに注意する必要がある。著帳郎君院の官は「世官之家」の子弟の起家官であると同時に、本班や著帳戸司の官が昇遷してくる官という性格もあわせ持つ。著帳官に皇帝の近臣集団という性格があることを考えれば、出身身分の低いものでも著帳官に昇遷することによって、最高位に登りつめることも可能となるのである。前掲の著帳戸司の官を経験した四人がいずれも枢要の官となっているのは、その証左となろう。

それでは、漢人官僚と契丹人官僚との間には出身による格差がみられたのであろうか。先述のごとく著帳官は階官とみなすことはできないので、正確な比較はしがたいが、著帳官となった人物の階官が著帳官となる前後でどのように変化したかを見ることによって著帳官のランクを見極めることにより、おおよその対比は可能となろう。[50]なお、著帳官には著帳郎君院の官と著帳戸司の官の区別があるが、前述のように両者を同列に扱うべきではないので、ここではもっぱら著帳郎君院の官について考察する。

著帳官の前後の階官が明確な事例を列挙すると（括弧内の事例番号は表2のものを示す）、御盞郎君→節度使（耶律学古：事例五）、右千牛衛将軍[51]→祗候郎君（蕭撒八：事例二〇）、御盞郎君→鷹坊副使（耶律陳家奴：事例二五）、祗候郎君→団練使（耶律何魯掃古：事例二九）、祗候郎君→左武衛将軍（耶律撻不也：事例三三）、祗候郎君→観察使（耶律朮者：事例四五）、牌印郎君→御院通進→観察使（耶律固：事例四六）、団練使→某郎君→観察使（蕭仲恭：事例四七）となる。著帳官からの昇遷で最も高位なのは耶律学固の節度使である。ただし、『遼史』巻八三の本伝には、保寧中、御盞郎君に補せらる。乾亨元年、宋既に河東を下し、勝に乗じて燕を侵す、学古詔を受け往きて援く。始め京に至るに、宋耶律奚底、蕭討古等を敗り、勢い益ます張り、城を囲むこと三周、地に穴ほりて進み、城中の民二心を懐く。学古計を以て反側を安んじ、宜に随い備禦し、昼夜少しも懈らず。……援軍至るに会し、囲遂に解く。……旋りて高梁の捷有り。功を以て保静軍節度使を遙授せられ、南京馬歩軍都指揮使と為る。(52)

とあり、この昇遷は軍功による超資であった可能性がある。節度使にまで昇遷した他の著帳官の事例は、たいていの場合、間にいくつかの差遣を経ているので、これは特例と見るべきであろう。このように考えて大過なければ、著帳官から転じる最高位は観察使となる。

他方、著帳から昇遷する一番低い階官は御院通進である。前掲の韓椅・耿延毅の事例では、西頭供奉官からの昇遷が確認され、また「馬直温妻張館墓誌」には「礼賓使、御院通進、張仁規」の名がみえるので、御院通進は供奉官以上で諸司使以下の官資をもつ者が就くポストと考えられる。

以上の事例から、著帳郎君院の官は供奉官から団練・防御使の間に位置するとみなせる。他方、漢人官僚が起家官として授けられる武階の最高位は管見の限りでは東頭供奉官にとどまっている。したがって、漢人官僚は著帳郎君院の官を初任とするような契丹人の有力者層と比較した場合、起家官において若干不利な立場に置かれていたといえる。ただし、これは契丹人一般と漢人との間の格差を意味するわけではなく、遼朝政権内において契丹人の有力者層が特権的な地位を保証されていた結果とみるべきであろう。

おわりに

以上、本章では遼の武官の遷転について考察してきた。それをまとめると、次のようになろう。まず、遼の武階は基本的には唐後半期の武散階の崩壊をうけてはじまった、武官の序列化のいくつかの動きを継承した結果成立したものである。そして、中・下級官僚については漢人が三班使臣・諸司使副と遷転するのに対し、契丹人が著帳官から遷転を始める事例が多数みられるという相違があった。また、著帳官は階官として機能していたとはみなしがたく、その点においても漢人と契丹人の武階の遷転に違いが見られる。さらに、各官僚の出身と初任官の関係から、「世官之家」と称される契丹人有力者層が遷転において有利な立場に置かれていたことが確認される。ただし、これは絶対的な優位ではなく、そこに遼朝の銓選制度の巧妙さが垣間見られる。

遼朝史に関する史料、たとえば『遼史』『契丹国志』あるいは石刻史料などは、その多くの部分が官名の羅列で占められている。そうした史料状況のなかで、個々の官名の持つ意味を知ることは、史料からより豊かなイメージを引きだすための重要な手がかりとなる。本章はそのささやかな試みの一つであり、遼朝の銓選制度についても、著帳官以外の経路からの契丹人の入仕（たとえば護衛）や、金制との継承関係、漢人の墓誌にしばしば見られる「三班院」の制度の理解、あるいはウイットフォーゲル氏が指摘した遼における恩蔭の問題(53)など、本章では取上げられなかった課題も数多く残されている。それでも本章の考察の結果は、たとえば『遼史』巻七八蕭護思伝に見えるエピソードの意味を、より明確にするための一助となろう。話を要約すると「代々北院の吏を出す家系の出身である蕭護思がその才覚により、応暦年間に北院枢密使となった。それと同時に世々宰相の選に預かるという特権も授かることとなった。

しかし蕭護思は、子孫が宰相たる器であるかは現段階で知ることはできないので客省使を世選できれば十分です、とそれを断った」というものである。一見、蕭護思の寡欲をたたえるエピソードなのであるが、それだけではないのである。ここで問題になるのは客省使の地位である。本章で論じたように応暦年間には未だ北宋に近い形の武階は整備されておらず、したがって五代の影響を強く受けたものであった。趙雨楽氏によると、五代には枢密使を頂点として以下、宣徽使、内客省使、客省使、引進使、四方館使、東・西上閤門使という序列が形成されていた。[54]蕭護思は枢密使の時に「宰相之選」を授かったとすればおそらくこの「宰相」とは枢密使を意識したものととることができる。それならば、蕭護思は枢密使より三ランク下の客省使の世選を要求したことになる。そもそも蕭護思は「世為北院吏」という決して高くはない家柄の出身であり、いきなり宰相を世選することになれば、従来の「世官之家」と称される有力者層の反感をかう可能性がある。そこで「宰相之選」については辞退することになるが、それでも客省使が保証されれば、そこから宰相になるのは比較的容易なのである。また、客省使を世選することは、「世官之家」として定着することを意味するので、後代に「宰相之選」にあずかる余地を残すこととなる。したがって、このエピソードは、蕭護思の奥ゆかしさとともに賢さを表すものとしてとらえられるのである。

注

（1）　遼の官銜の分類についての研究は、次注の王曾瑜の研究のほかに、唐統天「遼代漢官的散階制」（『社会科学輯刊』一九八八―三、一九八八年）、遠藤和男「契丹国（遼国）品階・官制の研究――官制表の作成一―」（『社会科研究（大阪府高等学校社会科（地歴・公民）研究会）』四〇、一九九八年）、王滔韜「遼朝南面宰相制度研究」（『社会科学輯刊』二〇〇二―四、二〇〇二年）、楊軍「遼朝南面官研究――以碑刻資料為中心」（『史学集刊』二〇一三―三、二〇一三年）などがある。

（2）王曾瑜「遼朝官員的実職和虚銜初探」（『文史』三四、一九九二年。のち、『点滴編』河北大学出版社、二〇一〇年に再録）を参照。また、同「遼朝軍制稿」（『遼金軍制』河北大学出版社、二〇一〇年）第三章第一節では上記の論考の内容をふまえて、遼の武官について宋制との比較を中心として詳細な検討を加えている。

（3）武階を持つ官僚は必ずしも武人とは限らず、本章の中で扱ういくつかの事例に見えるように税務の監督官等でその官歴を終える人物などにも武階が授けられている。

（4）「河北河東燕山府路宣撫使譚稹奏、臣契勘虜人設官無度、補授泛溢、惟吝財物、而不惜名器。雖有官之人、類無請受、止是任職者有俸給。臣謹参照立定比換補授格目。伏望更賜睿察施行。今定到帰明人補授換格下項、未撫定以前帰朝人補換格、王師入燕後補換格。文資偽官六尚書、尚書左右丞、侍郎、給事中、直学士、諫議大夫、少大監、大卿、少卿、殿少、将作少監、少府少監、左司郎中、郎中、員外郎、検校常侍、殿丞一等官、洗馬一等官、司直、秘書郎、試評事、校書郎、〈試崇文館校書郎、太子校書郎、正字、文学同〉、比換朝散大夫、朝奉大夫、朝請郎、朝散郎、朝奉郎、奉議郎、通直郎、宣教郎、承事郎、承奉郎、承務郎、修職郎、迪功郎、将仕郎、文学助教。武資偽官金吾衛上将軍、節度使、大将軍、節度使留後、観察使、観察留後、遙防、遙団、洺州、□、商三州刺史、礼賓使、洛苑、六宅使〈奉宸、諸衛将軍、小将軍同〉、礼賓、洛苑、六宅副使、率府、率府副率、左右翊衛校尉、東西供奉官、左右承制、左右殿直〈閤門祇候同〉、東西班小底、三六班奉職、在班祇候、比換武功大夫遙刺、武徳大夫遙刺、武徳郎、武顕郎、武節郎、武略郎、武経郎、武議郎、武翼郎、敦武郎、従義郎、忠訓郎、保義郎、承信郎、進武郎校尉、進義郎校尉。詔並依譚稹措置、到事理施行」

（5）史料中の「今定到帰明人補授換格下項、未撫定以前帰朝人補換格、王師入燕後補換格」という部分はいまひとつ理解しにくいが、下項にしめす帰明人補授換格が未撫定以前帰朝人補換格と王師入燕後補換格からなることを示しているものと解釈できよう。

（6）「其在廷官、則有俸禄〈李詢為工部郎中。月得俸銭万米麦各七石〉、典州県則有利潤荘藩」

（7）前掲王曾瑜「遼朝官員的実職和虚銜初探」一六九頁を参照。

（8）松浦典弘「唐代後半期の人事における幕職官の位置」（『古代文化』五〇、一九九八年）、三八—四〇頁を参照。

（9）「契丹主宗真卒。……尤重浮図法、僧有正拝三公、三師兼政事令者、凡二十人」

（10）「帝晩年倦勤、用人不能自択、令各擲骰子、以采勝者官之。儼嘗得勝采、上曰、上相之徴也。遷知枢密院事、賜経邦佐運功臣、封越国公」

（11）『文献通考』巻五九職官一三、節度使の条に、

祖宗時、以待宗室、近属、外戚、国壻、年労、久次者、若外任除殿帥、始授此官。……宣和末、節度使至六十人、議者以為濫。……

とみえる。

（12）ただし、州によって格の違いがあり、宰相クラスの高位の官僚に除授される州もあった。宋代の知州については、梅原郁『宋代官僚制度研究』（同朋舎、一九八五年）、二一二―二二五頁を参照。

（13）向南『遼代石刻文編』（河北教育出版社、一九九五年）所収。なお墓誌などの石刻史料は、とくに断りの無い場合は全て本書の録文を用いた。

（14）「韓瑞墓誌」によれば、韓某は韓瑞の祖父であり、また韓徳冲の子であった。そして、韓徳冲の娘は、その墓誌（「耿延徽妻耶律氏墓誌」）によると統和二十九年（一〇一一）に四十八歳で没しているので、韓某も同時期に活躍した人物とみなければならない。

（15）釈文は王未想「内蒙古巴林左旗出土遼代蔡志順墓誌」（『考古』一九九五―九、一九九五年）による。

（16）ただし内客省・客省・引進・四方館・東西上閤門使（以下「横班」と総称す）は、『遼史』礼志の諸条に散見されるように、儀式の進行役という職務を担っていた。したがって、これらの官をもつ者の少なくとも一部は他の官を持たなかったと考えられる。

（17）本書第三章「遼の『燕雲十六州』支配と藩鎮体制――南京道の兵制を中心として――」、本書第五章「オルド（斡魯朶）と藩鎮」を参照。

（18）「唐自粛代以後、賞人以官爵、久而浸濫。下至州郡胥吏、軍班校伍、一命帯銀青光禄大夫階。殆与無官者等。明宗長興二年、

詔不得薦銀青階為州県官。賤之至矣。晋天福中、中書舎人李詳上疏、以為十年以来、諸道職掌皆許推恩、藩方薦論、動踰数百、乃至蔵典書吏、優伶奴僕、初命則至銀青階、被服皆紫袍象笏、名器僭濫、貴賤不分。請自今節度州聴奏大将十人、它州止聴奏都押牙、都虞侯、孔目官。従之。馮拯之父俊、当周太祖時、補安遠鎮将、以銀青光禄、検校太子賓客、兼御史大夫、至本朝端拱中、拯登朝遇郊恩、始贈大理評事。予八世従祖師暢、暢子漢卿、卿子膺図、在南唐時皆得銀青階、至検校尚書、祭酒、然楽平県帖之、全称姓名、其差徭正与里長等。元豊中、李清臣論官制、奏言、国朝踵襲近代因循之弊、牙校有銀青光禄大夫階、卒長開国而有食邑。蓋為此也」

(19)「諸司使已上、如使額高者加金紫階。内殿崇班初授則銀青階〈三班軍職、使職遇恩検校、兼官、並除銀青階〉。丁憂者起復、使相則授雲麾将軍〈使相仍加金吾上将軍同正、節度使大将軍同正、留後以下無之〉。其胥吏掌事至衣緋者、則授遊撃将軍。千牛備身則授陪戎副尉以上」

(20)たとえば、「趙徳鈞妻種氏墓誌」に種氏の子の趙延密が「河陽軍節度使、起復雲麾将軍、左金吾衛将軍同正、太尉」であると記している。

(21)『続資治通鑑長編』巻一一七、景祐二年十一月丙午の条に、

(前略)先是、宗子無遷官法、唯遇稀曠大礼、則普遷一官。及南郊、並侑三聖、宗子皆上表乞推恩、故有此制。旧自借職十遷乃至諸司副使、今副率四遷即遙領刺史、八遷即為節度使云。

とみえる。また、これについての詳細は前掲梅原郁『宋代官僚制度研究』一六〇—一六一頁、游彪『宋代蔭補制度研究』(中国社会科学出版社、二〇〇一年)、二一八—二一九頁を参照。また、『宋史』巻一五八選挙志四、銓法上には、

武班副率以上至上将軍、其遷歴軍衛如諸司使副焉。由牧伯内職改授、則観察使以上為上将軍、団練使、閤門使以上為大将軍、刺史、諸司使至崇班為将軍、閤門祗候、供奉官為率、殿直以上為副率。

とあり、一般官僚の武階と宗室の寄禄階との対照の目安が記されている。

(22)礪波護「唐代使院の僚佐と辟召制」(『唐代政治社会史研究』同朋舎、一九八六年)、前掲松浦典弘「唐代後半期の人事における幕職官の位置」、渡辺孝「中晩唐期における官人の幕職官入仕とその背景」(『中唐文学の視角』創文社、一九九八)など

を参照。

(23) たとえば、渡辺孝氏は「唐代藩鎮における下級幕職官について」（『中国史学』一一、二〇〇一年）のなかで、『千唐誌斎蔵誌』（文物出版社、一九八四年）所収の盧翊の墓誌にみえる「都押衙、同節度副使、泗州都団連兵馬使、銀青光禄大夫、検校太子賓客、上柱国、范陽国開国子」という官銜について「前望県令（正九品下）に対して太子賓客（正三品）というその検校官は、到底まともな官資として通用したとは考え難いが、この後、翊に加えられた憲官は何と兼監察御史（正八品上）だったという。三品の職事官に対して八品の憲官というこのグロテスク（grotesque）な乖離は、太子賓客の検校官が全く名ばかりの虚銜であったことを物語っていよう」と評している。

(24) 「準太和十一年七月二十六日勅、諸道節度下、都押衙、都虞候、約五年以上、方得改転、押衙、兵馬使、約七年以上、方得改転。三万以上軍兵、毎年許奏四人。其序遷、合与憲官者、以曾歴両任奏授賓詹者、与監察、以次遷序、止於侍御史。其御史中丞以上官、並須因有戦功、方得奏請。諸道団練使下、万人以上軍、所奏不得過殿中侍御史。如未有憲官者、不在奏限。万人以下軍、不因戦功、並不得奏論請」

(25) 前掲松浦典弘「唐代後半期の人事における幕職官の位置」三四頁を参照。

(26) 「御史大夫盧文紀奏（中略）台司伏請令文及故実不載者、令吏条。検校官令文不載、令請検校官一品、二品請同五品、三品已下請並同九品。如有曾任正官、依本官品第儀則。其准勅試官、亦同九品儀。如升朝官者、請拠本官品第升降則例。凡喪葬皆有品第、恐或無知之人、妄称官秩、自今後除升朝官見任官亡歿外、余官去事前五日、須将告誥或勅牒於本巡使呈過判押文状、行人方可供応。佐命殊功、当朝立功、名伝遐邇、特勅優旨、准会要例、本品数十分加三分、不得別為華飾。右具本朝（後略）」

(27) 小岩井弘光「北宋の使臣について」（『集刊東洋学』四八、一九八二年）、友永植「唐・五代三班使臣考」（『宋代の社会と文化』汲古書院、一九八三年）、前掲梅原郁『宋代官僚制度研究』、趙雨楽『唐宋変革期之軍政制度研究（一）――三班官制之演変』（文史哲出版社、一九九三年）、同『唐宋変革期之軍政制度――官僚機構与等級之編成』（文史哲出版社、一九九四年）を参照。

（28）耶律慶嗣墓誌では初任官を「近侍」と記している。しかし、『遼史』巻九六耶律撻不也（耶律慶嗣と同一人物）伝には、

撻不也、字胡独菫。清寧二年、補祗候郎君、累遷永興宮使。以平重元之乱、遙授忠正軍節度使、賜定乱功臣、同知殿前点検司事。歴高陽、臨海二軍節度使、左皮室詳穏。

とあり、彼の初任官が祗候郎君であることが分かる。

（29）管見の限りでは「涿州白帯山雲居寺東峰続鐫成四大部経記」の西頭供奉官、銀青崇禄大夫、検校国子祭酒、兼監察御史、雲騎尉、蕭佶、「蕭相公墓誌」の如京使、蕭慎徽、「創建静安寺碑銘」に礼賓副使、銀青崇禄大夫、検校右散騎常侍、耶律佶とみえるのが、その事例である。上記の事例のほかに、宋などへの使者で諸司使副の官銜をもつ事例が見られるが、これは使節の体裁を整えるための臨時の授官ととるべきであろう。たとえば『続資治通鑑長編』巻六一景徳二年（一〇〇五）十二月庚子の条にみえる遼使は「保静軍節度使耶律乾寧・左衛大将軍耶律昌主・宗正卿高正・右金吾衛将軍韓橁」となっているが、同使節を『遼史』巻一四聖宗紀五、統和二十三年（一〇〇五）十一月戊申の条は「太保合住・頒給使韓簡（橁）・太師盆奴・政事舎人高正」と、まったく使者の官銜が異なっているのである。前掲の「韓橁墓誌」では韓橁の右金吾衛将軍への叙任は確認できず、これが臨時の任命であることがうかがえるのである。したがって、外交使節の持つ官銜については考察の対象から除外すべきと判断した。

　また、横班の諸官についていは、契丹人も授官の対象であったと考えられる。たとえば、太宗朝に耶律化哥、道宗朝に耶律引吉はともに客省使となり（『遼史』巻四太宗紀下、会同五年五月癸酉の条、同書巻九七耶律引吉伝）、また『遼史』巻二二道宗紀二、咸雍五年（一〇六九）十一月丁卯の条には「詔四方館副使止以契丹人充」とあるのがこれを裏づけよう。これは、横班のもつ特殊な地位に起因すると考えられる。すなわち、前掲の韓瑜の事例で、彼が防御使、大将軍から客省使に転じたことからもうかがえるように、横班は他の諸司使より格が上で、州の長官に匹敵する階官であった。また、注（16）で述べたように、横班が儀式の進行役という、差遣としての機能を持っていたことも、契丹人の任命を妨げなかった一因と見られる。

（30）「著帳郎君院。遙輦痕徳菫可汗以蒲古只等三族害于越室魯、家属没入瓦里。応天皇太后知国政、析出之、以著帳郎君、娘子、

毎加矜恤。世宗悉免之。其後内族、外戚及世官之家（中略）犯罪者、皆没入瓦里。人戸益衆、因復故名。皇太后、皇太妃帳、皆有著帳諸局。著帳戸司。本諸斡魯朶戸析出、及諸色人犯罪没入。凡御帳、皇太后、皇太妃、皇后、皇太子、近位、親王祗従、伶官、皆充其役。（後略）」

(31) 島田正郎「北面中央官制の特色と世官制の意義」（『遼朝官制の研究』創文社、一九七八年）二二頁、同『遼代社会史研究』（厳南堂書店、一九七八年）一六八—一七四頁を参照。

(32) 加藤修弘「遊牧君長権力論——遼代著帳官制の史的意義について——」（『アジア文化研究』一、一九六八年）、同「遼朝北面の支配機構について——著帳官と節度使を中心に——」）（『九州大学東洋史論集』四〇、二〇一二年、を参照。

(33) 関樹東氏は「遼朝御帳官考」（『民族研究』一九九七—二、一九九七年）において、これらの諸官は、籍没者によって構成される著帳の官としてふさわしくなく、おそらく『遼史』の編者の誤りであるとし、「祗候郎君（班）」が本来の名称であったと論じている。参考にすべき見解ではあるが、『遼史』の説明は著帳官の出自についての説明とはとれず、あくまでも宮中の雑役をおこなう人戸の出自を示したものに過ぎない。また、片山共夫氏は「元朝の昔寶赤について——怯薛の二重構造を中心として——」（『九州大学東洋史論集』一〇、一九八二年）において元朝のケシクも皇帝の近臣と雑役をおこなう人戸から形成され、共にケシクと称されていたことを明らかにしてる。したがって、現在のところ祗候郎君以下の諸官を著帳官とは別のものとしてとらえる積極的な証拠は無い。とりあえず本章では『遼史』の表記に従いこれらの官を著帳官と称する。

(34) 箭内亙「元朝怯薛考」（『蒙古史研究』一九三〇年、刀水書房）を参照。

(35) 「時陶蘇斡雖幼、已如成人、補筆硯小底。累遷祗候郎君」

(36) 「重熙中、補牌印郎君。直日不至、降本班」

(37) 釈文は金永田「契丹大字『耶律習涅墓誌』考釈」（『考古』一九九一—四、一九九一年）による。

(38) 「耶律斡特剌、字乙辛隠、許国王寅底石六世孫。少不喜官禄、年四十一、始補本班郎君」

(39) 釈文および契丹文の解釈は基本的に清格爾泰・劉鳳翥・陳乃雄・于宝林・邢復礼『契丹小字研究』（中国社会科学出版社、一九八五年）五九五—六一八頁による。

(40) ただし、金代の階官である龍虎衛上将軍の除授に「除」字をもちいているので、若干の例外は認めなければならない。
(41) 「故燕国王初誕、申舅族之慶、拝左奉宸、繇牌印班入仕、授□州刺史」
(42) 左奉宸は『遼史』巻四五百官志一、北面御帳官の条に記載があるが具体的な記述に欠ける。また、島田正郎「御帳官」（『遼朝官制の研究』創文社、一九七八年）三六一―三六二頁にも言及があるが、詳細は不明としている。
(43) 蕭撒八（事例二〇）や蕭仲恭（事例四七）は著帳官就任以前に階官を授けられているが、著帳官の時にそれらの階官を帯していたのかは不明である。また、これらは幼少の時の叙任であり、実質的には著帳官が初任であることに注意すべきであろう。
(44) 釈文および契丹文字の解釈は盧迎紅・周峰「契丹小字《耶律迪烈墓誌銘》考釈」（『民族語文』二〇〇〇―一、二〇〇〇年）による。
(45) 「省祇候郎君。大定三年、制、以祖免以上親願承応已試合格而無闕収補者及一品官子、已引見、止在班祇候、三十月循遷。初任与正従七品、次任呈省。内祇在班、初次任注正従八品、三四注従七品、而後呈省。班祇在班、初九品、次三正従八品、四五従七品、而後呈省。已上三等、並以六十月為滿、各遷一重。（後略）」
(46) これについては三上次男「金代における尚書省制度とその政治的意義――政務統一機関としての尚書省の成立とその変遷――」（『金史研究（二）金朝政治制度の研究』中央公論美術出版、一九七〇年）四四二―四四三頁を参照。
(47) 耶律良の事例は、彼が著帳官の子孫という可能性も考えうる。しかし、『遼史』列伝での人物の出自の記述は、特定の個人の子孫と記すか（たとえば『遼史』巻九一耶律唐古伝には「耶律唐古、字適隠、于越屋質之庶子」とある）、本貫ないし出身の部族、帳族を挙げるのが通例である。したがって、ここでいう著帳郎君は官名ではありえず、籍没者によって構成された著帳戸を指すと考えなければならない。
(48) 『遼史』巻八一陳昭袞伝に「陳昭袞、小字王九、雲州人。工訳鞮、勇而善射。統和中、補祇候郎君、為奚拽剌詳穏、累遷敦睦宮太保、兼掌囲場事。……開泰五年秋……遷囲場都太師、賜国姓……」とみえる。
(49) 前掲島田正郎「北面中央官制の特色と世官制の意義」二九頁を参照。

(50) 同様の試みが費国慶「遼朝郎君考」(『上海教育学院学報』一九九一—一、一九九一年)六四頁でなされているが、費国慶氏は「郎君」の名のつくものをあまり区別せずに検討を行っており、また階官と差遣の区別もされていないので、郎君の地位についての概観にとどまっている。

(51) 『遼史』巻八七蕭撒八伝は「七歳、以戚属加左右千牛衛大将軍。重熙初、補祗候郎君」と、蕭撒八の初任官を「左右千牛衛大将軍」としている。しかし、同書巻一六聖宗紀七、太平四年六月戊辰の条では彼の官名を「千牛衛将軍」としている。馮家昇「遼史初校及源流考」(『燕京学報』専号五、一九三三年)は、「千牛衛将軍」が正しいとみなしてる。他の官僚でも、初任で大将軍を授けられる事例は皇子を除けば見られないので、馮氏の見解に従うべきであろう。ちなみに、千牛衛将軍は、**表1**および注(21)所引の『宋史』選挙志の記述から、ほぼ諸司使相当の官に位置づけられる。

(52) 「保寧中、補御盞郎君。乾亨元年、宋既下河東、乗勝侵燕、学古受詔往援。始至京、宋敗耶律奚底、蕭討古等、勢益張、囲城三周、穴地而進、城中民懐二心。学古以計安反側、随宜備禦、昼夜不少懈。……会援軍至、囲遂解。……旋有高梁之捷。以功遙授保静軍節度使、為南京馬歩軍都指揮使」

(53) Wittforgel, karl A., and Feng Chiasheng. *History of Chinese Society Liao (907-1125)* Philadelphia: American Philosophical Society, 1949, pp456-463を参照。

(54) 前掲趙雨楽『唐宋変革期之軍政制度』一七一—一七八頁を参照。

第八章　遼朝科挙と辟召

はじめに

従来の遼朝科挙制度の研究において、科挙の開始は遼朝の漢化ないしは漢人官僚の進出という視点から意義づけられてきた(1)。しかし、遼朝は「唐宋変革」と称される制度・社会変革の時期に中国的諸制度(2)を導入し、かつそれまで中国的諸制度が行われていた地域およびその中で生活していた人々を大きな混乱を経ることなく統治しているので、その制度のもつ歴史的な背景・文脈、そして、制度を規定し逆にそれによって規定される社会をもそのまま受容した上で、遼朝の制度を構築せざるをえなかった。したがって、科挙を含めた遼朝の選挙制度の研究は、唐末・五代・宋初にかけての人事制度・政策と関連づけて再検討する余地があろう。

唐後半期から北宋にかけての人事制度の特徴として州県官・幕職官(3)の辟召が注目され、これについて多くの研究がなされている。それらの成果を下に簡単にまとめておこう。

唐後半期以降、官闕に対する官員数のバランスが崩れ、大量の待選者が発生し、吏部の常選では昇遷に多くの時間を要した。そのため、出世の捷径としての幕職官辟召が盛んに利用されるようになった(4)。官闕不足の一因として藩鎮の奏薦・奏請による州県官任命、すなわち藩鎮による州県官人事権の一部掌握があげられている(5)。藩鎮の管内への人事権の拡大に対して、唐・五代の各王朝は辟召を制限する規定を繰り返し発布し、後周末の顕徳二年（九五五）に幕職官の辟召に対する全面的な制限が加えられ、藩鎮の人事権が中央にほぼ回収される。[6]
本章では科挙開始以前と以後での遼朝の官僚人事のあり方の変化についての考察を通じて、科挙の開始が遼朝の人事制度に及ぼした影響を明らかにし、それが上述の唐後半期から宋初にかけての官僚人事の問題と如何なる関係にあるのかを検討し、遼朝の科挙開始のもつ意義の一端を明らかにしたい。

一　統和六年以前における「漢人」官僚の主要入仕経路

『遼史』巻十二聖宗紀三、統和六年十二月丁巳の条に「是歳、詔開貢挙」という記事が見え、これにより遼朝で科挙が本格的に行われるようになったのは統和六年（九八八）であったと考えられている（それ以前にも科挙が行われたと記す史料があるが、それについては後述する）。そこで、まず統和六年以前の漢人官僚、とりわけ文官の主要な入仕経路について検討し、[7]その特徴を明らかにしよう。

1　恩　蔭

入仕経路として、まず指摘できるのが官僚の子弟の恩蔭による任官である。「張琪墓誌」[8]は、

府君諱は琪、字は伯玉。（中略）府君即ち大卿の仲子、枢密使、左丞相、兼政事令、魯国公、監修国史、侖の季父なり。（中略）府君資廕を承け、幽都府文学を授けられ、容城、文徳、永興、薊北県主簿、平州録事参軍、幽都府倉曹参軍、龍門、文徳県令を歴。僅か三十年、八たび官を転じ五たび階を遷る、其の□次や此の如し。[9]（後略）

と述べて、恩蔭による任官の存在を明確に伝えている。それによると彼の父は大卿の官であり（彼の甥の張倹の墓誌の記述により、太僕卿であったことが判明する）[10]、「承資廕」、つまり恩蔭によって統和元年（九八三）に幽都府文学に任じられ、以後州県官を歴任したことがうかがえる。

「李継成暨妻馬氏墓誌」[11]にみえる、李継成の事例も、若干分かりにくいが、やはり恩蔭による入仕についての記録である。

公姓は李氏、諱は継成、字は孝廉。其の先隴西の人なり。（中略）大王父諱は無裕、遼興軍節度掌書記。王父諱は審醴、安次県令。烈考諱は凝、盧龍軍観察判官、左補闕。（中略）公即ち観察補闕の嗣子、枢密使守太保、政事令、尚父、文献王昉の外孫。夫人室氏の出す所なり。（中略）統和五載、槐宸に霈渥し、芸閣に策名され、始め十六歳にして、起家して特に将仕郎守崇文館校書郎を授かる。（中略）初十九、守秘書省著作佐郎、職修文に在り（後略）[12]

史料中にみえる「霈渥」とは恩沢を受けること、「槐宸」は宮中の意味で「霈渥槐宸」で宮中より恩沢を受けることをしめす。その結果「策名芸《うん》閣」となるのであるが、「策名」とは官を授かること、「芸閣」は図書の所蔵庫のことをさし、具体的には後段に見える「崇文館校書郎」[13]で起家したことを意味する。つまり、ここで言う宮中の恩沢は恩蔭による任官を示しているのである。

恩蔭による入仕は文官に任ぜられるよりも、殿直や供奉官のような武臣系統の官を授けられる事例の方が多く見られる[14]。この傾向は後期になるほど強まり、一度恩蔭により武臣系統の官を授けられた後に改めて科挙受験を目指すものや、科挙に合格できなかったために、やむなく恩蔭により武臣となるという者が現れてくる[15]。このことから類推すると、科挙制度確立後は恩蔭による文官への任官は減少したと考えられる。

2　流　外

入仕経路として、つぎに挙げられるのは流外官（胥吏など）からの入流・出官である。流外官のような官僚機構の末端の人物についてては記録に残りにくいのであるが、それでも数例検出することができる。そのうち、統和六年以前に属するものとして、李熙の事例が挙げられる。「李熙墓誌」[16]には、

（前略）始め密院令史自り、主事を歴。官は副都承旨、都承旨、都峯銀冶副都部署、燕京軍巡使、平灤営等州塩鉄制置使、大同軍節度副使、涿州板築使、平州銭帛都監、新興鉄冶都部署。検校は国子祭酒自り、太子賓客、工部尚書、尚書右僕射、司空、司徒を歴て、太保に至る。正官は殿中少監自り、左威衛将軍、右驍衛大将軍に改め、営州刺史に至る。（後略[17]）

とあり、李熙はこの当時流外官のポストであった枢密院の令史（後述のように遼後半期には進士及第者も除授されるようになる）からその官歴をはじめ、のちにいずれかの時点で官としての地位を得て（検校国子祭酒となった時点と推測される[18]）、最終的には州刺史という比較的高位の官に至り、統和六年に没している。

流外官からの入仕は「蔡志順墓誌」に、

（前略）□□郡吏。清寧六年、宋国王京師に留守たるに、悦公善□□□□□□□□密院充契丹令史、文班に属す。乙信知院と為るに、令史を去る。□改めて通事と為る。咸雍二年、左承制を授かる。四年、知随駕生料副使。七年、出でて上京商税点検と為り、如□副使に遷る。（後略[19]）

とみえるように[20]、後半期にも見られ、遼代を通じて入仕経路の一つとして機能していたことがうかがわれる。

入仕経路としてつぎに挙げられるのは辟召あるいは奏薦による任官である。『遼史』巻八六劉景伝に見える劉景の事例は遼代前半期の辟召の存在を明確に示すものである。

景資端厚にして、学を好み文を能くす。燕王趙延寿辟して幽都府文学と為す。(21)

史料中で劉景を辟召した人物である趙延寿は燕王とされているが、彼は同時に南京留守（すなわち盧龍軍節度使）であった。つまりこれは藩鎮による辟召の事例である。趙延寿は初め後唐に仕え枢密使となり、また各地の節度使を歴任し、後唐滅亡時に遼朝に降った人物である。したがって、遼朝帰順後も五代藩鎮の流儀で自己の管轄地域を統治したということになる。逆に言えば、遼朝の側もそれを承認していたといえよう。

さて、劉景が撰述した「趙徳鈞妻種氏墓誌」では自身を「門吏」と称している。(22) これは、劉景が趙徳鈞の息子の趙延寿によって辟召された結果、両者の間に「門生故吏」の関係が生まれたこと、そしてそれを劉景が意識していたことを示すものである。

『宋史』巻二六四に見える宋琪の事例もやはり趙延寿による辟召の事例である。

宋琪、字は叔宝、幽州薊の人なり。少して学を好む、晋祖燕地を割して以て契丹に奉じ、契丹歳ごとに貢部を開く、琪進士に挙げられ第に中る、寿安王侍読に署せらる、時に天福六年なり。幽帥趙延寿琪を辟して従事と為す、会たま契丹内侵し、延寿に随い京師に至る。延寿の子賛河中節度を領す、漢初晋昌軍を授かり、皆な署して記室と為す。（中略）賛宋に仕え寿陽、延安二鎮に連移するに、皆な表して従事と為る。(23)

宋琪は「従事」に辟せられたとあるが、「従事」とは藩鎮幕職官の汎称であり、ここから遼においても幕職官は辟召によって就任するポストであったことがうかがえる。宋琪はその後趙延寿の息子、趙賛によって幕職官に辟召され、その後は彼の異動に従っている。五代の幕職官は唐代よりも藩帥の異動にしたがう傾向が強く、宋琪の事例は五代における幕職官の典型的な姿ということができる。

唐・五代を通じて幕職官が（一部上級のものを除き）辟召によって任じられるポストであったことを考えると、宋琪が遼において幕職官に辟召されたという事実は、遼が五代諸王朝よりも強力な規制を幕職官人事に対して行っていなかったことを示唆する。そうすると、遼前半期の人物に関する墓誌などの伝記史料中に散見される幕職官就任事例は、辟召による入仕の蓋然性が高いと考えられよう。

「姜承義墓誌」にみえる帰化州姜氏の事例も、藩鎮による辟召の存在を裏づけるものである。それによると、姜承義の子供たちは摂武定軍節度別駕であるとか摂帰化州軍事衙推、摂武定軍節度巡官、摂武定軍節度推官といった「摂」字のつく官職を得ている[24]。これらの官は「摂官」と呼ばれるが、これは中央の正式な任命を経ていない官、つまり辟召・奏薦を受けた官とみなしうる。五代においては、摂官の乱発が、中央の人事権を脅かすものとして警戒され、制限を加えようとの試みが為されているが、五代を通じて摂官は頻繁に行われていた[25]。

ところで、「姜承義墓誌」は姜氏について「家本帰化人也」と記し、累代にわたり帰化州に住む一族であることを伝える。また、「豊饒於家業」と見えることから、ある程度財産を持った有力な家であったと考えられる。つまり姜氏の事例は、在地有力者が辟召を通じて官僚機構に連なった事例として注目される。同様の事例として奉聖州の臧氏の一族が挙げられる。景宗朝末年ないし聖宗朝初年に武定軍節度衙推となり[26]、ついで奉聖州永興県主簿に転じた臧守鵬は、祖父臧知進が摂奉聖州別駕に任じられて以来、三世代にわたり奉聖州の衙前職員を輩出した在地の有力家系であった[27]。このことから、遼代前半期において、藩鎮が摂官などによる辟召・奏薦を通じて在地有力者を把握しようとしていた、また在地有力者も藩鎮の権力を利用して自己の利益を計ろうとしていたことがうかがえよう。[28]

姜氏・臧氏の事例の他にも碑文の題記などに多くの摂官の事例がみられ、遼代前半期においてかなり広汎に辟召が行われていたことをうかがわせる。例えば、応暦七年（九五七）撰述の「承進為薦福大師造幢記」には「前摂遼興軍観察巡官王進思」とみえ、[29]統和五年（九八七）に立碑された「佑唐寺創建講堂碑」には「摂薊州軍事衙推王令欽、摂薊州司馬楊□栄、摂雲州司馬張思玉、摂莫州司馬趙存珪、摂薊州軍事衙推楊光嗣、摂薊州軍事衙推裴行殷、摂高陽軍節度巡官劉承祚、摂灤州司馬寧守雲、摂鎮南軍節度推官習均、摂薊州軍事衙推薄唐超」とあり、[30]また統和十年（九九二）の紀年のある「清水院仏頂尊勝陀羅尼幢題記」には「摂順州司馬孫敬徳、摂城（成）徳軍別駕王審超、摂檀州別駕尉彦欽、摂鳳祥節度随使左校練馮延暉、摂武定軍節度巡官劉文秀、摂武定軍節度教練焦直密、摂武定軍節度観察巡官馬在貞、摂武定軍司馬劉元貴、摂武平軍節度巡官董襲、摂鄭州防御巡官張延卿、摂武平軍節度衙推耿彦暉」[31]などの摂官の事例が確認される。

また、本来藩鎮が辟召する官職である節度巡官、節度推官などの幕職官にも「摂」字がつけられていることは、これらの官が少なくとも建前上は朝廷の承認を必要とするものであったことも示している。これは五代において幕職官の奏薦が規定されていたことを想起させる。[32]つまり、遼朝においても幕職官の辟召に関して制限される素地があったといえよう。

遼前半期の辟召を考える上で保寧元年に没した王守謙の事例も注目すべきものである。王守謙は薊州軍事衙推より起家している。軍事衙推は幕職官の末端に連なり、前述の通り幕職官は辟召による任官とみなしうる。しかし、王守謙の父および岳父はそれぞれ客省使、南院宣徽使といった高位の武臣であり、王守謙は恩蔭によって入仕することも期待できたはずである。[33]同様の事例が他にもみえる。たとえば積慶宮都提轄使、金紫栄禄大夫、校尉司空、兼御史大夫、上柱国の官に至り応暦五年に没した劉存規の長子と第四子はそれぞれ摂順義軍節度衙推、定遠軍節度衙推に任ぜられ[34]、また、南京留守中門使、薊州刺史、都峰銀冶都監を経て太子左衛率府率の官に到り保寧十年に没した李内貞の第四子、第五子はそれぞれ遼興軍節度推官、摂宜州観察判官となっている[35]。これらの事例から、恩蔭の有資格者にとって辟召が考慮に値する入仕経路の選択肢のひとつであったことがうかがえよう。

また王守謙についてもうひとつ注目すべきは、奏薦により県令となっていることである。「王守謙墓誌」に「洎大丞相渤海高公、保釐天邑、専総朝政、下車不数月、選公宇人於薊北[36]」とみえるのがそれにあたる。大丞相渤海高公とは『遼史』巻八五に立伝されている高勲のことで、「保釐天邑」というのは彼が南京留守になったことを示す。「選公宇人於薊北」というのは王守謙が南京の薊北県令（薊北県は南京の附郭県）になったことを指すのであるが、文意から彼を任命したのは高勲であるのは明白であろう。この事例から、遼前半期において幕職官のみならず県令などの地方官に対しても藩鎮が人事権を行使しうる状況にあったとみなしうる。

以上見たように、遼代前半期において相当数の官僚（とくに地方官）が藩鎮の辟召や奏薦により入仕していたことがうかがえる。これは遼朝が同時期の五代諸王朝と同様に、藩鎮の人事権に対する朝廷の制限が不十分な状況にあったことを示すものといえよう。

4　科　挙

つぎに入仕経路としてあげられるのが科挙である。前述のように統和六年以前にも科挙が行われていた形跡がある。これは先に検討した宋琪の事例から端的にうかがえる。この統和六年以前の科挙については、統和六年以降は『遼史』本紀が進士及第者数や高位合格者の名前を克明に記すのに比べ、それ以前はそのようなことが見られないことから制度が未整備であり、臨時的なもの、あるいは燕雲十六州地区に限定されたものであるとの見解がほぼ通説となっている。

ここでは、これまであまり吟味されてこなかった合格者の官歴について検討し、統和六年以前の科挙の状況について、その一端を明らかにする。

統和六年以前に科挙に合格したことが明確に知られる事例は室昉、宋琪、常遵化の三名である。ちなみに統和六年以前に「郷貢進士」などと称する事例が見られるが、この呼称のみでは実際に科挙合格したかは判断しかねるので（後の事例では礼部試に合格していない者の自称である）事例からは省いた。また、厲鶚『遼史拾遺』巻一六選挙志補が『易水志』にみえる保寧九年（九七八）、統和二年（九八四）、統和五年（九八七）の進士及第者（魏璟、魏上達、魏元真）を引いてこの時期の科挙の実施を示唆している。従来の研究もこれを踏襲しているのであるが、『易水志』の史料には問題がある。ここに述べられている進士及第者はいずれも易州出身とみられる。しかし、易州は応暦七年（九五七）から統和七年（九八九）まで後周・宋の領土であり、したがって、この間に易州にいる人物が遼の科挙に応じたとは考えにくいのである。『易水志』で進士及第者として掲げられた魏璟と魏上達・魏元真は父子とされており、さらに開泰五年の及第者としてやはり魏璟の子元明の名が挙げられている。しかし『中州集』巻八作者小伝、雷渓先生魏道明の条に、

道明字は元道、易県の人なり。父遼天慶中登科し、国朝に仕えて兵部郎中と為る。子上達、元真、元化、元道、倶に進士に第せらる、又た皆な詩学有り。(37)

とあり、魏璟以外の人物の名がすべて挙げられており、いずれも明らかに金代の人である。また、魏璟にしても魏上達等の父とされているのであれば、『中州集』にみえる魏上達等の無名の父に相当すると考えるべきであろう。(38)よっ

て、『易水志』の事例は除外すべきである。

話を本題に戻して、科挙合格者について検討してみよう。

まず室昉であるが、かれは会同初年（九三八）に進士となり、盧龍巡捕官に任ぜられる。のち遼が後晋を滅ぼし開封に入城したとき（九四七）に知制誥（詔勅を起草する官）となっている。その後も昇進を続け宰相にまで登りつめる。(39)ここで注目したいのは、彼の初任官の巡捕官である。「巡補官」の語は管見の限り他の遼代の史料にはみえず詳細は不明である。ただ、宋代の史料には多く見られ、そこでは巡回・取締をおこなう（大抵は専売品の取締り、あるいは科挙の試験場の監督員）官に対する汎称として用いられている。したがって、室昉も何らかの警察業務に関わる官を授けられたと見ることができる。

宋琪についてはは既述のとおりで、典型的な五代の幕職官の経歴を歩んでいる。

つぎに常遵化について見てみよう。「常遵化墓誌」は彼の経歴を次のように記している。(40)

公諱は遵化、字は世昌、常山郡の人なり。（中略）考諱は賓嗣、字は仁継。前覇州観察判官、金紫崇禄大夫、検校尚書左僕射、兼御史大夫、上柱国。（中略）公幼くして聡愍、長じるに剛直を以てす。理を弁ずること童従し、場に登り第を得。孝悌郷里に聞こえ、声誉朝廷に達す。則ち玉海心に出で、本是れ礼天の器にして、松崑頂に生じ、終に建厦の材と為るを知る。応暦十年、覇州文学参軍を除授さる。亭亭たる心計、太初の朗月懐を明らかにし、磊磊たる舌端、王衍の雌黄口に在りと謂う可し。保寧元年、将仕郎、守覇州帰化県令を授かる。固より農事を勧課し、皇沢に応奉し、屢しば豊饒を見し、略ぼ懸闕する無きを得。保寧八年、覇州観察判官を授かり、試大理司直を加えられ、兼監察御史たり。（中略）乾亨五年に至り、乾州観察判官を授かり、朝議郎を起授せらる。覇郡去思の詠有り、乾都来暮の謡興る。統和五年に至り、崇徳宮漢児都部署判官を授かる。（中略）統和九年に至り、広徳軍節度副使を授かり、銀青崇禄大夫、検校左散騎常侍に改授せらる。（中略）公先に南王□番漢都部署使の女を娶るなり。（中略）次故滑州令公の孫を娶るなり、彰武軍節度使の女なり。（中略）子三人有り。長曰く守一、次曰く守節。昇遷を待たずして、倶に先に喪歿す。次曰く守麟、広徳軍節度都知使。（中略）女五人。長広徳軍節度山河使耿阮に適ぎ、次彰武軍節度都軍使安信に適ぎ、次保安軍節度節院使賨昌懿に適ぎ、次二家に在りて未だ適がず。（後略）(41)

史料を一読しただけでは分かりにくいが、「場に登り第を得（登場得第）」と記されていることから、彼が科挙に合格したことをうかがい知れる。彼は燕雲十六州の地ではない覇州（現在の遼寧省朝陽市）出身であり、したがって常遵化の事例は統和六年以前の科挙が燕雲十六州以外の地域をも対象にしていたことを示す貴重な史料といえる。そして、常遵化は覇州文学参軍、覇州帰化県令をへて、観察判官、つまり幕職官となっている。少なくともこれについては辟召による任官の可能性が指摘できる。

また、注目されるのは、常遵化は出仕の後、応暦十年（九六〇）から乾亨五年（九八三）まで二十年の長きにわたり覇州の官にとどまっていることである。彼の父が覇州の官であること、常遵化が死後覇州に葬られていること、また子供たちのほとんどが覇州・乾州の関係者の間に婚姻関係を結んでいることから、彼が観察判官という上級幕職官となっているにも関わらず、中央との官界とは一線を画した在地の有力者層の出身であることをうかがわせる。これは前述の臧守鵬や帰化州の姜氏の事例と相通じるものがあり、その点からもこの時期、常遵化に対する中央の人事権は十全に機能していなかったことをうかがわせる。

上述の三例についてまとめると、詳細の不明な室昉以外は、いずれも辟召を受けたとみられる。とくに、常遵化の事例は科挙及第者に対する中央の人事権が行使されていない状態であったことを如実に示す。また合格後の初任官も三者三様とばらつきがあり、科挙を含めた選挙制度が未整備な状態であったことをうかがわせる。

以上、統和六年以前の官僚の入仕経路について検討してきたが、遼前半期において、恩蔭、流外、辟召などを通じて官僚の入仕経路が確保されていたことが明らかとなった。とくに、藩鎮による州県官・幕職官の辟召・奏薦が広汎に行われていたことが確認でき、これを通じて少なくとも地方官については多くの漢人が進出し、また必要な官僚数を確保できていたと考えることができる。したがって、官員の補充という観点からみた場合、科挙による官僚の確保は必ずしも必要ではなかった。漢人官僚を増やす（換言すれば漢人官僚の進出ということになる）ために統和六年に科挙が開始されたと考えるのは当時の実情にそぐわない見方といわねばなるまい。

それでは、統和六年の科挙の開始以降、上の状況はどのように変化したのであろうか。節を改めて検討していこう。

二　統和六年の科挙恒常化と辟召の減少

はじめに結論からいえば、科挙が恒常化的した遼後半期になると劉景や宋琪のように辟召を明言する史料は見られなくなり、また、臧氏・姜氏や常遵化の事例のような、在地有力者が本貫の官を歴任する中で幕職官になるといったことも見出せない。このことから、科挙開始以降辟召が減少したことが推測される。以下、このことについてさらに検討を加えてみよう。

1　摂官事例の減少

まず確認できる傾向として、摂官事例の減少が挙げられる。州県官の摂官事例については開泰年間の二例、すなわち開泰二年（一〇一三）撰述の「浄光舎利塔経幢記」にみえる「摂大同軍節度巡官袁従川」[42]および開泰五年（一〇一六）以前の事例と見られる「房山石経『大般若波羅密多経』造経題記」の「故秦晋国王府前行、摂涿州録事参軍王寿」[43]を最後に見られなくなる。

もっとも、大康七年（一〇八一）撰述の「張景運為亡祖造陀羅尼経幢記」には「亡考前摂洛安王府文学張、名徳鄰、字聞善」[44]とあり、王府官については大康年間まで摂官の事例が確認されるので、摂官が全く無くなったわけではなく、遼後半期における摂官の事例が新たに発見される可能性もあり得る。しかし、遼後半期は石刻等の史料が前半期に比較して格段に豊富なことから考えると、（現在公表されている石刻は聖宗朝以前（〜一〇三一）のものが百点弱、それ以後のものが三百点以上にのぼる）前半期に比べて後半期の摂官事例があまり見られないことは、摂官による任官は大幅に減少したことを端的に示していると考えるべきであろう。

2　辟召闕に対する朝廷の人事権の拡大

つぎに従来の辟召闕への朝廷の人事権の拡大についてみていこう。「賈師訓墓誌」は大康年間のこととして、

（賈師訓）太子洗馬に転じ、中京留守推官に補せらる。（中略）後乙信代わりて居守と為るに属す。乙信自ら前に枢極に在り、権天下に震わすを以て、事を行う毎に専恣し、一に利害を顧みず。諸幕吏素より憚り、皆な倡する所に随い曲げて之に和す。公独り従わず、乙信公に怒憤して曰く、吾れ朝政を秉ること、二十年に迨び、凡そ一

たび奏議せば、天子と雖も之が為に遜接す、汝安んぞ敢て吾が拒たるや、と。公起ちて之に応じて曰く、公符篇《やく》を縮《す》べ、某幕席に在り、皆な上命なり。安んぞ奉公の勢を得て上之法を撓めんや。義として固く不可なり、と。乙信屈する能わざるを知り、輒ち従う。(45)

という逸話を伝えている。(46)ここで賈師訓は当時中京留守であった耶律乙辛（乙信）に対し、「公縮符篇、某在幕席、皆上命也」として幕職官である中京留守推官の除授も地方長官たる中京留守の除授もともに皇帝の命によるものと述べており、そこには留守と推官の間の辟召・被辟召者の関係はもはや看取し得ない。もっとも、中京留守として登場する耶律乙辛は墓誌が撰述された寿昌三年（一〇九七）の時点ですでに姦臣との評価が定まっていたと考えられ、姦臣に屈しなかったというイメージを印象づけるために、この逸話が創作された可能性もあり、この記述のみで当時の藩帥と幕職官の関係を結論づけるのは早計である。

そこで、さらに遼後半期において藩鎮の人事権の減少を裏づける史料を求めると、「寧鑒墓誌」に次のような一文が見いだせる。(47)

（寧鑒）初め進士に挙げられ（中略）著作佐郎、順州軍事判官由り、大理評事、中京内省判官、秘書郎、泰州楽康県令、平州掌書記、枢密院試験たり、母老い、顔色に違えるを願わざるを以て、朔州観察判官に除せられ、改めて敦睦、弘義、延昌宮判官を授かり、太子洗馬を加えらる。上奏するに因り、道宗特に之を器とし、改めて西京留守推官を授かり、殿中丞を加えらる。命出でて未だ拝せざるに、特旨もて枢密院令史たり。（後略）(48)

寧鑒は「因上奏、道宗特器之」したことにより西京留守推官に任ぜられている。つまり、彼の転任は皇帝の意をうけたものであり、ここには藩帥による辟召の形跡は見られない。これは幕職官の任命者が朝廷であることを端的に示すものといえる。

二つの事例とも道宗朝のもので、ここから遅くとも道宗朝には幕職官の辟召はほとんど無くなっていたと考えられる。

以上のように、科挙の恒常化以降、辟召の減少が確認できるが、前半期において州県官の辟召が広汎に行われ、それが重要な入仕経路となっていたことを考えると、科挙という新たな入仕経路の整備により辟召が減少したと見ることが可能であろう。これは、人事権の中央への回収、すなわち藩鎮人事権の制限ととらえることができる。そうすると、これを達成することが科挙導入の目的であったと考えることができそうである。無論、上述の事例のみから即断はできない。そこで、つぎに統和六年以降の科挙と辟召の関係について更に検討を加えていこう。

3　科挙及第者の官歴からみた藩鎮人事権の制限の動き

表1は統和六年以降の進士の事例中、初任官[49]の判明するものを挙げたものである。これをみると、進士の初任官はつぎの六種類に分類することができる。

（1）初任が軍事判官……一四例（ID1,2,3,4,9,10,12,13,15,19,20,21,23,25）
（2）初任が県令……三例（ID14,17,24）
（3）初任が観察判官……二例（ID7,16）
（4）初任が商税判官……二例（ID8,22）
（5）初任が令史……三例（ID6,11,18）
（6）初任が史官……二例（ID5,26）

一見して分かるように、進士及第者が最初に任じられるポストの大半は軍事判官である。前述の統和六年以前の科

表１　進士初任官一覧

ID	人物	登第年	初任官	出典
1	呂徳懋	統和12年（状元）	試秘書省校書郎、檀州軍事判官	『遼史』巻13、「大仏頂微妙秘密□陀羅尼幢」
2	張倹	統和14年（状元）	順州軍事判官	「張倹墓誌」
3	王澤	開泰７年	(秘書省校書郎)—営州軍事判官	「王澤墓誌」
4	張績	景福元年（乙科）	(秘書省校書郎)—涿州軍事判官	「張績墓誌」
5	梁援	清寧５年（状元）	右拾遺、直史館、史館修撰	「梁援墓誌」
6	尚暐	清寧５年	枢密院令史	「尚暐墓誌」
7	王鼎	清寧８年（状元）	易州観察判官	『遼史』巻108
8	史洵直	清寧８年	著作佐郎、西京管内都商税判官	「史洵直墓誌」
9	鄭恪	清寧８年（三甲）	(秘書省校書郎)—松山州軍事判官	「鄭恪墓誌」
10	王敦裕	咸雍２年？(乙科)	某州軍事判官？	「王敦裕墓誌」
11	王師儒	咸雍２年（丙科）	秘書省校書郎、枢密院令史	「王師儒墓誌」
12	賈師訓	咸雍２年	秘書省著作佐郎、恩州軍事判官	「賈師訓墓誌」
13	鄧中挙	咸雍６年？	営州軍事判官	「鄧中挙墓誌」
14	孟有孚	咸雍10年	知泰州楽康県	「孟有孚墓誌」
15	杜悆	咸雍10年	檀州軍事判官	「杜悆墓誌」
16	大公鼎	咸雍10年	瀋州観察判官	『遼史』巻105
17	馬人望	咸雍中	松山県令	『遼史』巻105
18	耶律儼	咸雍中	著作佐郎、中書省令史	『遼史』巻98
19	王安裔	大康５年	簽書涿州軍倅公事(涿州軍事判官)	「王安裔墓誌」
20	時立愛	大康９年	秘書省校書郎、泰州軍事判官	「時立愛墓誌」
21	孟初	大康９年	(秘書省校書郎)—涿州軍事判官	「孟初墓誌」
22	張衎	寿昌元年	秘書省校書郎、管内都商税判官	「張衎墓誌」
23	寧鑒	道宗朝	秘書省著作佐郎、順州軍事判官	「寧鑒墓誌」
24	曹勇義	道宗朝？	長春県令	『金史』巻75
25	康公弼	道宗朝？	秘書省著作佐郎、武州軍事判官	『金史』巻75
26	韓昉	天慶２年（状元）	右拾遺、史館修撰	『金史』巻125

挙の合格者の初任官にばらつきがあったのに比べると、少なくともこの点は大きな変化であるということができよう。そして、同じ官の除授が繰り返されるのは、進士の初任官についての規定がさだめられ、かつ、その規定が厳格に運用されているからと考えることができる。これは「王師儒墓誌」にみえる次の記述からもうかがえる。[50]

（王師儒）年二十有六、進士に挙げらるも、丙科に屈す。特に将仕郎、守秘書省校書郎を授けらる。執政者の州県に徒労するを惜しみ、擢して枢密院令史に充つ。[51]

ここで、時の執政たちが進士に及第した王師儒を州県官に出すのを惜しみ、枢密院の属官にしたと殊更に記しているのは、裏を返せば新進士は州県官に任じるのが通例であったことを暗示している。同時に、新進士の人事は「執政者」たち、つまり中央政府が主導していたこともうかがえよう。さらに、州県官に任じられるのが通例であった進士の初任官の大半が軍事判官であることに注目しなければならない。前述のように、軍事判官をはじめとする幕職官は遼前半期において辟召により任じられた官である。したがって、上述のような事態の出現は、幕職官辟召に対する制限が加えられた結果とみなされよう。このように考えて大過ないとすれば、これが科挙導入の主要な目的のひとつであったと考えることができる。この点について、更に検討を加えておこう。

表1をみると、聖宗朝の事例（ID1〜3）が例外なく軍事判官であるのに注目される。とくに、呂徳懋・張倹は状元である。後代になると梁援（ID5）・韓昉（ID26）の事例のように状元が高位の階官（右拾遺）を得て中央で史官を与えられるようになる。このことから当初は高位合格者といえども初任は幕職官であったとみることができよう。これにより、科挙導入当初から、地方人事に対して中央が権限の強化をはかっていた可能性を指摘しうる。科挙開始以前より朝廷がこのような意向を持っていたことは『遼史』巻一〇聖宗紀一、統和元年十一月庚辰の条にみえる詔から明確にうかがえる。

上皇太后と乾陵を祭る。詔を下し三京左右相、左右平章事、副留守、判官、諸道節度使判官、諸軍事判官、録事参軍等に諭す。公方を執るにあたり、阿順するを得る毋れ。諸県令佐如し州官及び朝使の非理の徴求に遇わば、畏徇すること或る毋れ。恒に采聴を加え、以て殿最を為す（後略）[52]。

この詔は、東丹国の左右相、左右平章事[53]、各京の副留守、判官、諸州の判官、録事参軍などの州府の僚佐および、県官が上司の意のままにおもねることを戒めるという内容である。これは一見するとたんなる官僚への訓戒ととれる、しかし、先述したようにこの当時は州県官、とくに幕職官は藩帥の辟召による任官が主流であり、辟召者と被辟召者の間には「門生故吏」の関係が生じていたのであった。したがって、この詔はかかる状況に対する遼朝中央政府の不快感を表明したものとしてとらえることができる。さらに、「恒加采聴、以為殿最」と人事への介入を宣言している点でも注目しなければなるまい。つまり、この詔は地方人事に対する中央の権限強化への意志の表れとして、とらえることができるのである。

ここで注意しておかなければならないのは、科挙の導入が直ちに人事の中央集権化を意味しないことである。なぜなら前述のように、唐・五代において冗官による人事の停滞が多くの科挙合格者たちをして藩鎮の辟召に応じさせたからである。したがって、科挙導入と人事の中央集権に相関関係があるとするならば、遼朝が科挙導入に際して冗官問題を如何に処理したかを考える必要がある。

図1は、統和六年の科挙開始以来の進士数の推移を示したものである。これをみると、当初一回あたり数名であった合格者が、開泰二年（一〇一三）を境に急増していることがうかがえる。一回につき数名の合格者であれば、彼らに対してポストを提供することはさほど困難であったとは考えられない。科挙開始当初に関していえば、冗官による進士出身者の人事の停滞という事態は発生しなかったとみてよかろう。したがって、進士の初任が軍事判官などの幕

図1　進士数の変化

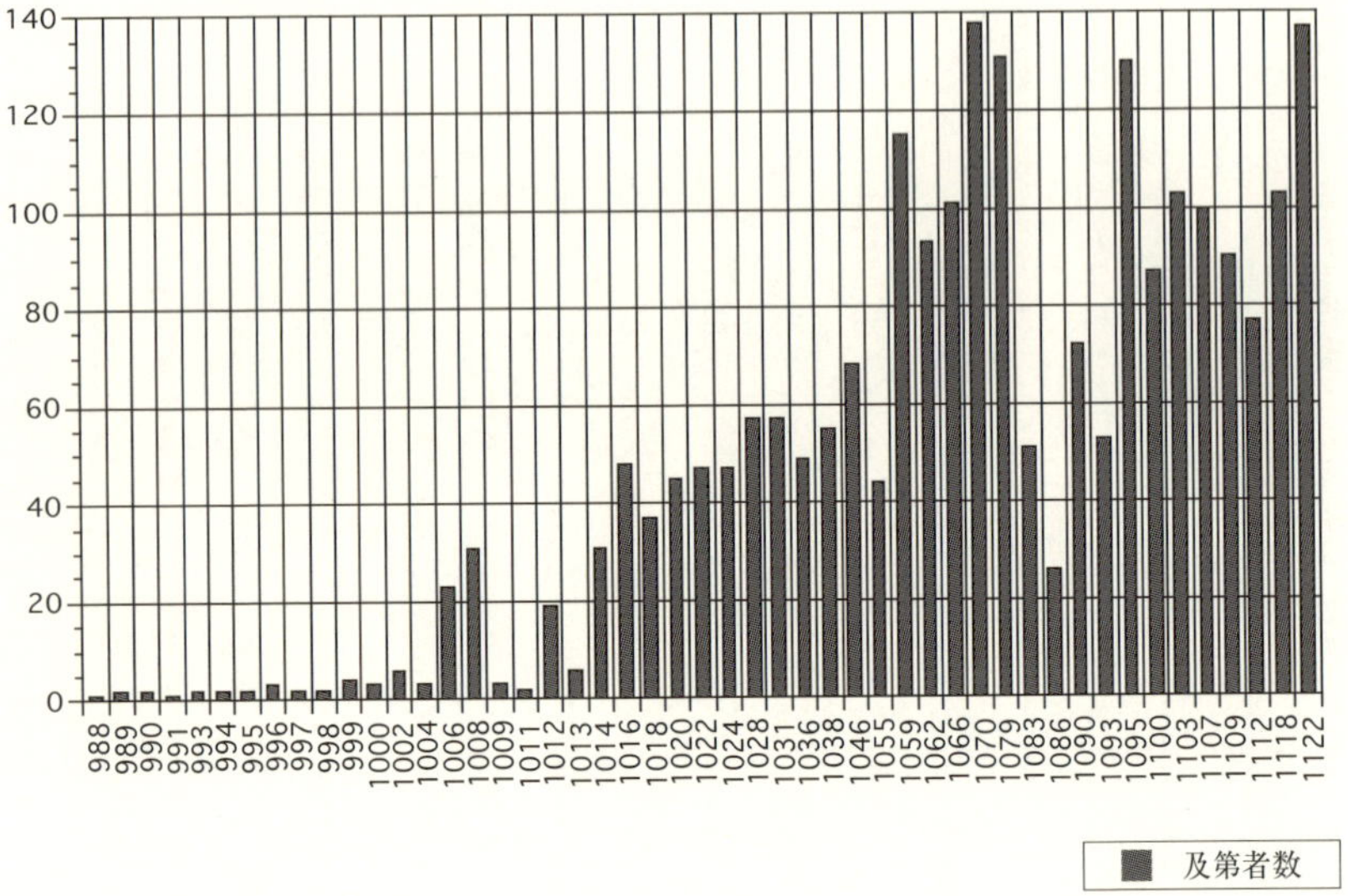

職官であることは、冗官という状況に対応して新進士たちが出世の捷径を藩鎮辟召に求めた結果ではなく、中央主導の人事によるものであったことが改めて確認できる。

科挙開始当初の合格者数の少なさはまた、幕職官人事権の中央への回収は時間を要したことを示している。遼には百六十余の州があり(54)、幕職官のポストはおおむねこれに対応すると考えられる。このポストを一度につき数名の進士のみでまかなうのは不可能である。無論、明経などの諸科出身や恩蔭出身からの昇進者を補任する場合も一定数あったと考えられるが、依然として藩鎮の辟召による者もあったとみるべきであろう。幕職官の辟召は唐代から続く藩鎮の既得権であり、これを一挙に回収することはかなりの困難が予想される。実際、遼朝に先駆けて藩鎮幕職官の人事を中央に回収した後周・北宋でも短期間のうちにこれを達成したわけではない。藩鎮の幕職官人事権の中央への回収を規定した『五代会要』巻二五幕府、後周顕徳二年六月の条は、

詔すらく、両京、諸道府留守判官、両使判官、少尹、防禦団練軍事判官、今後並びに奏薦するを得ず、随郡已に

前件の官職の任を歴る者の如きは、此の限に在らず。[55]（後略）

として、随郡すなわち藩帥の腹心として常にその異動に随う幕職官に関しては藩鎮の人事権を認めているのである。また、今後は奏薦を認めないというのであるから、この詔が適用されるのは新たに任命される幕職官であり、欠員が出る度に順次中央の直接任命によるものに置き換えられていくことになる。つまり、この詔により、直ちに全ての現任幕職官が中央から直接任命された者となったわけではなく、幕職官人事を中央が完全に掌握するにはしばらく時間を要したはずである。事実、前述の宋琪の事例に「（趙）賛仕宋連移寿陽、延安二鎮、皆表為従事[56]」とみえるように、北宋期においてもしばらく幕職官辟召が解消していないのである。

遼においても同様の状況であったとみてよかろう。このように考えれば、科挙恒常化後約二十年を経た開泰年間になると州県官辟召事例がみられなくなることが合理的に説明できよう。すなわち、この間に、幕職官などの辟召闕の欠員が生じる度に朝廷が新進士をそれに充て、それにより地方官の人事権を中央に回収し、それがほぼ完了したのが開泰初年のことであり、それ以降は科挙合格者が増加してもそれに相当する数のポストを朝廷が確保しえた、ということができよう。

おわりに

これまで述べてきたことをまとめると、以下のようになろう。まず、遼前半期には藩鎮による辟召・奏薦が広汎に見られ、遼の藩鎮も唐後半期・五代の藩鎮と同程度の人事権をもっていたと考えられる。つまりこの時期、朝廷の人事権（とくに地方に対してのもの）は限定されたものであったといえる。遼後半期になると、統和六年の科挙の恒常化にともない、新進士を地方官（とくに幕職官）に任命することで、藩鎮の人事権は次第に朝廷に回収されていった。これにより人事の中央集権が強化されるとともに、藩鎮を介さずに朝廷が地方人士を直接把握することを容易にし、漢地に対する遼朝の支配が一層浸透していったといえよう。

ここで注意すべきは、遼朝において藩鎮の長官（藩帥）には多くの契丹人が任命されていることである。藩鎮の人事権の抑制は、単に中央と地方の関係という問題ではなく、契丹人貴族に対する君主権の強化という政治的な側面もあったのである。

注

（1）遼朝の科挙に関する専論には松田光次「遼朝科挙制度攷」（『龍谷史壇』七七、一九七九年）、田村実造「太宗と科挙——附、遼代の科挙制」（『中国征服王朝の研究』下、東洋史研究会、一九八五年）、朱子方・黄鳳岐「遼代科挙制度述略」（『遼金史論集（三）』、書目文献出版社、一九八七年）、楊若薇「遼朝科挙制度的幾個問題」（『契丹王朝政治軍事制度研究』中国社会科学出版社、一九九一年）、黄震雲「論遼代科挙」（『遼代文史新探』中国社会科学出版社、一九九九年）、李文沢「遼代官方教育与科挙制度研究」（『四川大学学報』一九九九—四、一九九九年）、武玉環『遼制研究』第十八章「科挙制度」（吉林大学出版社、二〇〇一年）、張志勇「遼朝選任官吏的方式考述」（『遼寧工程技術大学学報（社会科学版）』六—二、二〇〇四年）などがある。

（2）ここでいう「中国的諸制度」とは中国王朝を自認する（具体的には唐・五代・北宋の諸王朝）国家の領域内において行われていた制度を意味する。この場合、制度の来源の文化的・民族的背景は問わない。

（3）州県官とは県尉・県主簿・県令および州の諸曹参軍・録事参軍をさす。幕職官は随軍・要籍・駆使官・逐要・孔目官・衙推といった下級幕職官と巡官・推官・節度掌書記・観察支使・判官・行軍司馬・副使といった上級幕職官によって構成される。幕職官の種類・職掌については、渡辺孝「唐代藩鎮における下級幕職官について」（『中国史学』一一、二〇〇一年）、石

雲濤『唐代幕府制度研究』（中国社会科学出版社、二〇〇三年）、厳耕望「唐方鎮使府僚佐考」（『唐史研究論叢』新亜研究所、一九六九年）を参照。

（4）礪波護「唐代使院の僚佐と辟召制」（『唐代政治社会史研究』同朋舎、一九八六年、初出、一九六二年）、張国剛「唐代藩鎮使府辟署制度」（『唐代藩鎮研究』湖南教育出版社、一九八七年）、寧欣『唐代選官研究』（文津出版社、一九九五年）、松浦典弘「唐代後半期の人事における幕職官の位置」（『古代文化』五〇―一一、一九九八年）、渡辺孝「中唐晩期における官人の幕職官入仕とその背景」（『中唐文学の視角』創文社、一九九八年）、同「唐後半期の藩鎮辟召制についての再検討――淮南・浙西藩鎮における幕職官の人的構成を手がかりに」（『東洋史研究』六〇―一、二〇〇一年）などを参照。

（5）前掲寧欣『唐代選官研究』、杜文玉『五代十国制度研究』第二章「選官制度」（人民出版社、二〇〇六年）を参照。

（6）程遂営「五代幕府文職僚佐」（『南都学壇』二〇〇一―五、二〇〇一年）、前掲杜文玉『五代十国制度研究』第二章「選官制度」を参照。

（7）遼代官僚の各種の入仕経路については関樹東「遼代的選官制度与社会結構」（『十―十三世紀中国文化的碰撞与融合』上海人民出版社、二〇〇六年）に詳細な分析がある。また前掲張志勇「遼朝選任官吏的方式考述」もこれについて言及している。

（8）向南『遼代石刻文編』一七三頁。

（9）「府君諱琪、字伯玉。（中略）府君即大卿之仲子、枢密使、左丞相、兼政事令、魯国公、監修国史、倹之季父也。（中略）府君承資廕、授幽都府文学、歴容城、文徳、永興、薊北県主簿、平州録事参軍、幽都府倉曹参軍、龍門、文徳県令。僅三十年、八転官五遷階、其□次也如此」

（10）『張倹墓誌』（向南『遼代石刻文編』二二六頁）に「王父諱正、皇太中大夫、検校尚書左僕射、守太僕卿、贈太子少師」と張倹の祖父、すなわち張琪の父についての記述が見える。

（11）梅寧華主編『北京遼金史迹図志』下（北京燕山出版社、二〇〇四年）一三九頁。

（12）「公姓李氏諱継成、字孝廉。其先隴西人也。（中略）大王父諱無裕、遼興軍節度掌書記。王父諱審醴、安次県令。烈考諱凝、盧龍軍観察判官、左補闕。（中略）公即観察補闕之嗣子、枢密使守太保、政事令、尚父、文献王昉之外孫。夫人室氏所出。

（中略）統和五載、霈渥槐宸、策名芸閣、始十六歳、起家特授将仕郎守崇文館校書郎。（中略）初十九、守秘書省著作佐郎、職在修文」

（13）原文では「崇文閣校書郎」としているが、周峰「遼代『李継成暨妻馬氏墓誌銘』考釈」（北京遼金城垣博物館編『北京遼金文物研究』北京燕山出版社、二〇〇五年）二三〇頁の指摘により改める。

（14）たとえば、「王裕墓誌」（向南『遼代石刻文編』六三頁）によれば、王裕は穆宗朝に「以勲閥之嗣」西頭供奉官を授けられている。また、遼における武臣系統の階官について本書第七章「遼の武臣の昇遷」を参照。

（15）たとえば、「馬直温妻張館墓誌」（向南『遼代石刻文編』六三四頁）によれば、張館の長子馬梅は科挙を二度受験したがいずれも及第できず、やむを得ず内供奉班祗候として武臣の列に加わったことが記されている。

（16）北京市文物研究所編『北京市文物研究所所蔵墓誌拓片』（北京燕山出版社、二〇〇三年）四六頁。

（17）「（前略）始自密院令史、歴主事。官副都承旨、都承旨、都峯銀冶副都部署、燕京軍巡使、平灤営等州塩鉄制置使、大同軍節度副使、涿州板築使、平州銭帛都監、新興鉄冶都部署。検校自国子祭酒、歴太子賓客、工部尚書、尚書右僕射、司空、司徒、至太保。正官自殿中少監、改左威衛将軍、右驍衛大将軍、至営州刺史」

（18）遼初において検校官は階官として機能していたことについては、本書第七章「遼の武臣の昇遷」を参照。

（19）「□□郡吏。清寧六年、宋国王留守京師、悦公善□□□□□□□密院充契丹令史、属文班。乙信為知院、去令史。□改為通事。咸雍二年、授左承制。四年、知随駕生料副使。七年、出為上京商税点検、遷如□副使」

（20）蓋之庸『内蒙古遼代石刻文編』（内蒙古大学出版社、二〇〇二年）三三六頁。

（21）「景資端厚、好学能文。燕王趙延寿辟為幽都府文学」

（22）「趙徳鈞妻種氏墓誌」（向南『遼代石刻文編』二一頁）に、

遼故盧龍軍節度使、太師、中書令、北平王、贈斉王、天水趙公夫人、故魏国太夫人、贈秦国夫人、種氏合祔墓誌銘並所。門吏翰林学士、朝散大夫、守尚書兵部員外郎、知制誥、柱国、賜紫金魚袋、劉京（景）撰。（後略）

とみえる。

(23)「宋琪字叔宝、幽州薊人。少好学、晋祖割燕地以奉契丹、契丹歳開貢部、琪挙進士中第、署寿安王侍読、時天福六年也。幽帥趙延寿辟琪為従事、会契丹内侵、随延寿至京師。延寿子賛領河中節度、漢初授晋昌軍、皆署為記室。（中略）賛仕宋連移寿陽、延安二鎮、皆表為従事」

(24)「姜承義墓誌」（向南『遼代石刻文編』七四八―七四九頁）。

(25) 五代における摂官の状況については前掲杜文玉『五代十国制度研究』第二章「選官制度」を参照。

(26) 武定軍は奉聖州の軍額。『遼史』巻四〇地理志四、奉聖州の条を参照。

(27) 張家口地区文管所・涿鹿県文管所「河北省涿鹿県譚荘遼威知進墓」（『文物春秋』一九九〇―三、一九九〇年）および二〇〇四年二月に行った筆者の現地調査の成果にもとづく。なお、「威」字は「臧」の異体字である。

(28) 在地有力者と藩鎮の関係については本書第十章「遼朝における士人層の動向――武定軍を中心として――」を参照。

(29) 向南『遼代石刻文編』一九頁。

(30) 李経漢「天津薊県現存遼代碑志」（『遼金西夏史研究』天津古籍出版社、一九九七年）二五二頁。

(31) 包世軒「遼統和十年清水院経幢題記」（『遼金西夏史研究』天津古籍出版社、一九九七年）。

(32)『五代会要』巻二五幕府、後漢乾祐元年正月の条には、

諸道行軍副使、両使判官、今後不得行奏薦、委中書門下選。帯使相節度使許奏節度掌書記、観察支使、節度推官。不帯使相節度使只許節度掌書記、節度推官。其防禦団練判官、軍事判官等聴奏、仍須精択才能。其奏薦州県官、帯使相許薦三人、不帯使相許薦二人、防禦、団練、刺史許薦一人、仍挙唐朝、晋朝勅永為規制。

と、五代における幕職官の奏薦の制限規定について記録している。

(33)「王守謙墓誌」中国文物研究所・石刻芸術博物館（編）『新中国出土墓誌・北京』一―二（文物出版社、二〇〇三年）三四頁。

(34)「劉存規墓誌」向南『遼代石刻文編』九頁。

(35)「李内貞墓誌」向南『遼代石刻文編』五三―五四頁。

(36) 中国文物研究所・石刻芸術博物館編『新中国出土墓誌・北京』一―二（文物出版社、二〇〇三年）三五頁。
(37) 「道明字元道、易県人。父遼天慶中登科、仕国朝為兵部郎中。子上達、元真、元化、元道、倶第進士、又皆有詩学」
(38) ちなみに、『易水志』巻之上選挙志は魏璟について、「一云、天慶。金兵部郎中」という注を付しており、遼末の進士であった可能性について言及している。
(39) 『遼史』巻七九室昉伝。
(40) 向南『遼代石刻文編』一二七―一二八頁。
(41) 「公諱遵化、字世昌、常山郡人也。（中略）考諱賓嗣、字仁継。前覇州観察判官、金紫崇禄大夫、検校尚書左僕射、兼御史大夫、上柱国。（中略）公幼而聡愍、長以剛直。弁理従童。登場得第。聞孝悌於郷里、達声誉於朝廷。則知玉出海心、本是礼天之器、松生崑頂、終為建厦之材。応暦十年、除授覇州文学参軍。可謂亭亭心計、太初之朗月明懐、磊磊舌端、王衍之雌黄在口。保寧元年、授将仕郎、守覇州帰化県令。固得勧課農事、応奉皇沢、屢見豊饒、略無懸闕。保寧八年、授覇州観察判官、加試大理司直、兼監察御史。（中略）至乾亨五年、授乾州観察判官、起授朝議郎。覇郡有去思之詠、乾都興来暮之謡。至統和五年、授崇徳宮漢児都部署判官。（中略）至統和九年、授広徳軍節度副使、改授銀青崇禄大夫、検校左散騎常侍。（中略）公先娶於南王□番漢都部署使女也。（中略）次娶故滑州令公之孫也、彰武軍節度使之女也。（中略）有子三人。長曰守一、次曰守節。不待昇遷、倶先喪歿。次曰守麟、広徳軍節度都知使。（中略）女五人。長適広徳軍節度山河使耿阮、次適彰武軍節度都軍使安信、次適保安軍節度節院使賫昌懿、次二在家未適。（後略）」
(42) 北京市文物局編『北京遼金史迹図志』下（北京燕山出版社、二〇〇四年）五二頁。
(43) 向南『遼代石刻文編』七二三頁。当経幢記には重熙九年（一〇三九）の銘があるが、秦晋国王が開泰五年に没した耶律隆慶のことを指すとみられるので、王寿が官にあったのはそれより以前とみなしうる。
(44) 向南『遼代石刻文編』三九〇頁。
(45) 「転太子洗馬、補中京留守推官。（中略）後属乙信代為居守。乙信自以前在枢極、権震天下、毎行事専恣、一不顧利害。諸幕吏素憚、皆随所倡而曲和之。公独不従、乙信怒憤公曰、吾秉朝政、迨二十年、凡一奏議、雖天子為之遜接、汝安敢吾拒耶。

公起応之曰、公綰符篇、某在幕席、皆上命也。安得奉公之勢而撓上之法耶。義固不可。乙信知不能屈、輒従」

(46) 向南『遼代石刻文編』四七七頁。『遼史』巻二三道宗紀三によれば、耶律乙辛（乙信）の中京留守在任は大康二年六月から同年十月の間であり、この逸話の時期が道宗朝であることが確認できる。

(47) 向南『遼代石刻文編』六〇六―六〇七頁。

(48) 「初挙進士（中略）由著作佐郎、順州軍事判官、大理評事、中京内省判官、秘書郎、泰州楽康県令、平州掌書記、枢密院試験、以母老不願違顔色、除朔州観察判官、改授敦睦、弘義、延昌宮判官、加太子洗馬。因上奏、道宗特器之、改授西京留守推官、加殿中丞。命出未拝、特旨枢密院令史。」

(49) 表中に見える秘書省校書郎・著作佐郎・右拾遺などの唐代の職事官は、遼代では実職ではなく位階を表す階官となっている。したがって、ここでは進士の初任官の範疇に入れていない。遼代の階官の構造については王曾瑜「遼朝官員的実職和虚銜初探」（『文史』三四、一九九二年。のち、『点滴編』河北大学出版社、二〇一〇年に再録）および本書第七章「遼の武臣の昇遷」、王滔韜「遼朝南面宰相制度研究」（『社会科学輯刊』二〇〇二―四、二〇〇二年）、楊軍「遼朝南面官研究――以碑刻資料為中心」（『史学集刊』二〇一三―三、二〇一三年）を参照。

(50) 向南『遼代石刻文編』六四五頁。

(51) 「年二十有六、挙進士、屈於丙科。特授将仕郎、守秘書省校書郎。執政者惜公徒労于州県、擢充枢密院令史」

(52) 「上与皇太后祭乾陵。下詔諭三京左右相、左右平章事、副留守、判官、諸道節度使判官、諸軍事判官、録事参軍等。当執公方、毋得阿順。諸県令佐如遇州官及朝使非理徴求、毋或畏徇。恒加采聴、以為殿最」

(53) 史料中に「三京右左相、左右平章事」と記されているが、これが実際には東丹国の中台省の属官を指す。このことについては本書第一章「東丹国と東京道」を参照。

(54) 『遼史』巻三七地理志一総序に「京五、府六、州軍城百五十有六」と遼の府州の概数を示している。

(55) 「詔、両京、諸道府留守判官、両使判官、少尹、防禦団練軍事判官、今後並不得奏薦、如随郡已歴前件官職任者、不在此限」

(56) 『宋史』巻二六四宋琪伝。

第九章　景宗・聖宗期の政局と遼代科挙制度の確立

はじめに

遼は建国後約八十年を経た聖宗の統和六年（九八八）にようやく科挙の本格的導入を開始した。前章までで明らかにしたように、遼における科挙の導入の目的は、それまで藩鎮の手中にあった地方官の人事権を中央に回収し、漢地に対する遼の支配の浸透を推進させることにあった。[1]また、科挙開始に先立つ統和元年（九八三）時点で、地方官人事に対する中央の権限強化の方針が示されていたことも同時に指摘した。[2]この間、政権中枢の構成人員に変動はみられず（表1）、表中の四人の宰相が一貫して中央集権を目的とする科挙導入を推進したと見ることができる。ここで注目すべきは、この人員構成は北院枢密使の耶律斜軫を除き、景宗朝（九六九—九八二）まで遡れることである。

この事実をふまえると、『遼史』巻八景宗紀上、保寧八年（九七六）十二月戊午の条にみえる、

詔して南京礼部貢院を復す。[3]

という記事は政策の連続性という点で看過することはできなくなる。この史料は『遼史』本紀が初めて科挙関連の施策に言及したもので、遼の科挙についての諸研究では必ず言及されるものでもある。ただし、従来の研究では、統和六年以前の科挙の存在の例証として用いられる場合が多く、それが保寧八年に行われた背景、および統和六年の科挙開始との関係について問われることはほとんどなかった。しかし、景宗朝（九六九—九八二）から聖宗朝（九八二—一

〇三一）初期にかけての政権中枢の構成人員の連続性を考慮すると、改めてその意義を検討する必要がある。そこで、本章では第一節においてこの史料に対しできうるかぎりの考察を試み、保寧末から統和初にかけての科挙の整備の背景について明らかにする。また、従来の景宗朝政治史研究においてすでに指摘されているように景宗の保寧年間は統治集団内部において権力闘争が発生し、政権中枢の構成に変化が見られる。(4) それゆえ、保寧八年という時期も政治史の中において考えるべきである。そこで、第二・第三節ではこの時期の政局と科挙制度整備との関係について考察を行い、当該時期における遼の科挙制度の確立の過程をあとづけていきたい。

一　南京礼部貢院復置の詔

はじめに、前引の南京礼部貢院の復置の史料自体から読み取れる情報を確認しておこう。まず、「南京礼部貢院」の解釈であるが、高福順氏は唐宋代において「礼部貢院」は科挙を管掌する官職の名称であることから遼においても同様であったとしている。(5) しかし、また一方で「礼部」と冠しているので礼部試、つまり中央レベルでの試験を行う場所という解釈も可能である。(6) では、この場合の「南京礼部貢院」はいずれに相当するのであろうか。

『三朝北盟会編』巻九八靖康中帙七三所引、趙子砥『燕雲録』、建炎二年戊申（金の天会六年、一一二八）

表1　科挙制度確立期の遼の政権中枢の構成

職名	在職者	在任期間
北府宰相	室昉	保寧中～統和十二年（九九四）
南府宰相	耶律沙	應曆中～統和六年（九八八）
北院枢密使	耶律斜軫	統和元年（九八三）～統和十七年（九九九）
南院枢密使	室昉	保寧中～統和十二年（九九四）
南院枢密使	韓德讓（耶律隆運）	乾亨三年（九八一）～統和二十九年（一〇一一）

正月の条に、

劉彦宗河北已に得たる州県鎮に移文す。挙人を捜索し、二月一日已前に起発して燕山に赴き試に就くは、差科を免ずるを与えよ、と。竹林寺に試院を作り、北人と同院異場にて引試す。(7)

と、金初に燕山（現在の北京市、すなわち遼の南京）で行われた科挙では、寺院を試験会場として用いたと記録している。もし、固定された貢院が存在したのならば、この時もそれを用いているはずであり、そうしなかったのは、遼代以来、南京の貢院は寺院などを間借りしていたことを示している。(8) とすれば、保寧八年に復置の詔が下された「礼部貢院」は建物としてのそれではなく、高福順氏が論じるように官職であると見ることができよう。「復す」という表現は、以前に礼部貢院が置かれていたが、現在は廃されているという前提があるために用いられたと考えるのが妥当である。また廃せられていた期間も、ことさらに記事として取り上げている以上、ある程度長期にわたるものと考えるべきであろう。(9) したがって、遼は保寧八年以前の一定期間、科挙の継続的実施に消極的であったとみなすことができる。前章において指摘したように「常遵化墓誌」の史料から、応暦十年（九六〇）頃の科挙の実施が確認できるので、(10) それ以降のある時期に礼部貢院が廃せられた（すなわち科挙が実施されなかった）と考えられる。

以上の考察から、中央レベルの科挙の試験が応暦十年以前には不定期かつ臨時のものとして行われていたが、それ以降のある時期に遼が科挙消極策をとり、その結果、礼部貢院が廃されるに至ったとすることができる。そうすると、保寧八年の礼部貢院の復置は遼朝の漢人人事に対する政策の変化ととらえることができる。この政策転換はいかなる事情によるものであろうか。

この時期に注目される政治上の大きな事件は三つある。第一は女真が東京・黄龍府方面の各地を攻撃するなど反遼的態度を示し、それに呼応するように東京地区に居住する渤海人の一部が遼から離反する動きを見せたことである。(11)

第二は保寧六年（九七四）に宋と正式な外交関係が結ばれ、使節の定期的往来が開始されたことである。第三は南院枢密使高勲の失脚である。このうち東京方面の政情に関しては、その原因は東方に渤海国の復活を表明する政権が出現したことにあり[12]、科挙の実施が人心の安定に有効な手段とはいえない。つぎに北宋との関係であるが、外交使節として漢文化に通じた人物が求められ、そうした者を採用するために科挙を利用しようとした可能性はあり得る[13]。ただし、前述のように科挙導入の最大の目的は人事権の中央への回収にあったので、外交に適した人材の採用がこの時期に科挙導入が試みられた最大の原因と考えるのは躊躇される。一方、南院枢密使の職掌は民生に関する政務あるいは文銓であり、したがって科挙は南院枢密使の管掌となるとみなしうるので[14]、この政変による人事政策の転換は十分考えられる。さらに注目すべきは、高勲の南院枢密使在任期間は貢院の廃止の時期に相当しているのである。高勲の南院枢密使就任は、『遼史』巻八五高勲伝によれば応暦十七年（九六七）である。一方、失脚時期については若干の考察が必要となる。『遼史』本伝は失脚の事情について次のように記す。

毒薬を以て駙馬都尉蕭啜里に餽り、事覚われ、銅州に流さる。尋で又た尚書令蕭思温を害せんことを謀る、詔獄もて之を誅し、其の産を没し、皆な思温の家に賜う[15]。

列伝では失脚時期を明記していない。万斯同『遼大臣年表』はこれを保寧二年（九七〇）年にかけている。根拠は明示されていないが、おそらく『遼史』巻八景宗紀上、保寧二年九月辛丑の条に、

国舅蕭海只及び海里蕭思温を殺すの状を得、皆な誅に伏し、其の弟神覩を黄龍府に流す[16]。

とみえる蕭思温暗殺発覚の記事によったものと思われる。高勲は蕭思温暗殺の罪により誅殺されたので一見妥当なものととれる。しかし、改めて列伝の記述を読むと、高勲失脚の直接の原因は蕭啜里に毒薬を贈ったことによるものであることが分かる。崔益柱、李桂芝、周峰氏は、これに対応する記事は『遼史』巻八景宗紀上、保寧八年七月丙寅朔

の条の「寧王只没の妻安只誅に伏す。没只、高勲等を除名す」[17]および『遼史』巻六四皇子表、只没の条の「(只没の)妻鴆毒を造る。爵を奪い、烏古部に貶せらる」[18]の両史料であり、只没の妻が造った鴆毒が蕭啜里(ないしは別の人物)の謀殺に用いられたと指摘する。[19]高勲の誅殺が保寧十年五月であることから見て、諸氏の見解は妥当であろう。これにより、高勲の南院枢密使失脚が保寧八年七月であったとすることができる。[20]とすれば、高勲の枢密使在任中は科挙が行われず、失脚後ほどなく礼部貢院の復置の詔が下された(これは当然、近い将来科挙が実施されることを前提としている)ことになる。また、『遼史』巻七九耶律賢適伝は、

景宗立ち(中略)大丞相高勲、契丹行宮都部署女里寵に席《よ》り放恣し、及び帝の姨母、保母の勢薫灼たり。一時の納賂請謁、門賈区の若し。賢適之を患い、帝に言うも、報ぜられず。

と、景宗朝における高勲の権勢について述べている。多少の誇張があるかもしれないが、この史料から高勲が一定の政治的発言権を有していたとみることは許されよう。これらのことから、応暦から保寧年間にかけて遼において科挙が実施されなかったのは、高勲の存在に影響された可能性が極めて高くなる。つまり、保寧八年の礼部貢院復置は、高勲の失脚が直接の契機と考えられるのである。

二　高勲と玉田韓氏・室昉

前節でみた保寧八年の高勲の失脚という事態を招いた政変は、従来の研究で指摘されているように、高勲・女里勢力と景宗睿知皇后・玉田韓氏勢力の権力闘争によって惹起されたものである。[21]両者の勢力の性格について崔益柱氏は以下のように述べる。

高勲は後晋の節度使の幕僚出身で、やむをえず遼に投降し、投降直後に世宗により重用され、世宗の改革の一翼を担った。さらに景宗を擁立して権力の中枢を担っていた。一方、韓徳譲は国初に契丹に帰属した韓知古の子孫で、婚姻などを通じて契丹の支配勢力を緊密な関係を築いていった。すなわち、高勲と韓徳譲は契丹文化に対する理解に非常に大きな差違を持っていたことが容易に知られる。（中略）高勲は中国文化の導入と中国王朝的政治体制を確立しようとして、その過程で契丹の支配勢力と対立して自身の没落をはやめた。しかし韓徳譲は契丹姓を賜るなど、自身を契丹化することで契丹の支配勢力との同質性を追及し、権力を持続させることができた。したがって、以後の漢人官僚の存在形態が韓徳譲の形態を踏襲するのは至極当然なことであった[22]。

これは、保寧八年の政策の転換を考えるうえで示唆に富む見解である。しかし、科挙に対する高勲の姿勢に関していえば、崔氏の見解では説明がつかない。崔氏は別の個所で高勲の政策は、漢人の重用により既存の（契丹人の）支配勢力を牽制し、皇帝権を伸長させることを目的としたと述べている[23]。しかし、実際には高勲はその目的に合致する政策といえる科挙の導入に消極的な姿勢を見せているのである。とすれば、少なくとも科挙の導入に関しては高勲と韓徳譲に代表される二つの政治集団それぞれの立場について改めて検討する必要があろう。

1　枢密使、大丞相、秦王、兼南面行営諸道兵馬総管、燕京留守高勲

保寧年間における高勲の立場を考える際に、彼が枢密使と南京留守を兼任していたことに注意しておく必要がある。「高嵩墓誌」には、

保寧元年（中略）乃ち枢密使、大丞相、秦王高公、南面行営諸道兵馬都総管、燕京留守を兼ね、彼の全軍を綰べる為に（中略）遂に保寧三年（後略）[24]

とある。文中の「秦王高公」は向南・張国慶・李宇峰氏等が指摘するように、高勲のことを指す[25]。つまり、この史料から高勲が保寧年間の初めには枢密使と南京（燕京）留守を兼務していたことは明らかである。また、牛蔵用が保寧六年（九七四）に撰述した「大契丹国故晋王墓誌銘」には、

大丞相秦王旧君の義を懐い、幕吏に命じ其の事を直書し墓石に誌さしむ[26]。

とみえる。文中の「大丞相秦王」は上述の「高嵩墓誌」と同様に、やはり高勲を指すと考えられる。また、墓誌撰述時に牛蔵用は「盧龍軍節度推官、将仕郎、守右拾遺」の官にあったので、「幕吏に命じた」という記述は南京留守である高勲が、その幕職官である牛蔵用に墓誌の撰述を命じたと解釈すべきである[27]。ここから、高勲は保寧六年時点においても引き続き枢密使と南京留守を兼ねていたことが確認でき、おそらくはそれが保寧八年七月の彼の失脚まで継続していたと考えられる。なお、前述のように高勲は応暦十七年（九六七）に南院枢密使（正確にはこの時点では知南院枢密事）に任じられているが、それ以前より南京留守であったことから考えると[28]枢密使兼南京留守という状態は応暦十七年から保寧八年の約十年間に及んだということができよう。

ただし、枢密使と南京留守の兼務が形式上のもので、いずれかの職務のみを行っていた可能性もあるので、実際の状況を確認しておく必要がある。まず枢密使の職務についてであるが、次に挙げる史料から、高勲が枢密使として「行朝[29]」に従行していたことがうかがえる。

政事令蕭拝押、南京留守高勲、太師昭古、劉承訓等と酣飲し、日夜を連ぬ[30]。（『遼史』巻七穆宗紀下、応暦十八年五月丁酉の条）

穆宗弑に遇うに、帝飛龍使女里、侍中蕭思温、南院枢密使高勲を率い甲騎千人を率いて馳せ赴く。黎明、行在に至り、之に哭慟す。羣臣勧進し、遂に柩前に於て皇帝位に即く[31]。（『遼史』巻八景宗紀上、応暦十九年二月己巳の条）

前者の史料では「行朝」は裹潭に[32]、後者の場合は懐州付近にあり[33]、南京からは相当離れた場所に高勲がいたことがうかがえる。従ってこれらの史料から高勲が「行朝」にあって枢密使の職務を遂行していたと見なすことができる。ただし、常に枢密使として「行朝」に従行していたわけではない。

『遼史』巻八五高勲伝に、

保寧中、南京郊内隙地多きを以て、畦を蔬し稲を種えるを請う、帝之に従わんと欲す。林牙耶律昆朝に宣言して曰く、高勲の此の奏、必ず異志有らん、果して稲を種え、水を引き畦と為さしむれば、設し京を以て叛かば、官軍何に自りて入らん、と。帝之を疑い、納れず[34]。

という記載が見える。ここで耶律昆が朝廷において高勲に対する批判を「宣言」（衆人を前にして自己の意見を述べること）しえたのは、高勲がこのとき朝廷すなわち「行朝」を不在にしていたからと見るべきであろう。つまり、高勲は南京にいて南京留守の立場から当地の行政に関する上奏を行ったと考えられる。これらの史料から高勲は「行朝」と南京を往復しながら枢密使と南京留守双方の業務に関して等しく権限を行使していたことがうかがえよう。

ところで、高勲が南京留守であったことは、彼が政治を行う上で藩鎮の利益を優先させる場合があったことを想定しうる[35]。前述のように、遼における科挙の導入が藩鎮人事権の中央への回収という側面があったのであれば、高勲が藩鎮の利益のために科挙の実施に消極的であったと見なすことも可能である。ただし、従来の唐・五代における藩鎮研究において、科挙の実施と藩鎮体制は必ずしも相反するものではなく、藩鎮は科挙及第者を幕職官等に辟召して活用し、科挙及第者も出世の捷径として藩鎮を利用していたことが明らかにされている[36]。したがって、藩帥としての立場のみを高勲が科挙の実施に消極的であった理由と考えるのは早計である。そこで、さらに考察を進めるために、高勲が南京留守あるいは枢密使として行った人事の傾向や、彼の支持基盤などの分析を試みよう。

2　高勲執政下における漢人の人事

崔益柱氏は高勲の権力の基盤について、景宗擁立の中心人物の一人として皇帝の近臣であったこと、および後晋からの投降・俘虜漢人の支持の二つ（裏を返せば従来から遼に属していた漢人有力者層からの支持はなかったということになる）を挙げている[37]。ただし、近年発見された墓誌史料などから、これとは異なる高勲像を描くことができそうである。

「王裕墓誌」には、穆宗の応暦年間のこととして、

夫れ丞相秦王の燕に守たるに洎ぶや、兵柄の重を以て、鼎族に非ざれば其□□。尋で盧龍軍節度衙内馬歩軍都指揮使を授かる[38]。

とある。また、「高嵩墓誌」には、

乃ち枢密使、大丞相、秦王高公、南面行営諸道兵馬都総管、燕京留守を兼ね、彼の全軍を縮べる為に、時に驍勇を求め、鴛列を離れ俾め、命じて戎韜を貫かしむ。秦王睿旨の明伸を奉じ、近臣にして来統するを重んじ、其の偉度を観るに、沈謨有るを知る。遂に保寧三年に用いて龍庁直第一指揮使と為り、明年、転じて右散祇候指揮使に充つ[39]。

という記述が見られる。また、「王守謙墓誌」には、

大丞相渤海高公、天邑を保釐し、専ら朝政を総べるに洎び、下車数月ならずして、公選び薊北に人を字しませしむ[40]。

とみえる。いずれの史料も「丞相秦王が南京留守となったときに墓主が南京の官に任じられた」という表現をとるが、これは彼らの人事に関して高勲の意志がはたらいたことを示すと考えられる。遼代の石刻史料にはしばしば類似した

表現がとられるからである。たとえば「韓徳昌墓誌」には、

尚父、秦王燕を統帥するや、□□旌旄節鉞の重く、干蠱の子孫に非ざれば厥の職を司るに足らざるを以て、迺ち公を著して盧龍軍□院使と為す。(41)

と上記の三つの史料と同様の記述がみえる。これは韓徳昌の父韓匡嗣（史料中の秦王）の南京留守への赴任に伴って徳昌を盧龍軍節院使に任じたものであるが、これは明らかに匡嗣による辟署である。あるいは、「韓佚墓誌」には「是より先政事令公東平に鎮を作すに、始めて衙内都指揮使に補せらる(42)」と類似の表現があり、この場合もやはり、韓佚の伯父である韓徳枢が東平（すなわち平州遼興軍）節度使となったときに甥である韓佚を平州の属官に辟したことを示している。したがって、墓誌においてかかる表現がなされる場合、藩帥の意図が任官の際にはたらいた可能性が高いと見るべきであろう。

ところで、高勲の明確な意志により南京留守の属官となった人物たちに共通しているのは、いずれも南京＝幽州土着の人士ではないことである。王裕は五代の易定節度使である王処直の曾孫で、その「建州柏山の先塋(43)」に葬られている。高嵩の祖先の本貫は不明であるが、その墓は遼西の建州にあるので、南京における地縁関係は希薄とみられる。王裕・高嵩はともに遼西地区(44)の武臣系の官僚(45)と言うことができる。王守兼は、自身は南京出身であるが、曾祖父王確は唐の緇州別駕で、父王延広が南京の官になったのを契機としてこの地に居を定めたと墓誌に記されているので、南京土着とはいえないのである。

また、高勲の意志による任用か否かは明記されていないが、唐末五代期の幽州節度使劉仁恭の孫の劉承嗣も高勲が南京留守の時に南京の官に任じられている。「劉承嗣墓誌」には、

天順皇帝応暦十二年、制有りて左驍衛将軍に充てられるを蒙る。燕京に帰るを得、且に職を楽しむと言うべし。

旋た銀治を監し、別に清規を立つ。未だ将相の名を兼ねざるに、忽ち膏盲の疾を□す。（中略）応暦十七年十月二十日燕京の私弟に薨ず、享年五十有九。（中略）保寧二年歳次庚午十月己巳朔七日乙亥に至り、覇州西原十五里に楊氏夫人と焉を合葬す、礼なり。(46)

とみえる。高勲の南京留守就任は応暦十二年（九六二）であることは、すでに金申氏の「重修范陽白帯山雲居寺碑」についての考証により明らかにされており(47)、劉承嗣が南京管内の官を歴任したのはその後の時期に相当する。なお「監銀治」は、彼が南京で没したことから、南京管内の銀治(48)であったと見るべきであろう。また、劉承嗣が遼西の覇州に葬られていることに注目しておく必要がある。このことは、彼の祖先が南京出身であるにも関わらず遼代においては上述の王裕・高嵩と同じく遼西の人士（その経歴から武臣であることも共通している）であったことを示してる。

南京の統治にあたり、高勲がこれら南京土着ではない人士を積極的に登用した背景には、高勲が彼らを自己の支持基盤と認識していた、ないしは支持を期待していたからと考えることができよう。高勲が彼らを支持基盤として認識した理由として、ともに本貫を離れて遼に帰投したという共通の境遇であることを挙げることができる。ここで注意しておくべきは、彼らはいずれも後晋滅亡以前に入遼していることであり、ここから崔益柱氏の見解とは異なる高勲の支持基盤を想定することができるのである。

また、王裕・劉承嗣についていえば、それに加えて、ともに唐末五代初の世襲藩鎮の子弟であることも高勲による人事に影響を与えていた可能性がある。高勲の出自については、『遼史』高勲伝に「晋北平王信韜之子」と記録されている。ただし、現存の史料には後晋代の北平王に高信韜の名を見いだすことはできない。これに関して陳漢章と周峰の両氏は、高信韜が『旧五代史』『新五代史』にみえる彰武保大両鎮節度使、北平王高万興の一族にかかわる人物であると指摘している(49)。これに対し、崔益柱氏は『遼史』の記述を疑い、高勲は独自の勢力基盤を持った有力家系の出身ではなく、ともに遼に降った成徳軍節度使杜重威の属官として彼と一蓮托生の関係にあったとする。[50]遼へ帰順した後における高勲の急速な昇進（半年あまりで四方館使から枢密使へと進む）を考えると、高勲自身に相応の出身背景があったと見るべきであり、陳漢章、周峰氏の見解の方がより妥当であろう。つまり、高勲は王裕・劉承嗣とは同じ立場の人物であり、その点からも彼らからの支持を期待し得たのではなかろうか。

しかし、当然のことながら遼の漢人官僚集団内において看過すべからざる勢力をもつ南京の人士を高勲が無視していたと考えることはできない。高勲が南院枢密使あるいは南京留守であった応暦末から保寧年間にかけて室昉（南京人。保寧間、政事舎人—南京副留守—枢密副使、参知政事）、劉景（唐盧龍軍節度使劉怦四世孫。保寧間、宣政殿学士）馬得臣（南京人。保寧間、政事舎人—翰林学士）といった南京出身の文臣官僚が中央政界においてその地位を高めていったことが、『遼史』の各人の列伝に描かれている。[51]これらの官僚について高勲が積極的に登用したのか否かに関しては、史料中になんら手がかりが残されていないので不明であるが、宰臣である高勲は少なくとも人事について制御しうる立場にあったのであるから、彼等の昇進に対して高勲が拒否をしなかったことは確実にいえるであろう。

以上の考察により、高勲は遼に帰投した主に遼西方面に居住する武臣層と南京の文臣層双方に人事権を行使し、自分に対する支持を求めたということができそうである。ただし、南京の官にあえて遼西地区の武臣系官僚を登用した態度から考えると、前者からの支持を、より重視していたと見ることができよう。

史料が少ないために決定的なことはいえないが、その出自や支持基盤などを考慮すると、武臣主導の藩鎮体制的な漢地統治の維持が高勲の基本的な統治方針と考えられ、彼にとっては辟召などによる藩鎮幕職官の充実には関心があったとしても、科挙を通じた取士にはそれほど利益を感じなかったことが、科挙実施に対して消極的な態度を取らせたのではなかろうか。

3　玉田韓氏

高勲失脚後、南京留守の職に就いたのは玉田韓氏出身の韓匡嗣であった。また、『遼史』巻七四韓匡嗣伝には、

頃ありて、燕に王たり、南京留守に改む。保寧末、留守を以て摂枢密使たり。[52]

とあり、高勲と同じく枢密使と南京留守を兼務したと記録されている。ただし、「韓匡嗣墓誌」には「摂枢密使」の記載は見られない。しかし、『遼史』巻八六劉景伝には、

頃ありて、南京副留守と為る。時に留守韓匡嗣扈従して北上するに因り、景其の子徳譲と共に京事を理む。[53]

として、韓匡嗣が南京を離れて「行朝」に従行していることからすると、摂枢密使として朝廷の決策に参画していた可能性は十分に考えられる。韓匡嗣は乾亨元年（九七九）に南征の失敗の責により南京留守の職（そしておそらく摂枢密使も）を解かれ西南面招討使に転じるが、乾亨三年（九八一）に息子の韓徳譲が南院枢密使に就任し、その後統和二十九年（一〇一一）に没するまでその地位にとどまり、国政の中核を担うことになる。統和六年の科挙の実施も彼の執政下に行われた施策である。

玉田韓氏については既に多くの先行研究があり、契丹化した漢人官僚の一族であり、宮分人として皇族に対してある種の隷属関係を結び、また后族との婚姻関係とくに景宗睿知皇后の一族との関係が景宗・聖宗朝における韓氏の政治的地位の裏づけとなったことなどが指摘されている。[54] つまり、韓氏の権力の基盤は皇室・后族との関係にあり、朝廷の権威に依存する立場であった。これは、藩鎮体制的統治を指向する高勲とは異なり、科挙の導入という政策のもつ中央集権的統治体制への指向は韓氏の利害と一致したということができよう。

4　室　昉

室昉もまた、保寧八年の政変と前後して枢密使となり、その後、統和年間の科挙制度の確立にも立ち会った人物である。『遼史』巻七九室昉伝は、景宗期の室昉について、次のように記している。

保寧の間、政事舎人を兼ね、数しば古今の治乱得失を延問され、奏対旨に称う。上昉の理劇の才有るを多とし、南京副留守に改め、訟を決すること平允たり、人皆な之を便とす。工部尚書に遷り、尋で枢密副使、参知政事に改む。頃ありて、枢密使を拝し、北府宰相を兼ね、同政事門下平章事を加えらる。乾亨の初、監修国史たり。[55]

各官への任命年代についての記載を欠いているので、正確なことは分からないが、監修国史を加えられたのが乾亨初年（おそらく元年＝九七九）という記録から類推すれば、保寧末年までには枢密使に就任していたとみることができる。そして、保寧八年に枢密使の高勲が失脚していることから、それと交替する形で室昉が枢密使に任ぜられたと推測することができる。このように考えて大過ないとすれば、保寧八年十二月の南京礼部貢院復置という政策に室昉が関与していたことを想定しうる。ここで注目すべきは、室昉は会同初年に行われた遼代初の科挙の及第者で[56]、かつ事実上初の科挙出身者の枢密使であったことである[57]。それゆえ室昉の枢密使就任は科挙の実施を前提とした礼部貢院の復置と相まって、遼の漢地統治における文治の宣言とみることができる。とすれば、室昉の枢密使就任と南京礼部貢院の復置が一連の政策であった可能性が高い。以上の考察により、遼の科挙制度の確立を考えるとき、藩鎮体制を指向する高勲の失脚と、それに変わる科挙出身宰相室昉の出現が大きな転換点であったとみなし得る。

ただし、室昉が保寧年間に南京副留守、枢密副使といった官を歴任していることに留意する必要がある。枢密使就任が保寧八年頃であれば、南京副留守、枢密副使、参知政事を歴任したのは、まさしく高勲が枢密使と南京留守を兼任していた時期に相当する。とすれば、室昉は保寧年間において、高勲の副官を歴任しつつ昇進していたということができる。高勲が室昉を自己の副官として任じた（あるいは任ぜられることを黙認した）のは前述のごとく、南京の人士たちの支持を求めたからと考えられるが、はからずも、結果的にそれが遼における科挙制度の確立を推進したということになる。

三　科挙恒常化への道

保寧八年の礼部貢院復置後、科挙が恒常的に行われるようになる統和六年（九八八）までしばらく時間がかかっている。この間の科挙について、厲鶚『遼史拾遺』巻一六選挙志補が『易水志』にみえる保寧九年（九七八）、統和二年（九八四）、統和五年（九八七）の進士及第者を引いてこの時期の科挙の実施を示唆して以来、多くの研究者がこの見解によっている。しかし、この史料については前章で論じたように、金代の科挙に関する記録を誤って遼代ものと認識した結果であり、礼部貢院復置以後も統和六年まで科挙が実施されなかった可能性が高い(58)。つまり、統和六年までは遼は科挙の恒常化に踏み切れなかったことになる。前述のようにこの間、政権の中枢に大きな変動はなく、保寧年間のような政変による方針の転換は想定しにくい。それでは、統和六年に科挙の恒常化が実現、またこの年まで恒常化が遅れた背景には何があったのであろうか。

第一に考えられる理由は、乾亨年間から統和年間初めにかけては対外関係が切迫しており、科挙を実施する暇が無かったという可能性である。この時期遼は女真、モンゴル、党項、宋と全ての方面で戦闘を行っており、とくに乾亨元年（九一〇）と統和四年（九八六）は北宋が燕雲地区に対して大規模な侵入を行っている。しかし、北宋との和議が保寧六年（九七五）に成って以降、乾亨元年までは比較的平穏な時期であり、保寧九・十年に科挙を挙行することは可能であったはずである。したがって、対外関係の緊張以外にも科挙の恒常化を遅らせた原因を想定する必要がある。

そこで注目すべきは、高勲の失脚にも関わらず文治に対する武臣勢力（この中には契丹人も含まれることを看過すべきではない）の抵抗が依然として根強かったことである。遼は一貫して契丹人有力者たちの懐柔につとめ、あまり強権的な政策をとらない傾向にあったこともこれを裏づける[59]。これについて、李錫厚氏は室昉が枢密使就任後再三にわたり致仕を願い出たり、北宋淳化元年（遼・統和八年、九九〇）に室昉の子の室种が宋に出奔したことなどから、景宗・聖宗朝における漢人官僚の進出に対して契丹人貴族からの反発があったと論じている[60]。契丹人官僚は基本的に武臣であるので、これを武臣と置き換えて考えることが可能であろう。これは他の史料からも傍証することができる。

室昉とほぼ同時期に郭襲が南院枢密使に任じられている[61]。『遼史』巻七九郭襲伝にはその出自および枢密使就任以前の官歴が記されておらず、文武の別を明らかにするのは困難である。ただし、列伝に長く地方官を務めた後いきなり南院枢密使、兼政事令に任じられたとあることからすると、武臣出身であった可能性が高い[62]。なぜなら、遼代の文臣は地方官を歴任しているだけでは昇進に限界があり、まして兼政事令という高位の使相を加えられるには、それ以前に同平章事、兼侍中の官を授けられているのが前提となる。文臣の地方官がこれらの使相を帯するのは大抵の場合、枢密使等の宰相職を退き節度使として出鎮するときである[63]。武臣の場合は、耶律隆祐が燕京山河都指揮使―行神武大将軍―南面五押大将軍を歴任して上京留守となった時に同政事門下平章事を帯したり[64]、韓徳源が近侍―崇義軍節度使―興国軍節度使を歴任した後に同政事門下平章事を加えられたように[65]、地方官を歴任しつつ使相にまで昇進する事例が見られる。したがって、枢密使就任以前の郭襲の官歴は武臣出身で各地の節度使を歴任し、同政事門下平章事等を既に帯していたと想定することができる。そして、両者がともに枢密使であったとき、郭襲は兼政事令であるのに対し、室昉は同政事門下平章事と班列上は下位に置かれている。これは、郭襲を室昉の上位に置くことで、文臣に対する武臣の優位を示すという意図が込められた人事と考えることができよう。とくに乾亨年間（九七九―九八三）は本来であれば筆頭宰相である北院枢密使が空席となっていたとみられ、(66)それだけに漢人の文臣が宰相の筆頭となるのには漢人武臣のみならず契丹人にも抵抗があったことが想定される。

かかる契丹人を始めとする武臣層の根強い抵抗の中、科挙の恒常化とそれにともなう中央の人事権の強化（これは藩鎮的統治体制を基盤とする武臣の権力を制限することにつながる）を遂行するには、彼らを説得させるだけの理由が必要であったと考えられる。

前述のように遼は統和四年（九八六）に北宋の大規模な燕雲十六州への侵攻をうけている。この宋の侵攻は燕雲十六州の漢人たちに動揺をもたらしたと考えられる。『遼史』巻一一聖宗紀二には同年三月から四月にかけて「寰州刺史趙彦章、城を以て叛き、宋に附す」（三月庚辰の条）、「順義軍節度副使趙希賛朔州を以て叛き、宋に附す」（三月辛巳の条）、「彰国軍節度使艾正、観察判官宋雄応州を以て叛き、宋に附す」（三月丁亥の条）、「武定軍馬歩軍都指揮使、郢州防御使呂行徳、副都指揮使張継従、馬軍都指揮使劉知進等飛狐を以て叛き、宋に附す」（三月辛卯の条）、「歩軍都指揮使穆超霊丘を以て叛き、宋に附す」（三月丙申の条）、「蔚州左右都押衙李存璋、許彦欽等節度使蕭啜里を殺し、監城使、銅州節度使耿紹忠、城を以て叛き、宋に附す」（四月乙卯の条）と山西各地で漢人たちが遼から離反している。

漢人たちが宋に容易に降ったことは、遼朝の支配者たちに衝撃を与えたと思われる。宋へ降ったのは主に各地の漢人の藩帥およびその属官たちである。これは従来の遼における藩鎮体制の再考をうながすきっかけとなりうるものである。さらに、宋への投降者の中に「蔚州左右都押衙李存璋、許彦欽等」とあるのは注目に値しよう。都押衙は藩鎮の下級属官である衙前職員であることを示すが、これらの人物の出自は在地有力者である可能性が高い。詳細は本書

第十章で論じるが、彼らは在地性が強く、また中央との紐帯も不十分であった[67]。つまり、彼らが宋に対して容易に降った背景には、遼に対する忠誠心の低さがあったことは十分に想定しうる。遼の朝廷はこの時点で、藩鎮に対する統制の強化と、在地有力者層に対する人心の収攬という二つの問題に直面したといえる。そして、その解決策として、人事権の中央集権化および科挙実施による地方有力者層と中央の関係強化の必要性を、科挙実施に慎重な姿勢を取っていた者たちに納得させることができたのではなかろうか。ここに科挙の恒常化への道が開かれたといえよう。

おわりに

以上の考察から、保寧年間の政争の背景には、有力官僚同士の勢力争いだけでなく、漢地統治をめぐる武治と文治という方針の相違があったことが明らかとなった。そして、藩鎮的統治体制を志向する高勲が保寧八年に失脚し、それにかわり文治を象徴しうる存在である科挙出身宰相室昉と、その権力を皇族・后族に依存し藩鎮的統治体制とは一線を画す玉田韓氏が台頭し、その結果、遼における科挙制度確立への道が開かれたということができる。

ところで、従来の遼代官制研究（とくに南北枢密院の問題と、それに密接にかかわる南・北面官制の性格の研究）において、聖宗期（九八三―一〇三一）から興宗期（一〇三一―一〇五五）にかけて契丹人が軍政を中心としてた軍国の大政を、漢人は民政を中心とした吏務をそれぞれ扱う体制が形成されたことが指摘されている。とくに枢密院の職掌については漢地における軍民両政をになった漢人枢密院から民政のみをになう南院枢密院への転換が近年の研究において主張されている[68]。かかる官制上の変化を本章で行った議論に照らしたとき、保寧八年の高勲失脚と南京礼部貢院復置の動きに象徴される漢地統治における武治から文治への転換が、たんに科挙の本格導入にとどまらず、遼の支配体制の大きな変化をもたらしたと位置づけることができよう。

注

（1）本書第八章「遼朝科挙と辟召」、本書第十章「遼朝における士人層の動向――武定軍を中心として――」を参照。
（2）本書第八章「遼朝科挙と辟召」を参照。
（3）「詔復南京礼部貢院」
（4）崔益柱「遼景宗・聖宗代의 漢人官僚의 成長과 그存在形態――高勲과韓徳譲을中心으로」（『人文研究』一〇―一、一九八八年）一三五―一五九頁、李桂芝「景宗即位考実」（『学習与探求』二〇〇六―六、二〇〇六年）一六三―一六五頁、李錫厚『中国歴史七・遼史』（人民出版社、二〇〇六年）九三―九六頁、周峰「遼代前期漢人重臣高勲生平発微」（『北方文物』二〇一一―一、二〇一一年）五五―五六頁を参照。
（5）高福順「遼代礼部貢院与知貢挙考論」（『考試研究』二〇一一―二、二〇一一年）七七―七八頁を参照。専論ではないが朱子方・黄鳳岐「遼代科挙制度述論」（陳述主編『遼金史論集（三）』書目文献出版社、一九八七年）四頁、等も同様の指摘を行っている。また、宋代の礼部貢院については、龔延明編著『宋代官制辞典』（中華書局、一九九七年）二一九―二二〇頁にその概要が示されている。
（6）『雍録』巻八職官、礼部南院の条に「礼部既附尚書省矣、省前一坊別有礼部南院者、即貢院也。長安志曰、四方貢挙所会。其説是也。今世淡墨書進士牓首列為四字曰、礼部貢院者、唐世遺則也。則唐世已嘗名南院以為貢院矣」とあるが、ここで言う「貢院」は官庁であると同時に試験会場としての貢院の意味も含んでいると考えられる。
（7）「劉彦宗移文河北已得州県鎮。捜索挙人。二月一日已前起発赴燕山就試、与免差科。於竹林寺作試院、与北人同院異場引試」
（8）北宋においても遼と同様に専用の試験会場としての礼部貢院が設けられていなかったようである。『続資治通鑑長編』巻二二、太平興国六年（九八一）九月壬寅の条に「以（田）錫為河北南路転運副使。錫因入辞、直進封事曰、……礼部無貢院、毎貢士試、或就試武成王廟」とあり、また『宋史』巻一六二　五行志二、火上、火災には「（元豊）八年二月辛巳、開宝寺火。

時寓礼部貢院於寺、点校試巻官翟曼、陳之方、馬希孟焚死、吏卒死者十四人」と、あるいは『成都分類』巻四二所引、李燾「貢院記」に「崇寧弥文、創建外學、以待四方所貢士、則禮部貢院自是特起不復寓他所矣」とあり、北宋は末期の約二十年間を除き専用の礼部貢院を持たなかったことがうかがえる。

（9）前掲高福順「遼代礼部貢院与知貢挙考論」七八頁、楊若薇「遼朝科挙制度的幾個問題」（『契丹王朝政治軍事制度研究』中国社会科学出版社、一九九一年）二七五頁も同様の見解を示している。楊若薇氏は礼部貢院が科挙の実施の度に廃置を繰り返した可能性も指摘しているが、本文で指摘したように、本紀に特筆している以上、たんなる通常の措置ではなく、特別の事情があったと見るべきである。

（10）本書第八章を参照。また、遼は会同年間（九三八―九四六）においても科挙を実施している。これについては高福順「遼朝初期科挙制度述論」（王滸主編『科挙学論叢』二〇〇八―一、銭装書局、二〇〇八年）二八―三一頁、前掲朱子方・黄鳳岐「遼代科挙制度考略」一頁、前掲楊若薇「遼朝科挙制度的幾個問題」二七四―二七五頁、黄震雲「論遼代科挙」（『遼代文史新探』中国社会科学出版社、一九九九年）一六一頁、武玉環「科挙制度」（『遼制研究』吉林大学出版社、二〇〇一年）一九八頁。張希清「遼宋科挙制度比較研究」（張希清・田浩・黄寛重・于建設主編『十―十三世紀中国文化的碰撞与融合』上海人民出版社、二〇〇六年）八五―八七頁等を参照。

（11）『遼史』巻八景宗紀上にみえる保寧年間における女真の活動の記事は下の通りである。

保寧五年十二月「女直侵辺、殺都監達里迭、拽剌斡里魯駆掠辺民牛馬」

保寧七年七月「黄龍府衛将燕頗殺都監張琚、以叛。遣敞史耶律曷里必討之」

同年九月「敗燕頗於治河、遣其弟安摶追之。燕頗走兀惹城安摶乃還、以余党千余戸城通州。」

保寧八年八月「是月、女直侵貴徳州東竟」

同年九月「東京統軍使察鄰、詳穏涸奏、女直襲帰州五寨」

これらの保寧年間における女直の活動については、日野開三郎「兀惹部の発展」（『日野開三郎東洋史学論集（一二）』三一書房、一九九〇年）、同「契丹の前帰州について」（『日野開三郎東洋史学論集（一六）』三一書房、一九九〇年）、同「渤海の扶余府と契丹の龍州黄龍府」（『日野開三郎東洋史学論集（一五）』三一書房、一九九一年）、本書第二章「十世紀の東北アジアの地域秩序――渤海から遼へ――」を参照。

(12) 注（11）の諸論考を参照。

(13) 程方平『遼金元教育史』（重慶出版社、一九九三年）五六頁には、科挙恒常化以前は外交活動において文人の素養が必要とされたために、必要に応じて臨時に科挙を行い人材を確保した、という見解が示されている。

(14) この時期の枢密院の制度については論者により見解が異なる部分がある。近年の研究では多くの研究者が『遼史』百官志に見える「漢人枢密院」と「南・北院枢密院」を別個の機関と見なし、世宗朝から景宗・聖宗朝にかけて（この時期については論者により見解が若干異なっている）漢人を専掌する漢人枢密院が廃止され北面官に属する南北両枢密院体制に移行したと考えている。これらの見解に基づいた場合でも、科挙は漢人統治ないしは文銓に関わる事柄なので漢人樞密院あるいは南院樞密院の管掌事項であると見なしうる。漢人樞密院と南北院枢密院の問題に関する近年の議論については崔益柱「遼代枢密院에 대한検討」（『人文研究』一二―一、一九九一年）、武玉環「北・南枢密院」『遼制研究』（吉林大学出版社、二〇〇一年）、武田和哉「契丹国（遼朝）の北・南院樞密使制度と南北二重官制について」（『立命館東洋史学』一二、二〇〇一年）、何天明「枢密院制度」（『遼代政権機構史稿』内蒙古大学出版社、二〇〇四年）等を参照。

(15) 「以毒薬餽駙馬都尉蕭啜里、事覚、流銅州。尋又謀害尚書令蕭思温、詔獄誅之、其没産、皆賜思温家」

(16) 「得国舅蕭海只及殺海里蕭思温状、皆伏誅、流其弟神覩于黄龍府」

(17) 「寧王只没妻安只伏誅。没只、高勲等除名」

(18) 「妻造鴆毒。奪爵、貶烏古部」

(19) 前掲崔益柱「遼景宗・聖宗代의 漢人官僚의 成長과 그存在形態」一四八頁、前掲李桂芝「景宗即位考実」一六四頁、前掲周峰「遼代前期漢人重臣高勲生平発微」五五―五六頁を参照。

(20) 『遼史』巻八景宗紀上、保寧十年五月癸卯の条「賜女里死、遣人誅高勲等」。

(21) 前掲崔益柱「遼景宗・聖宗代의 漢人官僚의 成長과 그存在形態」、前掲李錫厚『中国歴史七・遼史』、前掲周峰「遼代前期

漢人重臣高勲生平発微」を参照。

(22) 前掲崔益柱「遼景宗・聖宗代의 漢人官僚의 成長과 그存在形態」一五八頁を参照。

(23) 前掲崔益柱「遼景宗・聖宗代의 漢人官僚의 成長과 그存在形態」一五〇頁を参照。

(24) 向南・張国慶・李宇峰輯注『遼代石刻文続編』（遼寧人民出版社、二〇一〇年）三七―三八頁。「保寧元年（中略）乃為枢密使、大丞相、秦王高公、兼南面行営諸道兵馬都総管、燕京留守、綰彼全軍（中略）遂於保寧三年（後略）」

(25) 前掲向南・張国慶・李宇峰輯注『遼代石刻文続編』三九頁を参照。

(26) 都興智・田立坤「後晋石重貴石延煦墓誌銘考」（『文物』二〇〇四―一一、二〇〇四年）八八頁。「大丞相秦王懐旧君之義、命幕吏直書其事而誌於墓石」

(27) 『遼史』巻四〇地理志四、南京析津府の条に「府曰幽都、軍号盧龍、開泰元年落軍額」とあり、開泰元年（一〇一二）以前の南京は盧龍軍の軍額を有しているので、盧龍軍節度推官は南京留守の属官の一つということができる。

(28) 『遼史』巻八五高勲伝「応暦初、封趙王、出為上京留守、尋移南京。会宋欲城益津。勲上書請假巡徼以擾之、帝然其奏、宋遂不果城。十七年、宋略地益津関、勲撃敗之、知南院樞密事」

(29) 遼の朝廷は遊牧民の伝統に則り季節移動を繰り返しており、特定の都市を国都に定めて固定的な政治的な中心地とすることはなかった。本章では、移動する遼の宮廷を「行朝」と称す。「行朝」については多くの論考があるが、とりあえず傅楽煥「四時捺鉢考」（『遼史叢考』中華書局、一九八四年）、鄭毅「略論遼代的〝行朝〟体制」（『東北史地』二〇〇七―五、二〇〇七年）を挙げておく。

(30) 「与政事令蕭拝押、南京留守高勲、太師昭古、劉承訓等酣飲、連日夜」

(31) 「穆宗遇弑、帝率飛龍使女里、侍中蕭思温、南院枢密使高勲率甲騎千人馳赴。黎明、至行在、哭之慟。羣臣勧進、遂即皇帝位於柩前」

(32) 『遼史』巻七穆宗紀下、応暦六月甲戌の条「是夏、清暑裹潭」。賈敬顔氏の考証によれば裹潭は現在の内蒙古自治区開魯県の西北にある塔拉干泡子に比定される。賈敬顔『五代宋金元人辺疆行紀十三種疏証稿』（中華書局、二〇〇四年）一一三頁を参照。

(33)『遼史』巻七穆宗紀下、応暦十九年三月己巳の条「如懐州、猟獲熊、歓飲方酔、馳還行宮」

(34)「保寧中、以南京郊内多隙地、請疏畦種稲、帝欲従之。林牙耶律昆宣言於朝曰、高勲此奏、必有異志、果令種稲、引水為畦、設以京叛、官軍何自而入。帝疑之、不納」

(35)南京留守の藩鎮的性格については本書第三章「遼の『燕雲十六州』支配と藩鎮体制——南京道の兵制を中心として——」を参照。

(36)松浦典弘「唐代後半期の人事における幕職官の位置」(『古代文化』五〇—一、一九九八年)、渡辺孝「中唐晩期における官人の幕職官入仕とその背景」(松本肇・河合康三編『中唐文学の視角』創文社、一九九八年)等を参照。

(37)前掲崔益柱「遼景宗・聖宗代의 漢人官僚의 成長과 그存在形態」一三七—一四二頁を参照。また、前掲李錫厚『中国歴史七・遼史』九四—九五頁、張儒婷「試析遼景宗時期的用人特点」(遼寧省遼金契丹女真史研究会編『遼金歴史与考古(一)』遼寧教育出版社、二〇〇九年)も高勲が景宗の近臣(特に自己の帝位奪取に功績のあった者)重用策により権力を得たとしている。

(38)向南『遼代石刻文編』(河北教育出版社、一九九五年)六三頁。「洎夫丞相秦王之守燕也、以兵柄之重、非鼎族其□□。尋授盧龍軍節度衙内馬歩軍都指揮使」

(39)「乃為枢密使、大丞相、秦王高公、兼南面行営諸道兵馬都総管、燕京留守、綰彼全軍、時求驍勇、俾離鴛列、命貫戎韜。秦王奉睿旨之明伸、重近臣而来統、観其偉度、知有沈謨。遂於保寧三年用為龍庁直第一指揮使、明年、転充右散祗候指揮使」

(40)前掲向南・張国慶・李宇峰編『遼代石刻文続編』一一頁。「乃為枢密使、大丞相、秦王高公、兼南面行営諸道兵馬都総管、燕京留守、綰彼全軍、時求驍勇、俾離鴛列、命貫戎韜。秦王奉睿旨之明伸、重近臣而来統、観其偉度、知有沈謨。遂於保寧三年用為龍庁直第一指揮使、明年、転充右散祗候指揮使」

(41)蓋之庸編著『内蒙古遼代石刻文研究(増訂本)』(内蒙古大学出版社、二〇〇七年)一〇三頁。「尚父、秦王統帥于燕也、以□□旌旆節鉞之重、非干蠱之子孫不足司厥職、洒署公為盧龍軍□院使」

(42) 梅寧華主編『北京遼金史迹図志（下）』（北京燕山出版社、二〇〇三年）一三〇頁。「先是政事令公作鎮東平、始補衙内都指揮使」
(43) 「王裕墓志」、前掲向南『遼代石刻文編』六四頁。
(44) 「遼西」の地域概念と遼代における地域の位置づけについては拙稿「遼代の遼西路について」（記念論集刊行会編『福井重雅先生古希・退職記念論集　古代東アジアの社会と文化』汲古書院、二〇〇七年）を参照。
(45) ここで言う武臣とは軍職に就いている官のみを指すのではなく、武階として分類される官位（階官）をもつ官僚のことを指す。遼の武階については本書第七章「遼の武臣の昇遷」を参照。
(46) 前掲向南『遼代石刻文編』四八頁。「蒙天順皇帝応暦十二年、有制充左驍衛将軍。得帰燕京、且言楽職。旋監銀冶、別立清規。未兼将相之名、忽□膏肓之疾。（中略）応暦十七年十月二十日薨於燕京私弟、享年五十有九。（中略）至保寧二年歳次庚午十月己巳朔七日乙亥、於覇州西原十五里楊氏夫人合葬焉、礼也」
(47) 金申「房山県雲居寺《千人邑会碑》初探」（『文物』一九八六―一二、一九八六年）六七頁を参照。
(48) 当時の南京管内の銀冶としては、密雲県の銀冶山が挙げられる。項春松『遼代歴史与考古』（内蒙古人民出版社、一九九六年）二八六頁を参照。
(49) 陳漢章『遼史索隠』巻八、前掲周峰「遼代前期漢人重臣高勲生平発微」五二―五三頁を参照。両氏は『旧五代史』巻一三二世襲一、高万興、および『新五代史』巻四〇高万興伝の記述により、高万興が彰武、保大両鎮を兼領し北平王に封ぜられたことと、その子の名が允韜と高勲の父の「信韜」と同一輩行であることから高勲との関係を指摘している。また、陳述氏は『遼史』高勲伝に見える高信韜の「信」字は金代の『遼史』編纂の際に金の章宗の父の諱「允恭」を避けたもので、高勲の父の本来の名は高允韜であるとする。陳述「遼史避諱表」（陳述主編『遼金史論集（四）』書目文献出版社、一九八九年）八八、九一頁を参照。
(50) 前掲崔益柱「遼景宗・聖宗代의 漢人官僚의 成長과 그存在形態」一三六―一三七頁を参照。
(51) 『遼史』巻七九室昉伝、同書巻八〇馬得臣伝、同書巻八六劉景伝を参照。

(52)「頃之、王燕、改南京留守。保寧末、以留守摂枢密使」

(53)「頃之、為南京副留守。時留守韓匡嗣因扈従北上、景与其子徳譲共理京事」

(54)玉田韓氏についての先行研究は多数あるが、とりあえず寺地遵「遼朝治下の漢人大姓——玉田韓氏の場合——（鴛淵教授蒐集満蒙史関係拓本解題之二）」（『広島大学東洋史研究室報告』一〇、一九八八年）、李錫厚「試論遼代玉田韓氏家族的歴史地位」（『臨潢集』河北大学出版社、二〇〇一年）、政協巴林左旗委員会編『大遼韓知古家族』（内蒙古人民出版社、二〇〇一年）、前掲崔益柱「遼景宗・聖宗代의 漢人官僚의 成長과 그存在形態」、愛新覚羅烏拉熙春「遼代韓知古家族世系考——紀念金啓孮先生逝世一周年」（『立命館文学』五九一号、二〇〇五年）、王玉亭「従遼代韓知古家族墓誌看韓氏家族契丹化的問題」（『北方文物』二〇〇八—一、二〇〇八年）をあげておく。

(55)「保寧間、兼政事舎人、数延問古今治乱得失、奏対称旨。上多昉有理劇才、改南京副留守、決訟平允、人皆便之。遷工部尚書、尋改枢密副使、参知政事。頃之、拝枢密使、兼北府宰相、加同政事門下平章事。乾亨初、監修国史」

(56)『遼史』巻七九室昉伝「会同初、登進士第、為盧龍巡補官」

(57)大同元年に枢密使に任ぜられた李崧も科挙出身者であるが、彼の場合は遼が後晋を滅ぼして華北を領有した際に、後晋の枢密使であった李崧を留任させたもので、占領地統治のための特殊な事例であり、また太宗北帰の際に後漢に帰投しているので遼の政治において目立った活動はほとんど行っていなかったといってよい（『旧五代史』巻一〇八李崧伝）。

(58)本書第八章「遼朝科挙と辟召」を参照。

(59)たとえば島田正郎「北面中央官制の特色と正官制の意義」（『遼朝官制の研究』創文社、一九七八年）二九頁では世選制が契丹人有力者と皇帝権との妥協の産物であると論じている。

(60)『宋会要輯稿』蛮夷一—二二、淳化元年十二月四日の条「契丹偽官室种来奔、授順州刺史。种自言、虜相室昉之子也」

(61)前掲李錫厚『中国歴史七・遼代』一〇七頁を参照。

(62)『遼史』巻七九郭襲伝「郭襲、不知何郡人。性端介、識治体。久淹外調。景宗即位、召見、対称旨、知可任以事、拝南院枢密使、尋加兼政事令。（中略）拝武定軍節度使、卒」

(63) 王滔韜「遼朝南面宰相制度研究」(『社会科学輯刊』二〇〇二―四、二〇〇二年)は兼侍中、兼政事(中書)令、兼尚書令に「優寵官」の呼称を与え、使相である同政事(中書)門下平章事と区別しているが、『宋史』巻一六二職官志一宰相之職、使相の条では、これらすべてを使相として列記しており、遼制においても宋制で十分に理解可能なので、あえて両者を分けて考える必要はないと思われる。ちなみに、兼尚書令が最上位で、以下、兼政事(中書)令、兼侍中、同政事(中書)門下平章事となる。

(64) 「耶律隆祐(韓徳顒)墓誌銘」(劉鳳翥・唐彩蘭・青格勒編著『遼上京地区出土的遼代碑刻彙編』社会科学文献出版社、二〇〇九)照片八頁。

(65) 『遼史』巻七四韓徳源伝。韓徳源が初任として「近侍」となったことは彼が武臣出身で有ることを示す。武臣の昇遷については本書第七章「遼の武臣の昇遷」を参照。

(66) 景宗朝において確認できる北院枢密使の事例は蕭思温(保寧元年―二年)、耶律賢適(保寧二年―保寧三年又は乾亨元年)のみである。耶律賢適の次の北院枢密使の任官事例は統和元年の耶律斜軫まで待たねばならない。

(67) 本書第八章「遼朝科挙と辟召」、第十章「遼朝における士人層の動向――武定軍を中心として――」を参照。

(68) 島田正郎「北面中央官制の特色と世官制の意義」(『遼朝官制の研究』創文社、一九七八年)五―六頁、前掲崔益注「遼代枢密院에 대한検討」一一七―一二四頁、前掲武田和哉「契丹国(遼朝)の北・南院樞密使制度と南北二重官制について」六五―六六頁、前掲何天明「枢密院制度」五七―五九頁等を参照。

第十章　遼朝における士人層の動向——武定軍を中心として——

はじめに

これまで遼朝の士人の研究は、大別すると（1）概括的・初歩的な考察[1]、（2）大族の研究[2]、（3）遼朝政権における漢人官僚の地位についての考察[3]、（4）科挙についての研究[4]、といった方向から検討され、一定の成果をあげてきた。しかし、所謂「唐宋変革」のなかで指摘された新興士人層の成長との関連から遼の士人を論じるという視点はあまりかえりみられてこなかった。そうした中で、蕭啓慶氏が唐代の、飯山知保氏が金代の士人と遼代のそれを関連づけた研究を発表したことが注目される[5]。

蕭啓慶氏は遼代の漢人大族の分析を通じて、それが唐代の門閥貴族に比肩しうる存在であり、彼らの出現の背景には契丹族支配者層との密接な関係（婚姻関係など）があったとする。そして、かかる状況は、唐宋期における門閥貴族の衰退に逆行する現象であり、その点で遼においては唐宋変革が挫折したとする。これは、征服王朝における異文化接触が、双方の社会の発展を阻害するというウィットフォーゲル氏の議論を裏付けることとなる、と論じる[6]。

他方、飯山知保氏は、金初の科挙と華北の士人層を論じるにあたり、先行する遼代における士人層の存在を指摘している[7]。また、王明蓀氏も科挙制度確立後に遼において新興士人層の成長があったと論じており[8]、蕭啓慶氏とは見解を異にしている。

両者の見解に相違が見られるのは、前者が大族・世族と称される一部の有力家系の考察を中心に行われ、後者が科挙開始後に官僚を輩出するようになった士人の家系について言及するという方向性の違いによるものと考えられる。そこで、両者の見解を検討し遼代の士人層の全体像を明らかにするためには、遼代の士人層が如何なる形で出現するのか、そして大族とそれ以外の一族との間に如何なる差異が見られるのかについて考察する必要があろう。

そこで、本章では通時代的にも同時代的にも、そして大族およびそれ以外の士人の家系についても比較的まとまった史料のある武定軍節度使の領域（奉聖州・帰化州・可汗州・儒州）における地方の士人層の動向を、その入仕経路を中心に考察し、遼代の間に起きた彼らの在り方の変化について論じる。その際に、遼の士人層を遼朝史の枠内のみではなく、広く唐末五代・宋・遼・金の歴史の中に如何に位置づけられるのかについて併せて検討していく。

一　武定軍の地理

遼代の武定軍節度使は会府の奉聖州（現在の河北省張家口市涿鹿県）、および巡属の儒州（北京市延慶県）・可汗州（河北省張家口市懐来県）・帰化州（河北省張家口市宣化県）によって構成され、現在の張家口市の領域にほぼ相当する。これら諸州のうち、奉聖州・儒州・帰化州の三州の設置は比較的新しく、唐末であったようである。奉聖州・帰化州は遼に割譲される以前はそれぞれ、新州・武州と称していたが、この両州の設置について乾隆『宣化府志』巻二、地理志は、

唐初復た北燕州を置く、後嬀州嬀川郡に改む。末に武州文徳県、新州永興県を分置す。（中略）案ずるに、唐書地理志、武州、闕、県一を領す、文徳。新州、闕、県四を領す、永興、礬山、龍門、懐安。其の闕なる者、資治

通鑑注の所謂史其の建置の始を失う是なり。然れども唐書の紀伝を考うるに、武徳以後新、武二州の名無し。昭宗龍紀の後に至り、李克用地を掠すに始めて新武二州を見ゆ、則ち新、武当に此時に置くべし。若し宣、僖以前なれば、則ち惟だ嬀州有り。唐書北狄伝に拠るに、奚冷陘に徙る、嬀州の西北に直る、後別部内対し、嬀州の北山を保ち、西奚と為す。武州嬀州の北に在るを要知す。若し宣僖以前に武州有らば、則ち応に武州に直ると曰うべし。乃ち武を言わずして嬀を言うは、則ち其の時第だ嬀州有りて、武州無し。馬貴与唐末武州を置くと謂うは、良や拠有るを知るべきのみ。（後略）[9]

と考証して、唐の昭宗期に設置されたものとしている。『読史方輿紀要』は僖宗の光啓年間（八八五―八八七）として、若干時期を遡らせているが、唐末に建置されたと考える点では大きな違いはない。

ところが、『宣府鎮志』巻一制置考は、

玄宗天宝二載、嬀州を改めて嬀川郡と為し、山後諸県を以て属せしむ。刺史を罷め守を置く。其れ武州仍お文徳を領県す。穆宗長慶二年、嬀川郡を改め、復た嬀州と為す、県一を領す、懐戎。（中略）涿鹿を改めて新州と為し、県四を領す。永興、礬山、龍門、懐安。広寧を改めて儒州と為す、県一を領す、縉山。（中略）倶に刺史を置き、盧龍道に属す、尋いで改めて河東に属す。[10]

として、唐中期の長慶二年（八二二）建置説をとる。これについては乾隆『宣化府志』巻四三訂誤志が「長慶の説、拠る所を知らず」と評しているように、その根拠が明らかでない。無論、『宣府鎮志』が根拠もなく記述したとは考えられないが、乾元二年（七五九）に行われた州郡の名称の変更を長慶二年としているように、記事に混乱が見られる。また、天宝年間にすでに武州が設置されていたかに記述しているが、新旧両『唐書』の地理志や同時代史料である『通典』州郡典などには天宝年間における武州の存在は確認できない。これらのことを考えると『宣府鎮志』の記

図１　関係地図

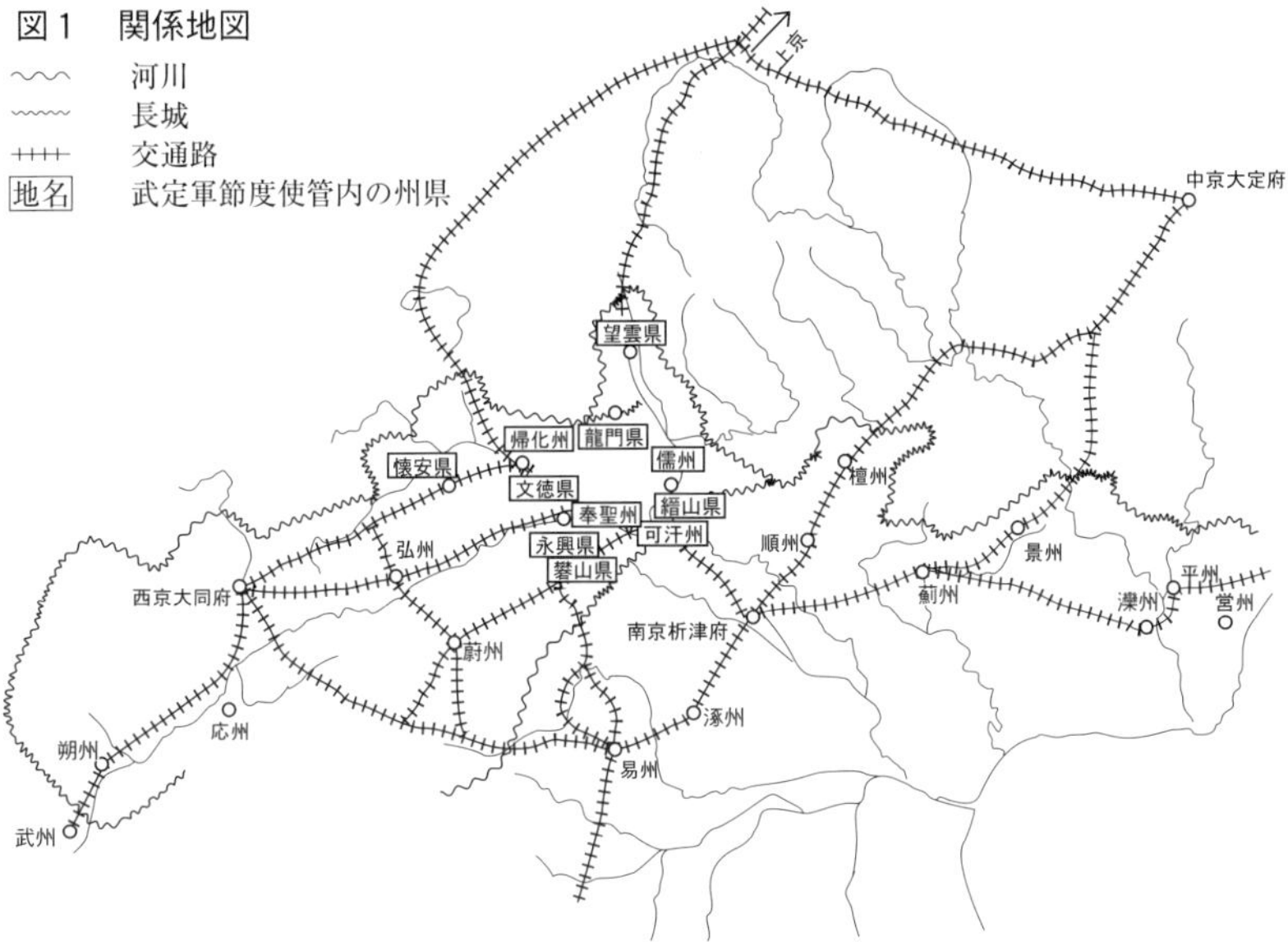

述は信憑性が低いと考えざるをえない。したがって、可汗州（嬀州）以外の諸州は唐末に設置されたと見るべきであろう。

ところで、新州などが設置された唐末の時期は、幽州（盧龍）藩鎮と河東の李克用が対立していた時期であった。両者の直接の対立は光啓元年（八八五）にはじまる。『資治通鑑』巻二五六唐紀七二、光啓元年二月己巳の条に、

盧龍節度使李可挙、成徳節度使王鎔李克用の強きを悪む、而して義武節度使王処存克用と親善し、姪鄴の為に克用の女を娶る。又た、河北の諸鎮、惟だ義武尚お朝廷に属す、可挙等其の山東を窺伺するを恐れ、終に己が患と為し、乃ち相ともに謀りて曰く、易、定は燕、趙の餘なり、と。共に処存を滅し其の地を分かつことを約す、又た雲中節度使赫連鐸に説き克用の背を攻めしむ。可挙其の将李全忠を遣わし兵六万を将いて易州を攻めしめ、鎔将を遣わし兵を将いて無極を攻めしむ。処存急を克用に告げ、克用其の将康君立等を遣わし兵を将いて之を救わしむ。(11)

とみえ、李克用・義武（易定）軍節使度と幽州・成徳・大同藩鎮が対立していたことがうかがえる。これ以後、長期にわ

表１　幽州および武定軍領域の人口増加（『新唐書』巻39地理志２、『遼史』巻40・41　地理志４・５）

	幽州（幽州、涿州、通州）	増加率	武定軍・嬀州（奉聖州、帰化州、可汗州、儒州）	増加率
唐（天宝年間）	67,242戸		2,263戸	
遼	136,000戸	202.3%	31,000戸	1369.7%
金（大定年間）	229191戸	168.5%	113011戸	364.5%

たり河東の李氏政権と幽州藩鎮が抗争を続けるが、武定軍の領域は丁度両者の間にあり、南隣の蔚州とともに争奪の対象となっていた。図１は唐代のこの地域の交通路を示したものであるが、武州は幽州と大同を結ぶ交通路上に、また新州は大同・幽州を結ぶ二つの交通路の合流点であり、このうち桑乾河沿いの道は途中で分かれて蔚州にも通じている[12]。こうしてみると、新州、武州は交通の要衝の統治・防衛強化のために、おもに軍事目的で設置されたものと考えるのが妥当である。

以上の考察により、武定軍節度使の領域は唐末の戦乱期に軍事的な要求から州が新設され、それを契機に発展してきた地域といえる。したがって、同地域は軍事色が強く「燕薊文士多し[13]」と称された同時代の幽州・薊州と比較すると、当初は士人が輩出しにくい地域であったと考えられる。しかし、表１に見えるように、唐から遼金代にかけて武定軍の地域は急速に人口が増加しており、その背景に、この地域の経済的な発展を見ることもできよう。かかる状況の中で、武定軍において士人層がどのような活動を行っていたのか以下に検討していこう。

二　遼朝前半期における武定軍と士人

1　統和十年前後の武定軍の人的構成

近年発見された石刻等の史料により、統和十年（九九二）前後の武定軍の人的構成をある程度復元できる。

節度使

韓徳冲（韓徳崇）　武定軍節度使　統和十二年（九九四）　『遼史』巻一三聖宗紀四

幕職官

姜守正　摂武定軍節度巡官　統和十二年（九九四）　「姜承義墓誌」
王延敏　摂武定軍節度巡官　統和十二年（九九四）　同上
□□□　摂武定軍節度推官　統和十二年（九九四）　同上
姜守瓊　摂帰化州軍事衙推　統和十二年（九九四）　同上
劉文秀　摂武定軍節度巡官　統和十年（九九二）　「清水院仏頂尊勝陀羅尼幢題記」(14)
馬在貞　摂武定軍節度観察巡官　統和十年（九九二）　同上

州県官

姜守栄　摂武定軍節度別駕　統和十二年（九九四）　「姜承義墓誌」

劉元貴	摂武定軍司馬		「清水院仏頂尊勝陀羅尼幢題記」
臧守鵬	奉聖州永興県主簿	統和六年（九八八）	「臧知進墓誌」
張琪	帰化州文徳県主簿、奉聖州永興県主簿	統和六～九年頃	「張琪墓誌」
李匡賛	儒州縉山県令	統和六年（九八八）頃	「李熙墓誌」
衙前			
姜守規	武定軍節度義軍軍使、銀青崇禄大夫	統和十二年（九九四）	「姜承義墓誌」
焦直密	武定軍教練	統和十年（九九二）	「清水院仏頂尊勝陀羅尼幢題記」
臧守禹	武定軍節度兵馬前行	統和六年（九八八）	「臧知進墓誌」
王某	義軍軍使、銀青崇禄大夫	統和四年（九八六）	「遼北宰相府左都押衙王徳進等刻石」
王進□	義軍副兵馬使	統和四年（九八六）	同上

これをみると、官名に「摂」字を冠した摂官の多さが際立っている。摂官とは、節度使をはじめとした官衙の長官による辟召を受けて職を得たが、未だ朝廷からの正式な承認を経ていない状態にある官のことである。五代の時期には『五代会要』巻一七試摂官、後唐天成元年（九二六）十月十六日の条に、

先朝選門既に無きを以て、摂官尤も多し、近年以来、銓注幾んど無し、遂に諸道州県、悉く是れ摂官なるに至る、既に考課の規無し、豈に廉勤の節を守らんや。[15]

とあるように、摂官が乱発される傾向にあったことが指摘されている。無論、州県官がことごとく摂官であるという

のはいささか誇張に過ぎる嫌いはあるが、『旧五代史』巻一一八周書九、世宗紀五、顕徳五年（九五八）正月戊子の条に、

詔すらく、諸道の幕職州県官、並びに三周年を以て考限と為す、閏月其の内に在らず、州府摂官を差して正官に替えるを得ず、と。[16]

と五代末に至っても摂官が問題にされていること（ちなみにこの詔は後唐同光二年三月に定められた規定[17]を再確認しているに過ぎない）からすると、五代を通じて摂官が問題視されていたとみてよかろう。

ひるがえって、統和十年前後の武定軍において、多くの摂官が存在していることは、幕職官および一部の州県官は藩帥による辟召が一般的であったことをうかがわせる。また、幕職官の事例が全て摂官であることを考えると、記録が残された時に偶然、彼らが朝廷の正式な承認を得ていなかったのではなく、むしろ摂官であることが常態であったと見るべきかもしれない。つまり、摂官が乱発される傾向にあった可能性が高いのである。これをふまえて、個々の人物について具体的に検討を加えていこう。

2　在地有力者と武定軍

（1）　臧氏

臧守鵬・臧守禹およびその一族については「臧知進墓誌」により、あとづけることができる。[18]墓誌では臧氏一族は魯の孝公の後と称する東莞臧氏に連なる家系としているが、おそらくは仮託であろう。一族の祖について、墓誌は臧守鵬・臧守禹の曾祖父から具体的な記述をはじめているようである。欠落が多いために詳細は不明であるが、曾祖父について触れられていると推測される部分は「襲□□知□□先娶張氏」であり、その諱を述べる程度の余裕しかない。

おそらく曾祖父はとくに官職を持たない人物であったと見られる。

その経歴などが詳細に分かるのは、次の世代からである。長子の臧知福は、武定軍馬軍使となり、次子の臧知進（すなわち臧守鵬・臧守禹の祖父）は会同九年（九四六）には武定軍内の職に就き、応暦元年（九五一）には摂奉聖州別駕の官を得、保寧元年（九六九）に七十余歳で没している。[19] 州の別駕は元来、諸州の佐官であったが、唐後半期以降は名目的な官となり、左遷に用いられるか、長年勤めあげてきた下級の官吏に対して優遇の意を表すための官となっていた。臧知進はそれ以前に高位の官職と得ていたとは考えにくく、また、就任が五十歳を越えていること、摂官であることから考えて、左遷ではなく、後者の意味での別駕就任であったと見るべきであろう。臧知進について、墓誌は「真儒を好めば、則ち早に片文を善くす」とあって、頌徳文としての誇張はあるにしても多少なりとも儒士としての素養があったようである。

臧知進には少なくとも六子がおり、それぞれ武定軍内で職を得ている。

長子は武定軍衙隊軍使から後に節度押衙衛士に遷っている。衙隊は藩鎮会府の部隊で、藩帥の親衛部隊として位置づけられ、また衛士に転じていることからみると、彼は武定軍節度使内の軍職を転任していたものと思われる。

次子は使院前行から後行に転じた。さらに支計、観察、節度の各衙に関する職についたようであるが、誌文に欠落が多く詳細は不明である。前行・後行はともに吏職の号であり、また財務をあつかう支計[20]にかかわっていることから見ると、かれは兄とは異なり、刀筆の吏として生涯を送ったといえる。

第三子は礬山県鎮遏使から管内都麹院使、節度押衙、随使押衙、軍城馬軍使、随使都孔目官左都押衙を歴任した。鎮遏使、孔目官はともに唐・五代の藩鎮の支配機構の中でも重要な役職であった。鎮遏使（鎮将とも称される）は、本来は鎮に駐屯する軍隊の指揮官であったが、唐末・五代の頃には管内の徴税・司法・警察の業務を行うようになり県の行政を圧迫していたといわれる。また、鎮遏使の出自は土地の有力者によって組織された義軍の統率者、ないしは藩鎮の衙前からの任命に大別される[21]。遼における鎮遏使の在り方については、史料不足のため、詳細は不明であるが、臧知進の第三子の事例から、藩鎮の関係者の中から鎮遏使が任命されていたことがうかがえよう。孔目官は藩鎮内の事務全般をつかさどり、その地位は幕職官の末端、吏職の最上位にあたり、その職務の重要性から、しばしば藩帥の側近となる人物もあらわれた[22]。誌文中にも、

俄に宣徽劉公至り武定を領するに値り、既に□□識□□□□補せられて軍城馬歩使に至る、後□□令鎮を代わるを以て、□所治を聴知し、復た補厥□□任著於節□□□事□□□□□張史君□臨特会□□□随使都孔目官左都押衙に充てらる[23]。

と、藩帥との関係を繰り返し述べていることも、藩鎮内の要職を歴任したことに対する自負がうかがえる。

第四子は武定軍節度押衙から教練使に転じている。押衙も教練使もともにこの当時までに位階・加官に用いられる称号となっており、したがって、かれの具体的な職務は不明である。あるいは称号を得ただけで実職にはつかなかったのかもしれない。

第五子の何人かの子は出仕しなかったか、あるいは夭折したようである。また、末子は某州の司馬（他の兄弟はみな武定軍で職を得ているので、彼もまた奉聖州の司馬となったと考えられる）となっている。司馬は別駕と同様、州の佐官であったが、この時期までには閑職化していた。

つぎに、臧守鵬・臧守禹の世代について検討してみよう。

臧守禹は武定軍内で使院後行から節度兵馬使、節度同押衙、兵馬使前行へと転じている。誌文は臧守禹について「吏術に明らか」と述べており、武定軍の衙前の職員を歴任したことが知られる。

臧守鵬は誌文中に「嫡孫」とあり、この世代の中心となる人物であったと考えられる。その初任は、武定軍節度衙推、将仕郎、試秘書省校書郎であった。節度衙推は唐・五代において下級の幕職官として位置づけられ、吏職に近い存在であった[24]。また、幕職官であるので、おそらく辟召による就任であったと考えられる。ここで注目されるのは「将仕郎、試秘書省校書郎」の官である。将仕郎は散官号、試秘書省校書郎は階官に相当し[25]、ここから臧守鵬が官僚としての地位を得たことがうかがえる。墓誌全体を見渡した時、臧守鵬のみ散官以下の官を記録しているのは、彼が一族の中で突出した存在であることをうかがわせる。臧知進やその末子は別駕や司馬といった州の佐官の号を持ってはいるが、散官以下の官は記録されていない、とくに臧知進は摂官であることから考えて、正規の官とは認められなかったのではなかろうか。このように考えて大過なければ、これまで武定軍の衙前を輩出してきた臧氏は守鵬に至って官としての地位を獲得したということができる。

臧守鵬はその後、永興県主簿に転じている。永興県は奉聖州の附郭県であり、これは臧守鵬がこの時点では武定軍内の官に留まっていることを示すものである。臧守鵬の全官歴が明らかではないので、これが単なる偶然なのか、それとも一貫して武定軍内部の官を歴任し続けたのか断定は困難である。これについては後段で改めて検討する。

以上に見たように、臧氏は臧知福、臧知進の世代の時に武定軍節度使との関係を持つようになり、以後累代にわたり武定軍の衙前の職員を輩出しつつ、武定軍内の有力者としての地位を築いてきた。つまり、臧氏は藩鎮の権力を利用することで繁栄した一族といえよう。

(2)　姜氏

姜氏もまた、臧氏と同様、武定軍の有力者の家族が藩鎮の権力を通じて、自己の地位を築いた一族である。「姜承義墓誌[26]」は姜氏について「家は本と帰化の人なり（家本帰化人也）」と記し、累代にわたり帰化州に住む一族であることを伝える。姜承義は墓誌を見る限りでは終生庶民の地位にあったが、「家業を豊饒にす」と見えることからある程度財産を持った有力な家であったと考えられる。彼の六人の息子たちは武定軍内で職を得ている。そのうち、次子の姜守栄が摂武定軍節度別駕に、第三子の姜守瓊が摂帰化州軍事衙推、第四子の姜守正が摂武定軍節度巡官に、それぞれ摂官によって職を得ている。これは、彼らが藩帥によって辟署されたことを物語っている。また、長子の姜守規について墓誌では「武定軍節度義軍指揮使、銀青崇禄大夫、検校国子祭酒、□□御史、武騎尉」と述べているが、「銀青崇禄大夫」以下の称号を持つことは、彼が官としての地位を獲得したことを示す[27]。そして、姜守規の実職は武定軍義軍軍使と、武定軍の軍官であることを考えると、彼の任官もやはり藩鎮権力を介してのものであったとみるべきであろう。

同墓誌はまた姜承義の娘が摂武定軍節度巡官の王延敏および摂武定軍節度推官の某に嫁いだことを伝える。彼らはやはり摂官を持つことから、姜氏と同様の地位にある家系出身と考えられるが、後述するように、摂官を持つものが常にその土地の出身者とは限らないので、武定軍内の出身であるかは不明といわざるをえない。

（3）王氏

義軍軍使王某や義軍副兵馬使王進□を輩出している王氏も、累代にわたり武定軍節度使との関係を築いてきた一族である。

「遼北宰相府左都押衙王徳進等刻石[28]」は截寇関鎮使王某以下、四世代について記録するが、刻石中には「五世在此」とあるので截寇関鎮使王某の父の世代に武定軍に移住してきた一族であることがうかがえる。截寇関鎮使王某は統和元年（九八三）に九十六歳で没しているので、逆算すると生年は光化元年（八九九）となる。これは、前述した新州（奉聖州）・武州（帰化州）の設置時期に相当し、王氏は州の新設にともない移住してきた一族とみることができる。ここで、王某の職が截寇関鎮使すなわち鎮将であったことに注意を払わねばなるまい。前述の通り鎮将は義軍の統率者ないしは藩鎮衙前からの任命の二系統の出自が考えられる。王氏の場合、州の新設にともなって移住してきたのであるから、移住後すぐに在地を結集することができたとは考えがたい。また、武州・新州の新設は前節で考察したように軍事目的によるものである。とすれば、藩鎮配下の軍人として当地に駐屯したのが王氏の移住の契機となったとみるべきであろう。したがって、王氏の鎮将就任は藩鎮との密接な関係によるものであったといえる。

截寇関鎮使王某の三人の子のうち二人は王某と王進□はそれぞれ義軍軍使、義軍副兵馬使の職を得ている。義軍は在地で組織した義勇軍を起源とするものであるから、二人が任じられたのは武定軍の義軍と考えてよく、彼らはその父と同様に武定軍との関係を保持していたと言えよう。また、義軍軍使王某は銀青崇□□□、兼監察御史、武騎……祭酒（欠落個所を補えば銀青崇禄大夫、兼監察御史、武騎尉、検校国子祭酒と考えられる）と一応官僚としての地位を得ている。

もう一人の子である王進徳は北宰相府左都押衙の職を得ている。北宰相府は部族の行政を統括する機関で、長官の北府宰相は蕭氏（后族）の世選ポストである。(29)就任の具体的経緯は不明であるが、王徳進の世代になると、武定軍の範囲を超えて后族、さらには中央との関係を持ちはじめたことがうかがえる。

「遼北宰相府左都押衙王徳進等刻石」はまた、王氏の所有地に関して「家荘地土約壹伯余頃、水澆地貳拾余頃、旱土捌拾余頃、東至成家荘、西至□司堝、南北至山」と記述している。これにより王氏が百余頃におよぶ大土地所有者であったことがうかがえる。上述の王氏一族の事跡を考えると、藩鎮との関わりにより、在地有力者として資産を増やしたとみることができよう。王氏は厳密には士人とは見なしがたいが、武定軍における有力者の形成過程（すなわち藩鎮への出仕を契機として大土地所有・在地有力者化する）を示す事例として注目される。

本項で検討した臧氏・姜氏・王氏の事例は、唐末五代から宋にかけて、藩鎮権力との関係を通じて自己の勢力を伸ばしてきた新興官僚層のあり方[30]と相通じるものがある。しかし、その一方で武定軍の官の中には彼らとは異なる経歴を持つ人物も存在する。これについては項を改めて検討しよう。

3　武定軍における他地域出身官僚

（1）張琪

「張琪墓誌[31]」は張琪の官歴について次のように記している。

府君資廕を承け、幽都府文学を授かり、容城、文徳、永興、薊北県主簿、平州録事参軍、幽都府倉曹参軍、龍門、文徳県令を歴。僅か三十年、八たび官を転じ五たび階を遷る。（中略）統和三十年七月九日を以て、燕京の私邸に易簀す、享年六十有一[32]。

統和三十年（一〇一二）の時点で三十年間の官僚生活を送っていたとあるので、張琪は統和元年（九八三）に入仕したことになる。また、三十年間に九つの官に就いたとすれば、それぞれ三〜四年在職していた計算になる。これにもとづき、彼の武定軍における在任期間を勘案すると、文徳県（帰化州の附郭）主簿が統和六年前後、永興県主簿が統和十年前後、龍門県（奉聖州の属県）令が統和二十四年前後、文徳県令が統和三十年以前となろう。

さて、張琪は四次にわたり武定軍管内の官に就き、官歴の大半を当地で過ごしてはいるが、その一方で他地域の官にも任じられている。すなわち、幽都府は南京（この当時は盧龍軍節度使の軍額を持つ）[33]、容城県は南京の巡属である易州の属県、薊北県は南京の附郭県、平州は遼興軍節度使の会府である。また、墓誌には「葬於幽都府幽都県礼賢郷北彭里之先塋」とあることから、張琪の郷里が南京であることが知られる。これらのことから、張琪は臧氏や姜氏一族とは異なる経歴をもつ人物であることが確認されよう。

そして、張琪の経歴の中でとくに注目すべきは、「資廕を承け」た、すなわち恩蔭によって入仕したことである。張琪の家系について墓誌は、

張の姓たるや、春秋より秦漢を歴て、賢者間ま出ず、代よ人に乏しからず。官閥婚媾、已に先大卿の墓銘に具う、此に復が書かず。府君即ち大卿の仲子、枢密使、左丞相、兼政事令、魯国公、監修国史、倹の季父なり[34]。

と、詳細を記していないが、幸い甥の張倹の墓誌が残されており、張琪の家系を復元することが可能である。「張倹墓誌[35]」によれば張倹の父は左賛膳大夫の張雍で、張琪が張倹の「季父」であることから考えて張雍は張琪の兄に当たる人物である。そして、張雍・張琪の父が太中大夫、検校尚書左僕射、守太僕卿、贈太子少師の張正、祖父が左散騎常侍の張礼と記録されている。遼の文階は北宋のそれとほぼ同一の構造を持っているので[36]、そこから類推すると、張礼、張正は宰執よりややランクの劣る高級官僚（ただし、張礼の官である散騎常侍が検校官ならば、員外郎より若干劣る中級官僚となる）[37]、そして、張雍は北宋の文階における朝官に相当する比較的下位の官僚とみなすことができる。つまり、張琪の一族は累代にわたり中高位の文官を輩出する家系であったといえる。

ところで、在地有力者層の幕職官就任については、渡辺孝氏による論考がある。それによれば、門閥としての背景を持たない在地の有力者たちは、唐後半期の藩鎮体制下において下級の幕職官（これはしばしば下級の州県官や軍職、銜

前などにも通底していたものとしている）に就任していた。唐代において、貴族官僚の勢力が依然として保持されており、彼らがその地位から上昇することは基本的には無かったが、唐末五代の動乱期になると彼らの階層の中から新たに政権の中枢の担い手（例として馮道などが挙げられている）が出現するに至ったと論じている。(38)

武定軍管下の臧氏、姜氏に関していえば、彼らは下級州県官、軍職、衙前を歴任するにとどまっており、そこから政権中枢へと上昇していくという形跡は見られない。五代においては、たとえば李崧が深州の参軍をかわきりに、李継岌、任圜、范延光の幕下で順次昇進していき、范延光の枢密使就任にともない枢密直学士となり、その後は中央官を歴任して宰相に登りつめたように、下級の州県官などから幕府に入り、藩帥の影響力を足がかりとして昇進をしていく事例がよく見られる。しかし、臧知進の第三子は前述のように鎮遏使や孔目官といった藩鎮内の要職を歴任していながら、藩帥が劉某から張某へと交代しても、とくに前任者にしたがって他州へ転出するわけでもなく、相変わらず州にとどまっている。これは、彼らの在地性の現れと見るべきであろう。ここから類推すれば、前述の臧守鵬の武定軍内で転任は臧氏のもつ在地性の現れとしてとらえることができそうである。

他方、張琪の事例のように累代にわたり官僚を出す家系に由来する人物は、地域を越えて地方官を歴任していく。これは、一見すると唐代以来の門閥貴族と地方有力者層との関係が遼前半期において維持されているかの如くであり、異民族支配によって新たな門閥貴族層が形成され、その身分が固定化されてしまったことにより唐宋変革が遼においては挫折したとする、前述の蕭啓慶氏の議論を支持するかに見える。しかし、次に挙げる李匡賛の事例は、この見解に対する反証となろう。

（2）　李匡贊

李匡贊の一族については、その父の墓誌である「李熙墓誌[39]」に記録が残されている。それによると、高祖李文真は行左散騎常侍、曾祖父李德恭は沙河の守将から後に文資に転じ[40]、祖父李琮は盧龍軍節度押衙に任じられた。このうち、李文真の左散騎常侍は子孫の経歴（軍職・衙前）から考えると実職ではなく、唐後半期から五代にかけて藩鎮の軍職や幕職官に広汎に与えられた検校官とみるべきであろう[41]。李匡贊の祖先は累世にわたり藩鎮との関係を持っていたといえよう。

父の李熙は枢密院令史より枢密院吏房主事、のち官位を得て「枢密院副都承旨・殿中少監・検校国子祭酒」となり、以後、枢密院都承旨、都峯銀冶副部署、燕京軍巡使、平営等州塩鉄制置使、大同軍節度副使、涿州板築使、平州銭帛都監、新興鉄冶都部署、営州刺史を歴任。統和六年（九八八）に六十八歳で没する。李熙の経歴は、吏職である令史から始まって、墓誌に「正官自殿中少監、改左威衛将軍、右驍衛大将軍、至営州刺史」とみえるように、文資である殿中少監を得た後、さらに左威衛将軍の階官を得るに至り武資に転じるという、複雑なものになっている。李熙の官歴は中央官と目される枢密院[42]の属官から始まっているので、一見すると藩鎮とは無関係に見える。しかし、李熙が仕官した当時の枢密院は藩鎮と無関係ではなかった。墓誌に「自筮仕迨捐館、其間僅五十年矣」とあるので、李熙が仕官したのは会同元年（九三八）前後となる。この時期の遼の枢密院については不明な点が多いが、『資治通鑑』巻二八一後晋紀二、天福二年十二月戊申の条に、

是歳、契丹会同と改元し、国号を大遼とす、公卿庶官皆な中国に倣い、中国の人を参用し、趙延寿を以て枢密使と為し、尋いで政事令を兼ぬ[43]。

とあり、会同初年の枢密使が趙延寿であったと伝えている。また、『遼史』巻七六趙延寿伝は、

明年（会同元年）徳鈞卒す、延寿を以て幽州節度使と為し、燕王に封ず。幽州を改め南京と為すに及び、留守に遷り、山南の事を総ぶ。(44)

と、同時期に趙延寿が幽州節度使＝南京留守であったとしている。両史料に誤りがないとすれば、李煕が仕官した当時、南京留守趙延寿が枢密使を兼ねていたと考えられる。つまり、李煕の入仕、昇進は藩鎮との関係による可能性が高いのである。

李煕の子の世代、すなわち李匡賛の世代になると、それ以前とは状況が異なってくる。李匡賛は既述の通り統和六年（九八八）前後に守儒州縉山県主簿となっている。儒州は武定軍節度の巡属であるから、父祖の世代が幽州盧龍軍節度使との関係により任官していったのとは明らかに違いがある。具体的な任官の方法について墓誌は記載していないが、張琪の事例との類似から考えると、恩蔭によるものと見てよかろう。次弟李匡弼は守秘書省校書郎の階官を得ているが、これも恩蔭によるものといえそうである。末弟李匡一は摂遼興軍節度推官であったと記録されているので藩鎮の辟召による任官と認められる。しかし、ここでも辟召したのは平州遼興軍節度使であり、地域を越えた任官となり、父祖の世代とは状況が変化している。このことから、李氏は李煕からその子供の世代にかけて、奉聖州の臧氏・帰化州の張氏のような在地性の強い有力者から、張琪の一族（宛平張氏）のような地域の枠を越えた有力官人層へと変化を遂げたということができよう。

李氏の事例は、藩鎮の軍職・衙職・下級幕職官からはじまって次第に官僚を輩出するようになっていった典型的な五代・宋初の官僚の家系の在り方と相似している。つまり、李氏のような累代にわたり官僚を輩出し、なおかつ地域を越えて官職を歴任する家系と、臧氏や張氏のような武定軍の在地有力者の家系は、九世紀末から十世紀初めにかけての時期において同一の社会階層に属していた可能性が高いのである。したがって、遼代において両者の間に強固な身分障壁（漢人の家系に限っての話だが）があったと想定するのは難しいのではなかろうか。この問題について、他の官僚家系について、その出自・経歴を分析することにより、さらに考察を進めよう。

三　遼朝前半期の官僚の家系――大族および文官を中心に――

1　大族

（1）劉景

唐の盧龍軍節度使劉怦の四世孫。父の劉守敬は南京副留守。学問を好み文章を能くし、会同年間（九三八―九四七）に南京留守趙延寿により幽都府文学に辟せられ、翰林学士、宣政殿学士、南京副留守、戸部使、武定軍節度使、開遠軍節度使などを歴任し、統和六年に致仕した。子の劉慎行は膳部員外郎から累遷して北府宰相監修国史に至る。以後、子孫は遼金時代を通じて顕官を輩出し、宋との重幣交渉にあたった劉六符や金初に華北経営の中心的役割をになった人物のひとりである劉彦宗などの名が知られる。[45]劉景は臧守鵬や姜承義の子たちと同様、藩帥の辟召によって入仕したのであるが、顕官に達している。

劉氏の事例は、唐・五代以来の藩帥の家系、つまり幽州＝南京における有力家系がその勢力を維持して遼代の有力家系となったものと見なしうる。しかし、これが全ての漢人大族について言えるわけではない。

（2）韓延徽

幽州（南京）安次県の人。父夢殷は薊、儒、順三州の刺史を歴任した。唐末、劉仁恭に辟され幽都府文学となり、平州録事参軍、幽州観察度支使を歴任、のち遼太祖に仕え崇文館大学士、政事令、南京三司使などを歴任し、建国期の内政の整備に大きな影響を与えた。その子、韓徳樞は武臣系統の官を歴任し南院宣徽使に至った。以後、子孫は顕官を輩出し[46]、さらに後述の李継成の一族などをはじめとした南京出身官僚の家系と累代にわたり婚姻関係を結び（図2）、前述の劉景の一族などと並んで、遼金時代を通じて有力な家系であり続けた。『遼史』では韓延徽の父夢殷について、刺史を歴任したことを記すのみで、唐末五代期の武人を連想させるのであるが、『宣府鎮志』巻四三名宦伝はこれとは異なる韓夢殷像を呈示している。

韓夢殷なる者、幽州安次の人なり、少くして文学を以て名を知らる。州別駕王演之を薦め、李全忠の門下掾と為る。全忠甚だ喜び、凡そ推奨する所採録せざる無し。全忠死し、子の匡威嗣ぎ、署して行軍長史と為す。匡威其の弟匡籌の簒を被るに及ぶや、燕人甚だ匡籌に服さず、是において李克用始めて兵を以て来り、燕薊を攻め、夢殷を得て之を任ず、乾寧元年克用既に武、新を陥とし、又た李嗣源、李嗣昭をして並びに飛狐を出で山後を定めしめ、嬀、儒州を取る。遂に夢殷を以て嬀、儒州刺史と為す（後略[47]）。

この記述を信じるならば、韓夢殷は文学の才があり、門下掾からその官歴を始めたことになる。門下掾は具体的な職名ではなく諸曹参軍の謂であろう。これは「其先為農為儒、不恒其業」であった馮道が幽州掾からその官歴を始めたことを想起させる[48]。また、少し時期は早いが、唐の大中二年（八四八）に六十九歳で没した王公淑という人物は、下級の幕職官である幽州節度要籍から盧龍軍節度巡官、幽州節度判官と幕職官を昇遷し、盧龍軍節度留後、嬀、平刺史に至るという、韓夢殷と類似の経歴をたどっている。王公淑の祖父もまた盧龍節度要籍であったと記録されており[49]、新興の士人と見なすことができる。とすれば、韓夢殷も同じような階層に属していた可能性は十分にあろう。

《図2　安次韓氏系図》

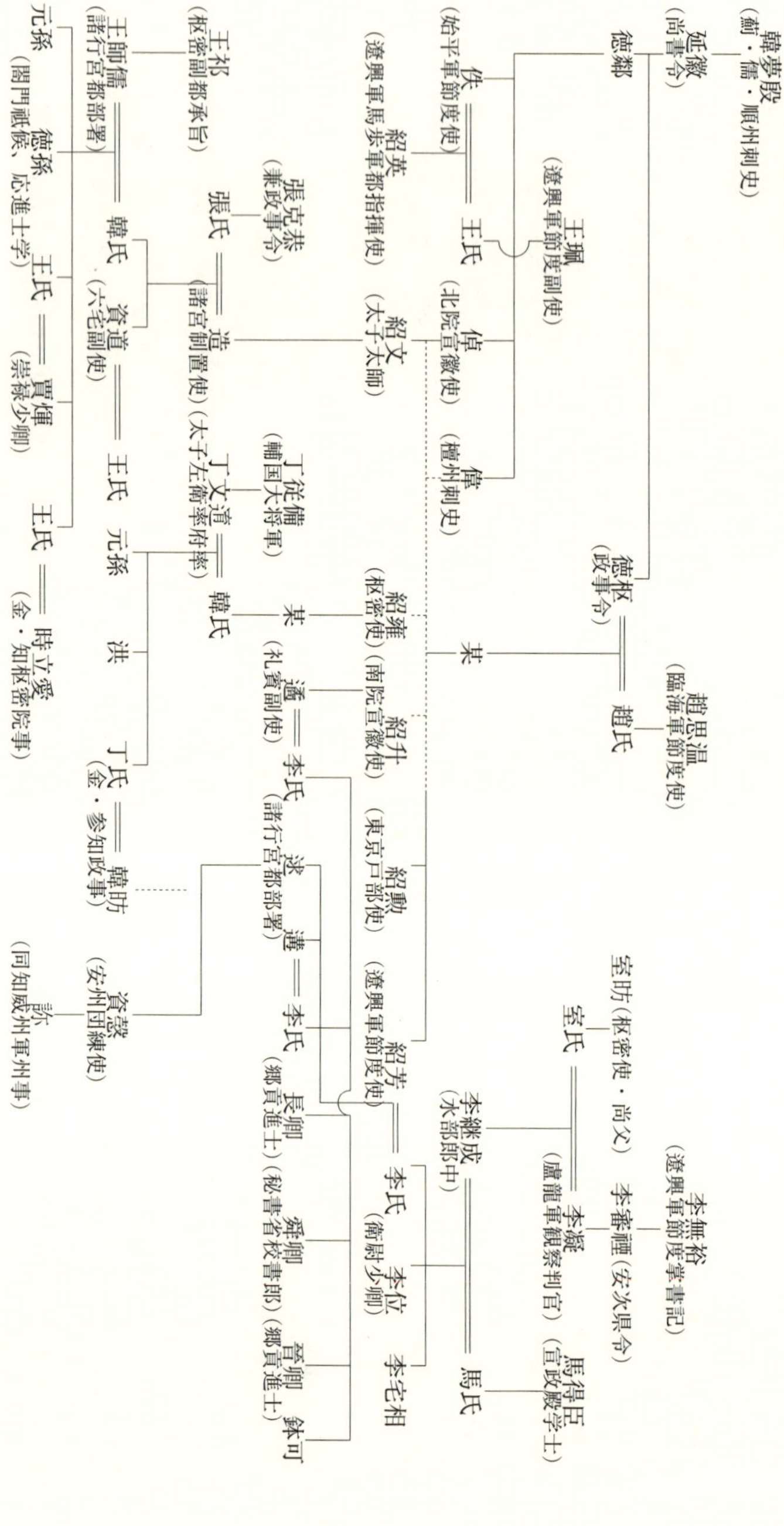
韓夢殷（薊・儒・順州刺史）
延徽（尚書令）
徳鄰
徳枢（政事令）
趙思温（臨海軍節度使）
趙氏
某
侠（始平軍節度使）
王氏
王珮（遼興軍節度副使）
倬（北院宣徽使）
偉（檀州刺史）
紹英（遼興軍馬歩軍都指揮使）
紹文（太子太師）
紹雍（枢密使）
紹升（南院宣徽使）
紹勲（東京戸部使）
紹芳（遼興軍節度使）
李氏
李位
李宅相
李継成（水部郎中）
馬氏
馬得臣（宣政殿学士）
室昉（枢密使・尚父）
室氏
李凝（盧龍軍観察判官）
李審禋（安次県令）
李無裕（遼興軍節度掌書記）
（衛尉少卿）
王郁（枢密副都承旨）
張克恭（兼政事令）
張氏
造（諸宮制置使）
丁従備（輔国大将軍）
丁文逌（太子左衛率府率）
韓氏
某
遜（礼賓副使）
李氏
逑（諸行宮都部署）
遘
李氏
長卿（郷貢進士）
舜卿（秘書省校書郎）
晉卿（郷貢進士）
鉢可
王師儒（諸行宮都部署）
韓氏
資道（六宅副使）
王氏
元孫
洪
丁氏（金・参知政事）
韓昉
資愨（安州団練使）
元孫
徳孫（閤門祗候、応進士学）
王氏
賈傭（崇禄少卿）
王氏
時立愛（金・知枢密院事）
訢（同知威州軍州事）

また、文官ではないが、臧氏などと同等と見なしうる階層出身で、累代官僚を出すに至った有力家系の事例がある。

（3）韓知古

韓知古の一族は遼代におけるもっとも有力な家系であり、子孫たちは皇族・后族と累代にわたる婚姻関係を結び、さらには皇族に準ずる待遇を受けるに至ったほどである[50]。前述の武定軍節度使韓徳冲は韓知古の孫にあたる人物である。韓知古の先世について韓知古の子である匡嗣の墓誌「韓匡嗣墓誌[51]」は「曾祖諱懿、不仕。王父諱融、任薊州司馬」と記している。韓知古は太祖朝に活躍したので、その父の時代は唐末に相当する。ここで注目すべきは、韓知古の父韓融が薊州司馬だったことである。さらに祖父の韓懿が無官の庶民であったとすれば、韓知古の一族も元来は臧氏と同一の位相にあったと見ることができよう。

上記の三つの大族の家系の事例をみると、これらの家系と前節で検討した臧氏や張氏とは、唐末五代の段階において決定的な社会階層上の相違が見られないことがうかがえる。それでも、遼代前半期において両者の官途に違いが見られるのは如何なる事情によるのであろうか。さらに、他の文官の家系の事例を見ることで、この問題について考察を加えよう。

2　文官の家系

（1）劉存規

順州密雲県の人。詳細な経歴および出身は不明。官は積慶宮提轄使、金紫栄（崇）禄大夫、校尉（検校）司空、兼御史大夫、上柱国に至り、応暦五年（九五五）に没している。劉存規自身は武臣系統の官であるが、長子の劉継階は摂順義軍（朔州）節度衙推、第四子の劉継倫は定遠軍（景州、ただし遼の領域ではない）節度衙推と下級幕職官となっている。(52)この事例により、摂節度衙推は必ずしも在地の者にのみ授けられるものでないことがうかがえる。

（2）室昉と李継成

室昉は南京の人。その父祖の事跡は不明である。会同初年の科挙に合格し、盧龍巡捕官から知制誥、南京留守判官、翰林学士、南京副留守、枢密副使、参知政事などを経て保寧年間（九六九―九七九）に枢密使兼北府宰相となり、以後統和十二年（九九四）までその地位に留まった。(53)李継成はその母が室昉の娘で、室昉の外孫にあたる人物である。曾祖父の李無裕は遼興軍節度掌書記、祖父の李審醴は南京安次県令、父の李凝は盧龍軍観察判官、左補闕と累代中下級官僚をだす家系であることが知られる。李継成は早くに父を亡くし、室昉の教育を受けて成長した。そして、統和五年（九八七）に十六歳で恩蔭により崇文閣（館）校書郎で起家し、以後、監都塩院、幽都府潞県令、長盈倉都監、宣徽判官、幽都府薊北県令などを歴任し階官は尚書水部郎中に至り、統和二十三年（一〇〇五）に三十四歳で没している。(54)また、李継成は宣政殿学士、同政事門下平章事馬得臣の娘を娶り、彼の娘は尚書左僕射、中書門下平章事、兼侍中韓紹芳（前述の韓延徽の孫）に嫁ぐなど有力な官僚たちとの婚姻関係を結んでいる。(55)ここから、婚姻関係を通じて自己の勢力を維持していこうとする姿がうかがえる。

（3）王守謙

曾祖父の王確は唐の緇州別駕、父の王錡は唐の左散騎常侍、父の王延広は客省使。薊州軍事衙推より起家し、監永豊庫、薊北県令などを歴任し、階官は考功郎中に至り、保寧六年（九七四）に没している。妻は南院宣徽使張某の娘。長子の王徳純は崇義軍節度巡官となり、長女は茶床使趙匡翊に嫁いでいる[56]。宣徽使は皇帝の信任の厚い官僚が任じられるとされる官職であり、茶床使も詳細は不明であるが、おそらくは諸司使副に連なる中高級武官のひとつで、多くの場合、恩蔭により武階を授けられた官僚の子弟が昇進する過程で得る官と考えられる。つまり、ここでも上記の李継成の事例と同様、有力官僚との婚姻を通じて勢力の維持をはかろうとする動きが見られる。王守謙の家系で注目すべきは、曾祖父の王確が州の別駕であったことである。前述の臧知進は奉聖州別駕であり、王確もこれと同じ位相にあった可能性をうかがわせる。

上記の事例はいずれも南京管内の出身者のものである。また、前述の大族や前節で分析した張琪や李匡賛の事例もやはり南京管内出身者のものである。ここから、南京管内出身者が他地域（少なくとも武定軍管内）に比べて官途において有利な立場であった可能性が想定できる。そこで、他地域出身者の状況を見ておこう。

（4）常遵化

覇州（のちの興中府）の人。父の常賓嗣は覇州観察判官で、若くして没している。「常遵化墓誌[57]」には「登場得第」とあるのでこの時期は臨時的に行われていた科挙に合格したと考えられる。そして、応暦十年（九六〇）に覇州文学参軍で起家してより、覇州帰化県令、覇州観察判官と覇州の官を歴任し、乾亨五年（九八三）に至って乾州観察判官に転じている。つまり、常遵化は二十年以上にわたり覇州の官に留まり続けたのである。さらに、乾亨五年以降も統和五年（九八七）から九年（九九一）に崇徳宮漢児都部署判官であった期間をはさんで、乾州観察判官、広徳軍（乾州）

節度副使を歴任し、統和十九年まで乾州の官にとどまっている。[58] ちなみに、乾州は景宗の奉陵州として乾亨四年（九八二）十一月に設置されたものである。[59] したがって、常遵化の乾州への異動は州の新設という特殊な事態によってもたらされたに過ぎない。そして、彼の父も覇州の官であること、常遵化が死後覇州に葬られていること、常氏の婚姻関係が覇州、乾州に関係する人物が中心で、彼の妻のひとりは彰武軍節度使の娘であり、また長女は広徳軍（乾州）節度山河使耿阮に嫁ぎ、次女は彰武軍節度都軍使安信に嫁いでいることなどを考えると、常遵化の一族は臧氏や姜氏と同様、特定の地域内で活動する士人と見ることができる。

注目すべきは、常遵化は科挙に合格していたことである。つまり、この時期において科挙に合格することが、必ずしも地位上昇に直結していなかったのである。[60] ここに、彼のような地域内に留まる官僚と累代中高位の官僚を輩出する者の間に存在する一定の障壁を垣間見ることができよう。これを、常遵化の出身地である覇州と南京の格差と見ることも、可能である。しかし、常遵化はその後さらに、上京軍巡使、朔州榷場都官、遼西州刺史と覇州・乾州とは無関係の官に転じている。これは、彼の留まらざるを得なかった障壁が取り除かれた、あるいはその障壁自体が絶対的なものではなかったことを示唆する。

（5）　李内貞

李内貞は嬀汭の人。後唐荘宗の時、秀才に挙げられ、代州雁門県主簿、蔚州興唐県主簿、嬀州懐来県丞を歴任し、嬀州懐来県丞の時、遼に降り南京の中門使や薊州刺史といった武臣系統の官に就き、銀青崇禄大夫、検校司空、行太子左衛率府率、兼御史中丞、上柱国という中級の武階でその官歴を終え、保寧十年（九七八）に没している。彼の息子の内、第四子の李玿が遼興軍節度推官、将仕郎、試秘書省校書郎を、第五子の李璟は摂宜州観察判官となっている。[61]

李内貞の出身地については、考証が必要である。向南氏は『元和郡県志図志』巻一二河中府の条で河東県に嬀汭の地名がみえることから、彼の出身地を河中府河東県に比定する[62]。しかし、嬀汭を称する地名はもうひとつある。それは、他でもない武定軍管下の可汗州（嬀州）である。前出の「王公淑墓誌」は王公淑の嬀州刺史就任を「転牧嬀汭」と表現しており、「嬀汭」が嬀州の別称であったことが判る。このように、李内貞の出身地は二通り考えられるが、彼の経歴から考えると、後者の方が、より蓋然性が高い。墓誌の記述によれば彼は後唐荘宗のときに入仕し、のちに「大聖皇帝」、すなわち遼太祖の兵に降っている。太祖の没年は九二六年（遼天顕元年、後唐同光四年・天成元年）七月なので、李内貞の入遼時期はそれ以前と考えねばなるまい。また、李内貞は後唐から三つの差遣を授けられているので、最低でも二任分の年数である六年を越えて仕えていると見るべきであり、そうすると九二〇年の夏以前には後唐に仕えていることになる。李内貞の出身地と見なしうる場所のうち、河中府は九二〇年（後唐天祐十七年、後梁貞明六年）の夏から秋にかけての時期に、ようやく後唐の支配下に入るのに対し[63]、嬀州は九一三年（後唐天祐十年、後梁乾化三年）に、すでにその支配下に入っている[64]。したがって、李内貞が河中府出身と考えるのは、全く不可能ということではないが、いささか無理がある。

上のように考えて大過ないとすれば、李内貞の一族は、武定軍出身の士人の事例に加えることができる。しかし、前節で検討した臧氏などとは異なり、李内貞の一族は、遼朝において、はやくから武定軍以外の官を歴任している。これは、燕雲十六州割譲以前に遼に降ったため、武定軍内における在地の基盤を失ったことに起因すると考えられる。このことは、彼が南京の私邸で没し、また南京に葬られていることからも裏づけられよう[65]。ただし、遼軍に降る以前から、すでに武定軍管内を離れていることにも注意すべきである。これは、武定軍の士人たちも機会があれば中央との結びつきを求めており、その実現が可能な状況にあったことを意味する。つまり、出身地域が士人たちの遼朝にお

《図3　宛平張氏系図》

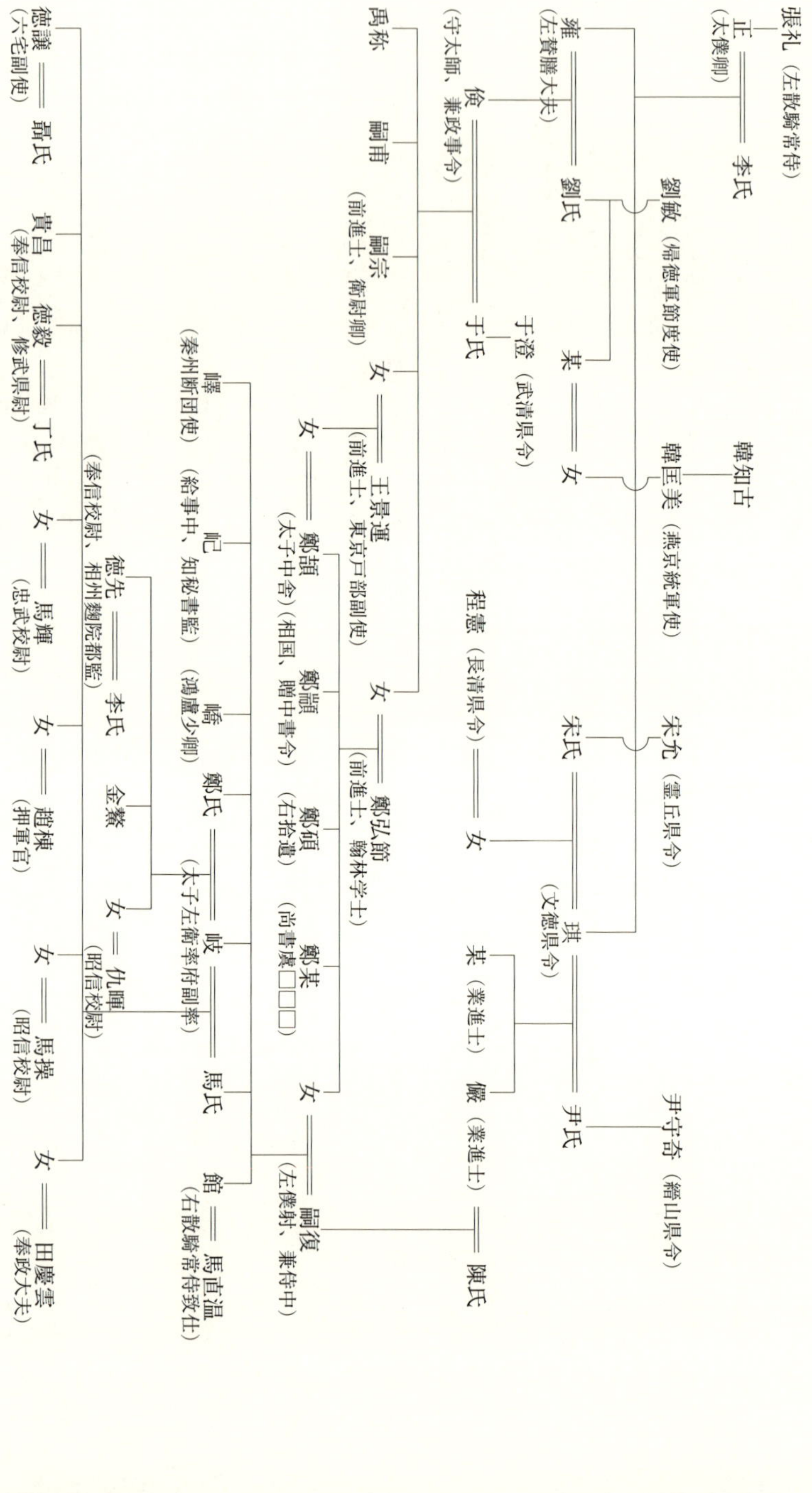
張礼（左散騎常侍）
正（太僕卿）
李氏
劉敏（帰徳軍節度使）
韓知古
韓匡美（燕京統軍使）
宋允（霊丘県令）
尹守奇（嶠山県令）
雍（左賛膳大夫）
劉氏
某
女
宋氏
琪（文徳県令）
尹氏
于澄（武清県令）
程憲（長清県令）
女
某（業進士）
儼（業進士）
陳氏
倹（守太師、兼政事令）
于氏
禹称
嗣甫
嗣宗（前進士、衛尉卿）
女
王景運（前進士、東京戸部副使）
女
鄭弘節（前進士、翰林学士）
女
鄭頡（太子中舎）
鄭顥（相国、贈中書令）
鄭碩（右拾遺）
鄭某（尚書虞□□□）
女
嗣復（左僕射、兼侍中）
嶧（秦州断団使）
屺（給事中、知秘書監）
嶠（鴻臚少卿）
鄭氏
岐（太子左衛率府副率）
馬氏
館
馬直温（右散騎常侍致仕）
德先（奉信校尉、相州麹院都監）
李氏
金鰲
女
仇暉（昭信校尉）
德譲（六宅副使）
聶氏
貴昌（奉信校尉、修武県尉）
德穀
丁氏
女
馬輝（忠武校尉）
女
趙棟（押軍官）
女
馬操（昭信校尉）
女
田慶雲（奉政大夫）

ける社会的地位に決定的な格差を生み出すとは言いきれないのである。

これまで見たように、確かに遼前半期においては、累代にわたり官僚を出す家系が存在し、互いに婚姻関係を結ぶことなどにより（図2、3）、その勢力を維持している一方で、臧氏・姜氏・常氏などのような在地に留まり、なかなか中央に進出できない者たちが存在していた。しかし、両者は唐末においてはほぼ同じ階層、すなわち州県官・幕職官や藩鎮衙前に出仕する新興の士人層に属するものが多かったと思われ[66]、両者に決定的な差異があったわけではなかった。さらにいえば、これらの人々は、いわゆる唐宋変革期に新たに台頭してきた新興の士人層と同じ階層でもあった。

王明蓀氏は漢人官僚の大官への叙任事例の分析から、遼代前半期は一部の大族が政権の中枢（といっても漢人が担いうる限りにおいてであるが）を占めていたが、遼後半期には科挙の導入により、それを通じて新興士人層が台頭したと論じている[67]。王氏の議論はおおむね首肯しうるものであるが、かかる事態の背景には大族と新興層との間に元来は大きな差がなく、また大族が新たな門閥貴族として地位を確立するには未だ十分な時間を経ていなかったという事情があったと言うことができよう。

四　遼朝後半期の武定軍の士人

上述のように、王明蓀氏は遼後半期には科挙出身の新興士人層の台頭があったと論じている。しかし、実際に墓誌等の史料を検討してみると、出自の明らかな科挙官僚のなかに占める、以前から官僚を輩出している家系出身者の比率は比較的高いことがうかがえる[68]。それでも、それまで官僚を出さなかった家系からの科挙合格者の事例も少ないながら確認される。例えば、太平十一年（一〇三一）の進士である張積は清河張氏を称しているが、父、祖父、曾祖父ともに「不仕」と記されており、おそらく新興の士人とみられる。[69] また、重熙十五年（一〇四六）の進士である孫克構も「金勅葬平章政事崇国公致仕孫即康墳祭之（附遼故啓聖軍節度使儀坤州管内観察処置等使金紫崇□富春県開国伯食邑七伯戸孫公（克構）墓誌銘[70]」に、

世よ燕人たり。高祖諱は庭誼、祖諱は守素、皆な□□公の二世顕ならず。其の王父に迨り、奮翼独啓し、公、子と為り襲ぎて益ます大なり。是に由り華車□□其の業成る。重熙十五載、進士に挙げられ、高選に中るを果たす。[71]

とあり、それまで「不顕」であった彼の家系が祖父の代に至り挙業を志したことを伝えている。あるいは、遼末金初の有力政治家として知られる時立愛も父・祖父・曾祖父は任官していない。彼の事例で注目されるのは、大康九年（一〇八三）に進士となって任官した後、有力官僚である王師儒の娘を娶り、それにより安次韓氏を中心とした婚姻ネットワーク（図2）に組み込まれたことである。[72] ここから、累代官僚を出す家系と、新興士人層の間に絶対的な身分障壁はなかったとみなしうる。

そして、武定軍においても科挙に及第した、あるいは受験した新興の士人層の存在が確認できる。そこで本節ではそれらの人物たちについて考察し、前半期のそれとどのような変化が見られたのかについて検討しよう。

（1）孟初

孟初は遼末の翰林学士で、天慶四年（一一一四）に金との戦闘で戦死した人物である。「孟初墓誌[73]」はその出自について、

世よ上谷龍門の人たり。皇曾祖彬、仕えず。皇祖克忠、仕えず。父載、故開遠軍節度副使、官将作少監に至る、

時聞の人たり。公生まれて七歳、善く文を属し、書を読むに目を経れば便ち誦う。（中略）大康九年、進士の第に登り、秘書省校書郎を授かる。[74]

と記す。上谷は武定軍の領域の旧郡名で、龍門は奉聖州の属県であるから、孟初の一族が武定軍の領域出身であることが分かる。また、曾祖父、祖父については「不仕」とあるので父の時代に至って官僚を出した新興の士人であると考えられる。父孟載の官である将作少監は文階であり、またその先世に官僚がいないことから考えると、科挙に合格したと推察される。

（2）史洵直

史洵直は儒州縉山県の人で、清寧八年（一〇六二）に進士となり、官は諫議大夫に至り、乾統四年（一一〇四）に没している。[75]高祖継隆は儒州刺史であったが、曾祖父旻、祖父延贇、父翊は仕官していない。母の戦氏について、墓誌は洛陽郡太君を追贈されたことを記すのみである。これは、史洵直の妻邢氏が安州防禦使邢英の娘・吏部尚書邢古の妹、娘婿は将作少監牛温教に嫁ぐなど高級官僚との婚姻関係を結んでいたり、息子や孫が官位を得たり科挙を受験したりしているのとは対照的である。したがって、史氏は遼前半期において継続的に官僚を輩出する家系ではなく、前述の時立愛の事例同様、史洵直が科挙に登第するに至り状況が変化したということができよう。また、この事例は、遼初に中高級官僚を出したとしても、必ずしも有力な官僚の家系として存続しえなかったことも示唆する。

（3）帰化州張氏

帰化州の張氏については近年一族の墓地の発掘が進み、出土した墓誌などから多くの情報を得ることができる。[76]その家系は景宗朝から聖宗朝にかけての人物と考えられる張若拙まで遡れ、また金の明昌元年（一一九〇）に没した張子行の事跡までその家系を追うことができる。張氏の中で初めて科挙に合格したのは張若拙の玄孫にあたる張輔で、金朝の天会二年（一一二四）のことであった[77]。しかし張若拙から張輔に至るまでの間、張氏が仕官について興味を示さなかったというわけではない。この点について各世代の状況を考察していこう。

張氏の家系で事跡のうかがえる最初の世代は張若拙の長子匡正である。もっとも、行いを慎み法華経や金剛経を読むのを好んだことを記すのみで、あまり具体的なことは分からない[78]。ただ、子供たちの婚姻について「皆豪族富戚」と述べている。三女が「武定軍隴西李奇に適」すと、隣の奉聖州の家族との州境を越えた婚姻が伝えられていることから考えると、帰化州における有力家系の一つと認識されていたと考えられる。

張匡正の子で成人した男子は文紀、文震、文藻である。「張匡正墓誌」によると文紀は帰化州の州衙孔目、院前行に充てられており、この世代にいたって官衙との関係を持つようになった。これは、臧氏が藩鎮の衙前の職員となったことを想起させるものである。

張匡正の孫の世代に至り、官僚の地位を獲得するものが現れる。張文震の長子の張正卿である。張正卿は重熙十一年（一〇四二）に生まれ、道宗の大安年間（一〇八五—一〇九四）に納粟補官により下級の武階である右班殿直を授けられた。彼の墓誌である「張正卿墓誌[79]」は彼の事跡について、納粟補官により官位を得たこと、および資金を募って仏寺を建立するなどして、熱心に仏教を信奉したことなどをもっぱら記述している。しかし、彼はもう一つ注目すべきことを行っている。「張文藻墓誌[80]」に張文藻没後のこととして、

猶子右班殿直正卿、其の事を追念し、諸同気と私第に議して曰く、室家の事已に修まり、而れども祖考の塋未だ広増を遂げず、と。大安九年歳次癸酉四月丁巳朔十五日辛酉乙時に至り、州北の隅に改葬し、以て孝敬を示す[81]。

と記している。ここで張正卿はまず「祖考之塋」について述べている。「張匡正墓誌」にも墓所を拡張し大安九年（一〇九三）に匡正を改葬したことが記されており、このとき一族全体の墓を拡張したと考えられる。また、墓所の拡張と同時に、「室家之事」について述べている。「室家」には「家の建物」「夫婦」「妻子」「家庭・家族」などといった意味があるが、ここでは諸同気を集めての席上での発言なので、張正卿個人の家庭に関する事ではなく、恐らく張氏一族のことであろう。とすれば墓所の拡張も含めて考えれば、官としての地位を獲得したのを契機に、張正卿が中心となって一族の結合を何らかの形で強めようと働き掛けていたと考えることができる。

これまで指摘されていないが、張正卿の世代には科挙に応試した者がいたようである。「張匡正墓誌」に、

大安九年歳次癸酉四月丁巳朔十五日辛酉時に至り、雄武本郡の西北、増広の塋所に改葬す。孱庸を弃てる無し、記録を為すを請う。切に昭回を以てし、乃ち玄郷の曲、宗派の間の一寒士に添えるなり。少くして文墨を習い、進士の業に挙げられ、辞翰の場、頻りに戦うも利あらず、三たび御殿に赴くと雖も、猶お未だ甲乙に捷たず、郷人之を視るに、寔に厚顔たり。即日孫男右班殿直正卿と、心を以て相い友たり、翁殊にし母別なると雖も、其の相い待するに同気と異なる無し、而れども義を分かつ。是に由り行従の中に於て、歯列季孫世裔の上に在り、故に予に命ずるに辞を以てす(82)。

と、墓誌執筆の事情が記されている。一見して墓誌の撰者が科挙受験に失敗したことがうかがえる。また、撰者は自身について「宗派間一寒士」と述べることから、張氏に連なる人物であることがうかがえ、さらに「雖翁殊母別、其相待与同気無異」の一句から、恐らく張正卿と撰者が従兄弟に相当することがうかがえるのである。彼がその後及第したのかは定かではないが、前述のごとく次の世代の張輔（張文紀の孫にあたる）に至り、進士を出すことができたのである。

（4）韓師訓

張氏一族の墓と同時に発掘された韓氏の墓の中から韓師訓という人物の墓誌が出土している。そこに記録された韓氏の一族も、張氏同様に挙業を行うものがいたことを示している。

韓師訓は商才に富み、数十年のうちに財産を築いた人物である。韓師訓自身は「韓師訓墓誌[83]」に「不深習翰墨」と見えるように士人を志すことは無かったようである。しかし、子供たちは官との関係を指向しており、長子の韓文坦は州の衙門に仕え州の客都となり、次子の韓文詢は「志慕儒術、好窮経史、備進士挙業」と科挙受験を目指していたことがうかがえる。

張氏や韓氏の事例から、世代を重ねてある程度経済的に余裕がでてくれば、有力者の子弟は科挙の受験を目指すという行動形態が、遼末のこの地域にも広がっていたということができよう。あるいは、科挙によらず、張正卿のように別の手段で官の地位を獲得しようとするものもいたであろう。かかる遼末の状況を前半期の臧氏や姜氏の事例と比較したとき、大きく異なる点がある。それは、前半期には在地の有力者層や士人たちは藩鎮を介在して官と結びついていたのに対し、遼末においては科挙にしても納粟補官にしても直接朝廷と関係を持つことで官としての地位を獲得するようになるのである。これは、科挙の普及が、新興士人の台頭を促進したというだけではなく、人事において、藩鎮のような中間的な権力の存在を排除して、中央が直接地方の士人たちを把握するという側面を持っていたことを示すものととらえることができる。そしてこれは、遼朝領域内の諸地域の統合の促進を意味するものといえよう。

おわりに

本章で論じたことをまとめると、次のようになろう。遼前半期の武定軍においては在地の有力者層・士人は藩鎮権力を介して自己の勢力の維持拡大、あるいは官位の獲得を行っていた。その一方で、それとは別に、累代官僚を輩出し、また有力な官僚の一族と婚姻関係を結ぶなどすることにより自己の地位を維持する、地域の範囲を超えて行動する官僚の家系も存在していた。両者の関係は一見すると、唐後半期の貴族と新興層のそれを想起させる。しかし、両者の出自を比較すると根本的な差異は無く、ともに唐後半期に新たに台頭した新興層に属す者たちが多かったとみられる。後半期になると、科挙の整備・普及により、前半期に在地に留まっていた士人層の台頭が見られるようになる。その結果、前半期に見られた藩鎮権力と在地有力者との関係が希薄になり、中央による地方士人の把握が促進されていくこととなる。

以上の現象は過去の唐宋変革研究において明らかにされてきた唐末から北宋にかけての状況と合致している。これはすなわち契丹族の統治の下においても、唐朝の統治システムの影響下にあった人々の内部で生じていた唐後半期以来の社会的変化は阻害されることなく継続していたことを示す。そして、かかる社会的変化によって台頭してきた新興士人層を科挙の導入によって遼朝が把握したことは、遼朝においても（契丹人の応挙が公式には認められていなかったので全面的ではないが）科挙による国内統合のシステムが宋朝と同時並行的に形成されたことを意味しよう。[84]続く金朝においても科挙による国内統合システムの継承・発展が見られる。このような展開を考えると、遼朝における士人層の形成は、中国社会における科挙システムをより強固なものにする契機となったと考えることができよう。

注

（1）「士人」は一般に官僚層を示す語であるが、本章では官僚も含めた広い意味での読書人層と定義する。「士人」の概念については高橋芳郎「宋代の士人身分について」（『史林』六九―三、一九八六年）を参照。
（2）王明蓀「略論遼代漢人集団」（『宋遼金史論文稿』明文書局、一九八一年）、孟古托力「遼朝漢族儒士群体的形成及歴史地位弁析」（『学術与探索』一九九一―四）、王善軍『世家大族与遼代社会』（人民出版社、二〇〇八年）などを参照。
（3）寺地遵「遼朝治下の漢人大姓――玉田韓氏の場合――（鴛淵教授蒐集満蒙史関係拓本解題之二）」（『広島大学東洋史研究室報告』一〇、一九八八年）、李錫厚「試論遼代玉田韓氏家族的歴史地位」（『臨潢集』河北出版社、二〇〇一年、初出一九八五年）、蕭啓慶「漢人世家与辺族政権」（『元代的族群文化与科挙』連経出版、二〇〇八年、初出一九九三年）、政協巴林左旗委員会編『大遼韓知古家族』（内蒙古人民出版社、二〇〇一年）などを参照。
（4）崔益柱「遼景宗・聖宗代의 漢人官僚의 成長과 그存在形態」（『人文研究』一〇―一、一九八八年）、劉春玲「論漢人官僚集団在遼政権中的作用」（『陰山学刊』一五―二、二〇〇二年）などを参照。
（5）松田光次「遼朝科挙制度攷」（『龍谷史壇』七七、一九七九年）、朱子方・黄鳳岐「遼代科挙制度述略」（陳述主編『遼金史論集』三、書目文献出版社、一九八七年）、都興知「有関遼代科挙的幾個問題」（『遼金史研究』人民出版社、二〇〇四年）、飯山知保「金初華北における科挙と士人層」（『中国――社会と文化』一九、二〇〇四年。のち、『金元時代の華北社会と科挙制度――もう一つの士人層』早稲田大学出版部、二〇一一年に再録）などを参照。
（6）前掲蕭啓慶「漢人世家与辺族政権」を参照。また、ウィットフォーゲル氏の議論については Wittfogel, Karl A. & Feng Chia-Sheng *History of Chinese Society Liao (907-1125)*, Philadelphia: American Philosophical Society, 1949, を参照。
（7）前掲飯山知保「金初華北における科挙と士人層」を参照。
（8）前掲王明蓀「略論遼代漢人集団」を参照。
（9）「唐初復置北燕州、後改嬀州嬀川郡。末分置武州文徳県、新州永興県。（中略）案、唐書地理志、武州、闕、領県一、文徳。

新州、闕、領県四、永興、礬山、龍門、懐安。其闕者、資治通鑑注所謂史失其建置之始是也。然考唐書紀伝、武徳以後無新武二州之名。至昭宗龍紀後、李克用掠地始見新武二州、則新武当置於此時。若宣僖以前、則惟有嬀州。拠唐書北狄伝、奚徙冷陘、直嬀州西北、後別部内対、保嬀州北山、為西奚。要知武州在嬀州之北。若宣僖以前有武州、則応曰直武州矣。乃不言武而言嬀、則其時第有嬀州、無武州。可知馬貴与謂唐末置武州、良有拠耳。（後略）」

（10）「玄宗天宝二載、改嬀州為嬀川郡、以山後諸県属。罷刺史置守。其武州仍領県文徳。穆宗長慶二年、改嬀川郡、復為嬀州、領県一、懐戎。（中略）改涿鹿為新州、領県四、永興、礬山、龍門、懐安。改広寧為儒州、領県一、縉山（中略）。倶置刺史、属盧龍道、尋改属河東」

（11）「盧龍節度使李可挙、成徳節度使王鎔悪李克用之強、而義武節度使王処存与克用親善、為姪鄴娶克用女。又、河北諸鎮、惟義武尚属朝廷、可挙等恐其窺伺山東、終為己患、乃相与謀曰、易、定、燕、趙之余也。約共滅処存而分其地。又説雲中節度使赫連鐸使攻克用之背。可挙遣其将李全忠将兵六万攻易州、鎔遣将将兵攻無極。処存告急於克用、克用遣其将康君立等将兵救之」

（12）厳耕望『唐代公通図考（五）河東河北区』（中央研究院歴史語言研究所、一九八六年）篇三七、「太原北塞交通諸道」を参照。

（13）『旧五代史』巻六〇王緘伝

緘博学善属文。燕薊多文士、緘後生未知名。及在太原、名位驟達。燕人馬郁、有盛名於郷里、而緘素以吏職事郁。及郁在太原、謂緘曰、公在此作文士、所謂避風之鳥、受賜於魯人也。毎於公宴、但呼王緘已而。

（14）包世軒「遼統和十年清水院経幢題記」（宋徳金等編『遼金西夏史研究』天津古籍出版社、一九九七年）二七三―二七七頁、梅寧華主編『北京遼金史迹図志（上）』（北京燕山出版社、二〇〇三年）一九一頁。なお、本章での各種石刻書からの石刻の引用は、拓影の掲載されている場合はその頁を掲げ、また各石刻の題名は各石刻について最初に挙げた石刻書の表記を用いる。

（15）「先朝以選門既無、摂官尤多、近年以来、銓注無幾、遂至諸道州県、悉是摂官、既無考課之規、豈守廉勤之節」

(16)「詔、諸道幕職州県官、並以三周年為考限、閏月不在其内、州府不得差摂官替正官」

(17)『旧五代史』巻三一唐書七、荘宗紀五、同光二年三月庚戌の条に「中書門下上言、州県官在任考満、即具関申送吏部格式、本道不得差摂官替正官」とみえる。また、『冊府元亀』巻六三一銓選部、条制四、および『五代会要』巻一九、刺史もこの規定について述べている。

(18)張家口地区文管所・涿鹿県文管所「河北省涿鹿県譚荘遼臧知進墓」(『文物春秋』一九九〇—三)に録文があるが、釈読に誤りが多い。涿鹿県文管所所長の陳信氏らの好意により、二〇〇四年二月に筆者は原石を親しく実見し、多くの新知見を得ることができた。なお、調査にあたっては、劉浦江氏、游彪氏に便宜を図っていただいた。また、飯山知保氏には諸氏との連絡の労を取っていただいた。この場を借りて諸氏に感謝の意を表す。また、筆者による全文の釈文は本章末尾の［補注］を参照。

(19)『臧知進墓誌』「会同九□□□馬衙百成□恒超五馬之門、応暦元年改摂奉聖州別駕」

(20)『資治通鑑』巻二四六、天復三年十一月乙亥の条の胡三省注には「支計官、蓋唐世節度支度判官之属、唐末藩鎮変其名称耳」とあり、支計を藩鎮の財政をつかさどる支度判官の略称としている。

(21)周藤吉之「五代藩鎮の支配体制」(『宋代経済史研究』、東京大学出版会、一九六二年、初出一九五二年)、日野開三郎「五代鎮将考」(『日野開三郎東洋史学論集(二)』、三一書房、一九八〇年、初出一九三八年)を参照。

(22)孔目官については前掲周藤吉之「五代藩鎮の支配体制」、渡辺孝「唐代藩鎮における下級幕職官について」(『中国史学』一一、二〇〇一年)八九—九二頁を参照。

(23)「俄値至宣徽劉公領武安、既□□識□□□補至軍城馬歩使、後□□令以代鎮、□聴知所治復補厥□□任著於節□□□事□□□□□□張史君□臨特会□□□充随使都孔目官左都押衙」

(24)前掲渡辺孝「唐代藩鎮における下級幕職官について」を参照。

(25)試秘書省校書郎については本書第七章「遼の武臣の昇遷」および頼瑞和『唐代基層文官』(聯経出版、二〇〇四年)五五—六五頁を参照。

(26) 向南編『遼代石刻文編』(河北教育出版社、一九九五年)七四八―七四九頁。

(27) 検校官が少なくとも遼の前半期において武階としての機能を果たしていたことについては本書第七章「遼の武臣の昇遷」を参照。

(28) 中国文物研究所・石刻芸術博物館編『新中国出土墓誌　河北(壹)』上(文物出版社、二〇〇五年)一五六頁。河北省張家口市懐安県西湾保郷南辛荘村出土。懐安県について『遼史』巻四一地理志五、西京大同府の条は「懐安県。(中略)高勲鎮燕、奏分帰化州文徳県置。初隷奉聖州、後来属(後略)」として、はじめ帰化州、奉聖州に属し、後に西京大同府に移管されたことを伝える。移管の時期は不明であるが、高勲が南京留守であったのは保寧年間(九六九―九七九)であるので、それからさほど年月を経ていない「遼北宰相府左都押衙王徳進等刻石」が撰せられた当時、懐安県は武定軍の領域内にあったと考えられる。

(29) 北府宰相についての研究は多数あるが、代表的なものとして、島田正郎「宰相府」(『遼朝官制の研究』創文社、一九七八年、初出一九六七年)を挙げておく。

(30) 愛宕元「五代宋初の新興官僚――臨淄の麻氏を中心として――」(『唐代地域社会史研究』同朋舎、一九九七年、初出、一九七四年)などを参照。

(31) 北京図書館金石組編『北京図書館蔵中国歴代石刻拓本滙編(四五)遼　附西遼　附斉』(中州古籍出版社、一九九〇年)二三頁、梅寧華主編『北京遼金史迹図志(下)』(北京燕山出版社、二〇〇四年)一三六頁、『遼代石刻文編』一七三―一七四頁。

(32) 「府君承資廕、授幽都府文学、歴容城、文徳、永興、薊北県主簿、平州録事参軍、幽都府倉曹参軍、龍門、文徳県令。僅三十年、八転官而五遷階。(中略)以統和三十年七月九日、易簀於燕京之私邸、享年六十有一」

(33) 『遼史』巻四〇地理志四、南京道、南京析津府の条に「府曰幽都府、軍号盧龍。開泰元年、落軍額」とあり、開泰元年までは南京は盧龍軍節度の名を継承していた。

(34) 「張之為姓也、自春秋歴秦漢、賢者間出、代不乏人。官閥婚媾、已具先大卿之墓銘、此不復書。府君即大卿之仲子、枢密使、左丞相、兼政事令、魯国公、監修国史、倹之季父也」

(35) 北京市文物研究所編『北京市文物研究所蔵墓誌拓片』（北京燕山出版社、二〇〇三年）五〇頁、『北京遼金史迹図志（下）』一四六―一四七頁、『遼代石刻文編』二六五―二七〇頁。

(36) 遼の階官については、本書第七章「遼の武臣の昇遷」、および王曾瑜「遼朝官員実職和虚銜初探」（『文史』三四、一九九二年、のち、『点滴編』河北大学出版社、二〇一〇年に再録）を参照。また、北宋の文階については梅原郁『宋代官僚制度研究』（同朋舎、一九八五年）を参照。なお、宋制との相違点は遼制では選人寄禄階の概念が確立されていないことである。

(37) 『宋会要』兵一七―三、宣和五年八月十七日の条に掲げる遼の文階のなかで、検校散騎常侍は員外郎の下位に位置づけられている。

(38) 前掲渡辺孝「唐代藩鎮における下級幕職官について」を参照。

(39) 北京市文物研究所編『北京市文物研究所蔵墓誌拓片』四六頁。

(40) 「李熙墓誌」は「祖諱徳恭、守沙河□□、学古入官、以従政」と記す。「守沙河□□」は沙河の守備にあたっていたことを示すと思われる。また、「学古入官、以従政」は行政官に転じたことを示しており、州県官ないしは幕職官、衙官となったと考えられる。

(41) 検校官の官資としての機能については、礪波護「唐代使院の僚佐と辟召制」（『唐代政治社会史研究』同朋舎、一九八六年、初出、一九六二年）、松浦典弘「唐代後半期の人事における幕職官の位置」（『古代文化』五〇―一一、一九九八年）、渡辺孝「中晩唐期における官人の幕職官入仕とその背景」（松本肇・河合康三主編『中唐文学の視角』創文社、一九九八年）、前掲同「唐代藩鎮における下級幕職官について」、および本書第七章「遼の武臣の昇遷」などを参照。

(42) 枢密院については若城久治郎「遼朝の枢密院に就いて」（『満蒙史論叢』二、一九三九年）、武田和哉「契丹国（遼朝）の北・南院枢密院制度と南北二重官制について」（『立命館東洋史学』二四、二〇〇一年）、何天明「枢密院制度」（『遼代政権機構史研究』内蒙古大学出版社、二〇〇四年）などを参照。

(43) 「是歳、契丹改元会同、国号大遼、公卿庶官皆倣中国、参用中国人、以趙延寿為枢密使、尋兼政事令。」

(44) 「明年徳鈞卒、以延寿為幽州節度使、封燕王。及改幽州為南京、遷留守、総山南事。」

(45) 『遼史』巻八六劉景伝・劉六符伝および『金史』巻七八劉彦宗伝を参照。
(46) 『遼史』巻七四韓延徽伝を参照。
(47) 「韓夢殷者、幽州安次人也、少以文学知名。州別駕王演薦之、為李全忠門下掾。全忠甚喜、凡所推奨無不採録。全忠死、子匡威嗣、署為行軍長史。及匡威被其弟匡籌簒也、燕人甚不服匡籌、於是李克用始以兵来、攻燕薊、得夢殷任之、乾寧元年克用既陥武、新、又使李嗣源、李嗣昭並出飛狐定山後、取嬀、儒州。遂以夢殷為嬀、儒州刺史（後略）」
(48) 『旧五代史』巻一二六周書一七、馮道伝を参照。
(49) 「唐故幽州節度判官兼殿中侍御史銀青光禄大夫検校太子賓客盧龍軍節度留後営府都督柳城軍使平州諸軍使平嬀等州刺史上柱国太原王府君（公淑）墓銘」（『新中国出土墓誌　北京〔壹〕』下、文物出版社、二〇〇三年、以下「王公淑墓誌」と略称）を参照。
(50) 韓知古一族については、前掲李錫厚「試論遼代玉田韓氏家族的歴史地位」、前掲寺地遵「遼朝治下の漢人大姓——玉田韓氏の場合——（鴛淵教授蒐集満蒙史関係拓本解題之一）」、崔益柱「遼景宗・聖宗代의 漢人官僚의 成長과 그存在形態」（『人文研究』一〇—一、一九八八年）、前掲政協巴林左旗委員会編『大遼韓知古家族』などの専論がある。
(51) 蓋之庸『内蒙古遼代石刻文編』（内蒙古大学出版社、二〇〇二年）六二頁。
(52) 「劉存規墓誌」（『遼代石文編』九頁）を参照。
(53) 『遼史』巻七九室昉伝を参照。
(54) 王清林・王朱・周宇「豊台路口南出土遼墓整理簡報」（『北京文博』二〇〇二—二、二〇〇二年）所収の「李継成暨妻馬氏墓誌」、および周峰「遼代『李継成暨妻馬氏墓誌銘』考釈」（北京遼金城垣博物館（編）『北京遼金文物研究』北京燕山出版社、二〇〇五年、初出、二〇〇二年）を参照。
(55) 馬得臣については『遼史』巻八〇馬得臣伝、韓紹芳については『遼史』巻七四韓紹芳伝を参照。
(56) 「王守謙墓誌」（『新中国出土墓誌　北京〔壹〕』上、四四頁、『北京遼金史迹図志（下）』一二七頁）を参照。
(57) 『遼代石文編』一二七—一二九頁。

(58) 崇徳宮漢児都部署判官は一見すると覇州・乾州とは無関係な官であるが、乾州は崇徳宮所属の斡魯朶所属州という位置づけにあった。これについては本書第五章「オルド（斡魯朶）と藩鎮」を参照。

(59) 『遼史』巻一〇聖宗紀一乾亨四年十一月甲午の条に「置乾州」とある。

(60) このことについては本書第八章「遼朝科挙と辟召」を参照。

(61) 「李内貞墓誌」（『遼代石刻文編』五三―五四頁）を参照。

(62) 『遼代石刻文編』五四頁を参照。

(63) 『旧五代史』巻二九唐書五荘宗紀三、天祐一七年七月の条、『資治通鑑』巻二七一貞明六年四月己酉の条などを参照。

(64) 『旧五代史』巻二九唐書四荘宗紀二、天祐一〇年三月乙丑の条、同三月丙寅の条、『資治通鑑』巻二六八乾化三年四月戊申の条などを参照。

(65) 「李内貞墓誌」には「保寧十年六月一日、薨於盧龍坊私第、享年八十。以当年八月八日、葬於京東燕下郷海王村」とみえる。

(66) 唐後半期の幽州において新興の士人層は比較的早い時期から上級幕職官に進出していた点に留意しなければならない。この点については本書補説三「唐後半期から遼北宋初期における幽州の『文士』」を参照。

(67) 前掲王明蓀「略論遼代漢人集団」を参照。

(68) 前掲都興知「有関遼代科挙的幾個問題」、王善軍「世家大族的仕官与政治地位」（前掲『世家大族与遼代社会』所収）を参照。

(69) 「張積墓誌」（『遼代石刻文編』三一三―三一五頁）を参照。

(70) 『新中国出土墓誌　北京（壹）』上、六〇頁。

(71) 「世為燕人。高祖諱庭誼、祖諱守素、皆□□公二世不顕。迨其王父、奮翼独啓、公為子襲而益大。由是華車□□成其業。重熙十五載、挙進士、果中高選」

(72) 「故崇進栄国公致仕謚忠厚時公神道碑并序」（民国『新城県志』巻一五所収）、「時立愛墓誌」（河北省文化局文物工作隊「河北新城県北場村金時立愛和時豊墓発掘記」『考古』一九六二―一二、一九六二年）を参照。

(73)『北京遼金史迹図志（上）』二八一頁、『新中国出土墓誌　北京（壹）』下、四九頁。

(74)「世為上谷龍門人。皇曾祖彬、不仕。皇祖克忠、不仕。父載、故開遠軍節度副使、官至将作少監、為時聞人。公生七歳、善属文、読書経目便誦。（中略）大康九年、登進士第、授秘書省校書郎」

(75)「史洵直墓誌」（『北京図書館蔵中国歴代石刻拓本滙編（四五）遼　附西遼　附斉』一四三頁、『北京遼金史迹図志（下）』一七二頁、『遼代石刻文編』六五一—六五二頁）。

(76) その発掘報告は河北省文物研究所『宣化遼墓——一九七三〜一九九三年考古発掘報告』上・下（文物出版社、二〇〇一年。以下『宣化遼墓』と略称す）としてまとめられている。

(77) 張輔の応試と及第に関して、飯山知保氏は「新王朝の体制に順応しようとする在地有力者層と、新附の州県の在地有力者層を掌握しようとする金朝の思惑が存在したと思われる」とされている。前掲飯山知保「金初華北における科挙と士人層」一四一—一四二頁を参照。

(78)「張匡正墓誌」（『宣化遼墓』六七頁）。

(79)『宣化遼墓』二三六頁、『遼代石刻文編』六五五—六五六頁。

(80)『宣化遼墓』一二五頁。

(81)「猶子右班殿直正卿、追念其事、与諸同気議于私第曰、雖室家之事已修、而祖考之塋未遂広増。至大安九年歳次癸酉四月丁巳朔十五日辛酉乙時、改葬于州北之隅、以示孝敬」

(82)「至大安九年歳次癸酉四月丁巳朔十五日辛酉時、改葬于雄武本郡之西北、増広塋所。無弃僝庸、請為記録。切以昭回、乃玄郷之曲、添宗派間一寒士也。少習文墨、挙進士業、辞翰之場、頻戦不利、雖三赴御殿、猶未捷于甲乙、郷人視之、寔厚顔矣。即日与孫男右班殿直正卿、以心相友、雖翁殊母別、其相待与同気無異、而分義。由是於行従之中、歯列在季孫世裔之上、故命予以辞」

(83)『宣化遼墓』三〇五—三〇六頁。

(84) 宋代における科挙による統合システムについては、平田茂樹『世界史リブレット九　科挙と官僚社会』（山川出版社、一九九七年）、近藤一成「宋代士大夫政治の特色」（『岩波講座世界歴史九　中華の分裂と再生』岩波書店、一九九九年。のち『宋代中国科挙社会の研究』汲古書院、二〇〇九年に再録）などを参照。

〔補注〕『臧知進墓誌』釈文および校勘

01　故東苑郡臧府君墓誌銘　幷序
02 府君諱知進字窺機東苑郡人歷其先□□□之間□孝公字臧厥後以字而立氏冠冕襲榮者
03 前代迹絶□□祖□不迎者襲□知□□□先娶張氏□度第二子而生□府君兄諱知福武定軍
04 馬軍軍使□□□□之□□陣有縱擒□娶李氏□□而亡府君威而不猛剛而有柔好真儒
05 則早善片文□□□則□□事會同九□□馬自衙百成□恒超五馬之門應曆元年改攝奉
06 聖州別駕□□□□之香□□馥□□負志□之勢足績貞姿不□高禄位於當時樹門風於後世
07 □嘆浮生有阻□□□□□來□縱無徵隨壽□□而□□寧元年十二月二十八日卒享年七十有
08 □□年□□十二月□□□□□八年十月六日亡□□□葬□□義鄉新塋也先娶王氏爲室生
09 □□□□王氏亡□□後娶□□爲室生男□□□□妻亡武定軍衙隊軍使後補節度押衙衞士
10 □□□□□二日□□後成人使□任路□使院後行傳□易前行節度□官支計觀察節度三
11 □□□□□□□□□□□□□□□□□之命□充礬山縣鎭遏使入爲管内都麹院使
12 後補節度□衙□□□□□□君□□□亡矣娶呂氏爲室曰恕方當長立迴識變通自侻案
13 而已轉前□□□□使而選爲□□使□□□□□随使押衙□□未期薨亡俄値至　宣徽
14 劉公領武定既□□識□□□□補至軍城馬歩使後□□令以代鎭□聽知所治復補厥□□任
15 著於節□□事□□□□□□張史君□臨特會□□□充随使都孔目官左都押衙先娶魏氏爲

16 □□□□□□爲□四日□□衙使事轅門充武定軍節度□衙後補教練使娶程氏爲室其次
17 □□□□尊普□矣□□多役□之□未歴官資娶劉氏爲室亡□次八日裔情懐温雅□和
18 □□□□州司馬娶□氏爲□□□□出嫁衙郎婦趙郎婦張郎婦孫男廿一人其嫡曰守鵬訓□□
19 □□□□來折都説□□依□□□□□定軍節度衙推將仕郎試秘書省校書郎後改授守奉聖州永興
20 □簿不絶政聲隆間□□□□□□□□□□正巳惟兩佐於□□□塾逞永實久奄□□□
21 □□守瑀翊明吏術長事□□□□□□□爲名父之子於使院後行補節度兵馬使節度同押衙兵
22 馬□行節度押衙□□方□□□□□□日□□□亡驢賽哥□賽□孫順孫並幼孫女七人三人
23 出嫁楊郎婦李郎婦□□□□□妹妹蔚姐□氏□失和鳴並日忘筆年□及冥數俄終統
24 和六年四月二十一日亡當月二十八日□□□當年十月十一日內時□葬□□禮也□□府君聰明状□□
25 見出人門□□慈孝之規子孫□□□□不得高其名而□其□□□□只如短於命而歿於身限□
26 進也嗣子□□吉地□後□□玄□□張□□爲銘而□□銘曰
27 日復没子兮無定時□死□倶有□□□□擧行兮葬禮常事□□奠兮孝道恒規　神柩附兮
28 臨穴永訣佳誠開兮□長辞□□石□□□臧府君千萬年兮不朽記之

孫男武定軍兵馬前行守瑀書

【校勘】（「録文」は前掲張家口地区文管所・涿鹿県文管所「河北省涿鹿県譚荘遼臧知進墓」掲載の釈文をさす）

［01］并序：「録文」は釈さず。［03］迹：「録文」は「止」につくる。［04］陣：「録文」は「軍」につくる。縦：「録文」なし［05］善：「録文」なし。事：「録文」釈さず。自衙：「録文」は「□何」につくる。「自」字は不鮮明、他字の可能性もある。［06］別駕：「録文」は「別馬」につくる。香：「録文」は釈さず。馥：「録文」は釈さず。負：「録文」は釈さず。勢足績貞姿：「録文」は「男足績□□」につくる。不□：「録文」は「不高」につくるが、実見の限りでは「高」の字を読み取ることはできない。［07］縦：「録文」

は「樂」につくる。徵随壽：「録文」は釈さず。「随」字はあきらかに異体字で他字の可能性もあるが、他個所の「随使押衙」の「随」字との共通性から「随」と釈す。〔09〕後娶：「録文」は「後」字を釈さず。武定軍衙隊軍使：「録文」は「□□軍衙隊軍使」につくる。「武定」は筆画の一部がわずかに確認できる。〔10〕二日：「録文」は釈さず。後成人使□任：「録文」は釈さず。傳□易：「録文」は釈さず。支計：「録文」は「餐計」につくる。〔11〕麹：「録文」は「莃」につくる。〔12〕後補節度：墓誌の現状からは確認できず。衙：「録文」は釈さず。〔13〕而已轉前：墓誌の現状からは確認できず。使而選爲：「録文」は釈さず。〔14〕劉公領武：墓誌の現状からは確認できず。既□□識：「録文」は釈さず。聽知：「録文」は「聴知」につくる。任：「録文」は「修」につくる。〔15〕著於節：墓誌の現状からは確認できず。事：「録文」は釈さず。特會：「録文」は時會につくる。「會」字は字の上辺のみが確認され、他字の可能性もある。魏氏爲：「録文」は釈さず。〔16〕爲□四日：「録文」は釈さず。衙使事：「録文」は釈さず。軍：「録文」は釈さず。〔17〕尊普□矣：「録文」は釈さず。〔18〕娶□氏爲：「録文」は釈さず。〔19〕依：「録文」は「衣」につくる。□定軍節度衙推：「録文」は「□□□節度□□」につくる。將仕郎試秘書省校書郎：「録文」は「將仕□識秘書省校書郎」につくる。〔20〕惟：「録文」は釈さず。〔21〕長事：「録文」は釈さず。爲名：「録文」は釈さず。同押衙：「録文」は「同□衙」とする。〔22〕方：「録文」は釈さず。哥：「録文」は釈さず。人三人：「録文」は釈さず。〔23〕及：「録文」は釈さず。統：「録文」は釈さず。〔24〕禮也：「録文」は釈さず。爲銘而□□銘曰：「録文」は釈さず。

補説三　唐後半期から遼北宋初期の幽州の「文士」

はじめに

遼において多くの幽州出身の文臣が政権の一翼を担っていたことは周知のことである。[1] 一方、遼に対峙した五代・北宋においても、幽州出身の文臣たちが重要な位置を占めていることは看過されがちである。表1は北宋の太祖・太宗朝の宰相の出身地を示したものである。

これを見ると、十二人の宰相就任者のうち三分の一にあたる四名が幽州出身ないしは三代以内に幽州出身の祖先をもつ者であることがうかがえる。検討の範囲を宰執にまで広げた場合、四十七人中六名とやや比率が下がるが、それでも開封府（六名）と並び最大の宰執輩出地域である。後晋による燕雲十六州の遼への割譲以降、この地域からの新たな人材の供給がほとんどなくなったことを考えると、この比率は注目に値する。北宋について付言すれば、皇室の趙氏自体が、幽州管内の出身である。[2]

このように、北宋・遼という視点から見た時、両政権（北宋の場合はその初期において）において有力官僚を輩出し得た幽州という地域を改めて問い直してみる必要があるのではなかろうか。また、五代の幽州に関して、『旧五代史』巻六〇王緘伝に、

緘博学にして属文を善くす、燕薊文士多し、緘後に生まれ、未だ名を知られず。太原に在るに及び、名位驟かに

表１　北宋初期（太祖・太宗朝）の宰相

人物名	出身地	出身	在任期間
范質	魏州	進士	960—964
王溥	太原	進士	960—964
魏仁浦	衛州	吏人	960—964
趙普	幽州	辟署	964—973　981—983　988—990
薛居正	開封	進士	973—981
沈義倫	開封	辟署	973—982
盧多遜	懐州	進士	976—982
宋琪	幽州	遼の進士	983—985
李昉	深州	進士	983—988　991—993
呂蒙正	河南（祖籍は幽州）	進士	988—991　993—995
張斉賢	曹州	進士	991—993
呂端	幽州	恩蔭	995—998

□は幽州に関係する人物

達す。

として、当時の幽州地区は「文士」[3]を輩出していたと記されている。幽州をはじめとした河朔地域に関しては、陳寅恪氏が唐後半期における河北の胡化を論じて以来[4]、当該地域における胡化・漢化をめぐって多くの議論がなされている。しかし、唐代における胡化の実態がどうあれ五代初期において「幽薊文士多し」と称されるようになったとすれば、その「文士」たちが如何に出現したのかを問わねばなるまい。

これらの「文士」の出現に関して、河北の胡化に対して修正を求める研究者たちは河朔地域における漢文化が依然として継承されていたことを明らかにしている[5]。なかでも、渡辺孝氏と劉琴麗氏の研究は、この問題について本格的な検討を行い、いくつかの重要な指摘をしている。渡辺孝氏は、唐後半期においても反側の地たる河朔藩鎮に士族層が多く赴任したことに注目し、幕職官辟召を通じた当時の官僚の昇進コースの中に河朔藩鎮も組み込まれていた部分があり、そのために河朔と唐朝中央が一種の「共生」関係にあったと論じている。つまり、河朔において漢文化の伝統の保持者たる士族の流入があり、それが河朔において漢文化が維持されるひとつの要因となったとするのである。[6] 他方、劉琴麗氏は河朔における科挙の状況について論じ、渡辺氏と同様に科挙の実施を通じた河朔藩鎮と唐朝中央との共生関係を明らかにすると同時に、大量の応試者の存在から当該地域における漢文化の存続と、晩唐五代期における新興士人層の出現（とくに幽州地区において顕著に見られるとする）を指摘している。[7]

筆者も両氏の見解をおおむね支持するが、幽州藩鎮に関する史料を検討していくと、当該地域における文士層の在り方には時期による変化を見いだすことができる。そこで、本章では、まず遼・北宋に直結する五代期における幽州文士の成長について明らかにし、つぎに、唐代の状況について検討を加え、その成長の前提にはいかなる背景があったのかについて明らかにしていきたい。

一　五代における幽州文士

五代の文官および文官層の出身母体の地理的・社会階層的変化についてはすでに孫国棟・西川正夫・毛漢光氏の労作により、五代における士族層の没落と新興層の進出、後唐以降の河北出身文官の比率の増大などが指摘されている。[8] そこで、本節では、これらの先学の成果に依拠しつつ、幽州に焦点を当てることで、新たな視点を提示していきたい。

表2は新旧『五代史』および『宋史』に立伝された五代期の文官[9]の出自・出身地を示したものである（詳細な内訳については章末の付表1、2を参照）。これをみると、全二百二十四名中、六十二名が河北出身で、さらに幽州節度管内出身ないしは直近三代が当地域出身の者が三十一名と、従来の研究において他の地域より多く文官を輩出していると指摘されている河北の中でも幽州がその半数近くを占めていることが明らかとなる。そして、第二位の魏博ですら幽

表２　五代文官の出身地

士族	河北	河南	関中	河東	山東	その他
78（43）	幽州31（６） 魏博16（５） 成徳８（２） 滄州４（１） 昭義２（１） 易定１	宣武９（５） 河南７（５） 河陽３（１） 義成６（２） 陝虢１	同州４（３） 京兆３ 華州３（２） 秦州２	河東10（１） 河中１	平盧８（２） 天平９（５） 兗海５（３） 武寧２（１）	11
78(43)	62(15)	26(13)	12(５)	11(１)	24(11)	11

（　）内は進士及第者数

州のほぼ半数の十六名に過ぎず、幽州の突出ぶりが顕著である（これらの数字は西川正夫氏のものと異なるが、これは西川氏が幽州出身者の中に士族[10]である范陽盧氏出身者を加算したためである。范陽盧氏は唐末において既に本貫の范陽を離れ大半が洛陽付近に居住しており、これを唐末五代における幽州地域出身者と見なすべきではないので除外している。なお、他の士族の場合も同様のことがいえるので[11]士族は別個に扱い、五代文官層の出身地の分析からは当面除外する）。以上から北宋初期における宰執における幽州出身者の比率の高さは、五代以来の傾向を継承したものと考えることができそうである。

五代における幽州出身者の比率の高さを考える時、後唐から後周にかけて通算二十余年相位にあった馮道の存在を無視することはできない。幽州出身者の伝には、しばしば馮道との関係が語られる。

宰相劉昫馮道と婚嫁たり……（『旧五代史』巻六七李愚伝）

長興初、郷人馮道、趙鳳相位に在り、擢されて左補闕を拝す（『旧五代史』巻一三一王延伝）

故相国、大師、秦国公馮道之を聞きて曰く、予嘗て劉汝州の僚左為り……（『旧五代史』巻一〇六劉審交伝）

唐荘宗魏博を定むるに、敏故人馮道の覇府記室為るを聞き、乃お河中に客たるも、歳ごとに太原に帰し、馮道の家に館す……（『旧五代史』巻一〇八龍敏伝）

（竇）儀学問優博にして、風度峻整たり。弟儼、侃、偁、僖、皆な相い継ぎて登科す。馮道禹鈞と旧有り、嘗て詩を贈るに、霊椿一株老い、丹桂五枝芳るの句有り、縉紳多く之を諷誦す、当時号して竇氏五龍と為す。（『宋史』巻二六三竇儀伝）

沉毅方正、律令に明たり。馮道、趙鳳と友為り。後唐同光初、鳳朝に薦め、徐州司法に補せらる、幹職を以て聞ゆ。（『宋史』巻二七〇劇可久伝）

故相馮道、郷里の世旧たり、道の子正の病廃するや、端俸を分ち之に給す。（『宋史』巻二八一呂端伝）

馮吉字は惟一、河南洛陽の人なり。父道、周の太師、中書令、瀛王に追封さる。（『宋史』巻四三九文苑伝一、馮吉）

これらの史料から、幽州出身官僚のうち馮道自身を除く三十名中八名が馮道と交遊関係、血縁関係を持っていることがうかがえる。さらに、上記のうち劉昫、竇儀、呂端は一族から復数名が官僚となり立伝されており（劉暤、竇儼、竇偁、呂琦、呂余慶）これを含めると十三例と、四割強の人物において馮道との関係を指摘できる。直接、馮道の影響力が自身の任官・昇進に有利に働いたことを示す事例は龍敏・劇可久・馮吉の三例ではあるが、馮道を一つの核とした幽州出身者の同郷ネットワークの存在を想定することは可能であろう。また、出身地域による結合という可能性からいうと、宋の皇室がやはり幽州出身であることは十分に注目されてよい。宰相の出身地別の比率でいえば、五代の四十六名中三名に対し、北宋初期は十二名中四名と幽州出身者の比率は格段に上昇しているのである。ただし、史料には太祖・太宗と幽州出身官僚の間で同郷意識を明示したものは管見の限り検出し得なかったので、ここでは可能性を指摘するのみで、後考を俟ちたい。

しかし、五代文官における幽州出身者の優位の原因は、馮道の存在のみに帰するべきではない。それは、馮道の出現が何故可能であったのかが説明されていないからである。これに関しては、毛漢光氏の研究がその一端を明らかにしている。毛漢光氏は後梁と後唐の文官の出身地域の分布を比較し、前者を唐の士族を継承した政権、後者を河北出者を中心とした河北優位の政権であり、後者が最終的な勝利を収めた結果、これ以降は河北優位の状況が生じたと論じる。[12]毛漢光氏は河北を一括して挙げているため個別の地域の内訳が不明になっている。そこで改めてこの点を検討すると、後唐（太原政権時代も含む）に仕えた幽州出身者は二十名、それに対し他の地域出身者は魏博が九名、成徳が六名、昭義が一名、滄州は三名、河陽が一名、易定が一名となっている。さらに遡って荘宗即位以前の太原政権時代の文官をみると幽州が九名、[13]易定が一名、[14]河北ではないが河東出身者が四名となっており、[15]河北の中では幽州が突出しているだけでなく、太原政権の根拠地たる河東出身者をも大きく上回る。つまり、幽州出身者が早くから唐末五代の華北の混乱期における最終的勝利者である後唐（およびそれに続く一連の「沙陀政権」）に参画していたことが、その後の時代における幽州優位を規定していたと見ることができる。

ただし、太原政権には唐以前から続く士族層も参画しており、幽州出身者はこれらの士族出身者たちよりも優位に立つことにより、はじめて政治的な影響力を行使することが可能となる。これについてはすでに先学の研究があるので贅言を要しないが、[16]幽州優位を象徴する史料を挙げておこう。

初め、判官王緘軍に従い文翰を掌る、胡柳の役、緘軍に歿す。荘宗太原に帰寧し、置酒公宴す、酒を挙げるに張承業に謂いて曰く、予今此会に於いて一書記を取る、先ず巵酒を以て之を辟さん、と。即ち酒を挙げ巡官馮道に属す、道挙ぐる所非次なるを以て、酒を抗い辞避するに、荘宗曰く、謙挹する勿れ、卿を踰ゆる無きなり。時に職列序遷を以てせば、則ち程当に書記為るべし、汝弼亦た之に左右す。（『旧五代史』巻六七盧程伝）

ここでは盧程、盧汝弼の二名の士族出身者を差し置いて幽州出身の馮道が掌書記に任じられたことを記している。この史料の後段では盧程の文才の乏しさについて述べており、教養において幽州出身の新興階層が優ることを如述に示している。さらにいえば、盧程は唐末の進士であり、進士の肩書きが必ずしもその教養を保証しないという当時の状況をも物語る。また、前任の掌書記である王緘も幽州出身であり、二代連続して太原政権の文職の中枢を幽州出身者が占めたことは、政権における幽州優位の状況を形成するのに大きな影響を与えたと見ることができる。

以上に考察したように、五代・北宋初期において幽州出身者が卓越していたのは、早くから太原李氏政権に多くの幽州出身者が参画したことにあることが明らかとなった。また、太原李氏政権下で彼らが頭角を現すのは彼らの教養、文士としての才能が士族と同等以上にまで成長していたからでもあった。それが本章冒頭に引いた『旧五代史』王緘伝の「幽州文士多し」という当時の人々の認識につながったということができる。それでは、かかる状況がいかにして形成されたのであろうか。つぎに唐後半期を通じた幽州の新興層の「文士」としてのありかたについて考察をしていこう。

二　唐後半期の幽州と士族

表3は、唐後半期における幽州節度使の文職歴任者のうち、出自と経歴がある程度うかがえる事例を示したものである。[17]この表から、幽州節度使の文職就任者の出自に一定の傾向がみられることが読み取れる。つまり、八二〇年代以前（さらに具体的にいえば穆宗長慶元年〈八二一〉が画期となる、これについては後述する）は、士族出身者（出自に疑問がある事例も含めて）の比率が二十八例中十七例と過半数を占め、さらにいえばその全てが門閥出身者とみなされるのに対し、それ以降は士族の比率こそ十九例中八例とそれほど変化は見られないが、門閥出身者は可能性のあるものを含めても二例と激減しているのである。勿論、この表はすべての事例を網羅しているわけではないし、出土墓誌を中心

とした資料に基づいているので、データに偏りがある可能性は排除しきれないが、既存の文献史料でも同時期を境に門閥出身者の幽州への任官事例が見られなくなることを考慮すれば、実態をある程度反映したと見なすことは許されよう。また、八二〇年代以降の士族をはじめとした他地域出身の文職就任者の幽州への来到事例を子細に検討すると、それ以前の状況とは変化が見られる。八二〇年代以前の幽州来到の士族は、安史の乱以前に移住・任官してきたと思われる李丕（ID4）、王仲堪の一族（ID9・10）、王璡（ID18）の事例と、鄭雲逵（ID2 進士及第後に幽州へ、離任後中央官を歴任、御史中丞に至る）、王郅の一族（ID5・6・7 王郅は棣州厭次県尉、定州功曹掾を経て幽州へ）、李洪（ID16 太子洗馬、滄州清池県丞を経て幽州へ）、王永（ID17 左清道率□□曹、常・婺二州司戸参軍、河南府温県尉を経て幽州へ）、李益（ID20 進士登第後、河南府参軍、山南東道節度判官などを経て幽州へ、離任後は中央官を歴任、礼部尚書で致仕）、李藤（ID23 成都府成都県尉、潞州屯苗県令、揚府兵曹参軍を経て幽州へ）、李弘亮（ID24 成徳の王武俊の辟により左兵曹参軍、のち幽州へ）のように幽州以外にも中央や他の地域の文職を歴任する事例の二つのケースが大半を占める。後者についていえば、従来の研究で指摘されている、官員数に対する空きポスト（闕）の不足による任官難により、門地や関接の不利のために不遇をかこつ人士たちが出世の糸口を求めて「危地」と目されている河朔藩鎮にすらあえて赴任する（裏を返せば河朔藩鎮も中央の官僚昇進のシステムと無関係な存在ではないことを意味する）[18]事例とすることができよう。それでは、八二〇年代以降はこれがどのように変化したのであろうか。本節では以下、八二〇年代以降における幽州来到者の個別事例の分析を通じて、この状況の変化について明らかにしていきたい。

1　八二〇年代以降の幽州来到者たち

（1）李僉と許渾

表3　唐後半期幽州節度文官一覧

ID	人物	出自	幽州における最終官歴	来到年代	没年又は在・離任	出典・備考
1	彭涗	不明	瀛州景城県主簿	764頃	781没	彙・建中016
2	鄭雲逵	滎陽鄭氏	盧龍軍節度掌書記、検校祠部郎中	772頃	782離	旧137、新161、亀165
3	蔡雄	信都人	莫州刺史・行瀛州司馬	770頃	787没	新北京16
4	李丕	隴西李氏	莫州長豊県令	?	787没	彙・貞元015 藩帥の辟召による来到
5	王郅	太原王氏	瀛州司馬帯侍御史・兼管内郵駅使	770頃？	789没	北京2-11
6	王酆	太原王氏	固安県主簿	?	789在	同上、ID5の従父弟
7	王逵	太原王氏	瀛州参軍	父王郅	789在	同上、ID5の長子
8	王連	幽州	盧龍節度要籍		790頃？没	新北京26 ID34の祖父
9	王仲堪	太原王氏？	節度参謀、監察御史裏行	五代祖王冲	797没	北大2-28
10	王淑平	同上	盧龍軍節度掌書記	同上	797在	同上、ID9の族弟
11	劉建	幽州(奚族?)	金紫光禄大夫涿州司馬		798没	山西147
12	劉迅	同上	瀛州景城県令		799在	同上、ID11の弟
13	劉述	同上	涿州帰義県令		799在	同上、ID11の弟
14	劉邁	同上	守檀州司法参軍		799在	同上、ID11の弟
15	孫敬新	幽州	文林郎試左金吾衛兵曹参軍		798在	新北京15
16	李洪	唐宗室	薊州司法参軍	760頃？	799没	新北京20
17	王永	太原王氏	范陽従事・監察御史	795頃？	800没	洛陽12-159 墓地洛陽
18	王璡	太原王氏？	朝散大夫・試太子洗馬・行瀛州河間県令	?	800頃？没	北京2-117、父晏は梁州興元府録事参軍
19	鄭玉	莫州	宣義郎・試恒王府司馬・権充本州孔目判官		802没	彙・貞元128
20	李益	隴西李氏	幽州営田副使、検校考功郎中、御史中丞	797？	806？離	旧137、新204、李益墓誌、墓地洛陽
21	王建	潁州人	不明	800？頃	800？頃	唐才子伝考箋
22	王叔原	幽州	恒王府司馬・摂幽州節度経略軍兵曹参軍		812没	北文23
23	李藤	隴西李氏	檀州長史	800頃？	812没	新北京18
24	李弘亮	隴西李氏	知薊州漁陽県事	800頃？	818離	北図29-140
25	朱方道	呉郡朱氏	盧龍節度駆使官	786？	818在	新北京21
26	崔載	博陵崔氏？	太子洗馬	?	819没	北図29-148
27	崔弘礼	博陵崔氏	幽州節度副使	821	821離	新164、洛陽13-109 赴任できず、墓地洛陽

28	楊鐇	*弘農楊氏*	嬀州懐戎県令	770頃？	821没	新北京22
29	張志潜	幽州？	莫州文安県尉		825在？	遺7-410
30	常献	莫州	遙摂檀州司戸参軍		825頃在	河北121 ID39の祖父
31	王杲	幽州	幽州功曹参軍		840頃在	新北京27
32	盧重	*范陽盧氏*	幽州節度巡官	840頃		新河南 3 -312　赴任せず、墓地洛陽
33	華封輿	平原華氏	幽州節度両蕃副使	806	846没	新北京29
34	王公淑	幽州	嬀州刺史		848没	新北京26
35	侯証	幽薊	登仕郎摂涿州固安県令		855在？	北京2-111
36	蕭某	*蘭陵蕭氏？*	涿州范陽県主簿	850頃？	855在	同上、ID35の婿
37	陳立行	幽州薊県	幽州兵曹参軍		857没	北図32-141
38	姚季仙	呉興姚氏？	節度駆使官	841頃	863没	北京2-123
39	常公杞	莫州	遙摂平州石城県尉		864在	河北121 ID30常叡の孫
40	張建章	安定張氏？（中山北平人）	幽州盧龍節度押奚契丹両蕃副使摂薊州刺史	830	866没	北文40
41	張珪	同上	幽州節度掌書記	830？	866在	同上 ID40張建章の従兄
42	董叔凌	檀州	節度駆使官		870在	北文32-34
43	閻好問	河南閻氏？	幽州司馬	840頃	873没	北図33-121
44	耿方遠	幽州	盧龍節度駆使官		873在	北京2-141
45	温景脩	太原温氏？	節度要籍	父温令綬	874在	新北京34
46	劉鈐	幽州	嬀州刺史		888没	新北京38
47	韓夢殷	幽州安次	儒・嬀州刺史		894在	宣府鎮志43

凡例：郡望　士族出身者　　郡望？　墓誌などで士族出身と称するが確認が困難な者

地名人　庶姓のうち幽州出身者ではない者　　なお斜体は門閥の家系を示す

出典略称　新：『新唐書』 旧：『旧唐書』 亀：『冊府元亀』 遺：陝西省古籍整理辦公室（編）呉鋼（主編）『全唐文補遺』全七冊、三秦出版社、1994-2000年　これ以外の出典に関しては本章全体の略称に従う。

なお、幽州管内に葬られた事例以外は、備考欄に墓葬地を注記している。

渡辺孝氏は『京畿冢墓遺文』下「陳立行墓誌」（北図三三―一四一、北大二―一三七、彙・大中一二九にも収録。大中十一年〈八五七〉撰）の撰者である李僉を『新唐書』宰相世系表の隴西李氏に連なる李僉と同一人物とみなし、また、傅璇宗（主編）『唐才子伝校箋』の考証に拠り、中唐の詩人として名高い許渾についても幽州で職を得たとして[19]、両人を九世紀後半の幽州来到の士族の事例として挙げている。しかし、本章ではこの説をとらず、両名を表3には含めなかった。その理由について述べておく。

前者については、「陳立行墓誌」では「漁陽李僉」と署名して、自らの貫籍を漁陽（薊州）として、隴西李氏を標榜していないことから考えると、門閥出身と見なすには根拠が不十分である。むしろ、漁陽土着の人士とすべきではないかと思われる。また、許渾の幽州への来到については、郭文鎬氏が詳細な検討を行っているが、それによると許渾は長慶四年（八二四）秋に長安を起点に北遊をはじめ、太原、鎮州を経て宝暦元年（八二五）冬に幽州に到り、さらに太原経由で翌年二月には河中府へ、秋には洛陽を経て長安に戻ったと結論している[20]。これに従えば、許渾の幽州滞在は多くても三ヶ月程度で、幽州で職を得たと見ることは困難である。

（2）　華封輿（ID33）

「唐故幽州節度両蕃副使朝散郎検校秘書少監御史中丞柱国賜緋魚袋平原華府君墓誌銘」（北京二―九。以下「華封輿墓誌」と略称す）は、華封輿が平原出身であるとしている。華氏は平原高唐の郡姓として知られ、また、五代祖華師簡以下、累世にわたり州県の長官・佐官クラスの官僚を輩出しているので[21]、地方の中下級士族として位置づけられる。ただし、墓誌には「累世亳の真源に宅り、近く宿の符離に宅り、枌檟斯に在り」として、はやくからその本籍地を離れ淮北に移住したことがうかがえる。

華封輿は兄の封儒とともに科挙を受験するも三度失敗し、制科に応じるもこれもうまくいかず、仕官を藩鎮に求め、元和初年に平盧軍節度使の李師道の辟召を受け崇文館校書郎・青州従事で起家した。のち、母と兄のいる幽州に職を求め、幽州節度使の劉済に辟せられ、幽州戸曹掾をかわきりに□□録事参軍、幽州節度推官、通王府従事、幽州節度両蕃副使を歴任し、会昌六年（八四六）に五十九歳で没している。科挙受験から藩鎮従事と仕官の道を求めるのは当時の文官の典型的な仕途のひとつであり、華封輿の出自から考えれば、渡辺氏の論じた、士族層が科挙や藩鎮辟召を利用して昇進をはかった事例としてとらえることができる。

問題は、華封輿が幽州に仕官した時期である。墓誌には、「大君薊門に在るを以て、侍恋の心切なり、職を罷めることを懇求し、因りて燕に来たる。劉公見待し、特に礼重を加う。表して幽府戸曹掾を授かる」とある。元和年間以降の幽州節度使で劉姓を持つのは、劉済（在任七八五―八一〇）または劉総（在任八一〇―八二一）のいずれかである。つまり、華封輿は八四〇年代まで幽州に在任していたが、実際には八二〇年代以前に幽州に流入した事例の範疇に含まれるのである。また、劉済をはじめとした劉氏の幽州統治下において、士族を積極的に招聘したことについては先行研究においてすでに指摘されているが[22]、華封輿もかかる情勢のものと幽州で職を得たといえよう。

（3）　盧重（ID32）

「唐故太原府陽曲県令盧府君墓誌銘幷序」（河南参―三一二）は盧重について范陽涿県の人としている。范陽は盧氏の望であり、曾祖父以下累代中央官・地方官を輩出し、自身は憲宗朝の宰相で宗室出身の李夷簡の娘を娶っている。これらのことから、盧重は山東門閥の范陽盧氏に連なる人物であるとみなしうる。盧重は科挙を受験するも及第せず、辟召により兗州節度推官となり、その後陝州硤石県尉、幽州節度巡官・大理評事・摂監察御史（ただし赴任せず）、太原府陽曲県令と転じ、大中元年（九四七）に五十六歳で没している。問題は、幽州節度巡官に辟召された時期である。誌文によると河東（太原）節度使王宰の奏請により太原府陽曲県令となったとみえ、また王宰の河東在鎮は会昌四年（八四四）から大中四年（八五〇）なので、幽州節度巡官に辟召されたのはそれ以前のそれほど遠くない時点（おそらくは八四〇年前後）と考えられる。その点では、盧重は八二〇年代以降の士族層の幽州への仕官の数少ない事例といえる。ただし、盧重が実際には幽州に赴任していないことには注意を払うべきであろう。盧重の事例からうかがえるのは、八二〇年代以降も幽州藩鎮側は士族層の流入に対して決して消極的であったわけではないこと、そして、辟召に成功したとしても、実際には赴任しない場合があったということである。墓誌には盧重が幽州に赴任しなかった理由は明確に述べられていないが、八二〇年代以降の士族層の幽州来到の極端な減少という状況から考えると、士族層のなかで幽州赴任を敬遠する傾向が存在していたことをうかがわせる。これについては後文で改めて検討する。

（4）　張建章（ID40）

「唐幽州盧龍軍節度押奚契丹両蕃副使摂薊州刺史正議大夫検校太子左庶子兼御史大夫上柱国賜紫金魚袋安定張公墓誌銘幷序」（北文四〇、北図三四―一三・一四、北大二―一四三・一四四、彙・中和〇〇七。以下「張建章墓誌」と略称す）では張建章の出自を北平中山とする。ただし、「張建章墓誌」には、張建章の出自に関して二つの記録がある。第一は墓誌の表題にみえる「安定張氏」である。これは誌文に「系祖於前涼、降及冠冕閈閎、歴代沿襲」として前涼王家の張氏の後とすることから、前涼初代の張軌の貫籍である安定郡に結びつけられたものである。[23]また、張氏は安定の郡望の一つである。[24]第二は「中山北平」である。ちなみに、中山の郡望としての張氏は『新唐書』巻七二下宰相世系表に中山義豊張氏の記載が見られるが、張建章の貫籍は中山の北平県であり、一致していない。「張建章墓誌」によれば、祖父の張説が定州（すなわち中山）北平県丞知県事となっており、張建章が「中山北平人」を称するのは祖父の当地への赴任に伴い貫籍も移した結果とすることができる。墓誌に明記されるところから判断すれば、張建章は安定を本貫とする郡姓で、後に定州北平県へ移住した家系ということになる。

しかし、張建章の出自についてはもう少し検討の余地がある。唐代の封爵は郡望に基づくのが原則であり[25]、それに従えば張建章の一族の場合、安定郡にちなんだ封爵を授かることになるはずである。実際に曾祖父張閿は臨涇公に封じられたという記述がある。しかし、問題は高祖張頤貞が鄯国公に封じられたと記録されていることである。鄯国はおそらく隴右道の鄯州ないしは西域の鄯善国のことをさすと考えられ、ともに安定郡（涇州）とは無関係の地である。また、唐代に鄯国に封爵された事例がもう一例確認できるが、その人物は玄宗朝に鄯国夫人に封ぜられた鼠尼施（沙陀輔国の母）である[26]。この時期の沙陀は河西から北庭にかけて居住していたので、鄯国への封爵はそれに関連したものと考えるのが妥当と思われる。とすれば、鄯国公という封爵は張氏と西辺との関係を暗示していると見ることができる。もしそうだとすれば、曾祖父の臨涇公への封爵は張氏という姓からの連想で後から安定郡と結びつけられた可能性がでてくる。

実際に張建章の家系について検討してみると、西方の地域との関連を指摘しうる。墓誌によれば、張建章の高祖張頤貞は朔方節度副大使知使事に任じられたとあり、かつて朔方軍に属していたことがうかがえる。ただし、張頤貞の朔方節度副大使任官については、実質的な節度使という大官であるにもかかわらず他の史料では確認できないので、この記述には疑問が残る[27]。朔方節度副大使であったか否かについては疑問が残るとしても、張頤貞が朔方軍にいた可能性が高いことは、他の史料から裏付けられる。

張建章が撰述した「有唐幽州盧龍節度左都衙銀青光禄大夫検校国子祭酒摂檀州刺史充威武軍使兼御史中丞上柱国晋

昌論公墓誌銘幷序」[28]（以下「論博言墓誌」と略称す）には、墓主の論博言と張建章が「世旧通家、衙幕兄弟」であるとして、論氏と張氏は累世にわたる親交ないしは婚姻関係があったとしている。「論博言墓誌」は論博言の祖先について、
公即ち其の国の尚書令、東道大元帥大論欽陵の嚢孫、唐左衛大将軍、宕州都督、臨洮王布支の曾孫、渭北節度使、開府儀同三司、検校刑部尚書、奉天定難功臣、交川王、贈司空惟明の妹孫、英武軍使、奉天定難功臣、銀青光禄大夫、検校右散騎常侍、潁州刺史、兼御史大夫、楡渓王、贈太子太師惟貞の孫、寧州防禦使、銀青光禄大夫、検校国子祭酒守、寧州刺史、兼御史中丞上柱国諱傪の令子なり。

と記している。陳康氏の考証によれば、論博言の祖父論惟貞は『新唐書』巻一一〇諸夷蕃将伝に見える論惟貞と同一人物であり、したがって曾祖父布支は同書同巻にみえる論弓仁（莽布支）であるとする。[29]ただし『新唐書』本伝では論惟貞を論弓仁の孫としており、また『文苑栄華』巻九〇九「驃騎大将軍論公神道碑」でも「論博言墓誌」にみえる論惟明を論躬（弓）仁の孫としているので、論博言の曾祖父の論布支は論弓仁の子とすべきである。

『新唐書』および『張燕公集』巻一九「撥川郡王碑」によれば、論弓仁は吐蕃の宰相の家系で、父欽陵が政変により誅殺されると、聖暦二年（六九九）に吐蕃の七千余帳を率いて唐に降り、以後神龍三年（七〇七）から朔方軍前鋒游撃使、開元五年（七一七）から帰徳州都督使、開元八年（七二〇）から朔方軍節度副大使などを歴任し、突厥との戦闘で功を挙げた人物である。ここで注目すべきは、唐における論弓仁の活動の中心が朔方軍であったことである。張頤貞が咸通七年（八六八）に六十一歳で没した張建章の四世祖であったとすれば、論博言の四世祖の論弓仁と同時期の人物とすることができ、その活躍年代は七世紀後半から八世紀初めと考えられる。また、論弓仁の子孫達についての記録をみると、惟貞が朔方軍の将校から渭北節度使、惟明が同じく朔方軍の将校から潁州刺史、英武軍使となり、「驃騎大将軍論公神道碑」に論弓仁の子、論惟明の父と伝える論誠節は朔方節度副大使から知階州事に転じ、その子

惟賢（惟明の兄でもある）は朔方軍の将校から鳳翔軍節度副使、剣南節度副使に転じている。上記のように、論氏一族は朔方をはじめとした関内道・隴右道を中心に活動しており、(30)張閔以降は河北で活動していた張建章の一族との接点は見られない。したがって、張氏と論氏が累代にわたる関係を築いたとすれば、それは両者が朔方にいた時と考えるのが妥当であろう。それならば、張頤貞はその官職の如何にかかわらず朔方軍で活動していた時期があるとすることができよう。

張頤貞以降の張氏の官歴をみると、曾祖父張閔が河北陸運使、祖父張説が定州北平県丞知県事に任じられるなど、河北にその活躍の舞台を移していることがうかがえる。とくに、張説が定州北平県に赴任していることは、注目に値する。定州北平県とは、すなわち「中山北平」であり、墓誌が、張建章を「中山北平人」としたのは、祖父の当地への赴任が契機となっていることをうかがわせる。この張氏の朔方から河北への移動には注意を払う必要があるかもしれない。近年、栄新江氏や森部豊氏により、霊州周辺に居住していたソグド系をはじめとした非漢族たちが、傭兵などとして河北へ移動していたことが指摘されている。(31)前述した論博言の一族は吐蕃出身の武人であるので、まさにその事例の一つといえるが、張建章の一族も、同様の出自を持っていた可能性がある。張建章の祖先について墓誌以外の史料が不足しているので確証は得られないが、霊州から河北への移動、および論氏と累代にわたる関係をもっていたとする記述とあわせて考えると、張氏の出自が霊州周辺を拠点として活動した非漢族であった可能性は十分に考えられる。もし、そうではなかったとしても、父祖の代に河北（ここでは「中山北平」）に貫籍を移した後にさらに幽州へ移住するという張建章の幽州来到のあり方は、渡辺孝氏が論じたような士族出身者の幕職官就任を通じた来到とは一線を画すものといえよう。

ところで、張建章が幽州節度使に出仕した契機について「張建章墓誌」は、……年十六、雲水に興高し、風月に吟苦す。旋りて秋賦に試する自り、明敏著名たり。尚お疑を春闈に持ち、琢磨益ます励む。大和四載、博陵歉え、尤も旨甘に迫らる。乃ち咄嗟にして謀りて曰く、仲由米を負い、毛義檄を捧ずるは、孝敬の行なり。予独り何為れぞ執わりて以て養を闕き親に違わん、と。便ち近遊するに方は燕たり、既に碣石に館す。太保李公厚遇し、之を安次尉に縻ぐ。

と記す。これによれば、郷貢に挙げられるも大和四年（八三〇）の定州の飢饉に際し、父母への孝行を優先して科挙を断念し、京師よりも近い幽州節度使に出仕したことになる[32]。ただし、この記述をそのまま受け入れるわけにはいかない。墓誌によると、彼の父張幧の官が涿州別駕に至っている。涿州は幽州節度使管内であり、このことから判断すると、幽州への移住を決断したのは張建章ではなく父の張幧であった可能性が高いのである。さらに言えば、孝養のために遠地に赴くことを断念したのであれば、定州で出仕を試みればよいのであって、敢えて幽州に行く必然性はない。大和四年前後の定州の状況として、史料に伝えられている事件としては、大和三年の易定節度使柳公濟の死にともなう藩帥の交替とそれにともなう混乱が挙げられる。これが張建章の幽州への移動の直接の原因になった可能性はあり得るが、決め手には欠くので、後考を俟つ。

いずれにしても、張建章の幽州での任官は、先行研究において論じられているような、中央官僚への栄達の捷径の手段としての藩鎮への出仕であるとか、出世を阻まれた零落した士族がやむを得ず河朔に赴く、といったものとは一線を画したものと考えなければなるまい。

（5）閻好問（ID43）

「□□前宿州司馬嬀瀛莫三州刺史銀青光禄大夫検校太子賓客御史中丞河南閻府君墓誌銘并序」（北図三三―一二一、北

大二―一五四、彙・咸通一〇六。以下「閻好問墓誌」と略称す）は閻好問が河南閻氏の出であるとする。ただし、祖父閻昱が貝州長史試大理評事であったことを伝えるほかは、閻好問の家系を知る手がかりはなく、士族か否か判断するのは困難である。閻好問は咸通十四年（八七三）に六十四歳で没しているので、生年は元和五年（八一〇）となり、その祖父の活躍年代は八世紀後半と考えられる。この時期に祖父が貝州の官に就いたとすれば、魏博節度使管内で官を得たことになり、当時閻氏は幽州ではなく魏博にいたと考えることができる。このように考えて大過ないとすれば、閻氏は閻好問ないしは彼の父の時代に魏博から幽州へ移住してきた一族とすることができる。移住の理由は記録がないため不明であるが、上述の張建章のような河北の他地域からの移動が決して特別なものではなかったことを裏づける事例となろう。

閻好問についてもう一つ指摘しておくべきは、その官歴が幽州の衙職より宿州司馬[33]、幽都県令、幽州禄事参軍、安塞軍使・侍御史、摂納降軍使・御史中丞、節度都虞候、節度都押衙、嬀州刺史、瀛州刺史、幽州司馬と転じており、文職と武職の双方に任じられていることである。すでに渡辺孝氏が指摘しているように、唐後半期の藩鎮体制下において下級の州県官・幕職官は大抵、軍職と通底している[34]。閻好問の場合、軍使の職を歴任していることからみると、文士というよりも武人の色彩が強い人物といえる。特にその初任が衙職であることからすると、閻好問は武人としての働きを期待されていたと考えられる[35]。

（6）　蕭某（ID36）

「大唐涿州范陽県主簿蘭陵蕭公夫人侯氏墓誌銘」（北京二―一一一、彙・大中九八）では、墓主侯氏の夫である蕭某を江左系の門閥士族である蘭陵蕭氏の出自としている。同墓誌によれば蕭某の曾祖父敬従は霊州節度従事、祖父仲湛は蔡州郾城県鎮遏使、父徳源は河東節度押衙野牧使左廂軍使と、それぞれ幽州とは無関係の地域で任官しているので、蕭某は少なくとも幽州以外の地域出身者であると見なすことができる。また、蕭某の祖父と父が鎮遏使や軍使といった武職についていたことに注意しておかなければならない。これは、蕭某が武人の家系の出身であることを示唆する。前述のように下級の州県官はしばしば文武通底して任用されているので、蕭某の范陽県主簿への任命が必ずしも彼の文職としての資質を期待してのものというより、閻好問と同様に武人として期待されていた可能性が高いのではないかと思われる。

（7）温景脩（ID45）

温景脩は「唐故幽州節度衙前討撃副使太中大夫試殿中監温府君墓誌幷序」（新北京三四、続・咸通一〇二）の墓主である温令綬の長子である。墓誌によれば温令綬は太宗朝の宰相温彦博の七世孫と称す。曾祖父思貞が王府校尉、太子詹事、祖父令琛が雲麾将軍、守左金吾衛大将軍、父可宏が宣徳郎、試太常寺丞と累世官僚を輩出しているので、一見すると墓誌の記す出自を信用できそうであるが、曾祖父以下の官は藩鎮の文武僚佐も帯しうる官銜なので、温氏が幽州在地の家系である可能性も完全には否定できない。仮に墓誌の通り、温令綬が士族出身であるとしても、散大将・遊撃将軍から親事将、燕楽鎮巡検将、威戎欄捉生将、檀州防鎮将、右随使将、節度衙前討撃副使ともっぱら武職を歴任していることから考えて、その幽州来到は前述の閻好問などの事例と同様、武人としての働きを期待されたものということができる。

（8）姚季仙（ID38）

「唐故呉興郡姚府君墓誌銘幷序」(北京二―一二三、続・咸通〇二五)は、姚季仙の出身を明示していないが、誌文に「公幼きより周遊を好み、寰瀛の内、頗る曾て経歴し、偶ま貨を内れ馳務を実らせ薊門に産し(原文は「偶内貨実馳務而産於薊門」)、即ち幽州の人と為る」とあるので、幽州外からの来到者とみなすことができる。ちなみに、「内貨」の二字は『周礼』地官、司徒下、司市の鄭玄注の「以て貨賄を内れるは、邦国の司市なり(原文は「以内貨賄者、邦国之司市也」)」にもとづくと考えられ、姚季仙が商人であったことを暗示する。ゆえにその出身が士族とは考えがたい。仮に姚季仙が士族の出身であったとしても、誌文に「閑を闤闠に養い、静を取り跡を晦まし、里巷に居りて名を蔵す」とあり、また、咸通四年(八六三)に七十七歳で没した姚季仙が節度駆使官の職を得たのは、五十歳を過ぎた会昌年間(八四一―八四六)であることから、八二〇年代以前の士族出身者のような官を積極的に求めての入燕とは考えにくい。

以上見たように、八二〇年代以降の幽州来到者たちは張建章や閻好問のように河朔の他の地域からの移住者であったり、閻好問・蕭某・温令綬の事例のような武人としての働きを期待されて来到した者が中心であった。これは、中央の門閥の家系出身者が文官として来到していた八二〇年代以前とは明らかに状況が異なっている。したがって、唐後半期の幽州社会(特に中央をはじめとした、他地域との人的交流とその影響)を考える場合、八二〇年代以前と以後を区別する必要があるといえよう。

2　唐朝の幽州支配の放棄と幽州に対するイメージの変化

それでは、八二〇年代以降に幽州への士族の流入に変化が生じたのは、いかなる事情によるものであろうか。それ

を考える上で格好の史料は、八世紀中葉以降の唐朝の幽州藩鎮に対する態度としてしばしば引かれる、
急ぎ宰臣を召して之に謂いて曰く、范陽の変奈何せん、と。僧孺対えて曰く、此れ聖慮を煩わすに足らず、且つ范陽の得失、国家の休戚に繫らず、安史より已来、翻覆此の如し。前時に劉総土地を以て国に帰すに、朝廷百万を耗費するも、終に范陽の尺帛斗粟も天府に入るを得ざるに、尋で復た梗を為す、今の志誠に至るは亦た前の載義に由るなり、但だ因りて之を撫し、奚、契丹を扞がしめ入寇せしめざれば、朝廷頼む所なり。仮するに節旄を以てせば、必ず自ら力を陳べん、逆順を以て之を治むるに足らず、と。（『旧唐書』巻一七二牛僧孺伝）
という牛僧孺の言である。ここでは幽州の回収は巨額の費用を費やすだけで成功もおぼつかないということが述べられる。具体的には元和末から長慶初めにかけての幽州藩鎮の順地化とその失敗を指している。ここから、長慶元年（八二一）における順地化の失敗が、唐朝中央による幽州の直轄地化の意欲を削いだことを見て取れよう。そして、まさにこの長慶年間を境として中央の士族たちの幽州藩鎮への流入が見られなくなっているのである。

長慶元年の幽州順地化の失敗は、たんに直轄地化が不首尾に終わったというだけでなく、幽州藩鎮の習俗と、中央の士族たちのそれとの違いを浮き彫りにしている。『旧唐書』巻一二九張弘靖伝は、
弘靖の幽州に入るや、薊人老幼男女無く、皆な道を夾さみて焉を観る。河朔の軍帥寒暑を冒すに、多く士卒と同じうし、張蓋安輿の別無し。弘靖久しく富貴にして、又た風土を知らず、入燕の時、三軍の中に肩輿し、薊人頗ぶる之に駭く。弘靖禄山、思明の乱するは、幽州より始まるを以て、事初において尽く其の俗を革めんと欲し、乃ち禄山の墓を発き、其の棺柩を毀つ、人尤も失望す。従事韋雍、張宗厚数輩有り、復た軽肆にして酒を嗜み、常に夜飲して酔いて帰る、燭火街に満ち、前後呵叱するは、薊人習わざる所の事なり。又た雍等吏卒を詬責するに、多く反虜を以て之を名とし、軍士に謂いて曰く、今天下無事、汝輩両石の力弓を挽得するも、一丁字を識る

に如かず。軍中意気を以て自負し、深く之を恨む。劉総朝に帰し、銭一百万貫を以て軍士に賜うに、弘靖二十万貫を留めて軍府の雑用に充つ。薊人其の憤りに勝えず、遂に相い率いて以て叛き、弘靖を薊門館に囚え、韋雍、張宗厚輩数人を執え、皆な之を殺す。

とその状況を伝えている。張弘靖は河東張氏の出身で、祖父張嘉貞、父張延賞とともに三代にわたり宰相となるなど当代における有力士族であった[36]。張弘靖は士族の流儀で肩輿して入府したが、これが寒暑を士卒と同じうしたこれまでの幽州出身の藩帥とは全く異なるものであった。また、彼とともに幽州に入った従事（幕職官）たちも都の流儀で振る舞ったために幽州の人々から反感をかうに至ったと伝えられている。結果として、張弘靖は幽州の将兵たちに幽閉され、従事たちは殺害されてしまう。この史料からはたんなる両者の間の習俗の違いというだけでなく、その違いが反感を招き、士族たちが殺害される危険があることが印象づけられる。

実際には、前述したようにそれ以前にも多くの士族出身者が幽州に赴任しており、彼らは任を全うして幽州を離任している事例があるので、常に士族たちが幽州の人々から反感を買ったり、殺害されたりしているわけではない。しかし、このような事件が発生したこと、そしてそれが記録に留められたことは、士族出身者たちに幽州への赴任が死の危険を伴うものであることを印象づけたと考えられる。盧建栄氏は中晩唐期の徐州藩鎮を例に挙げて同一藩鎮においても藩帥の違いによって幕職官の出自の構成が異なってくることを論じ、その地が危地と見なされると有力な士族出身者たちはその地への赴任を望まなくなることを明らかにしている[37]。ここでも同様の現象が起きたと見ることができよう。

長慶年間における幽州の順地化の失敗前後における中央の士人たちの幽州に対する見方の変化は、韓愈『昌黎先生文集』巻二〇「送幽州李端公序」と杜牧『樊川文集』巻六「唐故范陽盧秀才墓誌」の二つの文章を比較することで垣間見ることができる。前者は元和年間に幽州からの使者である李端公[38]に対して贈った文であるが、そこには幽州司徒公（劉済）への賛辞にならび、「今天子大聖、司徒公礼に勤め、河南北の将を帥先し、来覲奉職するは、開元の時の如きに庶幾からんか[39]」といった河朔藩鎮の帰順への期待感をこめた言葉が記されている。無論、幽州からの使者へ贈ったはなむけの文章という性格を考慮すれば、言辞をそのまま受け取ることはできないが、河朔を含めた独立性の強い藩鎮が相継いで唐に帰順しつつあった当時の状況や、進士合格者であるという劉濟の出身、さらには多くの士族が幽州に流入しているということを考え合わせると、たんなる世辞として無視すべきでなく、この時期の中央の人士の雰囲気を伝えたものと見るべきであろう[40]。

それに対し、開成年間に撰述された後者では、幽州は「両地（燕＝幽州藩鎮と趙＝成徳藩鎮）皆な良田畜馬多く、生まれて年二十未だ古に人の周公孔夫子と曰う者有るを知らず、毬を撃ち酒を飲み、走兔を馬射し、語言習うに尚お攻守戦闘の事に非らざる無し[41]」として、礼教の伝わらない、あたかも化外の地のような記述のされ方となっている。これは、「送幽州李端公序」では劉済が「勤於礼」と称されているとは対照的である。両者の記述の差は、まさに長慶初年の幽州で張弘靖らが体験した習俗の違いが強調された結果と見ることができよう。

ところで、「唐故范陽盧秀才墓誌」は従来の研究において河朔地域の胡化の問題に関連づけてしばしば引用され、なかでも毛漢光氏はこの文章を手がかりに唐後半期の河北を鎮州と滹沱河の一線および鄚郡と青州・斉郡の一線にそれぞれ文化的な境界があると論じている[42]。しかし、すでに批判があるように幽州を含む河朔地域が全く胡化して中国文化の埒外にあった訳ではなく、後述するように儒教や文学は幽州藩鎮内においても盛んに学ばれている。したがって、「唐故范陽盧秀才墓誌」の記述は、事実としてとるべきではない。ただし、当時の中央の士族たちの河朔に対するイメージを反映したものと考えた場合、毛漢光氏の指摘した河北における境界線は一定の意味をもつと考えられる。

というのも、河朔三鎮のうち魏博藩鎮の管内には長慶元年以降も士族出身の文官の来到者の事例が確認できるからである。

渡辺孝氏は士族の河朔三鎮への出仕事例を挙げた際、魏博の事例として裴抗（河東裴氏、田承嗣・田悦・田緒に歴仕）、封演（渤海封氏、田悦に仕える）鄭損賢（滎陽鄭氏、鄭頊の祖父、衛州昌楽・朝城・莘県令）、鄭頊（滎陽鄭氏、大中九年〈八五五〉摂衛州汲県令在任）、謝観（陳郡謝氏、開成二年〈八三七〉の進士、魏博節度判官などを経て慈州刺史に至る）、謝承翰（陳郡謝氏、謝観の次子、咸通六年〈八七五〉段階で前魏州大都督府参軍）、顧謙（呉郡顧氏、咸通十三年〈八七二〉の明経三礼二科、貝州宗城県令で起家）、孔邈（魯国孔氏、羅紹威に辟せられ節度判官）、紇干濬（河南紇干氏、咸通十二年〈八七一〉魏博節度掌書記在任）の九名を挙げているが[43]、そのうち鄭頊以下の六名が長慶元年以降の事例に属す。渡辺氏が挙げた以外にも、封詞（渤海封氏、摂相州洹水県令、貝州文学、貝州宗城県令を歴任、景福元年〈八九二〉没[44]）の事例を付け加えることができる。つまり、魏博は幽州と比べれば士族から忌避されていなかったと見ることができるのである。

成徳藩鎮の状況について付言しておくと、こちらは管見の限りでは幽州と同様の傾向を示し、長慶元年以降の士族の来到について明確な事例は指摘しえない。したがって、士族の来到という観点から見た場合、河朔三鎮は成徳と魏博の間に境界線があったと考えられる。この境界は毛漢光氏の示した鎮州と滹沱河の一線とは一致しないが、少なくとも当時の士族が河北の南部と北部に何らかの文化的な差異の存在をイメージし、その結果として慶長年間以降の士族層の仕官が河朔の各藩鎮ごとに異なる傾向傾向をみせる要因となったと見ることは許されよう。

以上の考察から、唐朝が幽州の順地化を放棄した長慶元年以降は、その地に対する負のイメージから士族層の幽州への仕官・来到はそれ以前と比較して急減したことが明らかとなった。また張建章や闔好問のような他地域からの来到者がいたとしても、それ以前の士族層の流入とは事情が異なっていること——ともに河朔地域内での移動の事例である——も確認できた。それでは、かかる状況の変化が幽州社会——とくに五代期における新興「文士」層の台頭——にとっていかなる影響をもたらしたのであろうか。この問題については節を改めて考察しよう。

三　長慶元年以降の幽州における新興「文士」層の成長
——張建章の事例を手がかりとして——

唐代河北における科挙の状況について詳細な検討を行った劉琴麗氏は、唐後半期以降の河北（とくに幽州）における新興の「文士」の台頭の背景には、当地の人士たちの科挙受験に対する積極的な態度があったと論じている。劉琴麗氏によると、幽州において王氏（表3ID31の王杲の一族。王解公、王杲、王時邕の三代に渡り応試[45]）や劉氏（表3ID46の劉鈴の一族。劉鈴およびその子である作乂、作式、作辞が応試[46]）といった累代にわたり応試者を輩出する、宋代以降の士人層の先駆けとなるような新興の「科挙家族」が出現し、これが五代期における（新興層出身の）河北籍文臣の優位につながったとする[47]。以上の劉琴麗氏の議論には首肯すべき点が多いが、科挙受験への積極性は河北地域に限られたものとはいえず、この現象だけで五代における新興の河北籍文臣の優位を説明することは不十分であり、さらなる考察が必要である。そこで、前節でも言及した張建章の事例を再び検討し、慶長年間以降の幽州における「文士」層の台頭について明らかにしていきたい。ここで張建章を考察対象にするのは、彼が唐末の幽州において著名な「文士」であったことと[48]、その官歴が幽州における「文士」層の台頭を考える上で重要な意味を持つと考えるからである。

張建章の官歴は長慶元年以降の幽州における「文士」層の台頭を考えるときに、いくつかの示唆を与えてくれる。

まず、前述のように張建章は科挙受験をしているが、及第しないまま幽州で仕官している。劉琴麗氏は「河北挙子」の仕官の状況について「内地（河朔以外の地域）で仕官」「河朔藩鎮で仕官」「内地で仕官後に河朔藩鎮へ戻る」という三種類の状況を挙げ、これらの選択は科挙受験者自身の意思に委ねられるとしている。ただし、実際に河朔三鎮出身の新興「文士」層で内地で仕官した人物はほとんど見られず、その場合でも顕官の目安となる五品以上の官となった事例は幽州に関していえば管見の限り皆無である。[49] これは、従来の研究ですでに指摘されているように、唐後半期の官界においても士族（とくに門閥層）は積極的に応試し、さらに旧来からのさまざまな関接（身分内婚姻の維持や官僚同士の交友関係など）を通じて自らの地位を維持し続けており、新興の「文士」層が官僚としての地位を上昇させるのを困難にしていたことに起因すると考えられる。[50] そもそも、科挙の及第自体が、関接の有無に多分に左右され、[51] 張建章が及第できなかったのも、能力よりも門地の問題であった可能性を想定しうる。したがって、河朔出身の「文士」たちの大半は内地よりも河朔での仕官に向かうのが大勢となり、張建章もこの趨勢に従って幽州へ仕官したとみてよかろう。ただし、「文士」層の台頭を考える場合、次に問題になるのは幽州藩鎮が彼らに対して如何なる職を提供しえたのかということになる。もし、藩鎮が内地で仕官するのと同程度の職しか提供できないのであれば、彼らの地位上昇への欲求を十分に満たすことはできず、その台頭も促進できないであろうからである。

幽州で仕官した張建章は幽州安次県尉で起家して以来、瀛州司馬（渤海遣使のための仮授）、節度随軍、節度巡官・監察御史裏行、幽州節度掌書記・殿中侍御史内供奉、尚書主客員外郎、幽州観察判官・水部員外郎、御史中丞、駕部郎中、幽州節度判官・兵部郎中、幽州節度副使押奚契丹両蕃副使・正議大夫・検校左庶子・兼御史大夫、摂薊州刺史と幽州藩鎮内の文職を順調に昇進していく。この一見すると変哲のない昇進こそが、幽州における新興「文士」層の台頭を知るための鍵となる。

唐代の藩鎮幕職官任官者の仕途と社会階層についての分析を行った王徳権氏[52]や渡辺孝氏は、幕職官の大多数が士族層出身であることを指摘する。渡辺氏はさらに、幕職官を上級（副使以下、行軍司馬、判官、掌書記、観察支使、巡官、推官、衙推など）と下級（駆使官、要籍、逐要、孔目官、随軍など）に二分し、上級幕職官はエリート官僚の昇進ルートとなり科挙に合格した士族層が多数を占め、一方の下級幕職官は在地の新興層が補任されるが中央官への昇進に直結しないという幕職官の二層構造を指摘している[53]。しかるに、張建章は下級幕職官たる節度随軍から直ちに上級幕職官である節度巡官に転じている。同様の事例は他にも見える。「唐故幽州節度判官兼殿中侍御史銀青光禄大夫検校太子賓客盧龍軍節度留後営府都督柳城軍使平州諸軍使平嬀等州刺史上柱国太原王府君墓銘幷序」（新北京二六。以下「王公淑墓誌」と略称す）によれば、大中二年（八四八）に六十九歳で没した王公淑は幽州節度要籍で解褐し、ついで盧龍節度巡官、幽州節度判官と転じている。「王公淑墓誌」によれば王公淑は太原王氏の後とあるが、曾祖父王亮は幽州節度衙前虞候、祖父王連は盧龍軍節度要籍と累代にわたり幽州藩鎮に出仕していることから考えると、実際には幽州在地の新興層であることがうかがえる。これらの事例から、幽州藩鎮においては下級幕職官と上級幕職官という二層構造をにわかには認めがたく、新興「文士」層が上級幕職官——換言すれば藩鎮中枢——へ昇進する道が開かれていたということができる。

また、張建章の最終官歴が薊州刺史であったことも注目しておきたい。これは、幽州藩鎮においては下級幕職官出身者が藩鎮内の刺史へ昇進する道が開けていたことを示す[54]。前述の王公淑も同様の事例に属し、決して特例的なものではないことがうかがえる。上述の下級から上級幕職官への昇進の事例と合わせて考えると、幽州藩鎮は新興「文士」層の藩鎮内における地位上昇が他地域に比べると比較的容易であり、ここに幽州の「文士」層の台頭の素地があったということができる。

ここで想起すべきは、前節で明らかにした長慶元年以降において士族の幽州への流入は基本的に見られないことである。士族の新たな流入がない以上、他の地域においては大部分が士族層によって占められる上級幕職官のポストは、幽州土着あるいは周辺地域から流入した新興「文士」層によって補任せざるを得ないのである。それにより、他地域に見られるような幕職官の二層構造が長慶年間以降の幽州においては必然的に解消されたと考えることができる。つまり、唐後半期において使職の辟召により新興層が官界に進出してくるという見解は、(55)長慶年間以降の幽州藩鎮に限定していえば、十分に成立するのである。さらにいえば、幽州において幕職官をはじめとした上級文職に在地の新興「文士」層が補任される現象が他地域に先行して出現したことは、その社会的地位の上昇も他地域に先んじたことになり、第一節で論じた五代期における幽州出身文臣の優位という状況を発生させたということができよう。

おわりに

以上に述べたように、唐代幽州において長慶年間以降、中央の士族層の流入が杜絶したことは、それまで彼らが占めていたと考えられる藩内の上級幕職官のポストへ幽州藩鎮内の新興層が就任する道を開いた。また、士族層の流入の杜絶は、あくまでも中央の士族たちのイメージの中で幽州が化外の地に等しい存在とされたからであって、実際には幽州の人士と唐朝は科挙などの回路を通じて文化的な結びつきを維持していた。その文化的紐帯と新興「文士」層の藩内の上級文職への任官が、新興層の成長を促したといえる。とりわけ重要なのは、辟召などを通じた士族の藩鎮への仕官、あるいは新興層の勃興といった事態は、時期や地域によって差異が見られることである（従来、一括に考えられていた河朔藩鎮においてさえも差異の存在が確認できることは注目に値する）。この地域的差異の中で、幽州は他地域に先行して新興層の台頭がはじまり、それにより五代・北宋初期・遼において幽州出身の文臣が重要な地位を占める大きな要因となったのである。

〔書名略号〕

彙＝周紹良（主編）趙超（副主編）『唐代墓誌彙編』上・下、上海古籍出版社、一九九一年
続＝周紹良・趙超（主編）『唐代墓誌彙編続集』上海古籍出版社、二〇〇一年
新北京＝中国文物研究所・石刻芸術博物館（編）『新中国出土墓誌　北京』上・下、文物出版社、二〇〇三年
新河北＝中國文物研究所・河北省文物研究所（編）『新中国出土墓誌　河北（壹）』上・下、文物出版社、二〇〇五年
新河南参＝中国文物研究所・河南省文物研究所（編）『新中国出土墓誌　河南（参）千唐誌斎』上・下、文物出版社、二〇〇八年
河北＝河北省文物研究所墓誌編輯組（編）孟繁峰・劉超英（主編）『隋唐五代墓誌滙編河北巻』天津古籍出版社、一九九一年
山西＝張希舜（主編）『隋唐五代墓誌滙編山西巻』、天津古籍出版社、一九九一年
北京＝張寧ほか（主編）『隋唐五代墓誌滙編北京巻附遼寧巻』一—三、一九九一年
北大＝孫蘭風・糊海帆（主編）『隋唐五代墓誌滙編北大巻』一・二、天津古籍出版社、一九九一年
洛陽＝洛陽古代藝術館（編）陳長安（主編）『隋唐五代墓誌滙編洛陽巻』一—一五、天津古籍出版社、一九九一年
北図＝北京図書館金石組編『北京図書館蔵中国歴代石刻拓本滙編』全百冊、中州古籍出版社、一九八九—一九九一年
北文＝北京市文物研究所（編）『北京市文物研究所蔵墓誌拓片』北京燕山出版社、二〇〇三年

注

（1）本章における「幽州」の語は、基本的には唐後半期の幽州藩鎮の管轄地域（具体的には唐代の幽州・涿州・嬀州・檀州・薊州・平州・瀛州・莫州）の総称として用いる。

（2）『宋史』巻一太祖紀一、即位前紀を参照。なお、宋太祖の祖籍については近年論争があるが、いずれの説を採るとしても、唐代の幽州節度使の管内の範囲を越えるものではない。

（3）本章では文章作成能力を持ち、かつ儒教的教養をもつ知識人（あるいはそうみなされる人物）を「文士」と称する。

（4）陳寅恪『唐代政治史述論稿』（商務印書館、一九四三年）を参照。

（5）方積六「唐代河朔三鎮〝胡化〟説弁析」（『紀念陳寅恪教授国大学術討論会文集』中山大学出版社、一九八九年）、馬文軍「試論唐代河北地区胡化与漢化的両種趨向」（『洛陽師専学報』一九九六—六、一九九六年）、顧乃武・潘艶蕊「唐代河北胡漢文化属性研究総述」（『河北大学成人教育学院学報』二〇一〇—三、二〇〇三年）などを参照。また、河朔の胡化・漢化の議論に関する研究史は張天虹「唐代藩鎮研究模式的総結和再思考——以河朔藩鎮為中心」（『清華大学学報（哲学社会科学版）』二〇一一—六、二〇一一年）六〇—六二頁に簡潔にまとめられている。

（6）渡辺孝「滎陽鄭氏襄城公房一支と成徳藩鎮」（『吉田寅先生古希記念アジア史論集』東京法令出版、一九九七年）を参照。

（7）劉琴麗「中晩唐河北挙子研究」（『史学集刊』二〇〇九—四、二〇〇九年。のち「由科挙仕進看中晩唐河北藩鎮的地域文化」と改題し『唐代挙子科考生活研究』社会科学文献出版社、二〇一〇年に再録）を参照。

（8）孫国棟「唐宋之際社会門第之消融」（『唐宋史論叢（増訂版）』商務印書館、二〇〇〇年、初出『新亜学報』四—一、一九五九年）、西川正夫「河北五代王朝の文臣官僚」（『東洋文化研究所紀要』二七、一九六二年）、毛漢光「五代之政治延続与政権転移」（『中国中古政治史論』上海書店出版、二〇〇二年、初出、一九八〇年）を参照。

（9）宋代の元豊以前の文階に相当する官を歴任したか否かを文武の判別基準とした。

（10）本章において「士族」の語は唐代における有力貴族層である「門閥」（具体的には『新唐書』巻一九九儒学伝中、柳冲、所引の柳芳「氏族論」にみえる諸姓、すなわち琅邪王氏、陳郡謝氏、陳郡袁氏、蘭陵蕭氏、呉郡朱氏、呉郡張氏、呉郡顧氏、呉郡陸氏、太原王氏、博陵崔氏、清河崔氏、范陽盧氏、趙郡李氏、滎陽鄭氏、隴西李氏、京兆韋氏、河東裴氏、河東薛氏、河東柳氏、弘農楊氏、京兆杜氏、河南元氏、河南長孫氏、京兆宇文氏、京兆于氏、河南陸氏、河南源氏、河南竇氏を示す）と各種郡望表中に示された諸姓から「門閥」を除いた中小貴族層である「郡姓」の総称として用いる。また、現存の各種郡望表に見えない姓氏でも、史料中に「名族」などの記述がなされているなど、史料から貴族としての性格がうかがえるものについては、「士族」の範疇に加えている。唐代の貴族の区分概念については、吉岡真「八世紀前半における唐朝官僚機構の人的構成」（『史学研究』一五三、一九八一年）、渡辺孝「唐後半期の藩鎮辟召制についての再検討――淮南・浙西藩鎮における幕職官の人的構成などを手がかりに――」（『東洋史研究』六〇―一、二〇〇一年）、前掲孫国棟「唐宋之際社会門第之消融」などを参照。

(11) 唐代における士族層の居住地が洛陽や長安に集中していることについては毛漢光「従士族籍貫遷移看唐代士族之中央化」（『中国中古社会史論』上海書店出版社、二〇〇二年、初出、一九八一年）を参照。

(12) 前掲毛漢光「五代之政治延続与政権転移」四二〇―四三二頁を参照。ただし、毛漢光氏は北周以来の「関中優位政策」の変化を通観するという視点からか、西川氏と同様に地域別の出身者を考える際に士族の旧貫を基準としているようであり、統計の数字をそのまま利用するには注意が必要である。

(13) 馬郁、王緘、馮道、龍敏、呂琦、劉審交、劉晞、周玄豹、劉煦らがこれに相当する。

(14) 馮玉がこれに相当する。

(15) 張憲、薬縦之、韓惲、薛融らがこれに相当する。

(16) 前掲孫国棟「唐宋之際社会門第之消融」、礪波護『馮道――乱世の宰相――』（中央公論社、中公文庫、一九八八年、初出、一九六六年）などを参照。

(17) 表の作成に当たっては、表中に示した典拠史料の他、戴偉華『唐方鎮文職僚佐考（修訂本）』（広西師範大学出版社、二〇〇七年）も参照した。

(18) 唐後半期において河朔へ赴任する人士たちの問題については、前掲陳寅恪『唐代政治史述論稿』二六―二九頁、前掲渡辺孝「滎陽鄭氏襄城公房一支と成徳藩鎮」一六二頁、苑汝杰・張金桐「唐代河朔納士与士人入幕心裡」（『塩城師範学院学報（人文社会科学版）』二〇〇三―一、二〇〇三年）、張天虹「従新刊唐代《李仲昌墓誌銘》看安史之乱後士人〝北走河朔〟」（『河北大学学報（哲学社会科学版）』二〇一一―三、二〇一一年）を参照。

(19) 前掲渡辺孝「滎陽鄭氏襄城公房一支と成徳藩鎮」一六二、一七三頁、一七四頁、および傅璇宗（主編）『唐才子伝校箋（第三冊）』（中華書局、一九九〇年）二三五—二三六頁を参照。

(20) 郭文鎬「許渾北游考」（『遼寧大学学報』（社会哲学版）一九八七—四、一九八七年）を参照。また、傅璇宗（主編）『唐才子伝校箋（第五冊）』（中華書局、一九九五年）三三六—三三九頁も同様の見解を示している。

(21) 「華封輿墓誌」
五代祖師簡、唐虔州刺史。高祖立、太原府楡次丞。大王父礼、宣州司戸参軍。王父楚玉、陳州司馬、騎都尉。父晟、朝散大夫、青州別駕、騎都尉、賜緋魚袋。

(22) 呉光華「唐代盧龍鎮初期之政局」（『史原』一一、一九八一年）、前掲渡辺孝「滎陽鄭氏襄城公房一支と成徳軍藩鎮」を参照。

(23) 『晋書』巻八六張軌伝に「張軌字士彦、安定人烏氏人」と記されている。

(24) 安定の郡望としての張氏については、『太平寰宇記』巻三二涇州の条や敦煌発見の郡望表などの唐代の族姓に関する史料に安定張氏の記載は見られないが、『元和姓纂』および『広韻』所引『唐韻』には郡望として挙げられている。張氏の郡望については郭鋒「晋唐士族的郡望与士族等級的判定標準——以呉郡清河范陽敦煌張氏郡望之形成為例」（『唐研究』二、一九九六年）を参照。

(25) 『日知録』巻二三昌黎「唐宋封爵必取本望。元和中朔方帥天水閻某者、封邑太原。乃自言非本郡。上謂宰相李吉甫曰、有司之誤、不可再也。宜使儒生条其源系、考其郡望、子孫職任、並総輯之。毎加爵邑、則令閲視。乃命林宝撰次元和姓纂十一巻」。無論、封爵と郡望が必ずしも常に一致していたわけではない。これについては、竹田龍児「唐代士人の郡望について」（『史学』二四、一九五一年）を参照。

(26) 『新唐書』巻二一八沙陀伝、『冊府元亀』巻九五七外臣部褒異三を参照。鼠尼施を封じた時期を前者は開元二年（七一四）の記事に繋けるが、後者によると開元十六年（七二八）となっている。

(27) 張頤貞の朔方軍節度副大使就任に関しては、徐自強「『張建章墓誌』考」（『文献』一九七九—二、一九七九年）、羅継祖「張建章墓誌補考」（『黒龍江文物叢刊』一九八三—三、一九八三年）に考察があり、徐氏は史の欠を補うものとして評価するのに対し、羅氏は張建章の一族を当時における「閥閲世家」と見なすことに疑問を呈している。
(28) 陳康「唐論博言墓誌考釈」(『北京文物与考古』第五輯、北京燕山出版社、二〇〇二年)に拓影が掲載されている。
(29) 陳康「従論博言墓誌談吐蕃噶爾氏家族的興衰」(『北京文博』一九九九—四、一九九九年)、前掲同「唐論博言墓誌考釈」を参照。
(30)「驃騎大将軍論公神道碑」には「元和四年七月十日寝疾終于静恭里之私第、以某年十月一日葬于万年県洪固郷之古原」とあり、私邸および墓地が長安にあったとして、論氏が長安で生活していたことを記す。これは一見すると論氏と朔方との関係が官僚としての赴任地に過ぎないような印象を与えるが、唐に部衆を率いて降附した異民族の族長たちは、長安に居住しつつも部衆への領導を行い、時として彼らを率いて軍事行動を行うという事例がしばしば見られる。論氏の場合もこの事例に相当すると考えられる。かかる事例については石見清裕「天宝三載『九姓突厥契苾李中郎墓誌』」(『唐の北方問題と国際秩序』汲古書院、一九九八年。初出、一九九〇年)、二二〇—二二一頁、同「開元十二年『阿史那毗伽特勤墓誌』」(前掲『唐の北方問題と国際秩序』。初出、一九九二年)二七一—二七三頁を参照。
(31) 栄新江「北朝隋唐粟特人之遷徙及其聚落」(『中古中国与外来文明』生活・読書・新知三聯書店、二〇〇一年。初出、一九九九年)、森部豊「『魏博節度使何弘敬墓誌銘』試釈」(『吉田寅先生古希記念アジア史論集』東京法令出版社、一九九七年)、李鴻賓『唐朝中央集権与民族関係——以北方区域為線索』(民族出版社、二〇〇三年)などを参照。
(32)「便近遊方者燕、既館于碣石」という句の釈文および解釈については諸説あるが、前の句については前掲羅継祖「張建章墓誌補考」の解釈に従った。後の句の「碣石」についてはこれを碣石山とはせず、燕昭王の碣石館の故事にちなんだものとし、幽州への移住を意味したものと解釈した。
(33) 閻好問の宿州司馬への就任は、大中三年(八四九)に藩帥張直方が藩内の兵乱を畏れて入朝したのに従い幽州を離れたからである。
(34) 渡辺孝「唐代藩鎮における下級幕職官について」(『中国史学』一一、二〇〇一年)を参照。
(35)「閻好問墓誌」には「会昌中、燕帥贈太尉蘭陵張莊王念切重甥、特署衙職、功因破虜、官奏憲階」とある。ここでは、衙職に任じられたことのほか、「破虜」のという軍功を挙げたことが記されており、武人としての閻好問の性格を裏づける。また、藩帥贈太尉蘭陵張荘王（張仲武）の「重甥」とあり、彼の経歴を考えるときは藩帥との姻戚関係に注意しておく必要がある。

(36)『新唐書』巻七二下宰相世系表二下、河東張氏の条を参照。

(37) 盧建栄「中晩唐藩鎮文職幕僚職位的探討」（『第二届国際唐代学術会議論文集（下）』文津出版社、一九九三年）を参照。

(38) 本章の元となった論考では李端公を李益に比定したが、近年の研究では李益ではないとする見解が提出されている。これについては劉真倫・岳珍（校注）『韓愈文集彙校箋注』第三冊（中華書局、二〇一〇年）一一三二—一一三四頁などを参照。

(39)「今天子大聖、司徒公勤於礼、庶幾帥先河南北之将、来覲奉職、如開元時乎」

(40) 市川清史「中唐の藩鎮政策と李益」（『学苑』七八五、二〇〇六年）は李益の幽州への赴任は、朝廷の抑藩策の一環として、幽州を順地化に導くことが期待されたとする。

(41)「両地皆多良田畜馬、生年二十未知古有人曰周公孔夫子、撃毬飲酒、馬射走兔、語言習尚無非攻守戦闘之事」

(42) 毛漢光「論安史乱後河北地区之社会与文化」（『晩唐的社会与文化』学生書局、一九九〇年）を参照。

(43) 前掲渡辺孝「滎陽鄭氏襄城公房一支と成徳軍藩鎮」一五九—一六一頁を参照。

(44)「勃海封公墓誌」（新河北一四二）。墓誌によると封詞の曾祖父封充は宝暦二年（八二六）の進士で、官は光州刺史に至り、祖父封乂は開成元年（八三六）の明経で官は汝州長馬（長史あるいは司馬か）に至っている。これらの父祖の官歴からみて、封詞は渤海郡の郡姓である封氏の出身とみなすことができよう。

(45)「唐故幽州節度押衙銀青光禄大夫検校太子賓客兼監察御史太原王公墓誌銘幷序」会昌六年（新北京二七、北京二—九八、続・会昌〇二九）

祖諱解公、錯綜五経、深祕奥義、礼闈対策、而取十全、条奏精弁、才冠等列。……皇考諱杲、躅其先跡、以五経及第……（王時邕）幼学在志、匪怠欶時、惜寸陰重於尺璧。徙義通経、兼富詞彩。詩之秀麗、疑新錦濯曬於春江。筆術摽奇、猶晴天遠倚孤島。嗜五常四教、偃仆而非忘之年。弱冠易懐土之節、有達四方之志。辞田園、赴春闈……。

(46)「唐故嬀州刺史充清夷軍営田使朝散大夫検校尚書司封郎中摂御史中丞上柱国賜紫金魚袋彭城劉公墓誌銘幷序」文徳元年（新

北京三八、北京二―一四六、続・文徳〇〇一。以下「劉鈐墓誌」と略称）
（劉鈐）十五察孝廉、二十挙茂才、揮譚操觚、綽有余裕。迫藩侯之命、不得与計吏偕。於是褫青衿、縻黄綬……有子四人。長曰作孚、幽州大都督府参軍。次曰作乂、作式、作辞、咸肄進士業……。

（47）前掲劉琴麗「中晩唐河北挙子研究」を参照。

（48）張建章は幽州内に留まらず広くその学識の豊かさを知られた人物であった。『北夢瑣言』巻一三は張建章にまつわる逸話として「李全忠蘆生三節」と「張建章泛海遇仙」の二題を記している。前者は後に幽州節度使となる李全忠が棣州司馬であった時に居室に尺三節ばかりの蘆が生えたことをいぶかり、博学で知られる張建章に是を告げたところ、これは李全忠が後に藩帥となりその地位を三代にわたり継承することの徴であると答えたという話である。後者は、張建章が渤海へ使者として赴く途次に女仙と遭遇したという話である。二つの話の信憑性は暫く置くとして、両者に共通して記されるのは張建章が有数の蔵書家で学識の高い人物であったことである。これらの逸話は北宋以降多くの筆記の類に繰り返し引用され、それにより張建章の学識は後世にまで伝えられることになる。

（49）唐後半期の幽州出身で科挙受験後に「内地」に仕官した事例としては賈島（『新唐書』巻一七六文学伝、『唐才子伝』巻五）、劉蕡（『旧唐書』巻一九〇下文苑伝下、『新唐書』巻一七八劉蕡伝）が挙げられる。ともに著名な文人として当世のみならず後世にもその名の伝わる人物であるが、前者は普州司倉参軍、後者は山南西道節度従事から後に貶謫されて柳州司戸参軍とともに顕官には至らずに生涯を終えている。

（50）礪波護「中世貴族制の崩壊と辟召制――牛李の党争を手がかりに――」（『唐代政治社会史研究』同朋舎、一九八六年。初出、一九六二年）、前掲孫国棟「唐宋之際社会門第之消融」、宋徳熹「唐代後半期門閥与官宦之関係」（淡江大学中文系主編『晩唐的社会与文化』学生書局、一九九〇年）などを参照。

（51）程千帆（著）松岡栄志・町田隆吉（訳）『唐代の科挙と文学』（凱風社、一九八六年。原題『唐代進士行巻与文学』上海古籍出版社、一九八〇年）を参照。

（52）王徳権「中晩唐使府僚佐昇遷之研究」（『国立中正大学学報（人文分冊）』五―一、一九九四年）を参照。

(53) 前掲渡辺孝「唐後半期の藩鎮辟召制についての再検討――淮南浙西藩鎮における幕職官の人的構成などを手がかりに――」、前掲同「唐代藩鎮における下級幕職官について」を参照。

(54) なお、下級に限らず幕職官から刺史への昇進は、幽州従事から嬀州刺史に昇遷した劉鈐（「劉鈐墓誌」）、州掾から嬀、儒州刺史に昇遷した韓夢殷（『宣府鎮志』巻四三名宦志。韓夢殷の子が遼の建国の功臣韓延徽であることは注目に値しよう）などの事例がある。これらの事例の存在は、新旧『五代史』や『宋史』の列伝をはじめとした、伝記史料中の父祖の任官記事に幽州節度管内の某州刺史であったと記録されている場合、その人物が幕職官としての経歴を持っていた可能性を示唆する。

(55) 前掲礪波護「中世貴族制の崩壊と辟召制――牛李の党争を手がかりに――」を参照。

付表1　五代の文官（新興層出身）　※出典略号（付表2と共通）：旧＝『旧五代史』新＝『新五代史』宋＝『宋史』

人物	出身地	地域	出身	入仕時期	出典
劉賛	魏州	魏博	進士	後梁？	旧68
孟鵠	魏州	魏博	吏人	後梁	旧69
司空頲	貝州	魏博	辟署	唐末	旧71
聶嶼	魏州	魏博	進士	後唐	旧73
孔謙	魏州	魏博	吏人	後唐	旧73
殷鵬	大名	魏博	進士	後唐	旧89
呉承範	魏州	魏博	進士	後唐	旧92
司徒詡	清河	魏博	辟署	後唐	旧128
于徳辰	魏州元城	魏博	辟署	後唐	旧131
范質	魏州	魏博	進士	後唐	宋249
魏仁甫	衛州汲県	魏博	吏人	後晋	宋249
王祐	大名幸県	魏博	辟署	後晋	宋269
王明	大名成安	魏博	辟署	後晋	宋270
李符	大名内黄	魏博	辟署	後漢	宋270
魏丕	相州	魏博	辟署	後周	宋270
趙玭	澶州	魏博	納粟補官	後晋	宋274
劉蟠	濱州	滄州	進士	後漢	宋276
馬裔孫	棣州	滄州	未詳	後唐？	旧127
張可復	徳州平原	滄州	辟署	後梁	旧131
劉保勲	滄州	滄州	衙職	後唐	宋276
王緘	幽州	幽州	辟署	唐末	旧60
馮道	瀛州景城	幽州	辟署	唐末	旧126
趙鳳	幽州	幽州	辟署	唐末	旧67
馬郁	幽州	幽州	吏人？	唐末	旧71
劉皞	幽州	幽州	辟署	唐末	旧131
周玄豹	燕人	幽州	辟署	唐末	旧71
陳乂	薊門	幽州	辟署	後梁？	旧68
呂琦	幽州安次	幽州	辟署	後梁	旧92
龍敏	幽州永清	幽州	辟署	後梁	旧108
竇儀	薊州漁陽	幽州	進士	後梁	宋263
王延	莫州長豊	幽州	辟署	後梁	旧131
劉昫	涿州帰義	幽州	辟署	後唐	旧89
劉審交	幽州文安	幽州	辟署	後唐	旧106
曹国珍	幽州固安	幽州	辟署	後唐	旧93
扈載	幽州安次	幽州	進士	後唐	旧131
劉載	涿州范陽	幽州	進士	後唐	宋262
李瓊	幽州	幽州	辟署	後唐	宋261
趙上交	涿州范陽	幽州	辟署	後唐	宋262
劉晞	涿州	幽州	辟署	後唐？	旧98
王瑜	其先范陽	幽州	辟署	後唐？	旧96
辺帰讜	幽州薊県	幽州	辟署	後唐	宋262
趙普	幽州	幽州	辟署	後晋	宋256
竇儼	薊州漁陽	幽州	進士	後晋	宋263
宋琪	幽州薊県	幽州	進士	遼	宋264
呂余慶	幽州安次	幽州	恩蔭	後晋	宋263
扈蒙	幽州安次	幽州	進士	後晋	宋269
宋雄	幽州	幽州	未詳	遼	宋264
劇可久	涿州范陽	幽州	辟署	後唐	宋270
趙逢	嬀州懐戎	幽州	辟署	後唐	宋270
竇偁	薊州漁陽	幽州	進士	後漢	宋263
馮吉	瀛州	幽州	恩蔭	後晋	宋439
馮玉	定州	易定	辟署	後唐	旧89
賈馥	鎮州？	成徳	辟署	唐末？	旧71
史圭	常山	成徳	辟署	唐末	旧92
賈緯	真定獲鹿	成徳	辟署	唐末	旧131
李崧	深州饒陽	成徳	辟署	後梁？	旧108
張允	鎮州束鹿	成徳	辟署	後梁？	旧108
董枢	真定元氏	成徳	献書	後唐	宋270
程羽	深州陸澤	成徳	進士	後晋	宋262
李昉	深州饒陽	成徳	恩蔭のち進士	後晋	宋265
段思恭	澤州晋城	昭義	恩蔭	後唐	宋270
張礪	磁州釜陽	昭義	進士	前蜀	旧98
許仲宣	青州	平盧	進士	後漢	宋270
景範	淄州長山	平盧	明経	未詳	旧127
崔周度	斉州？	平盧	未詳	後晋？	旧130
馮瓚	斉州歴城	平盧	恩蔭	後唐	宋270
侯陟	淄州長山	平盧	明経	後漢	宋270
滕中正	青州北海	平盧	辟署	後周	宋276
石昂	青州臨淄	平盧	辟署	後唐	新34
田敏	淄州鄒平	平盧	進士	後梁	宋431
張沆	徐州	武寧	進士	後唐	旧131
劉鼎	徐州蕭県	武寧	未詳	後梁？	旧108
和凝	鄆州須昌	天平	進士	後梁	旧127
王正言	鄆州	天平	辟署	後梁	旧69
梁文矩	鄆州	天平	辟署	後梁	旧92
呉巒	鄆州盧県	天平	辟署	後唐	旧95
王朴	東平	天平	進士	後漢	旧128
王敏	単州全郷	天平	進士	後晋？	旧128
王著	単州単父	天平	進士	後漢	宋269
趙訖幾	鄆州須城	天平	進士	後周	宋439
和峴	鄆州須昌	天平	恩蔭	後晋	宋439
李遐	兗州	兗海	辟署	後唐？	旧93
顔衎	兗州曲阜	兗海	進士	後梁	宋270
蘇禹珪	密州高密	兗海	五経	後唐？	旧127
孫晟	高密	兗海	進士？	後梁	旧131
鞠常	密州高密	兗海	進士	後漢	宋440

人物	出身地	地域	出身	入仕時期	出典
竇夢徴	同州	同州	進士	後梁?	旧68
楊克譲	同州馮翊	同州	辟署	後晋	宋270
竇貞固	同州白水	同州	進士	後唐	宋262
雷徳譲	同州郃陽	同州	進士	後周	宋278
王仁裕	秦州	秦州	辟署	唐末	新57
趙延義	秦州	秦州	世技術官	後唐	旧131
尹玉羽	京兆長安	京兆	辟署	後梁	旧93
陳玄	京兆	京兆	辟署	後晋	旧96
蘇逢吉	京兆長安	京兆	辟署	後晋	旧108
張昭	濮州范県	義成	辟署	後唐	宋263
梁周翰	鄭州管城	義成	進士		宋439
鄭雲叟	滑州白馬	義成	隠士	後周	旧93
孫騭	滑台	義成	辟署	後唐	旧24
李穀	潁州汝陰	義成	進士	後唐	宋262
尹拙	潁州汝蔭	義成	諸科	後梁	宋431
李穆	開封陽武	宣武	進士	唐末	宋263
張延朗	開封	宣武	吏人	後周	旧69
張仁愿	開封陳留	宣武	恩蔭	後梁	旧93
李知損	開封	宣武	辟署	後梁	旧131
薛居正	開封浚儀	宣武	進士	後梁?	宋264
高頔	開封雍丘	宣武	進士	後唐	宋440
沈倫	開封太康	宣武	辟署	後唐	宋264
蕭希甫	宋州	宣武	進士	後梁?	旧71
沈遘	睢陽	宣武	進士	後唐?	旧131
劉熙古	宋州寧陵	宣武	諸科	後唐	宋263
段希尭	懐州河内	河陽	未詳	後唐?	旧128
盧多遜	懐州河内	河陽	進士	後漢	宋264
盧億	懐州河内	河陽	明経	後周	宋264
辺蔚	華州	華州	辟署	後梁?	旧128
趙瑩	華陰	華州	進士	後唐	旧89
辺玥	華州鄭県	華州	進士	後梁	宋270
魚崇諒	陜州	陜州	辟署	後梁	宋269
李保殷	河南洛陽	河南	未詳	後晋	旧68
桑維翰	洛陽	河南	進士	唐末	旧89
申文炳	洛陽	河南	進士	後唐	旧131
石熙載	河南洛陽	河南	進士	後唐	宋263
趙孚	河南洛陽	河南	進士	後周	宋287
聶崇義	河南洛陽	河南	諸科	後周	宋431
李度	河南洛陽	河南	進士	後漢?	宋440
張憲	晋陽	河東	辟署	後梁?	旧69
薬縦之	太原	河東	辟署	後梁	旧71
韓惲	太原晋陽	河東	辟署	後唐	旧92
薛融	汾州平遙	河東	辟署	後唐	旧93
馬重績	太原?	河東	方伎の士	後唐	旧96
任延皓	并州	河東	未詳	後晋	旧108
王溥	太原	河東	進士	後漢	宋249
辺光範	并州陽曲	河東	辟署	後唐	宋262
辛仲甫	汾州孝義	河東	辟署	後周	宋266
高防	并州寿陽	河東	辟署	後唐	宋270
高錫	河中虞郷	河中	進士	後漢	宋279
程遜	寿春	淮南	未詳	後唐?	旧96
許寂	会稽?	浙東	辟署	未詳	旧71
張錫	福州閩県	福州	辟署	後梁	宋262
陳保極	閩中人	福建	進士	後唐	旧96
何瓚	閩人	福建	進士	唐末	新28
何澤	広州	嶺南	進士	唐末?	新56
馬縞	?	?	明経	後梁?	旧71
羅貫	?	?	進士	未詳	旧71
淳于晏	?	?	明経	唐末?	旧71
李振	李抱真の曾孫	?	辟署	唐末?	旧18
鄭起	?	?	進士	後周?	宋439

付表2　五代の文官（士族）

人名	出自	出身	入仕時期	出典
敬翔	平陽敬氏	辟署	唐末	旧18
盧程	范陽盧氏	進士	唐末	旧67
王松	京兆王氏	進士	唐末？	新57
蕭愿	蘭陵蕭氏	進士	唐末？	旧128
李徳休	趙郡李氏	進士	唐末	旧61
蘇楷	蘇循の子	進士	唐末	旧61
趙光逢	京兆奉天	進士	唐末	旧58
李襲吉	李林甫の後、隴西李氏	辟署	唐末	旧60
李敬義	趙郡李氏	未詳	唐末	旧60
趙光胤	京兆奉天、天水趙氏	進士	唐末	旧58
鄭珏	滎陽鄭氏	進士	唐末	旧58
崔協	清河崔氏清河小房	進士	唐末	旧58
李琪	隴西李氏？	進士	唐末	旧58
豆盧革	北姓、世名族	辟署	唐末	旧67
韋説	京兆韋氏	未詳	唐末？	旧67
蕭頃	京兆万年	進士	唐末	旧58
李愚	趙郡李氏	辟署	唐末	旧67
任圜	京兆三原人	辟署	後唐	旧67
盧汝弼	范陽盧氏	進士	唐末	旧60
蘇循	父特、陳州刺史	進士	唐末	旧60
薛延珪	河東薛氏	進士	唐末	旧68
封舜卿	渤海封氏	未詳	後梁？	旧68
崔沂	博陵崔氏	進士	唐末	旧68
劉岳	襄平劉氏	進士	唐末	旧68
張文宝	士族？	辟署	後梁	旧68
胡装	礼部尚書胡曾の孫	辟署	後梁	旧69

人名	出自	出身	入仕時期	出典
帰藹	呉郡	進士	唐末	旧68
張格	河間張氏	前蜀宰相	唐末？	旧71
孔邈	魯国孔氏	進士	唐末	旧68
崔貽孫	博陵崔氏	進士	唐末	旧69
姚顗	京兆万年	進士	唐末	旧92
鄭韜光	滎陽鄭氏	恩蔭	唐末	旧92
裴皥	河東裴氏	進士	唐末	旧92
盧導	范陽盧氏	進士	唐末	旧92
盧質	范陽盧氏？	辟署	唐末	旧93
李専美	隴西李氏	辟署	後梁	旧93
盧詹	京兆長安人、范陽盧氏？	辟署	唐末	旧93
王権	太原王氏	進士	唐末	旧92
趙熙	趙光逢の猶子	恩蔭？	後唐？	旧93
孔崇弼	下博孔氏	未詳	後唐	旧96
鄭受益	滎陽鄭氏	未詳	後唐？	旧96
李郁	唐宗室	宗正官	後唐？	旧96
鄭玄素	京兆人	隠士		旧96
李郁	唐宗室	辟署	後梁	旧108
盧文紀	范陽盧氏	進士	唐末？	旧127
李懌	京兆人	進士	唐末	旧92
薛仁権	河東薛氏	府職	後梁	旧128
楊凝式	弘農楊氏	進士	唐末	旧128
張文蔚	河間張氏	進士	唐末	旧18
裴羽	河東裴氏	恩蔭	唐末	旧128
薛貽矩	河東薛氏	進士	唐末	旧18
李珽	隴西敦煌李氏	進士	唐末	旧24
崔居倹	清河崔氏	進士	唐末	新55

人名	出自	出身	入仕時期	出典
張策	敦煌張氏	博学宏詞	唐末	旧18
杜暁	京兆杜氏	辟署	唐末	旧18
楊渉	弘農楊氏	進士	唐末	新35
盧曾	范陽盧氏	辟署	唐末	旧24
張雋	祖、父有聞於時	進士	唐末	旧24
崔梲	博陵崔氏	進士	後梁	旧93
劉袞	彭城劉氏	進士	後周	旧131
李澣	唐宗室	辟署	後唐	宋262
盧損	范陽盧氏	進士	後梁	旧128
王易簡	京兆王氏	進士	後梁	宋262
劉温叟	彭城劉氏	恩蔭	後唐	宋262
張鋳	河南洛陽　張文蔚の子	進士	後梁	宋262
陶穀	元の姓は唐（晋昌唐氏）	未詳	後晋	宋269
李濤	唐宗室	進士	後唐	宋262
劉濤	彭城劉氏	進士	後唐	宋262
蘇暁	京兆武功	辟署	後唐	宋270
張保続	京兆万年　始興張氏	恩蔭	後梁	宋274
孔承恭	京兆万年	恩蔭	後晋	宋276
楊昭倹	京兆長安	進士	後唐	宋269
張澹	南陽張氏？	進士	後晋	宋269
裴迪	河東裴氏	辟署	唐末	新43
崔頌	清河崔氏	恩蔭	後唐？	宋431
韓溥	京兆長安	進士	後周	宋440
盧文紀	范陽盧氏	進士	唐末	旧67

終　論　世界史の中で遼代史をいかに位置づけるか

はじめに

本書では「渤海」と「藩鎮」という二つの視点を出発点として、三部十章にわたり遼の地方統治について論じてきた。本書を終えるにあたり、十―十一世紀の東部ユーラシアの歴史との関連という視点から、本書での議論をあらためてまとめていきたい。

一　第一部「遼における渤海的秩序の継承と変化」

第一部で明らかになったことを端的に述べれば、遼は渤海征服後も少なくとも十一世紀初まではその支配体制・秩序を大きく改変することなく維持し続け、十一世紀に入ると次第にそれが変化していった、ということになろう。渤海的な秩序の維持については、渤海遺民統治のために設置した東丹国が、遼陽方面に遷徙して渤海旧領の大半を放棄した後も百年にわたり存続したこと、また渤海遺民および渤海旧領に住む諸集団に対して、渤海時代同様に対外交易の便宜と安全を保障することにより彼らへの支配を強化・維持する、という方針を堅持し、遼の外交はそれを一つの機軸として展開していたことからうかがえる。かかる渤海的秩序の維持には対「中国」交易を中心とした周辺諸国との交易路の確保・保証が必要であるが、十世紀後半になると対「中国」関係の不安定化にともない動揺していく。この東北アジアにおける渤海的秩序の動揺を回復する過程で遼が最終的に選択したのは、渤海的秩序において「中国」が果たしていた役割を自らがになうという新たな秩序の構築であった。この動きは、国内的には東丹国の廃止に象徴されるような、領内の渤海人に対する直接的な支配（これは、首領層の在地支配を認めつつ間接的な支配をおこなうという渤海的な支配の解体を意味する）への政策転換としてあらわれる。

上述の状況を、ユーラシア史の視点から見た場合、次の二つの論点との関連を指摘することができる。一つは、高句麗→渤海→［遼］→金→［元］→女真→清という東北政権の系譜と、その中国・朝鮮半島との関係についてである。もう一つは、マルチステート・システムと見なしうる十世紀から十三世紀の東部ユーラシアにおける外交関係(1)との関連についてである。

まず、第一の点についてであるが、渤海の領域を中心とした東北アジアは、その歴史的な帰属をめぐり、近年、中国と韓国との間で歴史認識にかかわる論争を引き起こしたことからうかがえるように(2)、中国・朝鮮半島双方と密接な関わりをもっていた。そのような状況にある地域の大半が現在中華人民共和国の領域に包含されていることを考えたとき、約二百年にわたり、東北アジアと所謂「中国本土 China proper」のそれぞれ一部地域とはいえ一つの政権下に統合したことは、この地域のその後の歴史を考える上で重要な転換点であったということができよう(3)。かかる観点に立ったとき、十一世紀以降、遼が「中国」との仲介者として振舞うという渤海的秩序を転換して、「中国」の役割をになおうとしたことは、大きな意味を持つと思われる。なぜなら、東北アジアの諸集団が遼の支配を排除しようとすれば、それを突き進める過程で遼に取って代わる――すなわち自らを「中国」として位置づける――という選択肢が出現する可能性が高くなるからである。十一世紀末から十二世紀初にかけての女真の急速な勃興と金の成立は、このような遼の支配秩序の変化の延長上に出現したものといえよう。

次に第二の点についてであるが、マルチステート・システムの議論において澶淵の盟がその国家間の秩序の形成に大きな役割を果したことがつとに指摘されている。(4) 近年では、これを国家間の秩序を盟約にもとづき多数国家が共存するシステム（「澶淵システム」「澶淵体制」などと称されている。以下「澶淵体制」と称す）と規定し、この体制がその後三百年にわたり存続したという見解が杉山正明、古松崇志氏などによって示されている。(5) 他方、澶淵の盟以前、東部ユーラシアにおいて多数国家の併存状況は既に一世紀に及んでおり、澶淵の盟に到るまでの国家間秩序の在り方については改めて検討すべき課題である。この問題についても、近年研究が進展してきている。(6) 第二章で指摘したように、遼が渤海的秩序を転換した契機として澶淵の盟締結が考えられる。とすれば、渤海的秩序の継承とその変化の問題は、所謂「澶淵体制」に到るまでの十世紀における東部ユーラシア全体の国家間秩序の大きな変化の一部をなすと見ることができよう。スタンデン氏は十世紀を「五代十国」及び遼の多国家併存状況が次第に整理・統合されて宋遼の二大国家の併存を機軸としたマルチステート・システムへの変化の過程としてとらえているが、(7) 実際には「中国本土」が統合されていくのと平行して、東北アジアにおいてもこの地域の秩序の在り方をめぐって遼と東北アジアの諸集団の間でのせめぎ合いが展開しており、「澶淵体制」の成立には遼による東部ユーラシア北方地域の統合もその前提にあったのである。また、南北におけるそれぞれの地域の統合は決して個別に展開したのではない。遼は渤海的秩序を継承したため、東北支配のためには「中国」との交易路の確保が重要な意味を持っていた。十世紀前半における多国家併存状況においては、たとえ中原の五代王朝との関係が不調であっても、南唐などの他の国家との関係を確保できれば渤海的秩序の維持が可能であった。しかし、南方における政治統合はこのような選択肢を減少させていく。他方、遼は東北支配の維持のために「中国」に対して和戦を交えて働きかけをすることとなるし、また遼と「中国」との関係が不調に陥れば十世紀後半に見られるように、東北アジアの諸集団は直接「中国」と交渉を行うようになるなど、「中国」も東北アジアの状況と無関係ではいられなかったのである。

従来は「澶淵体制」の問題と東北アジアをめぐる「国際関係」についての問題は別個に検討されてきたが、今後は両者を関連付けることを視野に置いた研究が求められよう。

二　第二部「遼の州県制と藩鎮」

第二部では遼の州県制の各類型（一般州県、斡魯朶所属州県、頭下州軍）について考察を行い、一般州県のみならず契丹固有の制度が起源と見なしうる斡魯朶所属州県・頭下州軍も藩鎮体制の影響を受けていたことを指摘した。

かかる状況が生じた原因の一つは、遼の漢地支配が領土の割譲という、当地の政治・社会の解体が発生しにくい方法で実現し、そのため旧来の支配体制（つまり藩鎮体制）がそのままの形で維持されたことにある。しかし、藩鎮体制の根本が軍事封建的システムにあることを考えれば、契丹固有の制度が起源とされる頭下州軍や斡魯朶所属州県といった分封制として把握しうる制度や、契丹人主導の武人優位の支配体制は当初から藩鎮体制との親和性をもっていたということができよう。つまり、藩鎮体制は契丹人による漢地支配の確立を容易にした――換言すれば所謂「征服王朝」の出現をもたらす要因となった――ものとして改めて意義づけられるのである。

ただし、遼による藩鎮体制の導入は単なる「漢化」としてとらえるべきではないことは注意しておく必要があろう。藩鎮体制自体が唐五代の河北・山西における胡漢混交的状況の影響を受けているからである。唐後半期における河北の胡化については陳寅恪氏以来多くの議論があり、この地域において北族的要素と漢文化の伝統が共存する多民族的な状況が明らかにされている[8]。また、遼が直接影響を受けたと見なしうる、五代の支配体制は後唐・後晋・後漢と続く沙陀を中核とした「代北集団」主導の政権によりになわれており[9]、五代の藩鎮を考えるときには、「代北集団」の影響を考慮する必要がある。つまり、遼が導入した漢地を主な対象とする地方統治体制は唐五代を通じて不断に北族的要素の影響を受け続けながら形成されたものと考えるべきで、単純な「漢化」とみなすことはできない。

ところで、杉山正明氏や森安孝夫氏がすでに指摘しているように、「沙陀政権」ともいえる「代北集団」主導の政権は北族主導のもとで漢地を支配が行われるという点で、遼と同じ類型の国家と見なしうる[10]。この「沙陀政権」の成立を考えるときに、これが藩鎮の枠組みを媒介として勢力を拡大させたことに注意しなければなるまい[11]。遼の場合と同様、藩鎮体制という軍事封建的システムは「沙陀政権」の確立を容易にする役割を果たしたと考えることができる。この点においても遼との共通点を見いだすことができよう。つまり、すくなくとも漢地・漢人統治に関しては遼も「沙陀政権」も同様な状況におかれていたのであり、国内統治について直面する課題は多くの点で共通してくると考えられるのである。例えば、有力な族長や武人たちが節度使などに任命されることなどにより独自の軍事力を維持しているために、遼初と五代において君主権は相対的に脆弱であった。そのため五代では王朝交替が度重なり、遼においては宗室の叛乱が頻繁に起きている。これは藩鎮体制（北族的要素も含めた上でのもの）のもつ遠心性であるが、反対に藩鎮体制が展開していく中で、行政の指揮系統の中央への一元化や[12]、藩鎮幕職官を介在とした中央と藩鎮の密接な関係の構築など[13]、中央集権へと収斂していく要素も形成されていた。これらの要素を利用することが藩鎮体制のもつ遠心性に対する五代・北宋と遼双方の共通の対策となっていくことになる。両者の対応は北宋のそれが徹底した文治主義、遼は武人政治の要素を残した上で部分的に文治を導入（これは従来「中国的制度の導入」と見なされてきた）するという異なるものであったが、その出発点において藩鎮体制があったことは、一見異なる対応でも底流は共通であることを示している。

以上の議論をまとめると、藩鎮体制は遼と「沙陀政権」という南北に二つの「征服王朝」を出現させる媒介となる一方、両者の統治に共通の課題を与えることにより十世紀に始まる「中国」史の北流と南流を結びつける機能を果たしたということができよう。

三　第三部「遼の選挙制度と地方統治」

第三部では遼の武銓と科挙についてそれぞれ考察したが、武銓については唐末から五代・北宋につれて変化していく武銓制度の影響をうけていたこと、契丹起源の制度と見られる著帳官制度がそれに結びつけられていたことなどを明らかにし、また科挙については、それが藩鎮の人事権を中央に回収し、地方の士人層を中央が直接把握する制度であったこと、そしてその過程で遼においても科挙社会の萌芽が見られたことなどを指摘した。科挙に関していえば、これはまさに前節で指摘した遼と「沙陀政権」およびその後継である宋が直面した課題とその対策の共通性の発現と見ることができよう（補論三で論じた、遼における科挙合格者輩出地域である幽州が、科挙受験者層の基礎となる新興層の出現の比較的早かった地域の一つであったことは、かかる状況を発生させる一要因となったと考えられる）。その後の歴史の展開を考えたとき、「北流」と「南流」の双方で、科挙を媒介とした士人社会が程度の差こそあれ形成されたことは、少なくとも「中国史」の視点において大きな意味を持つ。それは、南北の社会システムがある部分において共通の要素を持つことにより、政治的な分裂にも関わらず、社会のある部分について「中国社会」としての一貫性を保持し続け[14]、それをモンゴルにより南北流の合流以降の時代に引き継いでいったと考えられるからである。そして、この社会の共通性の発端は、「北流」「南流」ともに藩鎮体制の影響を受けたことにあったのである。

また、選挙制度、とくに銓選について指摘しておかなければならないことは、遼が宋の元豊官制改革以前の寄禄階と同様の構造の階官の体系を導入していたことである。第七章で論じた通り、これは宋制の模倣としてではなく、唐後半期から五代にかけての官僚制の変化の中で導入されたものである。この寄禄階の制度の特徴は、唐の律令官制における職事官を実職の無い単なる位階を示す等級として読み替えたことにある。この読み替えについて近藤一成氏は、

宋人にとり律令官制は、いわば規範とか原則の力をもつ官制体系なのであった。……したがって補正は、宋人が考えるところのいわば所与としての二重の原則を越えることは許されない。しかし逆にいうと、ある意味では抽象的な原則を尊重するかぎり、どのような改変も許容される道を開くことでもあった。……論者にとり、職事官の体系を寄禄官の大家として機能させる、この「読み替え」は、規範としての歴史的伝統を前提にした上で現実に対応する、宋人の思考構造の基本に由来する作業であったように思われる[15]。

と評している。これは宋制に対するものであるが、遼制が宋制と「兄弟関係」にあるならば[16]、かかる傾向は遼制にも継承されたと見ることが可能である。遼制（ここでは主に官制について述べる）を構築するにあたり、契丹起源の制度、唐五代の制度、さらには渤海などの制度をどのように統合していくかが問題になる。従来の研究においては、二元制の導入によって統合を図ったとされているが、上述の「読み替え」を念頭に置けば、二元制の理解はその一面を示したものに過ぎないといえる。つまり、二元制的官制の根底には寄禄官の体系によって示される規範・原則があり、それによって制度の統合が理念的には保証されているのである。無論、遼の中核をなす契丹人たちが唐の律令を規範・原則とするという意識を積極的に持っていたかについては議論の余地はある。ただし、遼制において明らかに契丹起源の官職がそのままの形で記録に現れ、その多くが遼代を通じて設置され続けたことは「抽象的な原則を尊重するか

ぎり、どのような改変も許容される」というこの時期特有の官制の在り方に起因すると見るべきであろう。ここから、唐宋変革期の官制は遼の「二元制」の成立を円滑に行うことに大きく寄与したといえる。

おわりに

本書の考察により「渤海」と「藩鎮」は遼代史を考える上でそれぞれ重要な要素の一つであることが改めて確認できた。また、この二つの要素を介して、遼の歴史は広くユーラシア史と結びついているといえよう。

遼は九二六年の渤海征服後、それ以前の渤海による北東アジア秩序を継承し、十世紀を通じてこれを維持した。秩序の維持のためには「中国」をはじめとした周辺諸国との交易の確保が求められ、遼の対外関係はこれによって規定されていくことになる。つまり、「渤海」の要素は遼の国内統治だけの問題ではなく、国家間の秩序の問題にまで結びついていくのである。また、十一世紀になると、遼はこれまでの渤海的秩序の維持から一転して自らを「中国」として位置づけるようになるが、これは後の女真の勃興と金の成立の契機となり、北東アジア地域を「中国」に密接に結びつける一因となったことも注目に値しよう。

藩鎮体制（およびその背後にある唐宋変革という時代の変化）は、遼の地方統治にさまざまな形で影響を及ぼしていた。そして、藩鎮体制のもつ軍事封建的要素、河北の諸藩鎮や沙陀政権下において遼成立時期までに胡漢混交状況が出現していたこと、巧みな「読み替え」によって現実に対応していく官僚制度の在り方などは、遼の漢地支配を容易にした。つまり、藩鎮体制は遼の支配体制の形成に大きく寄与したといえる。また、藩鎮体制は五代の沙陀政権にも影響を与えており、それゆえ遼も五代の沙陀政権の後継たる宋も藩鎮体制を介して共通の課題およびそれへの対策をもつことになる。これが、たとえば遼・宋双方における科挙社会の出現をもたらすことになる。「中国」史における「北流」と「南流」は藩鎮を通じて密接に結びつけられていると言うことができよう。

注

（1）十—十三世紀における東部ユーラシアのマルチステート・システムについては H. Franke "Introduction," D. Twichett and H. Frsnke (eds.), *Cambrige History of China*, vol.6. New York: Cambrige University Press, 1994: pp.16-17, および杉山正明『中国の歴史（八）疾駆する草原の覇者』（講談社、二〇〇五年）二七七—二八〇などを参照。

（2）この高句麗問題として知られるこの論争の経緯については李鎔賢「『東北工程』と韓国の高句麗史の現状」（『東アジアの古代文化』一二二、二〇〇五年）、井上直樹「高句麗史研究と『国史』——その帰属をめぐって——（上・下）」（『東アジアの古代文化』一二二～一二三、二〇〇五年）、古畑徹「中韓高句麗歴史論争のゆくえ」（弁納才一・鶴園裕編『東アジア共生の歴史的基礎——日本・中国・南北コリアの対話』お茶の水書房、二〇〇八年）を参照。また、渤海をめぐる現在の関係諸国の歴史認識については李成市「渤海史研究における国家と民族『南北朝時代』論の検討を中心に」（『朝鮮史研究会論文集』二五、一九八八年）、同「渤海史をめぐる民族と国家　国民国家の境界をこえて」（『歴史学研究』六二六、一九九一年）などを参照。

（3）このことは、澤本光弘「契丹の旧渤海統治と東丹国の構造——「耶律羽之墓誌」をてがかりに——」（『史学雑誌』一一七—六、二〇〇八年）において指摘されている。

（4）宮崎市定『東洋的近世』（『宮崎市定全集（二）東洋史』岩波書店、一九九二年、初出一九五〇年）、金成奎「宋代国境問題の基本的性格と国境の諸相」（『宋代の西北問題と異民族政策』汲古書院、二〇〇〇年）

（5）前掲杉山正明『中国の歴史（八）疾駆する草原の征服者』、古松崇志「契丹・宋間の澶淵体制における国境」（『史林』九〇—一、二〇〇七年）、同「一〇—一三世紀多国併存時代のユーラシア（Eurasia）東方における国際関係」（『中国史学』二一、二〇一一年)、同「十〜十二世紀における契丹の興亡とユーラシア東方の国際情勢」(荒川慎太郎・澤本光弘・高井康典行・渡辺健哉編『契丹［遼］と一〇〜一二世紀の東部ユーラシア』アジア遊学一六〇、勉誠出版、二〇一三年)を参照。ただし、「澶淵体制」が十二世紀以降も存続したかについては、廣瀬憲雄「古代東アジア地域対外関係の研究動向――『冊封体制』論・『東アジア世界』論と『東夷の小帝国』論を中心に――」(『歴史の理論と教育』一二九・一三〇、二〇〇八年)が疑問を呈している。

(6)　澶淵の盟以前の十世紀における東部ユーラシアの国家観秩序については、中西朝美「五代における国書の形式について――「致書」文書の使用状況を中心に――」(『九州大学東洋史論集』三三、二〇〇五年)、毛利英介「澶淵の盟の歴史的背景――雲中会盟から澶淵の盟へ――」(『史林』八九―三、二〇〇六年)、山崎覚士「五代の『中国』と平王」(『『宋代中国』の相対化』汲古書院、二〇〇九年。のち、『中国五代国家論』思文閣出版、二〇一〇年に再録)、Edmund H. Worthy, Jr "Diplomacy for Survival: Domestic and Foreign Relation of Wu Yüeh, 907-978," M. Rossabi (eds.), *China Among Equals: The Middle Kingdom and its Neighbers, 10th-14th* Centuries. Berkeley: University of California Press, 1983. Naomi Standen *Unbouder Loyalty: Frontier Crossing in Lioa China.* Honolulu: University of hawai'i Press, 2007. などを参照。

(7)　前掲 Standen, *Unbouder Loyalty* を参照。

(8)　陳寅恪『唐代政治史述論稿』(生活・読書・新知三聯書店、一九五六年。初版一九四四年)、方積六「唐代河朔三鎮"胡化"説弁析」(『紀念陳寅恪教授国際学術討論会文集』中山大学出版社、一九八九年)、毛漢光「論安史乱後河北地区之社会与文化」(『晩唐的社会与文化』学生書局、一九九〇年)、馬文軍「試論唐代河北地区胡化与漢化的両種趨向」(『洛陽師専学報』一九九六―六、一九九六年)、渡辺孝「滎陽鄭氏襄城公房一支と成徳藩鎮」(『吉田寅先生古希記念アジア史論集』東京法令出版、一九九七年)、森部豊「『魏博節度使何弘敬墓誌銘』試釈」(『吉田寅先生古希記念アジア史論集』東京法令出版、一九九七年)、栄新江「北朝隋唐粟特人之遷徙及其聚落」(『中古中国与外来文明』生活・読書・新知三聯書店、二〇〇一年、初出、一九九九年)、李鴻賓『唐朝中央集権与民族関係――以北方区域為線索』(民族出版社、二〇〇三年)などを参照。

(9)　代北集団については樊文礼『唐末五代的代北集団』(中国文連出版社、二〇〇〇年)を参照。

（10）杉山正明「中央ユーラシアの歴史構図——世界史をつないだもの——」『岩波講座世界歴史（一一）中央ユーラシアの統合』（岩波書店、一九九七年）、前掲同『中国の歴史（八）疾駆する草原の征服者』、森安孝夫「遼・西夏　研究の視点」『中国歴史研究入門』（名古屋大学出版会、二〇〇六年）などを参照。

（11）沙陀政権の勢力拡張の過程については前掲樊文礼『唐末五代的代北集団』、西村陽子「唐末『支謨墓誌銘』と沙陀の動向——九世紀の代北地域」『史学雑誌』一一八—四、二〇〇九年）、室永芳三「唐代代北の李氏について——沙陀部族考その三——」（『有明工業高等専門学校紀要』七、一九七一年）、同「唐代における沙陀部族の成立——沙陀部族考その一——」（『有明工業高等専門学校紀要』八、一九七一年）、同「吐魯番発見朱耶部落文書について沙陀部族考その一（補遺）——」（『有明工業高等専門学校紀要』一〇、一九七四年）、同「唐代における沙陀部族の抬頭——沙陀部族考その二——」（『有明工業高等専門学校紀要』一一、一九七五年）、森部豊・石見清裕「唐代沙陀李克用墓誌訳注・考察」（『内陸アジア言語の研究』一九、二〇〇三年）などを参照。

（12）鄭炳俊「当代後半期の地方行政体系について——特に州の直達・直下を中心として——」（『東洋史研究』六二—四、二〇〇四年）、山崎覚士「五代の道制——後唐朝を中心に——」（『東洋学報』八五—四、二〇〇四年。のち前掲『中国五代国家論』に再録）などを参照。

（13）張国剛『唐代藩鎮研究』（湖南教育出版社、一九八七年）、前掲渡辺孝「滎陽鄭氏襄城公房一支と成徳藩鎮」、同「中唐晩期における官人の幕職官入仕とその背景」（松本肇・河合康三主編『中唐文学の視角』創文社、一九九八年）などを参照。

（14）無論、南北の社会が完全に一致した方向で動いていたわけではない。例えば、飯山知保「稷山段氏の金元代——一一～一四世紀の山西汾水下流域における『士人層』の存続と変質について」（前掲『宋代中国』の相対化』所収。のち『金元時代の華北社会と科挙制度——もう一つの士人層』早稲田大学出版部、二〇一一年に再録）は、華北の士人層は金代と元代の間に明らかな断絶が見られることを指摘している。

（15）近藤一成『宋代中国科挙社会の研究』（汲古書院、二〇〇九年）序論、六頁を参照。

（16）王曾瑜「遼朝官員的実職和虚銜初探」『文史』三四、一九九二年を参照。

参考文献

史料（底本としたもののみを示す、配列は著者日本語読み五十音順）

〔日本〕佚名（撰）『日本紀略』新訂増補国史大系、東京：吉川弘文館、一九六五年
〔日本〕皇円（撰）『扶桑略記』新訂増補国史大系、東京：吉川弘文館、一九六五年
〔元〕王惲（撰）『秋澗先生大全文集』台北：商務印書館、一九六七年
〔宋〕王欽若等（編）『冊府元亀』香港：中華書局、一九六〇年
〔宋〕王溥（撰）『唐会要』北京：中華書局、一九五五年
〔宋〕王溥（撰）『五代会要』上海：上海古籍出版社、一九七八年
〔宋〕欧陽修（撰）『新五代史』北京：中華書局、一九七四年
〔宋〕欧陽修・宋祁（撰）『新唐書』北京：中華書局、一九七五年
〔宋〕楽史（撰）『太平寰宇記』台北：文海出版社、一九六三年
〔唐〕韓愈（撰）『昌黎先生文集』宋蜀刻本唐人集叢刊、上海：上海古籍出版社、一九九四年
〔唐〕魏徴（撰）『晋書』北京：中華書局、一九七四年
〔朝鮮〕金宗瑞等（撰）『高麗史節要』東京：学習院東洋文化研究所、一九六〇年
〔高麗〕金富軾（撰）『三国史記』東京：学習院東洋文化研究所、一九六四年
〔金〕元好問（撰）『中州集』文淵閣四庫全書、台北：商務印書館、一九八六年
〔宋〕扈仲栄等（編）『成都文類』文淵閣四庫全書、台北：商務印書館、一九八六年
〔清〕顧炎武（撰）『日知録』文淵閣四庫全書、台北：商務印書館、一九八六年
〔清〕顧祖禹（撰）『読史方輿紀要』上海：上海書店出版社、一九九八年

〔清〕呉廷華（修）・王者輔等（纂）・張奇志（続修）『宣化府志』中国方志叢書、台北：成文出版社、一九六八年
〔宋〕江少虞（撰）『宋朝事実類苑』京都：中文出版社、一九八一年
〔宋〕洪邁（撰）『容斎随筆』四部叢刊続編、台北：商務印書館、一九六六年
〔民国〕侯安瀾等（修）・王樹枏（纂）『新城県志』中国方志叢書、台北：成文出版社、一九六八年
〔清〕施国祁『金史詳校』台北：新文豊出版、一九八四年
〔宋〕司馬光（撰）『資治通鑑』北京：中華書局、一九五六年
〔宋〕葉隆礼（撰）『契丹国志』上海：上海古籍出版社、一九八五年
〔清〕徐松（輯）『宋会要輯稿』北京：中華書局、一九五七年
〔宋〕徐夢莘（撰）『三朝北盟会編』台北：文海出版社、一九六二年
〔日本〕菅原道真（編）『類集国史』新訂増補国史大系、東京：吉川弘文館、一九六五年
〔宋〕薛居正等（撰）『旧五代史』北京：中華書局、一九七六年
〔宋〕孫光憲（撰）『北夢瑣言』唐宋筆記叢刊、北京：中華書局、二〇〇二年
〔明〕孫世芳（修）・欒尚約（輯）『宣府鎮志』中国方志叢書、台北：成文出版社、一九七〇年
〔唐〕張説（撰）『張燕公集』文淵閣四庫全書、台北：商務印書館、一九八六年
〔清〕張登高（纂修）『易水志』故宮珍本叢刊、海口：海南出版社、二〇〇一年
〔民国〕陳漢章（撰）『遼史索隠』遼史彙編、台北：鼎文書局、一九七三年
〔宋〕陳振孫（撰）『直斎書録解題』上海：上海古籍出版社、一九八七年
〔宋〕程大昌（撰）『演繁露』叢書集成新編、台北：新文豊出版、一九八五年
〔宋〕程大昌（撰）『雍録』宋元地方志叢書、台北：大化書局、一九八〇年
〔朝鮮〕鄭麟趾（撰）『高麗史』ソウル：亜細亜文化社、一九九〇年
〔唐〕杜牧（撰）『樊川文集』文淵閣四庫全書、台北：商務印書館、一九八六年

〔唐〕杜佑（撰）『通典』北京：中華書局、一九八八年
〔元〕脱脱等（撰）『金史』北京：中華書局、一九七五年
〔元〕脱脱等（撰）『宋史』北京：中華書局、一九七七年
〔元〕脱脱等（撰）『遼史』北京：中華書局、一九七四年
〔宋〕馬端臨（撰）『文献通考』北京：中華書局、一九八六年
〔日本〕林羅山・林鵞峰（撰）『本朝通鑑』東京：大槻東陽、一八七五年
〔清〕万斯同（撰）『遼大臣年表』遼史彙編、台北：鼎文書局、一九七三年
〔遼〕耶律純（撰）『星名総括』文淵閣四庫全書、台北：商務印書館、一九八六年
〔宋〕余靖（撰）『武渓集』文淵閣四庫全書、台北：商務印書館、一九八六年
〔宋〕李燾（撰）『続資治通鑑長編』北京：中華書局、一九七九―一九九五年
〔宋〕李昉等（撰）『文苑栄華』文淵閣四庫全書、台北：商務印書館、一九八六年
〔宋〕陸游（撰）『陸氏南唐書』叢書集成新編、台北：新文豊、一九八五年
〔後晋〕劉煦等（撰）『旧唐書』北京：中華書局、一九七五年
〔清〕厲鶚（撰）『遼史拾遺』叢書集成新編、台北：新文豊、一九八五年
〔唐〕林宝（撰）『元和姓纂』北京：中華書局、一九九四年

石刻書

北京市文物研究所（編）『北京市文物研究所蔵墓誌拓片』北京：北京燕山出版社、二〇〇三年
北京図書館金石組・中国仏教図書文物館石経組（編）『房山石経題記匯編』北京：書目文献出版社、一九八七年
北京図書館金石組（編）『北京図書館蔵中国歴代石刻拓本滙編』（全百冊）鄭州：中州古籍出版社、一九九〇年
陳述（編）『全遼文』北京：中華書局、一九八二年

蓋之庸『内蒙古遼代石刻文研究』呼和浩特：内蒙古大学出版社、二〇〇二年
蓋之庸（編著）『内蒙古遼代石刻文研究（増訂本）』呼和浩特：内蒙古大学出版社、二〇〇七年
河北省文物研究所墓誌編輯組（編）孟繁峰・劉超英（主編）『隋唐五代墓誌滙編河北巻』天津：天津古籍出版社、一九九一年
劉鳳翥、唐彩蘭、青格勒（編著）『遼上京地区出土的遼代碑刻彙編』北京：社会科学文献出版社、二〇〇九年
洛陽古代藝術館（編）陳長安（主編）『隋唐五代墓誌滙編洛陽巻』（一）―（一五）天津：天津古籍出版社、一九九一年
梅寧華（主編）『北京遼金史迹図志（上）』北京：北京燕山出版社、二〇〇三年
――『北京遼金史迹図志（下）』北京：北京燕山出版社、二〇〇四年
孫蘭風、糊海帆（主編）『隋唐五代墓誌滙編北大巻』（一）（二）天津：天津古籍出版社、一九九一年
王綿厚、王海萍等（篇）『遼寧省博物館蔵墓誌精粋』東京：中教出版、一九九九年
向南『遼代石刻文編』石家荘：河北教育出版社、一九九五年
向南、張国慶、李宇峰（輯注）『遼代石刻文続編』瀋陽：遼寧人民出版社、二〇一〇年
閻鳳悟（主編）『全遼金文』太原：山西古籍出版社、二〇〇二年
張寧ほか（主編）『隋唐五代墓誌滙編北京巻附遼寧巻』一―三、天津：天津古籍出版社、一九九一年
張希舜（主編）『隋唐五代墓誌滙編山西巻』天津：天津古籍出版社、一九九一年
中国文物研究所・石刻芸術博物館（編）『新中国出土墓誌　北京』上・下、北京：文物出版社、二〇〇三年
――『新中国出土墓誌　河北（壹）』上、北京：文物出版社、二〇〇五年
中国文物研究所・河南省文物研究所（編）『新中国出土墓誌　河南（参）千唐誌斎』上・下、北京：文物出版社、二〇〇八年

和文文献（五十音順）

愛新覚羅烏拉熙春『契丹言語文字研究』京都：東亜歴史文化研究会、二〇〇四年
――「遼代韓知古家族世系考――紀念金啓孮先生逝世一周年」『立命館文学』五九一、二〇〇五年：一二三三―一二一三頁

――『契丹文墓誌より見た遼史』京都：松香堂書店、二〇〇六年

――「遼太祖時代の sulwur」愛新覚羅烏拉熙春・吉本道雅『韓半島から眺めた契丹・女真』：九―三〇頁、京都：京都大学出版会、二〇一一年

――「『三国遺事』に見える「皇龍寺九層塔」」愛新覚羅烏拉熙春・吉本道雅『韓半島から眺めた契丹・女真』：八九―一〇七頁、京都：京都大学出版会、二〇一一年

愛新覚羅烏拉熙春・吉本道雅『韓半島から眺めた契丹・女真』京都：京都大学出版会、二〇一一年

赤羽目匡由「八世紀中葉における新羅と渤海との通交関係――『三国史記』所引、賈耽『古今郡県道四夷述』逸文の分析」『古代文化』五六（五）、二〇〇四年：二七二―二八五頁：赤羽目匡由『渤海王国の政治と社会』東京：吉川弘文館、二〇一一年に再録

――「新羅末高麗初における東北境外の黒水・鉄勒・達姑の諸族」『朝鮮学報』一九七、二〇〇五年：一―四四頁：赤羽目匡由『渤海王国の政治と社会』東京：吉川弘文館、二〇一一年に再録

――「新羅東北境における新羅と渤海の交渉について」『高句麗渤海使研究』三一、二〇〇八年、二三七―二五五頁：赤羽目匡由『渤海王国の政治と社会』東京：吉川弘文館、二〇一一年に再録

李鎔賢「『東北工程』と韓国の高句麗史の現状」『東アジアの古代文化』一二三、二〇〇五年：一一八―一三一頁

飯山知保「金初華北における科挙と士人層――天眷二年以前を対象として――」『中国――社会と文化』一九、二〇〇四年：一三六―一五二頁：飯山知保『金元時代の華北社会と科挙制度――もう一つの士人層』東京：早稲田大学出版部、二〇一一年に再録

池内宏「遼の聖宗の女直討伐」『満鮮史研究』中世第一冊：一七九―一九三頁、東京：岡書院、一九三三年。初出は『史学雑誌』二六―六、一九一四年

――「余の遼聖宗征女直考と和田学士の定安国考について」『満鮮史研究』中世第一冊一九五―一九八頁、東京：岡書院、一九三三年。初出は『東洋学報』六―一、一九一五年

――「契丹聖宗の高麗征伐」『満鮮史研究』中世第一冊、岡書院、一九三三年：一九九―二六三頁

——「鉄利考」『満鮮史研究』中世第一冊：一五—一七七頁、東京：岡書院、一九三三年。初出は『満鮮地理歴史研究報告』三、一九一五年
——「刀伊の賊——日本海における海賊の横行」『満鮮史研究』中世第一冊：三〇一—三二四頁、東京：岡書院、一九三三年。初出は『史林』一〇—四、一九二六年
——「高麗成宗朝における女真および契丹との関係」『満鮮史研究』中世第二冊：一一九—二六三頁、東京：座右宝刊会、一九三七年。初出は『満鮮地理歴史研究報告』五、一九一八年
——「高麗朝における東女真の海寇」『満鮮史研究』中世第二冊：二六三—三六八頁、東京：座右宝刊会、一九三七年。初出は『満鮮地理歴史研究報告』八、一九二〇年
——「蒲盧毛朶部について」『満鮮史研究』中世第二冊：四二三—四三一頁、東京：座右宝刊会、一九三七年。初出は『満鮮地理歴史研究報告』八、一九二〇年
市川清史「中唐の藩鎮政策と李益」『学苑』七八五、二〇〇六年：一〇〇—一〇七頁
伊藤宏明「唐末五代政治史に関する諸問題——とくに藩鎮研究をめぐって」『名古屋大学文学部研究論集』八六、一九八三年：一二九—一三九頁
井上直樹「高句麗史研究と『国史』——その帰属をめぐって——（上・下）」『東アジアの古代文化』一二二～一二三、二〇〇八年：一三二—一五二頁、一七八—一三三頁
石見清裕「天宝三載『九姓突厥契苾李中郎墓誌』」『唐の北方問題と国際秩序』東京：汲古書院、一九九八年：二〇五—二二五頁。初出は昭和六二・六三年度文部省科学研究費補助金研究成果報告書『中央アジア史の再検討』一九九〇年
——「開元十二年『阿史那毗伽特勤墓誌』」『唐の北方問題と国際秩序』東京：汲古書院、一九九八年：二二六—二七八頁。初出は『内陸アジア言語の研究』Ⅶ、一九九二年
卯田強「環日本海地域の自然と環境——とくに渤海時代の気候変動について——」『環日本海論叢』八「渤海と環日本海交流」、一九九五年：五一—六〇頁

宇野伸浩「遼のオルド」一九八七年度東洋史懇話会例会口頭発表レジュメ、一九八七年
――「遼のオルド（一九八七年度東洋史懇話会例会発表要旨）」『史観』一一八、一九八八年：一一四頁
梅原郁『宋代官僚制度研究』京都：同朋舎、一九八五年
遠藤和男「契丹国（遼国）品階・官制の研究――官制表の作成一」『社会科研究（大阪府高等学校社会科（地歴・公民）研究会）』四〇、一九九八年：一〇―一六頁
大隅晃弘「渤海の首領制」『新潟史学』一七：一九八四年、一一〇―一二九頁
大庭脩「唐告身の古文書学的研究」西域文化研究会（編）『西域文化研究（三）』：二七九―三七四頁、京都：法蔵館、一九六〇年。『唐告身と日本古代の位階制』伊勢：皇学館出版部、二〇〇三年に再録
小川裕人「三十部女真に就て」『東洋学報』二四―四、一九三七年：八七―一二七頁
奥村周司「高麗における八関会的秩序と国際環境」『朝鮮史研究会論文集』一六：一九七九年、七一―九九頁
愛宕元「五代宋初の新興官僚――臨淄の麻氏を中心として――」『唐代地域社会史研究』：二七九―三三〇頁、京都：同朋舎、一九九七年。初出『史林』五七―四、一九七四年
愛宕松男「遼金宋三史の編纂と北族王朝の立場」『愛宕松男東洋史学論集（四）』：三五三―三八一頁、東京：三一書房、一九八八年。初出は『文化』一五―四、一九五一年
片山共夫「元朝の昔寶赤について――怯薛の二重構造を中心として――」『九州大学東洋史論集』一〇、一九八二年：五九―七五頁
加藤修弘「游牧君長権力論――遼代著帳官制の史的意義について――」『アジア文化研究』一、一九六八年：一四―一五頁
――「遼朝北面の支配機構について――著帳官と節度使を中心に――」『九州大学東洋史論集』四〇、二〇一二年：七―八四頁
河上洋「渤海の地方統治体制――一つの試論として――」『東洋史研究』四二（二）、一九八三年：一九三―二一九頁
――「遼の五京の外交機能」『東洋史研究』五二―二、一九九三年：五二―七四頁
菊池英夫「辺境都市としての『燕雲十六州』研究序説――研究の現状と若干の問題視角――」唐代史研究会（編）『中国都市の歴史的研究』唐代史研究会報告六：一九九―二一七頁、東京：刀水書房、一九八八年

岸本美緒「時代区分論の現在」『現代歴史学の成果と課題一九八〇―二〇〇〇年（Ⅰ）歴史学における方法的転回』：七四―九〇頁、東京：青木書店、二〇〇二年
金成奎「宋代国境問題の基本的性格と国境の諸相」『宋代の西北問題と異民族政策』：一三―四六頁、東京：汲古書院、二〇〇〇年
清木場東「五代の商税に就いて――税場政策を廻って――」『鹿大史学』二〇、一九七二年：一三―二四頁
栗原益男『五代宋初藩鎮年表』東京：東京堂出版、一九八八年
小岩井弘光「北宋の使臣について」『集刊東洋学』四八、一九八二年：三四―五三頁
近藤一成「宋代士大夫政治の特色」『岩波講座世界歴史（九）中華の分裂と再生』：三〇五―三二六頁、東京：岩波書店、一九九九年。『宋代中国科挙社会の研究』東京：汲古書院、二〇〇九年に増補改稿して再録
櫻井俊郎「渤海の有力姓氏と中央官制」『大阪府立大学　歴史研究』三三、一九九五年：一―二七頁
澤本光弘「契丹（遼）における渤海人と東丹国――「遣使記事」の検討を通じて」荒川慎太郎・高井康典行・渡辺健哉（編）『遼金西夏研究の現在（一）』東京外国語大学アジア・アフリカ言語文化研究所、二〇〇八年：二三―五〇頁
――「契丹の旧渤海統治と東丹国の構造――「耶律羽之墓誌」をてがかりに――」『史学雑誌』一一七（六）、二〇〇八年：三九―六四頁
島田正郎『遼制の研究』東京：汲古書院、一九七三年（再版）。初版一九五三年
――『遼代社会史研究』東京：厳南堂書店、一九七八年（再版）。初版一九五一年
――『遼朝官制の研究』東京：創文社、一九七八年
――『遼朝史の研究』東京：創文社、一九七九年
――『契丹国　遊牧の民キタイの王朝』東京：東方書店、一九九三年
――「遼代における奚」『遼朝史の研究』：八一―一〇六頁、東京：創文社、一九七九年。初出は『北亜細亜学報』一、一九四二年
――「遼制における労働授受の形式と制度」『遼朝史の研究』：二七一―二九四頁、東京：創文社、一九七九年。初出は『法律論

叢』二四―一～二)、一九五〇年
――「契丹の銀牌」『遼朝史の研究』二九五―三〇四頁、東京：創文社、一九七九年、初出は滝川博士還暦記念論文集刊行委員会(編輯)『瀧川博士還暦記念論文集（一）「東洋史編」』上田：中沢印刷、一九五七年
――「群牧官」『遼朝官制の研究』：四二五―四四三頁、東京：創文社、一九七八年、初出は『史学雑誌』六〇―九、一九五一年
――「新出土史料による渤海国史の新事実」『遼朝史の研究』：四七〇―四九二頁、東京：創文社、一九七九年。初出『法律論叢』三一―四、一九五八年
――「御朝官」『遼朝官制の研究』：三二七―三九一頁、東京：創文社、一九七八年。初出は『法律論叢』三八―一、一九六四年
――「遼の田制」『遼朝史の研究』：三六七―三八二頁、東京：創文社、一九七九年。初出は鈴木俊教授還暦記念会編『鈴木俊教授還暦記念　東洋史論叢』東京：鈴木俊教授還暦記念会、一九六四年
――「宰相府」『遼朝官制の研究』：三三一―七二頁、東京：創文社、一九七八年。初出は「法律論叢」四〇―六、一九六七年
――「三省」『遼朝官制の研究』：三九三―四二三頁、東京：創文社、一九七八年。初出は「東洋史研究」二七―一、一九六八年
――「北面中央官制の特色と世官制の意義」『遼朝官制の研究』：三―三二頁、東京：創文社、一九七八年。初出は『法制史研究』一二、一九六二年
清水和恵「藩鎮の研究史」『龍谷史壇』八〇、一九八二年：五三―六二頁
白鳥庫吉「東胡民族考」『白鳥庫吉全集（四）』東京：岩波書店、一九七〇年。初版は上海：商務印書館、一九三四年
杉山正明「日本における遼金元時代史研究」『中国――社会と文化』一二、一九九七年：三三九―三四二頁
――「中央ユーラシアの歴史構図――世界史をつないだもの――」『岩波講座世界歴史（一一）中央ユーラシアの統合』：三―八九頁、東京：岩波書店、一九九七年
――『遊牧から見た世界史――民族も国境も越えて』東京：日本経済新聞社、一九九七年
――『中国の歴史（八）疾駆する草原の征服者』東京：講談社、二〇〇五年
鈴木靖民「渤海の首領に関する予備的考察」旗田巍先生古稀記念会（編）『朝鮮歴史論集（上）』：二六七―三一六頁、東京：龍渓書

舎、一九七九年
周藤吉之「五代節度使の牙軍に関する一考察」『東京大学東洋文化研究所紀要』二、一九五一年：一―七二頁
――「五代節度使の支配体制」『宋代経済史研究』：五七三―六五四頁、東京：東京大学出版会、一九六二年。初出は『史学雑誌』六一―四・六、一九五二年
――「唐宋の史料に見える頭項・頭下と探馬――遼・元の投下との関連において――」『宋代史研究』：六五五―六八四頁、東京：東洋文庫、一九六九年。初出は『駒沢史学』四、一九五四年
――「宋朝国史の編纂と国史列伝――『宋史』との関連に於いて」『宋代史研究』：五一三―五六五頁、東京：東洋文庫、一九六九年。初出は『駿台史学』九、一九五九年
――「宋朝国史の食貨志と『宋史』食貨志との関係」『宋代史研究』五六七―六三四頁、東洋文庫、一九六九年。初出は『東洋学報』四三―三、一九六一年
高井康行「遼の『燕雲十六州』支配と藩鎮体制――南京道の兵制を中心として――」本書第三章、初出は『早稲田大学大学院文学研究科紀要（哲学・史学編）』別冊二一、一九九五年：一一三―一二五頁
高井康典行「東丹国と東京道」本書第二章。初出は『史滴』一八、一九九六年：二六―四二頁
――「遼朝の部族制度と奚六部の改組」『史観』一三七、一九九七年：三三―五〇頁
――「遼の斡魯朶の存在形態」本書第四章。初出は『内陸アジア史研究』一四、一九九九年、二五―四四頁
――「遼の武臣の昇遷」本書第七章。初出は『史滴』二四、二〇〇二年：二一―二九頁
――「遼代の遼西路について」記念論集刊行会（編）『福井重雅先生古希・退職記念論集　古代東アジアの社会と文化』東京：汲古書院、二〇〇七年
――「遼朝科挙と辟召」本書第八章。初出は『史学集刊』二〇〇九―一、二〇〇九年：八三―九一頁
――「遼朝における士人層の動向――武帝軍を中心に――」本書第九章。初出は宋代史研究会（編）『『宋代中国』の相対化』宋代史研究会研究報告第九集、東京：汲古書院、二〇〇九年

高瀬奈津子「第二次世界大戦後の唐代藩鎮研究」堀敏一『唐末五代変革期の政治と経済』：二二五―二五三頁、東京：汲古書院、二〇〇二年
高橋学而「遼代の従嫁戸を構成の主体とする頭下州城について――今年の考古学的成果から――」『古文化談叢』四二、一九九九年：一〇五―一三六頁
高橋芳郎「宋代の士人身分について」『史林』六九―三、一九八六年：三二〇―三八六頁。『宋―清身分法の研究』札幌：北海道大学図書刊行会、二〇〇一年に再録
瀧川政次郎「日・渤官制の比較」『建国大学研究院研究期報』一、一九四一年：二一九―二五四頁
武田和哉「遼朝の蕭姓と国舅族の構造」『立命館文学』五三七、一九九四年：二五七―三八四頁
――「契丹国（遼朝）の北・南院枢密院制度と南北二重官制について」『立命館東洋史学』二四、二〇〇一年：二五―八三頁
竹田龍児「唐代士人の郡望について」『史学』二四、一九五一年：二六―五三頁
田村実造『征服王朝の研究（上）』京都：東洋史研究会、一九六四年
――「遼・宋交通資料註稿」『東方史論叢』一、一九四七年：二〇七―三〇九頁
――「徙民政策と州県制の成立」『中国征服王朝史の研究（上）』：二七三―三一三頁、京都：東洋史研究会、一九六四年。初出は『満蒙史論叢』三、一九四〇年
――「北アジア史における歴史世界の形成と発展」『中国征服王朝の研究（上）』一―五八頁、京都：東洋史研究会。初出は『ハーバード・燕京・同志社東方文化講座』一〇、一九五一年
――「遼朝をめぐる国際関係――遼・宋・西夏の三国関係」『中国征服王朝の研究（上）』一六九―二二二頁、京都：東洋史研究会。初出は『東亜学』（九）、一九四四年
――「中国征服王朝について――総括にかえて――」『中国征服王朝の研究（中）』：六二五―六四一頁、京都：東洋史研究会、一九七一年
――「太宗と科挙――附、遼代の科挙制」『中国征服王朝の研究（下）』：二二五―二三六頁、京都：東洋史研究会、一九八五年

――「中国近世の法制と社会」研究班「旧五代史・遼史・金史刑法志訳注稿」『東方学報（京都）』六六、一九九四年：四二五―五二八頁
津田左右吉「尹瓘征略地域考」『津田左右吉全集（一一）』：三〇七―三四一頁、東京：岩波書店、一九六四年。初出は『朝鮮歴史地理（二）』歴史調査報告二：東京：南満州鉄道株式会社、一九一三年
――「高麗西北境の開拓」『津田左右吉全集（一一）』：二四一―二九〇頁、初出は『朝鮮歴史地理（二）』歴史調査報告二：東京：南満州鉄道株式会社、一九一三年
――「高麗東北境の開拓」『津田左右吉全集（一一）』：二九一―三〇六頁、東京：岩波書店、一九六四年。初出は『朝鮮歴史地理（2）』歴史調査報告二：東京：南満州鉄道株式会社、一九一三年
――「遼の遼東経略」『津田左右吉全集（一二）』：一七二―二四九頁、一九六四年。初出は『満鮮地理歴史研究報告』三、一九一六年
――「遼の制度の二重体系」『津田左右吉全集（一二）』：三二一―三九頁、東京：岩波書店、一九六四年。初出は『満鮮地理歴史研究報告』五、一九一八年
寺地遵「遼朝治下の漢人大姓――玉田韓氏の場合――（鴛淵教授蒐集満蒙史関係拓本解題之一）」『広島大学東洋史研究室報告』一〇、一九八八年：二四―二九頁
程千帆（著）松岡栄志・町田隆吉（訳）『唐代の科挙と文学』東京：凱風社、一九八六年。原題は『唐代進士行巻与文学』上海：上海古籍出版社、一九八〇年
鄭炳俊「唐後半期の地方行政体系について――特に州の直達・直下を中心として――」『東洋史研究』五一―三、一九九二年：七二―一〇六頁
藤堂明保『中原音韻論――その歴史的研究――』東京：光生館、一九八〇年
礪波護「中世貴族制の崩壊と辟召制――牛李の党争を手がかりに――」『唐代政治社会史研究』：四五―八四頁、京都：同朋舎、一九八六年。初出は『東洋史研究』二一―三、一九六二年

――「唐代使院の僚佐と辟召制」『唐代政治社会史研究』八五―一二二頁、京都：同朋舎、一九八六年。初出は『神戸大学文学部紀要』二、一九七二年
――『馮道――乱世の宰相――』東京：中央公論社（中公文庫）、一九八八年。初出は東京：人物往来社、一九六六年
友永植「唐・五代三班使臣考」宋代史研究会（編）『宋代の社会と文化』宋代史研究会研究報告第一集：二九―六八頁、東京：汲古書院、一九八三年
外山軍治「金朝治下の契丹人」『金朝史研究』六六―一二二頁、京都：東洋史研究会、一九六四年
内藤乾吉「敦煌出土の唐騎都尉秦元告身」『中国法制史考証』：二六―六三頁、東京：有斐閣、一九六三年。初出は『東方学報（京都）』三、一九三三年
中西朝美「五代における国書の形式について――「致書」文書の使用状況を中心に――」『九州大学東洋史論集』三三、二〇〇五年：九三―一一〇
中村裕一「疏について」『唐代制勅研究』：四五二―四五八頁、東京：汲古書院、一九九一年。初出は『史学研究室報告』七、一九八八年）
長澤和俊「遼の西北路経営について」『シルクロード史研究』：三〇五―三三二頁、東京：国書刊行会、一九七九年。初出は『史学雑誌』六六―八、一九五七年
西川正夫「華北五代王朝の文臣官僚」『東洋文化研究所紀要』二七、一九六三年：二一一―二六一頁
西村陽子「唐末『支謨墓誌銘』と沙陀の動向――九世紀の代北地域」『史学雑誌』一一八―四、二〇〇九年：一―三八頁
萩原淳平「遼・金・元」『アジア史研究入門（一）』：二六九―三〇四頁、京都：同朋舎、一九八三年
橋口兼夫「遼朝の国舅帳について（上）」『史学雑誌』五〇―二、一九三九年：一―三九頁
――「遼朝の国舅帳について（下）」『史学雑誌』五〇―三、一九三九年：三八―六九頁
濱口重国『唐王朝の賤人制度』京都：東洋史研究会、一九六六年
日野開三郎「藩鎮体制と直属州」『東洋学報』四三―四、一九六一年：四八五―五二〇頁

――「五代鎮将考」(『日野開三郎東洋史学論集（二）』：四八三―五一一頁、東京：三一書房、一九八〇年。初出は『東洋学報』二五―二、一九三八年
――「五代の庁直軍について」『日野開三郎東洋史学論集（二）』：四三五―四八二頁、東京：三一書房、一九八〇年。初出は『史学雑誌』五〇―七～八、一九三九年
――「五代時代における契丹と中国との海上貿易――東丹国内における渤海遺民の海上活動」『日野開三郎東洋史学論集（一六）』：三五九―四三二頁頁、東京：三一書房、初出は『史学雑誌』五二―七～九）、一九四一年
――「後渤海の建国」『日野開三郎東洋史学論集（一六）』：一九―六四頁、東京：三一書房、一九九〇年。初出は『帝国学士院紀事』二―三、一九四三年
――「兀惹部の発展」『日野開三郎東洋史学論集（一六）』：六五―一一〇頁、東京：三一書房、一九九〇年。初出は『史淵』二九―三三、一九四三―一九四五年
――「定安国考」『日野開三郎東洋史学論集（一六）』：一一三一―三一一頁、東京：三一書房。初出は『東洋史学』一～三、一九五〇―一九五一年
――「渤海の扶余府と契丹の龍州・黄龍府」『日野開三郎東洋史学論集（一五）』：三八一―四四七頁、東京：三一書房、一九九一年。初出は『史淵』四九、五一～五二、一九五一―一九五二年
――「契丹の前帰州について」『日野開三郎東洋史学論集（一六）』二一一―二二九頁、東京：三一書房。初出は『和田博士還暦記念東洋史論叢』東京：講談社、一九五一年
――「契丹の回跋女直経略について（三）」『史淵』四八、一九五一年：二七―五三頁
――「宋初における女真の山東来航」『日野開三郎東洋史学論集（一六）』：四三三―四五八頁、東京：三一書房。初出は『史淵』六〇、一九五四年
――「統和初期における契丹聖宗の東方計略と九年の鴨祿口築城」『日野開三郎東洋史学論集（一六）』：三一三―三五五頁、東京：三一書房、一九九〇年。初出は『朝鮮学報』二一～二二、一九六一年

——「宋初女真の山東来航の大勢とその由来」『日野開三郎東洋史学論集（一六）』：四五九—五〇八頁、三一書房。初出は『朝鮮学報』三三、一九六四年

——「宋初女真の山東来航と貿易」『日野開三郎東洋史学論集（一六）』：五〇九—五四四頁、東京：三一書房。初出は『朝鮮学報』三七〜一三八、一九六六年

——「小高句麗国の滅亡」『日野開三郎東洋史学論集（八）』：三七一—四五九頁、東京：三一書房、一九八四年。初出は『史淵』九六〜九八、一〇一、一九六六・一九六七・一九六九年

——「五代史概説」『日野開三郎東洋史学論集（二）』：一五—四三二頁、東京：三一書房、一九八〇年

平田茂樹『世界史リブレット九 科挙と官僚社会』東京：山川出版社、一九九七年

廣瀬憲雄「古代東アジア地域対外関係の研究動向——『冊封体制』論・『東アジア世界』論と『東夷の小帝国』論を中心に——」『歴史の理論と教育』一二九・一三〇、二〇〇八年：三—一五頁

古畑徹「中韓高句麗歴史論争のゆくえ」弁納才一・鶴園裕（編）『東アジア共生の歴史的基礎——日本・中国・南北コリアの対話』：一八一—二〇八頁、東京：お茶の水書房、二〇〇八年

古松崇志「考古・石刻史料より見た契丹（遼）の仏教」『日本誌研究』五二二：四二—五九頁

——「契丹・宋間の澶淵体制における国境」『史林』九〇—一、二〇〇七年：二八—六一頁

——「十〜十三世紀多国併存時代のユーラシア（Eurasia）東方における国際関係」『中国史学』二一、一一三—一三〇頁、二〇一一年

——「十〜十二世紀における契丹の興亡とユーラシア東方の国際情勢」荒川慎太郎・澤本光弘・高井康典行・渡辺健哉（編）『契丹［遼］と十〜十二世紀の東部ユーラシア』：アジア遊学一六〇、八—二〇頁、東京：勉誠出版、二〇一三年

堀敏一「隋唐の部曲・客女身分をめぐる諸問題」『中国古代の身分制——良と賤』：三一九—三四六頁、東京：汲古書院、一九八七年

松井等「五代の世における契丹（上）」『満鮮地理歴史研究報告』三、一九一六年：二九五—三六一頁

――「契丹の国軍編成および戦術」『満鮮地理歴史研究報告』四、一九一九年：一―六五頁
松浦典弘「唐代後半期の人事における幕職官の位置」『古代文化』五〇―一一、一九九八年：三二―四三頁
松田光次「遼の権鹽法について」『龍谷史壇』七〇、一九七五年：七五―八四頁
――「遼代経済官庁の一考察」『東洋史苑』一〇、一九七六年：四五―六一頁
――「遼朝挙制度攷」『龍谷史壇』七七、一九七九年：二五―四七頁
――「遼と南唐との関係について」『東洋史苑（二四・二五）小笠原宣秀博士追悼論文集』：二八一―三〇六頁、京都：龍谷大学東洋史学研究会、一九八五年
三上次男「渤海国の滅亡事情に関する一考察――渤海と高麗の政治的関係を通じて見たる」『高句麗と渤海』：二一七―二三〇頁、東京：吉川弘文館、一九九〇年。初出は『和田博士還暦記念東洋史論集』東京：講談社、一九五一年
――「新羅東北境外における黒水・鉄勒・達姑等の諸族について」『高句麗と渤海』：東京：吉川弘文館。初出は一九三九年
――「高麗と定安国」『高句麗と渤海』：二五五―二三六頁、東京：吉川弘文館。初出は『東方学報（東京）』一一―一、一九四〇年
――「金代における尚書省制度とその政治的意義――政務統一機関としての尚書省の成立とその変遷――」『金史研究（二）金朝政治制度の研究』：三四四―四五七頁、東京：中央公論美術出版、一九七〇年
蓑島栄紀「渤海滅亡後の東北アジア諸民族の交流・交易の諸相」『東アジアの古代文化』九六、一九九八年：九六―一〇七頁
――「渤海滅亡後の東北アジアの交流・交易」『アジア遊学』六、一九九九年、一二七―一三三頁
――「渤海滅亡後の北東アジア諸民族と長距離交易」『古代国家と北方社会』：三〇八―三三八頁、東京：吉川弘文館、二〇〇一年
宮崎市定「東洋における素朴主義の民族と文明主義の社会」『宮崎市定全集（二）』三―一三六頁、東京：岩波書店、一九九二年。初出は東京：冨山房、一九四〇年
――「東洋的近世」『宮崎市定全集（二）』一三三―二四一、東京：岩波書店、一九九二年。初出は大阪：教育タイムス社、一九

五〇年
――「部曲から佃戸へ」『宮崎市定全集（一一）』三―七九頁、岩波書店、一九九二年。初出は『東洋史研究』二九―四、一九七一年
村上正二「征服王朝」『世界の歴史（六）』：一四七―一八五頁、東京：筑摩書房、一九六一年
室永芳三「唐代代北の李氏について――沙陀部族考その三――」『有明工業高等専門学校紀要』七、一九七一年：七三―七六頁
――「唐代における沙陀部族の成立――沙陀部族考その一――」『有明工業高等専門学校紀要』八、一九七一年：一一七―一二〇頁
――「吐魯番発見朱耶部落文書について――沙陀部族考その一（補遺）――」『有明工業高等専門学校紀要』一〇、一九七四年：九六―一〇二頁
――「唐代における沙陀部族の抬頭――沙陀部族考その二――」『有明工業高等専門学校紀要』一一、一九七五年：一三四―一三八頁
毛利英介「澶淵の盟の歴史的背景――雲中会盟から澶淵の盟へ」『史林』八九―三、二〇〇六年：四一三―四四三頁
森克己「日麗交渉と刀伊賊の来寇」『日宋貿易の研究（続）』、東京：国書刊行会、一九七五年：四一三―四二七頁。初出は『朝鮮学報』三七・三八、一九六六年
護雅男「内陸アジア世界Ｉ総説」『岩波講座世界歴史（九）』：三―一七頁、東京：岩波書店、一九七〇年
森部豊「『魏博節度使何弘敬墓誌銘』試釈」『吉田寅先生古希記念アジア史論集』一二五―一四七頁、東京：東京法令出版社、一九九七年
――「八～十世紀の華北における民族移動――突厥・ソグド・沙陀を事例として」『唐代史研究』七、二〇〇四年：七八―一〇〇頁
森安孝夫「渤海から契丹へ――征服王朝の成立」『東アジア世界における日本古代史講座（七）東アジアの変貌と日本律令国家』：七一―九六頁、東京：学生社、一九八二年

――「ウイグルから見た安史の乱」『内陸アジア言語の研究』一七、二〇〇二年：一一七―一七〇頁
――「遼・西夏　研究の視点」『中国歴史研究入門』：一五八―一六一頁、名古屋：名古屋大学出版会、二〇〇六年
――『興亡の世界史（五）シルクロードと唐帝国』東京：講談社、二〇〇七年
箭内恆「元朝斡耳朶考」『蒙古史研究』：六六三―七六八頁、東京：刀江書店、一九三〇年。初出は『東洋学報』一〇―一～三、一九二〇年
――「遼代の漢城と炭山」『蒙古史研究』：八二三―八三七頁、東京：刀江書店、一九三〇年。初出は「東洋学報」一一―三、一九二一年
山崎覚士「唐宋変革への新たな問い直し――訳注作成の目的」『大阪市立大学東洋史論叢』一三：八四―八八頁、二〇〇三年
――「五代の道制――後唐朝を中心に――」『東洋学報』八五―四、二〇〇四年：五一九―五五二
――「五代の『中国』と平王」宋代史研究会（編）『『宋代中国』の相対化』宋代史研究会研究報告第九集：一一七―一四五頁、東京：汲古書院、二〇〇九年
吉岡真「八世紀前半における唐朝官僚機構の人的構成」『史学研究』一五三、一九八一年：一九―四三
吉田順一「北アジア史の歴史的発展とウィットフォーゲルの征服王朝理論」『遊牧社会史探求』四六、一九七三年：一―七頁
李成市『東アジアの王権と交易』東京：青木書店、一九九七年
――「渤海史研究における国家と民族『南北朝時代』論の検討を中心に」『朝鮮史研究会論文集』二五、一九八八年：三三―五八頁
――「渤海史をめぐる民族と国家　国民国家の境界をこえて」『歴史学研究』六二六、一九九一年：一〇―二〇頁
――「八世紀新羅・渤海関係の一視角――『新唐書』新羅伝長人記事の再検討――」『古代東アジアの民族と国家』：三八一―四〇六頁、東京：岩波書店、一九九八年。初出は『国学院雑誌』九二―四、一九九一年
――「渤海の対日本外交への理路」『古代東アジアの民族と国家』：四〇七―四二七頁、東京：岩波書店。初出は古厩忠夫（編）『東北アジアの再発見――歴史像の共有を求めて』環日本海叢書三、東京：有信堂高文社、一九九四年

——「古代東北アジア諸民族の対日通交——穢・高句麗・渤海を中心に」『東アジアの古代文化』九六、一九九八年：八八—九五頁

若城久治郎「遼朝の枢密院に就いて」『満蒙史論叢』二、一九三九年：一一五—一四六頁

和田清「定安国に就いて」『東亜史研究（満州編）』：一六一—一八九頁、東京：東洋文庫、一九五五年。初出は『東洋学報』六—一、一九二一年

渡辺孝「魏博と成徳——河朔三鎮の権力構造についての再検討」『東洋史研究』五四—二、一九九五年：二三六—二七九頁

——「滎陽鄭氏襄城公房一支と成徳藩鎮」（『吉田寅先生古希記念アジア史論集』一四九—一七六頁、東京：東京法令出版、一九九七年

——「中唐晩期における官人の幕職官入仕とその背景」松本肇・河合康三（主編）『中唐文学の視角』：三五七—三九二頁、東京：創文社、一九九八年

——「唐後半期の藩鎮辟召制についての再検討——淮南・浙西藩鎮における幕職官の人的構成を手がかりに」『東洋史研究』六〇—一、二〇〇一年：三〇—六八頁

——「唐代藩鎮における下級幕職官について」『中国史学』一一、二〇〇一年：八三—一〇七頁

中文文献（ピンイン順）

艾生武「東丹国初探」『北方論叢』一九八三—二、一九八三年：一〇六—一〇七頁

包世軒「遼統和十年清水院経幢題記」宋徳金等（編）『遼金西夏史研究』：二六〇—二七七頁、天津：天津古籍出版社、一九九七年

陳得芝「遼代的西北路招討司」中国社会科学院歴史研究所宋遼金元史研究室（編）『宋遼金史論叢（一）』：二六七—二七六、北京：中華書局、一九八五年。初出は『元史及北方民族史研究集刊』二、一九七八年

陳康「従論博言墓誌談吐蕃噶爾氏家族的興衰」『北京文博』一九九九—四、一九九九年：六二—六七頁

——「唐論博言墓誌考釈」『北京文物与考古（五）』北京：北京燕山出版社、二〇〇二年：二〇二—二〇九頁

陳述「頭下考（上）」『歴史語言研究所集刊』八―三、一九三九年：三八七―三九八頁
――「頭下釈義」『東北集刊』一、一九四六年：一―一〇頁
――「遼史避諱表」陳述（主編）『遼金史論集（四）』北京：書目文献出版社、一九八九年：八七―九九頁
――「論遼代的財政」尹達・張政烺・鄧広銘・楊面奎・王煦華（主編）『紀念顧頡剛学術論文集（上）』四三三―四四九頁、成都：巴蜀書社、一九九〇年
陳寅恪『唐代政治史述論稿』北京：生活・読書・新知三聯書店、一九五六年（再版）。初版一九四四年
陳楽素「三朝北盟会編考（上）」『歴史語言研究所集刊』六―二、一九三六年：一九三―二七九頁
程方平『遼金元教育史』重慶：重慶出版社、一九九三年
程妮娜『古代中国東北民族地区建置史』北京：中華書局、二〇一一年
程遂営「五代幕府文職僚佐」『南都学壇』二〇〇一―五、二〇〇一年：一九―二二頁
戴偉華『唐方鎮文職僚佐考（修訂本）』桂林：広西師範大学出版社、二〇〇七年
鄧広銘「《遼史・兵衛志》中《御帳親軍》《大首領部族軍》両事目考源弁誤」『鄧広銘治史叢稿』：一―一九頁、北京：北京大学出版社、一九九七年。初出は『北京大学学報（人文科学）』一九五六―二、一九五六年
――「影印『三朝北盟会編』序」葉夢得（撰）『三朝北盟会編』上海古籍出版社（影印）、一九八七年：一―二頁
都興知「有関遼代科挙的幾個問題」『遼金史研究』：一二―二二頁、北京：人民出版社、二〇〇四年、初出は『北方文物』一九九一―一、一九九一年
――「試論耶律羽之家族与東丹国」『遼寧工程技術大学学報（社会科学版）』一〇―六、二〇〇八年：六一七―六一九頁
都興智・孫艶「関于渤海国及渤海遺民研究的幾個問題」（『遼寧師範大学学報（社会科学版）』二〇〇八―二、二〇〇八年：一一三―一一六頁
都興智・田立坤「後晋石重貴石延煦墓誌銘考」『文物』二〇〇四―一一、二〇〇四年：八七―九五頁。都興知『遼金史研究』北京：人民出版社、二〇〇四年に再録

杜文玉「選官制度」『五代十国制度研究』四八—九八頁、北京：人民出版社、二〇〇六年。初出『中国史研究』二〇〇二—三、二〇〇二年
樊文礼『唐末五代的代北集団』北京：中国文連出版社、二〇〇〇年
范樹梁・程妮娜「遼代東丹国設置浅析」『遼金史論集（一一）』：五一—五九頁、長春：吉林文史出版社、二〇〇八年
方積六「唐代河朔三鎮〝胡化〟説弁析」紀念陳寅恪教授国際学術討論会秘書組（編）『紀念陳寅恪教授国際学術討論会文集』四三一—四五三頁、広州：中山大学出版社、一九八九年
費国慶「遼代斡魯朶探索」『歴史学』三、一九七九年：三四—五〇頁
——「遼代的頭下州軍」歴史研究編輯部（編）『遼金史論文集』：一三五—一五〇頁、瀋陽：遼寧人民出版社、一九八五年。初出は『曲阜師範学院学報』一九六三—一、一九六三年
——「遼朝郎君考」『上海教育学院学報』一九九一—一、一九九一年：六〇—六五頁
馮継欽「遼代長白三十部女真新探」陳述（主編）『遼金史論集（三）』、北京：書目文献出版、一九八七年：一三—三〇頁
——「金代契丹人分布研究」『北方文物』一九九〇—二、一九九〇年：五二—五八頁
馮家昇「遼史源流考及遼史初校」『燕京学報専号』五、一九三三年
馮永謙「遼代頭下州探索」『北方文物』一九八六—四、一九八六年：八〇頁
——「遼志十六頭下州地理考」『遼海文物学刊』一九八八—一、一九八八年：七一—九八頁
傅楽煥「遼代四時捺鉢考五編」『遼史叢考』：三六—一七二頁、北京：中華書局、一九八四年。初出は『国立中央研究院歴史語言研究所集刊』一〇—五、一九四三年
傅璇宗（主編）『唐才子伝校箋（三）』北京：中華書局、一九九〇年
——『唐才子伝校箋（五）』北京：中華書局、一九九五年
高明士「賓貢科的成立与発展」『唐代史研究』五、二〇〇二年：二一—二二頁
高福順「遼朝初期科挙制度述論」王滽（主編）『科挙学論叢』二〇〇八—一：三〇—三四頁、北京：線装書局、二〇〇八年

——「遼代礼部貢院与知貢挙考論」『考試研究』二〇一一—二、二〇一一年：七七—八二頁
龔延明（編著）『宋代官制辞典』北京：中華書局、一九九七年
顧乃武・潘艶蕊「唐代河北胡漢文化属性研究総述」『河北大学成人教育学院学報』二〇一〇—三、二〇一〇年：八〇—八二頁
関樹東「遼朝御朝官考」『民族研究』一九九七—二、一九九七年：六五—六九頁
——「遼代的選官制度与社会結構」『十—十三世紀中国文化的碰撞与融合』：四三八—四六一頁、上海：上海人民出版社、二〇〇六年
郭鋒「晋唐士族的郡望与士族等級的判定標準——以呉郡清河范陽敦煌張氏郡望之形成為例」『唐研究』二、一九九六年：二四五—二六四頁
郭文鎬「許渾北游考」『遼寧大学学報』（社会哲学版）一九八七—四、一九八七年：九一—九五頁
何天明「枢密院制度」『遼代政権機構史研究』：一六—六五頁、呼和浩特：内蒙古大学出版社、二〇〇四年
何俊哲「耶律倍与東丹国諸事考」『北方文物』一九九三—三、一九九三年：八八—九二頁
河北省文化局文物工作隊「河北新城県北場村金時立愛和時豐墓発掘記」『考古』一九六二—一二：六四六—六五〇頁
河北省文物研究所『宣化遼墓——一九七三〜一九九三年考古発掘報告（上・下）』北京：文物出版社、二〇〇一年
黄震云「論遼代科挙」『遼代文史新探』：一六〇—一八二頁、北京：中国社会科学出版社、一九九九年
吉仲『高麗与宋金外交経貿関係史論』北京：文津出版社、二〇〇四年
賈敬顔『五代宋金元人辺疆行紀十三種疏証稿』北京：中華書局、二〇〇四年
蔣武雄「遼与後唐外交幾個問題的探討」『東呉歴史学報』六、二〇〇〇年：三五—六三頁
金申「房山県雲居寺《千人邑会碑》初探」『文物』一九八六—一二、一九八六年：六四—六八頁
金渭顕『契丹的東方政策——契丹与高麗女真関係之研究』台北：華世出版社、一九八一年
——「東丹国変遷考」『宋史研究論叢』五、保定：河北教育出版社、二〇〇三年：一—一二頁
金永田「契丹大字『耶律習涅墓誌』考釈」『考古』一九九一—四、一九九一年：三七二—三七九頁

金毓黻『渤海国志長編』趙鉄寒（主編）宋遼金元四史資料叢刊一、台北：文海出版社、一九七七年。初版は一九三四年
景愛「遼代女真与高麗的関係」『北方文物』一九九〇―三、一九九〇年：五〇―五四頁
康鵬「東丹国廃罷時間新探」『北方文物』二〇一〇―二、二〇一〇年：七三―七七頁
頼瑞和『唐代基層文官』台北：聯経出版、二〇〇四年
李符桐「奚部族及其与遼朝関係之探討」『大陸雑誌』三三―七～一一、一九五二年。『李符桐論著全集（五）』台北：台湾学生書局、一九九二年に再録
李桂芝「遼朝提轄司考」『学習与探求』二〇〇五―二、二〇〇五年：一三一―一三五頁
――「景宗即位考実」『学習与探求』二〇〇六―六、二〇〇六年：一六三―一六五頁
李鴻賓『唐朝中央集権与民族関係――以北方区域為線索』北京：民族出版社、二〇〇三年
李文沢「遼代的官方教育与科挙制度研究」『四川大学学報（哲学社会科学版）』一九九九―四、一九九九年：六〇―六四頁
李錫厚「遼代諸宮衛各色人戸的身分」『北京師範学院学報（社会科学版）』一九八五―四：一二一―一二八頁、一九八五年
――「試論遼代玉田韓氏家族的歴史地位」『臨潢集』：九八―一二三頁、保定：河北出版社、二〇〇一年。初出は中国社会科学院歴史研究所宋遼金元史研究室（編）『宋遼金史論叢（一）』、北京：中華書局、一九八五年
――「論遼朝政治体制」『歴史研究』一九八八―三、一九八八年：一一九―一三五頁、一九八八年。『臨潢集』保定：河北出版社、二〇〇一年に再録
――「遼朝的漢軍」『中国史研究』一九八九―一、一九八九年：九八―一〇五頁。『臨潢集』保定：河北出版社、二〇〇一年に再録
――「金朝的宮籍監戸」『北京師範学院学報　社会科学版』一九九〇―一、一九九〇年：九八―一〇二頁。『臨潢集』保定：河北出版社、二〇〇一年に再録
――「論駆口」『臨潢集』一九九―二一八頁、保定：河北大学出版社、二〇〇一年。初出は『中国史研究』一九九五―二、一九九五年

――「頭下与遼金〝二税戸〞」『臨潢集』二四二―二七一、保定：河北大学出版社、二〇〇一年。初出は『文史』三八、一九九四年

――「関于『頭下』研究的両個問題」『中国史研究』二〇〇一―二、二〇〇一年：八一―八七頁

――『中国歴史七・遼史』北京：人民出版社、二〇〇六年

李雪梅「論東丹国的建国原因及其性質」『遼寧師範大学学報（社会科学版）』二〇〇七―三、二〇〇七年：一一六―一一九頁

梁玉多「定安国小考」『北方文物』二〇一〇―一、二〇一〇年：六八―七二頁

遼寧省地方志編纂委員会弁公室（主編）『遼寧省志　文物志』瀋陽：遼寧人民出版社、二〇〇一年

林瑞翰「遼代兵制」『大陸雑誌』一七―七、一九五八年：八―一九頁

劉春玲「論漢人官僚集団在遼政権中的作用」『陰山学刊』一五―二、二〇〇二年：六五―六七頁

劉鳳翥・青格勒「遼代《韓徳昌墓誌銘》和《耶律（韓）高十墓誌銘》考釈」劉鳳翥・唐彩蘭・青格勒（編著）『遼上京地区出土的遼代碑刻彙編』：三八〇―三九五頁、北京：社会科学文献出版社、二〇〇九年

劉琴麗「中晩唐河北挙子研究」『史学集刊』二〇〇九―四、二〇〇九年：三七―四六頁。「由科挙仕進看中晩唐河北藩鎮的地域文化」と改題し『唐代挙子科考生活研究』北京：社会科学文献出版社、二〇一〇年に再録

劉浦江『遼金史論』瀋陽：遼寧大学出版社、一九九九年

――「遼朝的頭下制度与頭下軍州」『中国史研究』二〇〇〇―三、二〇〇〇年：八六―一〇一頁。『松漠之間――遼金契丹女真史研究』北京：中華書局、二〇〇八年に再録

――「遼朝国号考釈」『松漠之間――遼金契丹女真史研究』：二七―五一頁、北京：中華書局、二〇〇八年。初出は『歴史研究』二〇〇一―六、二〇〇一年

――「遼代的渤海遺民――以東丹国和定安国為中心」『松漠之間――遼金契丹女真史研究』：三六七―三八六頁、北京：中華書局、二〇〇八年。初出は『文史』二〇〇三―一、二〇〇三年

――「耶律元寧考釈」『松漠之間――遼金契丹女真史研究』：二〇七―二一七頁、北京：中華書局。初出は『考古』二〇〇六―一、

二〇〇六年
劉真倫・岳珍（校注）『韓愈文集彙校箋注』北京：中華書局、二〇一〇年
盧建栄「中晩唐藩鎮文職幕僚職位的探討」『第二届国際唐代学術会議論文集（下）』北京：文津出版社、一九九三年：一一三七―一二七一頁
盧迎紅・周峰「契丹小字《耶律迪烈墓誌》考釈」『民族語文』二〇〇一―一、二〇〇〇年：四三―五二頁
羅継祖「遼史校勘記」『遼史彙編（三）』。一八・一―一八・六四、台北：鼎文書局、一九七三年（再録）。初版一九三八年
――「張建章墓誌補考」『黒龍江文物叢刊』一九八三―三、一九八三年：六一―六二頁
馬馳「唐幽州境僑治羈縻州与河朔藩鎮割拠」『唐研究』四、一九九八年：一九九―二一三頁
馬文軍「試論唐代河北地区胡化与漢化的両種趨向」『洛陽師専学報』一九九六―六、一九九六年：七二―七六頁
毛漢光「論安史乱後河北地区之社会与文化」淡江大学中文系（主編）『晩唐的社会与文化』九九―一一一頁、台北：学生書局、一九九〇年
――「五代之政治延続与政権転移」『中国中古政治史論』上海：上海書店出版、二〇〇二年：四一八―四七四頁。初出は『中央研究院歴史語言研究所集刊』五一―二、一九八〇年
――「従士族籍貫遷移看唐代士族之中央化」『中国中古社会史論』上海：上海書店出版社、二〇〇二年：二三四―三三三頁。初出は『中央研究院歴史語言研究所集刊』五二―三、一九八一年
孟凡云「聖宗削奪頭下因果考論」『昭烏達蒙族師範専学報』二〇〇〇―二、二〇〇〇年：五三―五八頁
孟古托力「遼朝漢族儒士群体的形成及歴史地位弁析」『学術与探索』一九九一―四、一九九一年：一三一―一三七頁
苗威「定安国考論」『中国辺疆史地研究』二〇一一―二、二〇一一年：一一〇―一一八頁
寧欣『唐代選官研究』台北：文津出版社、一九九五年
漆俠『遼金夏経済史』保定：河北大学出版社、一九九四年
――「従対『遼史』列伝的分析看遼国家体制」『歴史研究』一九九四―一、一九九四年：七五―八八頁

清格爾泰（編著）『契丹小字釈読問題』府中：東京外国語大学アジア・アフリカ研究所、二〇〇二年
清格爾泰・劉鳳翥・陳乃雄・于宝林・邢復礼『契丹小字研究』北京：中国社会科学出版社、一九八五年
栄新江「北朝隋唐粟特人之遷徙及其聚落」『中古中国与外来文明』三七—一一〇頁、北京：生活・読書・新知三聯書店、二〇〇一年。初出は『国学研究』六、一九九九年
石雲濤『唐代幕府制度研究』北京：中国社会科学出版社、二〇〇三年
舒焚『遼史稿』武漢：湖北人民出版社、一九八四年
宋徳熹「唐代後半期門閥与官宦之関係」淡江大学中文系（主編）『晩唐的社会与文化』台北：学生書局、一九九〇年：一一三—一六一頁
孫進己「論遼文化——兼評所謂〝第三文化〟」『遼金史論集（六）』：三三—四〇頁、社会科学文献出版社、二〇〇一年
孫国棟「宋代官制紊乱在唐制的根源」『唐宋史論叢（増訂版）』：一九七—二一〇頁、香港：商務印書館、二〇〇〇年。初出は『中国学人』一、一九七〇年
——「唐宋之際社会門第之消融」（『唐宋史論叢（増訂版）』香港：商務印書館、二〇〇〇年：二一一—三〇八頁。初出は『新亜学報』四—一、一九五九年
唐統天「遼代頭下州官制小議」孫進己等（編）『契丹史論著滙編（上）』：一一七二—一一七五頁、瀋陽：遼寧社会院歴史研究所、一九八八年。初出は『遼金契丹女真史研究動態』一九八四—一、一九八四年
——「遼代漢官的散階制」『社会科学輯刊』一九八八—三、一九八八年：六七—七一頁
田立坤・馮文学「張公墓誌跋」『遼金史論集（四）』：一七六—一七九頁、北京：書目文献出版社、一九八九年
王徳権「中晩唐使府僚佐昇遷之研究」『国立中正大学学報（人文分冊）』五—一、一九九四年：二六七—三〇二頁
王徳忠・李春燕「遼代斡魯朶問題研究綜述」『東北史地』二〇〇九—三、二〇〇九年：七四—七八頁
王明蓀「略論遼代漢人集団」『宋遼金史論文稿』六三—一二五頁、台北：明文書局、一九八一年。初出は『辺政研究所年報』一一、一九八〇年

王清林・王朱・周宇「豊台路口南出土遼墓整理簡報」『北京文博』二〇〇二―二、二〇〇二年：三八―四三頁、王勝明「新発現的崔酈佚文《李益墓誌銘》及其文献価値」『文学遺産』二〇〇九―五、二〇〇九年：一三〇―一三三頁

王滔韜「遼朝南面宰相制度研究」『社会科学輯刊』二〇〇〇―四：一〇〇―一〇六頁

王未想「内蒙古巴林左旗出土遼代蔡志順墓誌」『考古』一九九五―九、一九九五年。七九九―八〇一頁

王善軍『世家大族与遼代社会』北京：人民出版社、二〇〇八年

王永興「関于唐代后期方鎮官制親史料考釈」北京大学中国古史研究中心（編）『紀念陳寅恪先生誕辰百年学術論文集』二六七―二七六頁、北京：北京大学出版社、一九八九年

王玉亭「従遼代韓知古家族墓誌看韓氏家族契丹化的問題」『北方文物』二〇〇八―一、二〇〇八年：五九―六四頁

王曾瑜「宋遼金之節度使（上・下）」『大陸雑誌』八三―二・四、一九九一年

――「遼朝官員的実職和虚銜初探」『文史』三四、一九九二年：一五九―一八六頁

――「遼朝軍制稿」『遼金軍制』一―一二四頁、保定：河北大学出版社、二〇一一年

呉光華「唐代盧龍鎮初期之政局」『史原』一一、一九八一年：一二五―一六五頁

呉廷燮「遼方鎮年表」『二十五史補編』八〇六九―八〇九三頁、上海：開明書店、一九三七年

武玉環『遼制研究』長春：吉林大学出版社、二〇〇一年

――「科挙制度」『遼制研究』：一九八―二〇五頁、長春：吉林大学出版社二〇〇一年

――「中央北南面官制与地方行政機構」『遼制研究』：三六―四四頁、長春：吉林大学出版社、二〇〇一年

――「北・南枢密院」『遼制研究』：四五―五八頁、長春：吉林大学出版社、二〇〇一年

――「遼代斡魯朶探析」『歴史研究』二〇〇〇―二、二〇〇〇年：五一―六二頁。『遼制研究』長春：吉林大学出版社、二〇〇一年に再録

厳耕望「唐方鎮使府僚佐考」『唐史研究論叢』香港：新亜研究所、一九六九年

――『唐代公通図考（五）河東河北区』台北：中央研究院歴史語言研究所、一九八六年

閻万章「遼『陳万墓誌』考証」『遼金史論集（五）』：三七―四九頁、北京：文津出版社、一九九一年
楊保隆「遼代渤海人的逃亡与遷徙」『民族研究』一九九〇―四：九三―一〇三頁
楊軍「遼朝南面官研究――以碑刻資料為中心」『史学集刊』二〇一三―三、二〇一三年：三―一九頁
楊若薇『契丹王朝政治軍事制度研究』北京：中国社会科学出版社、一九九一年
――「遼朝科挙制度的幾個問題」『契丹王朝政治軍事制度研究』：二七三―二八五頁、北京：中国社会科学出版社、一九九一年
楊樹藩「遼金地方政治制度之研究」『中国歴史学会史学集刊』八、一九七六年：一五七―二三二頁
苑汝杰・張金桐「唐代河朔納士与士人入幕心裡」『塩城師範学院学報（人文社会科学版）』二〇〇三―一、二〇〇三年：四二―四五頁
姚従吾「説遼朝契丹人的世選制度」『東北史論叢（上）』：二八三―三三八頁、台北：正中書局、一九五九年。初出は『文史哲学報』六、一九五五年
――「従宋人所記燕雲十六州淪入契丹後的実況看遼宋関係」『大陸雑誌』二八―一〇、一九七九年
姚家積「遼代的蕃漢転戸」『宋遼金史論叢』二、一九九一年：二八九―三〇六頁
游彪『宋代蔭補制度研究』北京：中国社会科学出版社、二〇〇一年
蕭啓慶「漢人世家与辺族政権」『元代的族群文化与科挙』：三三九―三七七頁、台北：連経出版、二〇〇八年。初出は『国家科学委員会研究彙刊：人文及社会科学』三―一、一九九三年
――「中国近世前期南北発展的歧異与統合：以南宋金元時期的経済社会文化為中心」『元代的群族文化与科挙』：一―二二頁、台北：連経出版
向南・楊若薇「遼代経済機構試探」『文史』一七、一九八九年：一〇五―一二一頁
項春松『遼代歴史与考古』呼和浩特：内蒙古人民出版社、一九九六年
徐自強「『張建章墓誌』考」『文献』一九七九―二、一九七九年：一八七―一九七頁
張柏忠・孫進己「遼代春州考」『内蒙文物考古』一、一九八一年：八〇―八三頁

張博泉「〝中華一統〟論」『史学集刊』一九九九―二、一九九〇年：八―一八頁
張国剛『唐代藩鎮研究』一八一―一九九頁、長沙：湖南教育出版社、一九八七年
――「唐代藩鎮使府辟署制度」『唐代藩鎮研究』：一八一―一九九頁、長沙：湖南教育出版社、一九八七年
張家口地区文管所・涿鹿県文管所「河北省涿鹿県譚荘遼咸知進墓」『文物春秋』一九九〇―三：二九―三五頁
張儒婷「試析遼景宗時期的用人特点」遼寧省遼金契丹女真史研究会（編）『遼金歴史与考古（一）』：一一二―一一八頁、瀋陽：遼寧教育出版社、二〇〇九年
張天虹「従新刊唐代《李仲昌墓誌銘》看安史之乱後士人〝北走河朔〟」『河北大学学報（哲学社会科学版）』二〇一一―三：一三〇―一三六頁
――「唐代藩鎮研究模式的総結和再思考――以河朔藩鎮為中心」『清華大学学報（哲学社会科学版）』二〇一一―六、二〇一一年：五五―六五頁
張希清「遼宋科挙制度比較研究」張希清・田浩・黄寛重・于建設（主編）『十―十三世紀中国文化的碰撞与融合』：八五―一一三頁、上海：上海人民出版社、二〇〇六年
張正明『契丹史略』北京：中華書局、一九七九年
張志勇「遼朝選任官吏的方式考述」『遼宁工程技術大学学報（社会科学版）』二〇〇四―二、二〇〇四年：一八四―一八七頁
趙蔭棠『中原音韻研究』上海：商務印書館、一九五五年
趙雨楽『唐宋変革期之軍政制度研究（一）――三班官制之演変』台北：文史哲出版社、一九九三年
――『唐宋変革期之軍政制度――官僚機構与等級之編成』台北：文史哲出版社、一九九四年
鄭毅「略論遼代的〝行朝〟体制」『東北史地』二〇〇七―五、二〇〇七年、四六―五〇頁
政協巴林左旗委員会編『大遼韓知古家族』呼和浩特：内蒙古人民出版社、二〇〇一年
周峰「遼代〝李継成暨妻馬氏墓志銘〟考釈」北京遼金城垣博物館（編）『北京遼金文物研究』：二三〇―二三二頁、北京：北京燕山出版社、二〇〇五年。初出『北京文博』二〇〇二―三、二〇〇二年

――「遼代前期漢人重臣高勲生平発微」『北方文物』二〇一一―一、二〇一一年：五二―五六頁
朱子方「従瀋陽塔湾舎利塔石函銘文看遼代瀋州的居民」孫進己・馮永謙・蘇天鈞（主編）『中国考古集成　東北巻（一六）』：二一六六―二一七〇頁、北京：北京出版社、一九九七年。初出は『文史研究』一九八七―一、一九八七年
――「遼『張建立墓誌』読後記」『北方文物』一九九七―一、一九九七年：五四―五七頁
――「遼宋提轄官比較研究」『社会科学輯刊』一九九九―二、一九九九年：九四―一〇一頁
朱子方・黄鳳岐「遼代科挙制度述略」陳述（主編）『遼金史論集（三）』：一―一二頁、北京：書目文献出版社、一九八七年

ハングル文文献（ハングル発音順）

金渭顕「東丹国考」『契丹社会文化史論』：二二三―二四九頁、ソウル：景仁文化社、二〇〇四年。初出は『宋遼金元史研究』四、二〇〇〇年
金在満『契丹・高麗関係史研究』ソウル：国学資料院、一九九九年
李龍範「遼代東京道의渤海遺民」『史叢』一七・一八、一九七三年：一九―三四頁：李龍範『中世満州・蒙古史의研究』ソウル：同和出版公社、一九八八年に再録
――「高麗와渤海」『韓国史（四）』：六七―一〇四頁、ソウル：国史編纂委員会、一九七四年
李美子「〈후발해〉국 존재여부에 대하여」『白山学報』六七、二〇〇三年：七三五―七八一頁
崔益柱「遼의支配勢力의構造와帝位継承에대하여」『東洋史学研究』六、一九七三年：四三―一〇〇頁
――「遼代의宮戸」『歴史学報』五七、一九七三年：一〇一―一三四頁
――「遼景宗・聖宗代의漢人官僚의成長과 그存在形態――高勲과韓徳譲을中心으로」『人文研究』一〇―一、一九八八年：一三五―一五九頁
――「遼代枢密院에 대한検討」『人文研究』一二―二、一九九一年：一一三―一二九頁
韓圭哲「高麗来投・来往契丹人」『韓国史研究』四七、一九八四年：一―二六頁

――「渤海復興国〝後渤海〟研究」『国史館論叢』六二、一九九五年：二八九―三一〇頁

欧文（アルファベット順）

Clauson, Gerard, *An Etymological Dictionary of Pre-Thirteenth-Century Turkish*, Oxford: Clarendon Press, 1972

Franke, Herbert "Introduction," D. Twichett and H. Frsnke (eds.), *Cambrige History of China*, vol.6. New York: Cambrige University Press, 1994: pp.1-42

Kane, Daniel, *The Kitan Language and Script*, Leiden; Boston: Brill, 2009

Rossabi, Morris "Introduction," M. Rossabi (eds.), *China Among Equals: The Middle Kingdom and its Neighbers, 10th-14th Centuries*. Berkeley: University of California Press, 1983: pp.1-13

Standen, Naomi *Unbouder Loyalty: Frontier Crossing in Lioa China*. Honolulu: University of hawai'i Press, 2007

Wittforgel, karl A., and Feng Chiaisheng. *History of Chinese Society: Liao (907-1125)*. Philadelphia: American Philosophical Society, 1949

Worthy, Edmund H. Jr. "Diplomacy for Survival: Domestic and Foreign Relation of Wu Yüeh, 907-978," M. Rossabi (eds.), *China Among Equals: The Middle Kingdom and its Neighbers, 10th-14th Centuries*. Berkeley: University of California Press, 1983: pp.17-44

初出一覧

＊収録にあたって、全体の統一をはかるため表記・史料引用方法・注の形式などの修正を行った。また、論文発表後の自他の研究の進展などにあわせて、若干、内容の増補・改訂を行っているが、基本的な論旨に変更は加えていない。

序　論　考察の端緒（学位論文　序論。のち大幅に改稿して『契丹［遼］と一〇～一二世紀の東部ユーラシア』『アジア遊学』一六〇、二〇一三年、勉誠出版に再録）

第一章　東丹国と東京道（『史滴』一八、一九九六年、早稲田大学東洋史懇話会）

補説一　東京と中台省――「東丹国と東京道」再考察――（書き下ろし）

第二章　十世紀の東北アジアの地域秩序――渤海から遼へ――（学位論文　第二章）

補説二　十一世紀における女真の動向――東女真の入寇を中心として――（『波騒ぐ東アジア』アジア遊学七〇、二〇〇四年、勉誠出版社）

第三章　遼の『燕雲十六州』支配と藩鎮体制――南京道の兵制を中心として――（『早稲田大学大学院文学研究科紀要（哲学・史学編）』別冊二一、一九九五年、早稲田大学大学院文学研究科）

第四章　遼の斡魯朶の存在形態（『内陸アジア史研究』一四、一九九九年、内陸アジア史学会）

第五章　オルド（斡魯朶）と藩鎮（『東洋史研究』六一―二、二〇〇二年、東洋史研究会）

第六章　頭下州軍の官員（『遼金西夏研究の現在（一）』二〇〇八年、東京外国語大学アジア・アフリカ研究所）
第七章　遼の武臣の昇遷（『史滴』二四、二〇〇二年、早稲田大学東洋史懇話会）
第八章　遼朝科挙と辟召（『史学集刊』二〇〇九―一、二〇〇九年、吉林大学《史学集刊》編集部）
第九章　景宗・聖宗期の政局と遼代科挙制度の確立（『史観』一六八、二〇一三年、早稲田大学史学会）
第十章　遼朝における士人層の動向――武定軍を中心として――（『『宋代中国』の相対化』二〇〇九年、汲古書院）
補説三　唐後半期から遼北宋初期の幽州の「文士」（『史滴』三四、二〇一二年、早稲田大学東洋史懇話会）
終　論　世界史の中で遼代史をいかに位置づけるか（学位論文　終論。のち大幅に改稿して『契丹［遼］と一〇～一二世紀の東部ユーラシア』『アジア遊学』一六〇、二〇一三年、勉誠出版に再録）

あとがき

縁というのは不思議なものである。当然のことながら、本書の成立は様々な縁によっているのだが、その中には今にして思えば奇縁ともいえるようなものもある。これらの縁をあげることで本書成立の背景の一端を披瀝するとともに、縁のあった方々への感謝の意を表したい。

一九七三年四月から七五年三月にかけてＮＨＫ総合テレビで放送された人形劇「新八犬伝」は、当時の人気番組であった。筆者もこれに魅了された一人であり、それが高じて『八犬伝』の関連書籍を両親にせがんで手当たり次第に購入してもらっていた（もっとも、この当時の筆者は小学校低学年であったので子供向けの書籍に限られていたが）。そのうちに、『八犬伝』は『水滸伝』の翻案であることを知り、それでは『水滸伝』も読んでみようということになった。これが、筆者と十──十二世紀中国との最初の出会いであった──最近になって知ったことであるが、『南総里見八犬伝』の著者である曲亭馬琴には遼・宣懿皇后の誣告事件についての記述である『焚椒録』を粉本の一つとする『高尾船字文』があるというのも縁を感じる──とはいえ、この時にすぐに中国に興味を持ったというわけではない。

一九七九年に入学した早稲田実業学校での縁が、のちに東洋史を志すきっかけとなった。中学入学直後の最初の歴史の授業の際、教科担当の杉仁先生が学校の創立年（一九〇一年）と同年の出来事である八幡製鉄所の操業開始をとりあげ、学校創立が一八九九年に施行された実業学校令に基づくものであること、同法令が当時の国家的な目標である殖産興業を教育面から支援するために施行されたことを解説し、また、学校の創立に関与した大隈重信の当時の政治的立場などもあわせて論じ、両者は一見するとバラバラな出来事にみえるが、その根底には共通の政治的・社会的状況があったことを指摘し、歴史を学ぶ目的は様々な事象の関係性の解明にあると述べられた。これが歴史というものは単なる記録の集積ではなく分析・考察の対象であることを知った最初であり、歴史研究を志す契機となった（「秉性は移り難し」、この授業の影響か、研究課題を設定する際に「一見するとバラバラに見える事象」を結びつけるのがクセになっているようで、本書の主題である「渤海」と「藩鎮」や第五章の「オルド」と「藩鎮」の組み合わせなどにそれが如実に表れている）。また、中学二年の時に国語を担当された鈴木義昭先生は、教材として『中国の故事・ことわざ』（芦田孝昭著、現代教養文庫六八五、社会思想社、一九七〇年）を利用されたが、この書に収録された中国古典の世界に魅了され、『史記』をかわきりに中国古典を読むようになった。当初は訳注本を読んでいたのだが、次第に原典を読みたくなり、初めて購入した漢籍が『五代史』（和刻本正史、古典研究会編、汲古書院、一九七二年）であった。とりたてて五代の歴史について興味があったわけでなく、当時の定価で三六〇〇円と、店頭に並んでいた他の書籍（『唐書』や『明史藁』などがあった）とくらべて廉価で小遣いで捻出できる範囲であるという、たわいのない理由で購入したのであるが、後にその時代を対象とする研究をし、その書籍を販売した出版社から自著を出版することになるのであるから、これも縁というものであろう。

在学当時の早稲田実業の校舎はまだ早稲田鶴巻町にあったので、授業が午前中で終る日などは読書好きな友人と連れ立って神保町の書店街へ行くのが習慣になっていた。神保町に通うようになれば自ずと目に留まるのが中国書籍の専門書店で、こうした書店にも頻繁に立ち寄るようになる。中高生にとってはこうした専門店に置かれているような書籍を自由に手に取って実見することは、他では得られない経験であり、漢籍についての知識を広げることができたと同時に東洋史についての興味がかきたてられることとなった。今ではインターネットやカタログでの通販による書籍の購入に頼りがちで、こうした専門書店に足を運ぶ機会がめっきり少なくなってしまったが、自分の視野を広げてくれたこれらの書店の存在に改めて感謝したい。

かくして東洋史学を志して一九八五年に早稲田大学第一文学部に入学し、さらに一九八九年に同大学の大学院文学研究科に進学したのであるが、この時期は丁度、唯物史観にもとづき世界史の発展法則を解明しようとしていた戦後歴史学が転換期を迎え、問題関心が多様化していく（この現象を「問題関心の個別分散化」として批判的に見る向きもあるが、総体的には「空間への着目」として把握すべきであると考えている）時期であった。そうした時代の影響を受け、一方では時代区分論的な関心から転換期とされる時期（後漢末から魏晋あるいは唐宋変革）に興味を抱き、一方では民族問題などに関心を抱いた。早稲田大学には宋代史が専門である近藤一成先生がいらしたので、第一の問題関心については十世紀前後を対象にしようと決められた。ところが、第二の問題関心についてはなかなか研究の軸が定まらず、学部、修士、博士それぞれの課程で全く異なる研究テーマを選択するという迷走状態にあった。今にして思えば、研究テーマを二転三転させる学生というのは指導する側からすると傍迷惑な存在でしかなく、そのような学生を見捨てることなく受け入れて下さった指導教授の長澤和俊先生・近藤一成先生には感謝の意を禁じえない。

一九九二年に博士課程に進学してようやく遼代を中心に十世紀前後の歴史を考えるという研究の軸が定まったが、この時点ではまだ本書のもう一つの視点である渤海と遼については関心の外にあった。正確な年次は失念してしまったが、（一九九二、九三年頃だったと思う）宋代史研究会に参加した際の懇親会の席で九州大学出身の本田精一氏から「遼の研究をするのであれば渤海について意識する必要がある」という助言をいただいた。本田精一氏は九州大学で日野開三郎氏の講義を受講し、その講義では『遼史』地理志を取り上げていたということであった。本書第二章でも頻繁に引用している日野開三郎氏の後高句麗国・後渤海国関連の研究では『遼史』地理志の分析が研究の基礎となっている。本田精一氏はそれを踏まえて前述の発言をされたと思われる。懇親会の席上のとりとめの無い会話ではあったが、以後、渤海と遼の関連について注意を払うようになった。渤海の問題に本格的に取り組むようになったのは一九九四年に本書第一章の基礎になった口頭発表（「遼の地方行政について――三京宰相府と中台省――」一九九四年度早稲田大学史学会大会）の準備をしているときであるが、この時は最初から渤海について検討していたというわけではなく、それ以前に行っていた本書第三章の基礎となる遼の燕雲十六州支配の研究との関連で、『遼史』職官志にみえる三京宰相府の記事の検討を行い、その過程で東丹国中台省との関係が明らかになるという偶然の結果であった。偶然というのは重なるもので、一九九五年には李成市先生が早稲田大学に赴任され大学院のゼミを担当するようになった。李成市先生はこの当時、一連の渤海史関連の論考を発表されており、そこから直接・間接に刺激を受けることができ、また、先生の学生達（井上直樹氏・坂田志帆氏・澤本光弘氏・橋本繁氏）と行った金毓黻『渤海国志長編』の読書会などを通じて渤海についての理解を深めることができた。

私が大学院生であった一九九〇年代の早稲田大学大学院の東洋史は教員数・院生数ともに豊富で、上記の長澤和俊先生・近藤一成先生・李成市先生のほかに、古賀登先生・福井重雅先生・吉田順一先生・工藤元男先生・後藤明先生・佐藤次高先生が前後して在任されていて、時代・地域ともに幅広い分野をカバーしていた。こうした諸先生の講義への出席、あるいは諸先生の学生（煩瑣になるので名前を列挙することはしないが、これら先輩・同輩・後輩諸氏は現在でも第一線の研究者として活躍されている方が多い）たちと自主勉強会などを通じて、研究の方法や史料読解についての研鑽を積むことができた。また、多数の異なる地域を専門とする方々と常に接する機会があったことは、自分の研究をユーラシア規模の大きな視点のなかに位置づけて考えることにつながった。本書の研究の基礎はこうした環境の中で次第に醸成されていったものである。

勿論、早稲田の学内だけでなく学外の各種学会、研究会における多くの方々との交流を通じて、研究上の有益な情報や、研究のヒントを得ることができた。特に、宋代史研究会・遼金西夏史研究会は自分の研究と密接に関わる分野の研究者の集まりであるので、自己の研究に直接関連する助言などを頂く機会が多かった（前述の本田精一氏とのやりとりはその一例である）。本書のいくつかの章は、これらの学会・研究会での報告に基づいたものであり、そこでの批評・助言をうけて修正した部分も少なからずある。助言を頂いた方々には、この場を借りて改めて感謝の意を表したい。

本書は二〇一〇年に早稲田大学に提出した博士論文を基礎としてその後に発表した論考などを加えたものである。博士論文の審査をされた主査の近藤一成先生、副査の李成市先生・石見清裕先生には細部にわたり様々なご指摘をいただいた。私の力不足もあって、これらの指摘を本書で全て反映しきれなかったかもしれない。それについては今後に期したい。

なお、本書の刊行は独立行政法人日本学術振興会平成二十八年度科学研究費補助金「研究成果公開促進費」（学術図書）の助成をうけて出版するものである。関係した各位に謝意を表したい。また出版にあたっては汲古書院社長三井久人氏・編集担当の柴田聡子氏には格別のお骨折りをいただいた。そもそも、三井久人氏に「本にできる原稿を持ってはいないか」と声をかけていただいたのが、本書出版の契機となっている。もし、声をかけていただけなければ本書を世に送り出すことはできなかったであろう。改めて御礼申し上げる。

最後に、私事ではあるがこれまでの研究生活に対して理解を示し、また支援をしてくれた父一陽・母政子に心より感謝したい。

二〇一六年中秋

高井康典行

汲古叢書

1	秦漢財政収入の研究	山田　勝芳著	本体 16505円
2	宋代税政史研究	島居　一康著	12621円
3	中国近代製糸業史の研究	曾田　三郎著	12621円
4	明清華北定期市の研究	山根　幸夫著	7282円
5	明清史論集	中山　八郎著	12621円
6	明朝専制支配の史的構造	檀上　寛著	13592円
7	唐代両税法研究	船越　泰次著	12621円
8	中国小説史研究－水滸伝を中心として－	中鉢　雅量著	品　切
9	唐宋変革期農業社会史研究	大澤　正昭著	8500円
10	中国古代の家と集落	堀　敏一著	品　切
11	元代江南政治社会史研究	植松　正著	13000円
12	明代建文朝史の研究	川越　泰博著	13000円
13	司馬遷の研究	佐藤　武敏著	12000円
14	唐の北方問題と国際秩序	石見　清裕著	品　切
15	宋代兵制史の研究	小岩井弘光著	10000円
16	魏晋南北朝時代の民族問題	川本　芳昭著	品　切
17	秦漢税役体系の研究	重近　啓樹著	8000円
18	清代農業商業化の研究	田尻　利著	9000円
19	明代異国情報の研究	川越　泰博著	5000円
20	明清江南市鎮社会史研究	川勝　守著	15000円
21	漢魏晋史の研究	多田　狷介著	品　切
22	春秋戦国秦漢時代出土文字資料の研究	江村　治樹著	品　切
23	明王朝中央統治機構の研究	阪倉　篤秀著	7000円
24	漢帝国の成立と劉邦集団	李　開元著	9000円
25	宋元仏教文化史研究	竺沙　雅章著	品　切
26	アヘン貿易論争－イギリスと中国－	新村　容子著	品　切
27	明末の流賊反乱と地域社会	吉尾　寛著	10000円
28	宋代の皇帝権力と士大夫政治	王　瑞来著	12000円
29	明代北辺防衛体制の研究	松本　隆晴著	6500円
30	中国工業合作運動史の研究	菊池　一隆著	15000円
31	漢代都市機構の研究	佐原　康夫著	13000円
32	中国近代江南の地主制研究	夏井　春喜著	20000円
33	中国古代の聚落と地方行政	池田　雄一著	15000円

34	周代国制の研究	松井　嘉徳著	9000円
35	清代財政史研究	山本　進著	7000円
36	明代郷村の紛争と秩序	中島　楽章著	10000円
37	明清時代華南地域史研究	松田　吉郎著	15000円
38	明清官僚制の研究	和田　正広著	22000円
39	唐末五代変革期の政治と経済	堀　敏一著	12000円
40	唐史論攷－氏族制と均田制－	池田　温著	18000円
41	清末日中関係史の研究	菅野　正著	8000円
42	宋代中国の法制と社会	高橋　芳郎著	8000円
43	中華民国期農村土地行政史の研究	笹川　裕史著	8000円
44	五四運動在日本	小野　信爾著	8000円
45	清代徽州地域社会史研究	熊　遠報著	8500円
46	明治前期日中学術交流の研究	陳　捷著	品　切
47	明代軍政史研究	奥山　憲夫著	8000円
48	隋唐王言の研究	中村　裕一著	10000円
49	建国大学の研究	山根　幸夫著	品　切
50	魏晋南北朝官僚制研究	窪添　慶文著	14000円
51	「対支文化事業」の研究	阿部　洋著	22000円
52	華中農村経済と近代化	弁納　才一著	9000円
53	元代知識人と地域社会	森田　憲司著	9000円
54	王権の確立と授受	大原　良通著	品　切
55	北京遷都の研究	新宮　学著	品　切
56	唐令逸文の研究	中村　裕一著	17000円
57	近代中国の地方自治と明治日本	黄　東蘭著	11000円
58	徽州商人の研究	臼井佐知子著	10000円
59	清代中日学術交流の研究	王　宝平著	11000円
60	漢代儒教の史的研究	福井　重雅著	品　切
61	大業雑記の研究	中村　裕一著	14000円
62	中国古代国家と郡県社会	藤田　勝久著	12000円
63	近代中国の農村経済と地主制	小島　淑男著	7000円
64	東アジア世界の形成－中国と周辺国家	堀　敏一著	7000円
65	蒙地奉上－「満州国」の土地政策－	広川　佐保著	8000円
66	西域出土文物の基礎的研究	張　娜麗著	10000円

67	宋代官僚社会史研究	衣川　強著	品　切
68	六朝江南地域史研究	中村　圭爾著	15000円
69	中国古代国家形成史論	太田　幸男著	11000円
70	宋代開封の研究	久保田和男著	10000円
71	四川省と近代中国	今井　駿著	17000円
72	近代中国の革命と秘密結社	孫　江著	15000円
73	近代中国と西洋国際社会	鈴木　智夫著	7000円
74	中国古代国家の形成と青銅兵器	下田　誠著	7500円
75	漢代の地方官吏と地域社会	髙村　武幸著	13000円
76	齊地の思想文化の展開と古代中國の形成	谷中　信一著	13500円
77	近代中国の中央と地方	金子　肇著	11000円
78	中国古代の律令と社会	池田　雄一著	15000円
79	中華世界の国家と民衆　上巻	小林　一美著	12000円
80	中華世界の国家と民衆　下巻	小林　一美著	12000円
81	近代満洲の開発と移民	荒武　達朗著	10000円
82	清代中国南部の社会変容と太平天国	菊池　秀明著	9000円
83	宋代中國科擧社會の研究	近藤　一成著	12000円
84	漢代国家統治の構造と展開	小嶋　茂稔著	10000円
85	中国古代国家と社会システム	藤田　勝久著	13000円
86	清朝支配と貨幣政策	上田　裕之著	11000円
87	清初対モンゴル政策史の研究	楠木　賢道著	8000円
88	秦漢律令研究	廣瀬　薫雄著	11000円
89	宋元郷村社会史論	伊藤　正彦著	10000円
90	清末のキリスト教と国際関係	佐藤　公彦著	12000円
91	中國古代の財政と國家	渡辺信一郎著	14000円
92	中国古代貨幣経済史研究	柿沼　陽平著	13000円
93	戦争と華僑	菊池　一隆著	12000円
94	宋代の水利政策と地域社会	小野　泰著	9000円
95	清代経済政策史の研究	黨　武彦著	11000円
96	春秋戦国時代青銅貨幣の生成と展開	江村　治樹著	15000円
97	孫文・辛亥革命と日本人	久保田文次著	20000円
98	明清食糧騒擾研究	堀地　明著	11000円
99	明清中国の経済構造	足立　啓二著	13000円

100	隋唐長安城の都市社会誌	妹尾　達彦著	未　刊
101	宋代政治構造研究	平田　茂樹著	13000円
102	青春群像－辛亥革命から五四運動へ－	小野　信爾著	13000円
103	近代中国の宗教・結社と権力	孫　　江著	12000円
104	唐令の基礎的研究	中村　裕一著	15000円
105	清朝前期のチベット仏教政策	池尻　陽子著	8000円
106	金田から南京へ－太平天国初期史研究－	菊池　秀明著	10000円
107	六朝政治社會史研究	中村　圭爾著	12000円
108	秦帝國の形成と地域	鶴間　和幸著	13000円
109	唐宋変革期の国家と社会	栗原　益男著	12000円
110	西魏・北周政権史の研究	前島　佳孝著	12000円
111	中華民国期江南地主制研究	夏井　春喜著	16000円
112	「満洲国」博物館事業の研究	大出　尚子著	8000円
113	明代遼東と朝鮮	荷見　守義著	12000円
114	宋代中国の統治と文書	小林　隆道著	14000円
115	第一次世界大戦期の中国民族運動	笠原十九司著	18000円
116	明清史散論	安野　省三著	11000円
117	大唐六典の唐令研究	中村　裕一著	11000円
118	秦漢律と文帝の刑法改革の研究	若江　賢三著	12000円
119	南朝貴族制研究	川合　　安著	10000円
120	秦漢官文書の基礎的研究	鷹取　祐司著	16000円
121	春秋時代の軍事と外交	小林　伸二著	13000円
122	唐代勲官制度の研究	速水　　大著	12000円
123	周代史の研究	豊田　　久著	12000円
124	東アジア古代における諸民族と国家	川本　芳昭著	12000円
125	史記秦漢史の研究	藤田　勝久著	14000円
126	東晉南朝における傳統の創造	戶川　貴行著	6000円
127	中国古代の水利と地域開発	大川　裕子著	9000円
128	秦漢簡牘史料研究	髙村　武幸著	10000円
129	南宋地方官の主張	大澤　正昭著	7500円
130	近代中国における知識人・メディア・ナショナリズム	楊　　韜著	9000円
131	清代文書資料の研究	加藤　直人著	12000円
132	中国古代環境史の研究	村松　弘一著	12000円

著者略歴

高井　康典行（たかい　やすゆき）

1967年　東京都生まれ。
1989年　早稲田大学第一文学部東洋史学専修卒業。
2000年　早稲田大学大学院文学研究科史学（東洋史）専攻博士後期課程単位取得退学。
2010年　早稲田大学にて博士（文学）取得。
現　在　早稲田大学文学学術院・日本大学文理学部非常勤講師。

主要著作：共編著『宋代史から考える』（汲古書院　2016年）、『契丹［遼］と10～12世紀の東部ユーラシア』（勉誠出版　2013年）、論文「オルド（斡魯朶）と藩鎮」（『東洋史研究』61-2　2002年）、「遼代の遼西路について」（記念論集刊行会編『福井重雅先生古希・退職記念論集　古代東アジアの社会と文化』汲古書院　2007年）、「遼代の遊幸と外交――もう一つの伝統「中国」――」（宋代史研究会編『中国伝統社会への視角』汲古書院　2015年）。

汲古叢書139

渤海と藩鎮
――遼代地方統治の研究――

二〇一六年十二月五日　発行

著　者　高井康典行
発行者　三井久人
整版印刷　富士リプロ㈱
発行所　汲古書院
〒102-0072　東京都千代田区飯田橋二-五-四
電　話　〇三（三二六五）九七六四
ＦＡＸ　〇三（三二二二）一八四五

ISBN978 - 4 - 7629 - 6038 - 3　C3322

Balhae and Fanzhen:
A Study of Regional Governance in the Liao Period

by Yasuyuki TAKAI

Table of Contents

事項索引

本索引では本書の理解に必要と思われる語彙（専門用語、地名）をアイウエオ順に配列した。また、「遼」「契丹」など、全編にわたって頻出する語彙については割愛している。

か行

た行

ま行

や行